万盛经济技术开发区地图

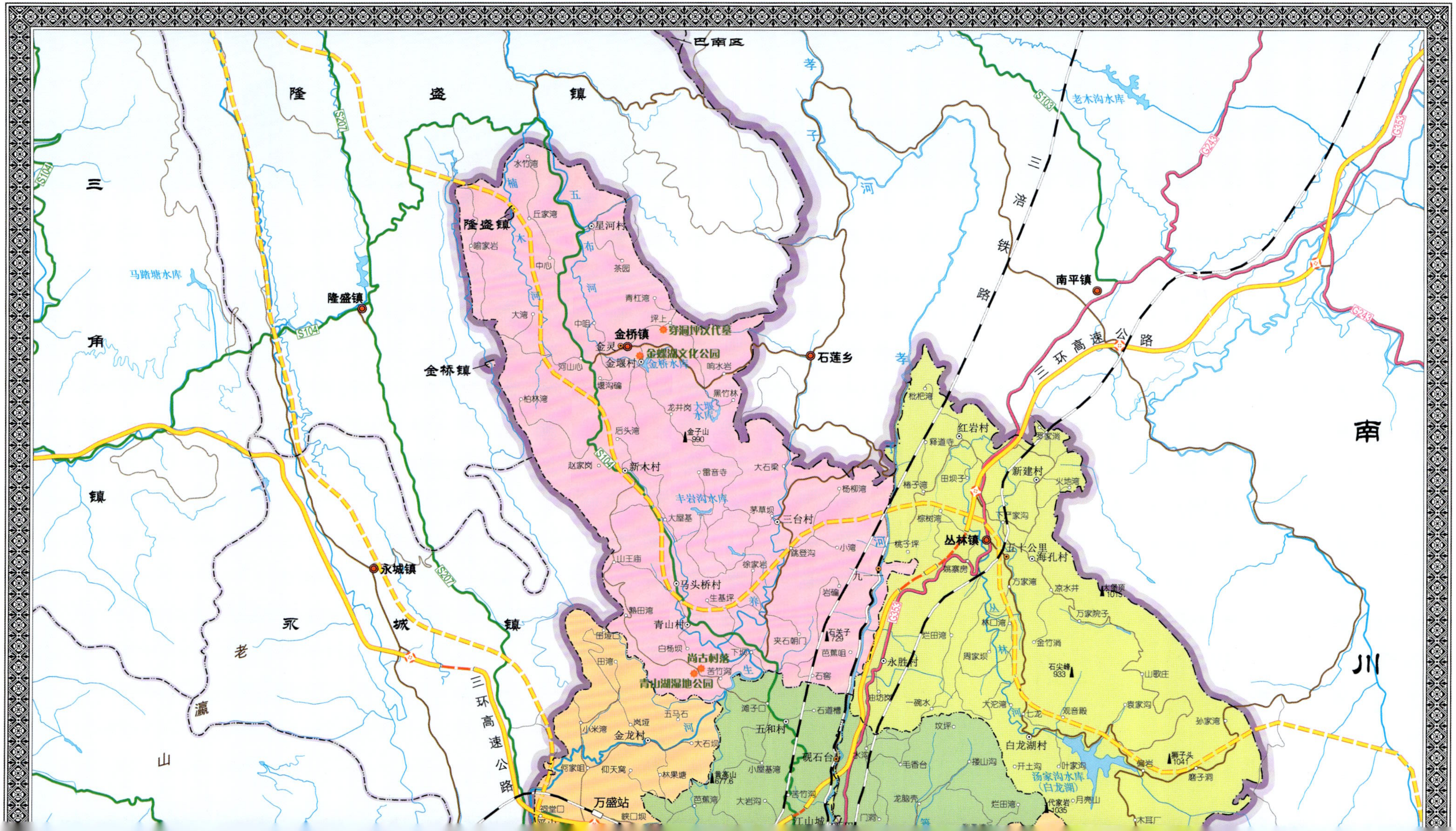

万盛经济技术开发区年鉴

WANSHENG JINGJIJISHU KAIFAQU NIANJIAN

2018

重庆市万盛经济技术开发区管理委员会办公室
重庆市万盛经济技术开发区地方志办公室 编

方志出版社
Publishing House of Local Records

图书在版编目（CIP）数据

万盛经济技术开发区年鉴. 2018 / 重庆市万盛经济技术开发区管理委员会办公室，重庆市万盛经济技术开发区地方志办公室编. --北京：方志出版社，2019.3
ISBN 978-7-5144-3512-2

Ⅰ. ①万… Ⅱ. ①重…② 重… Ⅲ. ①技术开发区—重庆—2018—年鉴 Ⅳ. ①F127.719—54

中国版本图书馆CIP数据核字（2019）第014063号

万盛经济技术开发区年鉴2018

编　　者：重庆市万盛经济技术开发区管理委员会办公室
　　　　　重庆市万盛经济技术开发区地方志办公室
责任编辑：黄　彦
出 版 人：冀祥德
出 版 者：方志出版社
　　　　　地址　北京市朝阳区潘家园东里9号（国家方志馆4层）
　　　　　邮编　100021
　　　　　网址　http://www.fzph.org
发　　行：方志出版社图书经销中心
　　　　　电话（010）67110500
经　　销：各地新华书店
印　　刷：重庆巴南彩印厂
开　　本：889×1194　　1/16
印　　张：18.25
插　　页：42
字　　数：588千字
版　　次：2019年3月第1版　　2019年3月第1次印刷
ISBN 978-7-5144-3512-2　　定价：260.00元

《万盛经济技术开发区年鉴》编辑委员会

《万盛经济技术开发区年鉴》编辑部

《万盛经济技术开发区年鉴（2018）》供稿人员名单

（按分目先后为序）

朱雪峰　金宗雯　梁　艳　周燕秋　马　波　谭　茜　梅　兵　张孝富
王俊锋　罗绍忠　杨　娅　杨　黎　邓　聪　戴春洪　景光伟　张　松
程　超　冯　谦　余方运　高朝平　张光渝　金　奉　母一娜　张我勇
唐洪容　霍本银　万立红　李永涛　吴贵玲　李　宇　陈峥嵘　李志勇
李　燕　罗　玲　夏兴旺　王燕菡　蔡朝君　蓝世其　何　奕　贺　媛
桂金莲　邹大燕　肖　兰　姚晓东　莫　凡　罗远智　谭静东　刘韦宇
张　娴　袁　瑶　李　雪　杨　校　刘　燕　刘茂雪　孙天容　程凡凡
李小林　曾忠全　刘　杰　李　赟　杜全能　曾　辉　陈　敏　尤　卫
胡昌平　肖　柯　邓永红　元　艳　崔玉英　周会斌　李小华　犹广勇
李　广　李攀峰　刘友芬　邓　茜　娄金海　犹岳斌　邹群娇　贾梦雪
唐小燕　刘　露　杨　娟　张　荣　甄玉君　刘晓冬　李　勇　张永宁
王浩蕴　谭　茜　张　琴　范文卓　张栌引　樊丽芬　苟红伟　朱笑雪
梁　睿　陈　艳　印　堂　郭遥遥　陈忠妮　余　婷　欧晓娟　张欣星
尤　睿　桂焕然　张　余　罗　颖　蓝代艳　侯　栋　罗玉林　瞿　进
刘　荧　邓　茜　冯　毅　陶　维　魏　丹　程　颖　陈　亭　李　瑶
唐　辉　喻　竹　罗　佳　丁庭军　陈业伟　罗晓利　朱　霞　傅　奇
余显杰　沈　玥　徐　婷　方　堃　何利文　李顺琼　刘　烨　杨　婷
王　琳　李俊强　谭　超　王　涵　周　宇　李　桃　刘　琴

编 辑 说 明

一、《万盛经济技术开发区年鉴》以马克思列宁主义、毛泽东思想、邓小平理论、“三个代表”重要思想、科学发展观和习近平新时代中国特色社会主义思想为指导，坚持辩证唯物主义和历史唯物主义的立场、观点和方法。它逐年真实、全面、系统地记载和反映万盛经开区经济发展、社会进步和资源型城市转型的情况，收录年度性文献，旨在为各级领导决策服务、为经济发展导航、为社会各界人士和民众提供信息、为修志积累资料。

二、《万盛经济技术开发区年鉴（2018）》卷记录2017年万盛经开区自然、经济、政治、文化、社会等方面发展变化情况。本卷共10个部分，分别是特载、大事记、万盛概况、政治、经济、社会事业、街道·乡镇、光荣榜、统计资料、附录，共设置27个部目。

三、《万盛经济技术开发区年鉴》采取部目、分目、条目的编辑体例，少数分目下增设次分目，以字体、字号等版式区别不同层次，以条目为主要载体，条目标题用黑体字加【 】表示。

四、为免繁冗，凡直书月、日而未写年份，即为2017年；数据增加或减少多少未说明与某年相比较，即为记载当年（2017年）与上年（2016年）比较。

五、《万盛经济技术开发区年鉴（2018）》卷收录对象以万盛经开区管理范围为界，凡在区域内的机关、团体、学校、企事业单位的信息和资料，无论归属，均予收录；收录时限为2017年1月1日至2017年12月31日，个别事物适当予以追溯和下延，便于读者了解始末。

六、《万盛经济技术开发区年鉴（2018）》卷稿件由万盛经开区党工委各部委、管委会各部门，各人民团体，经开区管理范围内的各街道、乡镇、驻经开区各机构及企业提供；统计资料由万盛经开区统计局提供（因统计口径等原因，部门和街道、乡镇稿件中有个别数据与统计资料数据不尽一致的，采用时请予以注意）；图片由万盛经开区新闻中心提供。

数字万盛

（2017年度）

面积	565.58平方千米
常住人口	27.3万人
耕地面积	12628公顷
园林绿地面积	741.24公顷
城市人均公共绿地面积	13.11平方米
城区空气环境质量优良天数	298天
地区生产总值	116.38亿元
地方财政收入	16.93亿元
地方财政支出	32.63亿元
工业总产值	212.08亿元
固定资产投资总额	178.75亿元
社会消费品零售总额	40.38亿元
农林牧渔业总产值	13.88亿元
粮食总产量	5.4万吨
旅游总收入	91.19亿元
金融机构存款余额	167.03亿元
金融机构贷款余额	105.96亿元
城镇居民人均可支配收入	25460元
农村居民人均可支配收入	13338元

2017 年 6 月 30 日，万盛经开区党工委书记肖猛（左一）看望慰问生活困难党员

2017 年 8 月 4 日，万盛经开区管委会主任袁光灿（前排右一）慰问一线环卫工人

2017 年 9 月 28 日，在城区街头，道路两旁的路灯杆上悬挂鲜艳的五星红旗，迎接中国 68 周年华诞的到来

2017 年 10 月 18 日，乘客在公交车上收看中国共产党第十九次全国代表大会开幕会直播新闻

2017 年 10 月 18 日，万盛街道松林社区群众载歌载舞，热烈庆祝党的十九大胜利召开

2017 年 12 月 4 日，万盛经开区学习贯彻党的十九大精神“六进”文艺宣传活动走进中盛小学

2017 年 12 月 5 日，东林街道鱼田堡社区志愿服务队的党员向辖区居民宣传党的十九大精神

2017 年 5 月 19 日，2017 年“中国旅游日”重庆分会场暨万盛全域旅游活动月启动仪式在万盛经开区举行

2017 年 5 月 28 日，丛林菌谷蘑菇总动员开园现场

2017 年 5 月 28 日，尚古村落开园迎客

2017 年 6 月 17 日，板辽金沙滩开园迎客

2017 年 8 月 5 日，第二届黑山谷高山国际巨型气球节开幕

奥陶纪景区——云端廊桥和天空悬廊

龙鳞石海景区——石鼓

九锅箐——机枪台

青年汇巅峰乐园

鸟瞰青山湖

鱼子水乡——七彩池田

2017 年 3 月 10 日，中国 · 凉风“梦乡村”第一届国际钓鱼比赛现场

2017 年 3 月 26 日，骑行爱好者在青年镇板辽湖步道骑行健身

2017 年 4 月 23 日，中国重庆万盛“黑山谷杯”国际羽毛球挑战赛总决赛在万盛文体中心体育馆举行

2017 年 5 月 2 日，环青山湖漫骑赛现场

2017 年 6 月 3 日，魅力黑山七色跑活动开跑

2017 年 8 月 4 日，万盛经开区“全民健身日”系列活动启动仪式暨“万盛市民穿越黑山谷健身赛”在黑山谷景区北门举行

2017 年 11 月 2 日，拳力巅峰 WBO 亚太区年度总决赛在万盛文体中心体育馆举行。图为董有礼（左）对战阿卜力米提·图尔荪尼亚孜

2017 年 11 月 4 日，重庆万盛国际跑步节暨 CCTV 体坛风云人物公益跑活动在青山湖国家湿地公园举行

八角健身绿道起点

重庆多普泰制药股份有限公司生产车间

重庆福耀玻璃有限公司生产车间

西南地区首条三银镀膜玻璃生产线在万盛经开区投产。图为重庆耀皮玻璃有限公司三银镀膜玻璃生产线

佳劲机车产业园摩托车生产线

重庆博奥镁铝金属制造有限公司工人正在生产镁合金压铸品

重庆力奥科技有限公司 FOG 全自动绑定机生产车间

重庆安连普电子有限公司工人正在生产手机连接器

万盛川东化工项目

智能终端产业园二期主体工程

青年镇旅游休闲食品加工项目

孝子河畔迎春灯饰

万盛奥林匹克公园夜景

万盛城区街景

孝子河万盛城区段

万盛老街换新颜

万盛城区全景

万盛博物馆

采煤沉陷房屋治理建设成果——南桐花园小区

重庆市第四十九中学校新校区

俯瞰万（盛）金（桥）公路

青年镇板辽湖环湖公路

腰子口—天星—江流坝公路

联丰公路

丛黑公路长碾土隧道

丛林菌谷公路

新田湾附近新改造好的乡村道路

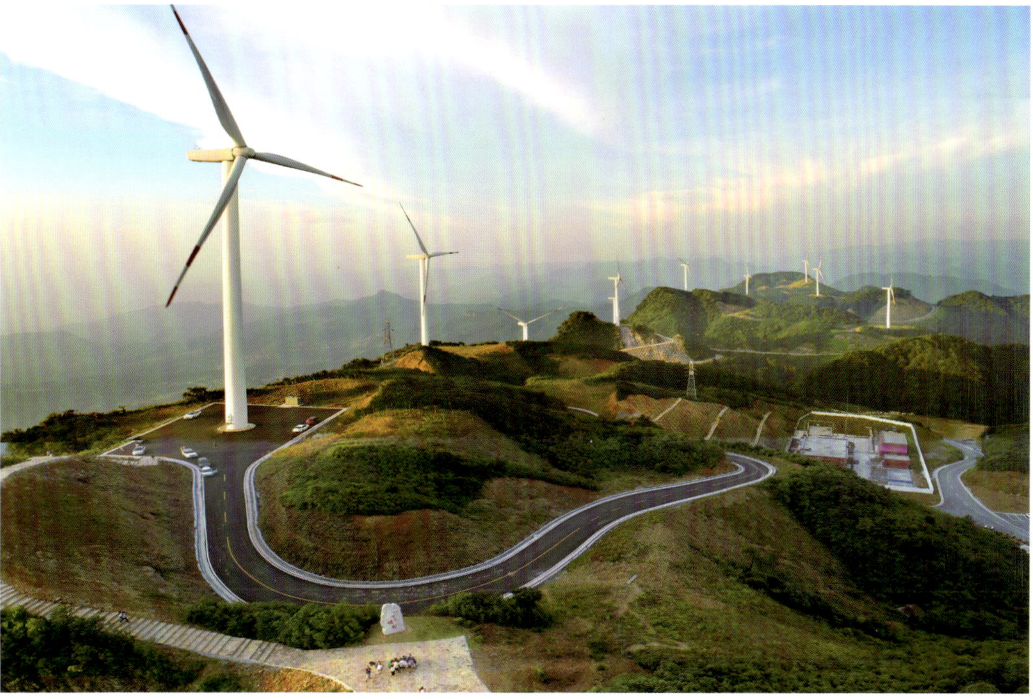

南天门公路

2017 年 2 月 11 日，万盛大道元宵节展演活动

2017 年 3 月 30 日，“中国梦 · 巴渝风 · 万盛情原创舞台”系列群众文化活动演出现场

2017 年 10 月 29 日，“CCTV-7《乡约》2017 中国十大爱情故事”颁奖典礼在万盛龙鳞石海景区举行

万东镇五和梨园

南桐镇石桥草莓园

关坝镇凉风村西瓜基地

丛林镇绿水村 260 亩柑橘进入成熟期

青年镇板辽湖茶叶基地

金桥镇金堰梯田

石林镇茶园村竹笋采收

黑山镇猕猴桃种植园人工授粉

昔日国家级贫困村——关坝镇凉风村新貌

目　录

特载

大事记

万盛概况

政治

经济

社会事业

街道·乡镇

光荣榜

统计资料

附录

索引

特　载

特　　载

在党工委（扩大）会议暨经济工作会议上的讲话

中共重庆市万盛经开区党工委书记　肖　猛

这次党工委（扩大）会议暨经济工作会议的主要任务是，深入学习贯彻习近平新时代中国特色社会主义思想和党的十九大精神，认真贯彻中央经济工作会议精神，贯彻落实市委五届三次全会、全市经济工作会议和全市“两会”精神，总结2017年全区各项工作，安排部署2018年工作。下面，我先讲五个方面意见，稍后光灿主任将对经济工作和重点项目作具体安排部署，请大家认真贯彻落实。

一、2017年万盛发展成效明显，资源型城市转型迈上新台阶

一年来，我们坚持以习近平新时代中国特色社会主义思想为指导，深入学习贯彻党的十九大精神和市委五届三次全会精神，认真贯彻落实中央和市委、市政府要求部署，坚持稳中求进工作总基调，围绕加快推进资源型城市转型，一心一意谋发展，聚精会神抓党建，经济社会保持平稳健康发展，各项工作取得新成效，转型发展迈上新台阶。

（一）*党的建设全面加强*。把学习贯彻党的十九大精神、深学笃用习近平新时代中国特色社会主义思想作为首要政治任务，及时安排部署，大力学习培训，广泛宣传宣讲，迅速掀起学习宣传贯彻热潮。坚持全面从严治党，推进“两学一做”学习教育常态化制度化，党员干部“四个意识”不断增强、“四个自信”更加坚定。坚决肃清孙政才恶劣影响和“薄、王”思想遗毒，全区政治生态保持风清气正。建立健全意识形态工作责任制，意识形态阵地管理有力有效。坚持按照“二十字”好干部标准选人用人，从严教育管理监督干部，干部队伍能力作风进一步提升。深入推进基层党组织建设，各领域基层党建工作全面加强。强化党风廉政建设，认真落实中央八项规定及实施细则精神，践行监督执纪“四种形态”，加大巡察力度，坚持“零容忍”惩治腐败。加强统战、群团、老干部等工作，支持人大代表、政协委员依法履职。

（二）*转型发展谱写新篇*。全区GDP实现116.38亿元，同比增长8.1%，一般公共预算收入完成12.53亿元，同口径增长3.7%，经济保持平稳增长态势。万盛成功列入全国首批17个采煤沉陷区综合治理试点地区，在国务院部际联席会议上交流发言，全国采煤沉陷区综合治理高级研修班暨资源型城市与独立工矿区转型发展工作培训班在万盛举办。工业强区提速推进，川东化工、福耀二期、博奥镁铝、多普泰现代中药、中镭科技等投产达产，铁锚玻璃、顺安爆破等开工建设，三锋汽车饰件等一批重大项目相继落地，工业园区快速拓展，全区规模以上工业总产值同比增长22.3%，“3+3”产业集群占规模以上工业总产值比重82.5%。全域旅游领跑全市，成功入选国家级旅游业改革创新先行区，黑山谷、龙鳞石海景区通过AAAAA复核，奥陶纪“世界第一天空悬廊”创吉尼斯纪录，“三湖一村一院落”等成为旅游新热点，“中国旅游日”重庆分会场活动在万盛举办，“厕所革命”走在全国、全市前列，旅游服务综合满意度保持全市领先，全年游客接待量、旅游总收入增速全市第一。全民健身再创佳绩，全民健身重要评价指标高于全国全市平均水平，成功创建国家体育产业示范基地，全国首个国家级全项目轮滑赛训基地落户万盛，凉风村列入全国首批运动休闲特色小镇名单，“黑山谷杯”国际羽毛球挑战赛成为全市唯一国家体育旅游精品赛事，成功举办全市首届体育旅游产业发展大会暨“运动健康之城·幸福和谐万盛”推介会。

（三）改革开放释放活力。深化供给侧结构性改革，累计淘汰煤炭落后产能260万吨，“房票”安置、免契税等政策有力促进房地产去库存，“营改增”、普降社保费率和工业用电用气价格改革为企业减负3.4亿元。加快国有企业改革，完善投融资体制，圆满完成投融资任务。推进中小城市综合改革、扩权强镇改革、“放管服”改革，积极稳妥推进市属国有重点企业办社会职能剥离移交。推进科技创新，高新技术企业产值同比增长37.5%，万人发明专利拥有量同比增长74%，成立新材料产业院士专家工作站。加快开放发展，依托“陕煤入万”建立每年300万吨以上煤炭资源供应保障机制，有力保障了煤电化工产业发展；渝黔合作先行区建设积极推进，万盛与正安签约共同推进渝黔区域合作桥头堡和示范区建设。

（四）城乡一体协调发展。渝黔高速扩能项目、重庆江南机场开工建设，万正高速、渝贵高铁、綦万高速加宽等纳入全市交通基础设施建设提升行动计划。城市基础设施和功能配套进一步完善，国能奥特莱斯填补万盛大型中高端商业空白，城市西区、鱼子新区加快建设步伐。国家卫生区复审顺利通过验收，“五大环保行动”不断改善生态环境质量。智慧城市建设加快推进，智慧交通、智慧旅游、智慧城管成效初显。农村基础设施加快改善，行政村公交通达率94.7%，成功创建市级“四好农村路”示范区县。黑山、丛林、青年、青山湖4个现代农业园区加快建设，食用菌、茶叶、猕猴桃、方竹笋等产业逐步壮大，乡村旅游发展如火如荼。持续推进农村“保洁、治污、改厕、美化”，入选全国首批农村生活垃圾分类和资源化利用示范区，农村卫生厕所普及率76.9%、超全市平均水平8个百分点。

（五）社会民生持续改善。坚持精准扶贫、精准脱贫，实现1025名贫困人口脱贫。不断优化办学条件，49中新校区、万盛幼儿园等新建工程建成投用，加快推进教育优质均衡发展。黑山谷运动医院建成投用，公立医院综合改革惠民便民，家庭医生签约服务覆盖率全市领先。实施城市棚改11.8万平方米，建成采煤沉陷区统建房34万平方米，天然气“村村通”已有3万余人受益。就业创业形势持续向好，社会保障能力稳步提升。博物馆、规划展览馆、文化馆、图书馆、科技馆、影剧院、文体中心体育场等“五馆一院一场”免费向群众开放。抓实平安稳定工作，圆满实现“七个坚决防止”目标，信访总量持续下降，未发生较大以上安全事故，连续30个月煤矿“零死亡”，连续两年命案“零发生”，群众安全感指数达99.43%，列全市第一、创历史新高。

一年来，全区发展有目共睹，成绩来之不易。这些成绩的取得，是市委、市政府坚强领导和市级部门大力支持的结果，是在历任班子打下坚实基础上接续奋斗的结果，是全区干部群众团结拼搏、共同努力的结果。在此，我代表党工委、管委会，向关心支持万盛发展的各有关方面，向为地区发展付出艰辛努力的广大干部群众，表示衷心的感谢并致以崇高的敬意！

二、认清当前形势，进一步增强加快发展的使命感、责任感和紧迫感

深入分析、准确把握发展形势，是我们做好工作的基本前提。当前，世界经济短期企稳向好，中期仍然面临诸多挑战。从全国看，党的十八大以来，党和国家事业取得了历史性成就、发生了历史性变革，经济年均增长7.1%，对世界经济增长的贡献率年均超过30%，成为世界经济增长的主要动力源和稳定器。2017年全国GDP同比增长6.9%，连续10个季度保持在6.7%～6.9%的区间，经济保持中高速增长，供给侧结构性改革深入推进，经济更具活力和韧性，“一带一路”建设、京津冀协同发展、长江经济带发展战略深入实施，人民获得感、幸福感明显增强。中国特色社会主义进入了新时代，我国经济发展也进入了新时代，已由高速增长阶段转向高质量发展阶段。今年全国经济增长预期目标为6.5%左右，将保持积极的财政政策、稳健中性的货币政策，深化供给侧结构性改革，引导和稳定预期，加强和改善民生，促进经济社会持续健康发展。从全市看，近年来重庆综合经济实力实现较大提升，经济运行态势良好，2017年GDP同比增长9.3%，产业结构逐步优化，质量效益稳步提升，内生动力不断增强，全市经济转入高质量发展阶段已奠定良好基础。市委五届三次全会、全市经济工作会议和全市“两会”对当前和今后一个时期全市工作作出了安排部署，将全面贯彻党的十九大精神，以习近平新时代中国特色社会主义思想为指导，紧紧围绕习近平总书记对重庆提出的“两点”“两地”定位和“四个扎实”要求，践行新发展理念，坚决打好“三大攻坚战”，大力实施“八项行动计划”，把党的十九大精神和习近平总书记的殷殷嘱托全面落实在重庆大地上。今年全市经济增长预期目标设定为8.5%左右，将全力推动新时代重庆高质量发展。综合来看，宏观经济发展继续保持稳中向好、更加注重提质增效，有利于万盛加快转型发展。

审视万盛，正处于全面建成小康社会的决胜阶段，处于资源型城市转型发展的关键阶段，这样的阶段既是可以大有作为的战略机遇期，也面临诸多困难和严峻挑战。当前主要有六个方面的机遇和优势：一是国家和市级层面关怀支持。党的十九大报告明确提出“支持资源型地区经济转型发展”，这一句话、13个字，为全国262个资源型地区转型发展注入了强心剂。国务院建立部际联席会议制度协调推进采煤沉陷区综合治理，万盛列入全国首批重点采煤沉陷区之一。市委、市政府将万盛资源型城市转型、采煤沉陷区治理、全域旅游、重大基础设施建设等纳入重点工作、给予大力支持。二是深化渝黔合作迎来机遇。《西部大开发“十三五”规划》明确提出支持万盛等地开展渝黔合作先行区建设，全市将渝黔合作先行区建设列入开放发展工作重点，万盛已成为全市渝黔合作先行区建设牵头单位，建立了联席会议机制，与正安县签订了友好城市战略合作协议，有望在渝黔合作先行探索中加快开放步伐、促进互利共赢。三是经开区体制红利持续释放。万盛经开区体制特殊，市委、市政府给予特殊关怀和格外厚爱，又具有精干高效、先行先试、开拓开放的比较优势，有利于万盛争上支持、招商引资、提速发展、加快转型。四是交通区位条件加速改善。万盛境内已建成投用三万南铁路、綦万高速、南万高速，随着重庆江南机场、渝黔高速扩能项目加快建设，以及万正高速、渝贵高铁、綦万高速加宽等项目的实施，万盛的区位条件将得到极大提升。五是多年积淀基础蓄势渐发。万盛过去以来开展的打基础利长远的工作开始显现效应，发展基础更加坚实，产业结构不断优化，新动能加快培育，必将有力推动万盛经济社会持续健康发展。六是干群同心凝聚强大合力。我们坚持以发展凝聚人心，用变化鼓舞士气，全区上下思想统一、信心坚定、步调一致、行动有力，能够集中力量办大事，形成了凝心聚力共推转型、众志成城攻坚克难的生动局面。与此同时，我们也要清醒地认识到，万盛“处于不发达阶段、属于不发达地区”的基本区情仍然没有改变，依然面临经济总量较小、战略性新兴产业尚待培育、科技创新能力亟待增强、要素资源保障趋紧、资源型城市历史遗留问题包袱重等困难和挑战。我们必须观大势、谋全局，增强加快发展的使命感、责任感和紧迫感，抓机遇、迎挑战，干实事、善作为，奋力决胜全面建成小康社会，加快推进资源型城市转型发展。

三、2018年全区工作总体要求和需要把握的重大问题

2018年是贯彻党的十九大精神的开局之年，是改革开放40周年，是决胜全面建成小康社会、实施“十三五”规划承上启下的关键一年，做好今年工作至关重要。今年全区工作的总体要求是：深入贯彻党的十九大精神，深学笃用习近平新时代中国特色社会主义思想，贯彻落实习近平总书记对重庆提出的“两点”“两地”定位和“四个扎实”要求，坚持稳中求进工作总基调，坚定贯彻新发展理念，紧扣社会主要矛盾变化，按照高质量发展的要求，统筹推进“五位一体”总体布局和协调推进“四个全面”战略布局，统筹推进稳增长、促改革、调结构、惠民生、防风险各项工作，以供给侧结构性改革为主线，全力推动质量变革、效率变革、动力变革，围绕建设资源型城市转型发展示范区这个定位，坚决打好“三大攻坚战”，大力实施“八项行动计划”，突出工业强区、全域旅游、全民健身“三个抓手”，使人民群众的获得感、幸福感、安全感更加充实、更有保障、更可持续，确保全面建成小康社会、资源型城市转型、建设美丽幸福现代的新型经济技术开发区取得重大进展。

做好今年各项工作，要深刻认识把握五个方面重大问题。

一要牢牢把握习近平新时代中国特色社会主义思想这个行动指南。党的十九大最重大的理论成果，就是提出习近平新时代中国特色社会主义思想并作为党必须长期坚持的指导思想写入党章。全区上下要深刻学习领会习近平新时代中国特色社会主义思想的精神实质和丰富内涵，坚定地把习近平新时代中国特色社会主义思想作为做好各项工作的“定盘星”，自觉用这一最新理论成果武装头脑、指导实践、推动工作。以新发展理念为主要内容的习近平新时代中国特色社会主义经济思想，是习近平新时代中国特色社会主义思想的重要组成部分，是党的十八大以来推动我国经济发展实践的理论结晶，是中国特色社会主义政治经济学的最新成果，是党和国家十分宝贵的精神财富。习近平新时代中国特色社会主义经济思想内涵十分丰富，概括起来讲，就是习近平总书记在中央经济工作会议上强调的“七个坚持”，即坚持加强党对经济工作的集中统一领导，坚持以人民为中心的发展思想，坚持适应把握引领经济发展新常态，坚持使市场在资源配置中起决定性作用、更好发挥政府作用，坚持适应我国经济发展主要矛盾变化完善宏观调控，坚持问题导向部署经济发展新战略，坚持正确工作策略和方法。我们要深入学习领会、全面准确把握习近平新时代中国特色社会主义经济思想，自觉运用习近平新时代中国特色社会主义经济思想研究解决全区经济发展中的重大问题，把学习成果转化为推动地区转型发展的实际成效。

二要牢牢把握由高速增长阶段转向高质量发展阶段这个重大判断。新时代我国经济发展的特征，就是由高速增长阶段转向高质量发展阶段。这是以习近平同志为核心的党中央作出的一个重大判断，具有重大现实意义和深远历史意义。推动高质量发展，是保持经济持续健康发展的必然要求，是适应我国社会主要矛盾变化和全面建成小康社会、全面建设社会主义现代化国家的必然要求，是遵循经济规律发展的必然要求。高质量发展，就是能够很好满足人民群众日益增长的美好生活需要的发展，是体现新发展理念的发展，是创新成为第一动力、协调成为内生特点、绿色成为普遍形态、开放成为必由之路、共享成为根本目的的发展。推动高质量发展，必须把发展的重心由主要解决“有没有”向着力解决“好不好”转变，要着力创造有效供给，着力满足有效需求，着力提高投入产出效率，着力完善分配格局，着力实现经济循环畅通。推动高质量发展，必须树立正确的政绩观、发展观，要防止简单以生产总值增长论英雄，防止以牺牲生态环境为代价谋求一时一地的增长，防止靠过度举债保增长的做法，防止搞短期行为，防止民粹主义、福利主义。就万盛而言，推动高质量发展正当其时，是加快转型发展的大势所趋，是优化经济结构的迫切需要，是转换增长动力的必由之路。我们要认真贯彻落实新发展理念，坚定不移推动高质量发展，处理好高质量与快速度的关系，坚持质量第一、效益优先，促进万盛资源型城市加快转型发展。

三要牢牢把握借力借势发展这个重要手段。万盛决胜全面小康、加快转型发展的任务十分艰巨，既需自力更生、艰苦奋斗，更要借力发展、借势突破，努力在招商引资、争上支持上取得更大成效，助推地区经济社会发展。招商引资是经济工作的生命线。我们要千方百计招商引资，充分发挥经开区体制灵活、政策叠加等优势，抢抓中央大力发展实体经济和市场投资逐步回暖机遇，创新招商引资方式，围绕主导产业、重点企业大力开展招商引资，引进更多社会资本、更多优质企业参与万盛发展。争取上级“输血供氧”是助推资源型城市转型发展的有效途径。我们要更加注重争上支持工作，围绕全市“三大攻坚战”“八项行动计划”，在资源型城市转型发展、采煤沉陷区综合治理、渝黔合作先行区建设、全域旅游等方面做文章，精心策划包装一批符合国家资金投向、全市发展规划和万盛转型方向的重大项目，做实做细各方面基础工作，加强向上汇报，及时主动对接，全程跟踪联系，全力争取更多发展资金向万盛倾斜，更多重大基础设施和产业项目在万盛布局。

四要牢牢把握尽力而为、量力而行这个基本原则。全区上下要保持艰苦朴素、厉行勤俭节约，牢固树立过紧日子思想，切实把有限的资金用在刀刃上。要千方百计加大融资力度，加强财政资金、融资资金使用的统筹和监管，保障经济社会发展资金需求。要坚持正确投资投向，着力优化政府性项目投资结构，处理好需要与可能、当期可承受与长远可持续的关系，把握轻重缓急，注重投资效益，算好投入产出账，切实提高政府性资金使用效益。项目建设要坚持实事求是、满足基本需要，坚持集约节约利用，决不能贪大求洋、追求“高大上”，决不能不计成本、铺张浪费。要加强政府性投资项目监管，严格基本建设程序，严格项目审查审计，严格控制超概行为。涉及民生工程方面，要坚持尽力而为、量力而行，注重雪中送炭、补齐短板，让保障和改善民生更可持续。

五要牢牢把握充分发挥市场和政府“两个作用”。要坚持政府引导、市场主体，明晰政府和市场的边界，激活市场发展动力活力。要坚持使市场在资源配置中起决定性作用，尊重经济规律，遵循市场规律，突出市场主体，凡是市场主体能够做的就交给市场；要更好发挥政府作用，在激发各类市场主体活力上下功夫，构建市场机制有效、微观主体有活力、调控有度有效的体制机制。要有效推动国有资本做强做优做大。坚持政企分开、政资分开，不断深化国企国资改革，推动国有企业完善现代企业制度，着力提高国有资本效率，不断增强国有企业活力。要大力支持民营企业发展。以改革的思路和办法破解制约民营经济发展的体制机制障碍，不断增强民营经济活力和创造力，做优做强市场主体，下更大力气解决好民营企业准入难、融资难、政策落地难、用工难等问题，切实为企业排忧解难。要积极营造良好营商环境。深入推进“放管服”改革，不断提高政务服务效率，加强市场监管，严格依法规范行政审批和行政执法行为，构建平等竞争的市场环境和公平公正的法治环境。

四、突出工作重点，坚决打好“三大攻坚战”，大力实施“八项行动计划”

市委、市政府对标对表党的十九大精神，部署了“三大攻坚战”“八项行动计划”，我们要切实把思想和行动统一到市委、市政府决策部署上来，结合万盛实际认真贯彻落实，确保如期全面建成小康社会，加快推进资源型城市转型发展。按照全市统一部署，“三大攻坚战”锁定三年、志在必胜，“八项行动计划”着眼长远、突出三年，我们要列出清单、细化项目，挂图作战、打表推进，全面完成各项年度目标任务。

今年，要突出抓重点、补短板、强弱项，全力打好“三大攻坚战”。

第一，坚决打好防范化解重大风险攻坚战。党的十九大把防范化解重大风险作为决胜全面建成小康社会“三大攻坚战”的首要战役。习近平总书记指出，金融风险是当前最突出的重大风险之一，防范化解金融风险，事关国家安全、发展全局、人民群众财产安全，是一场输不起的战役。金融风险防控要服务于供给侧结构性改革这条主线，切实做好重点领域风险防范和处置工作，坚决打击违法违规金融活动，加强薄弱环节监管制度建设，促进形成金融和实体经济、金融和房地产、金融体系内部的良性循环。对万盛而言，需要高度重视防控政府债务风险特别是政府隐性债务风险。要按照市委提出的“心中有数、手中有策、肩上有责”要求，层层压实责任，掌握债务底数，管好融资平台，严格控制增量，稳妥化解存量，确保政府债务始终处于安全可控范围。

第二，坚决打好精准脱贫攻坚战。打好脱贫攻坚战，关键是聚焦再聚焦、精准再精准。要贯彻精准方略，对照“六个精准”要求，下足“绣花”功夫，真正扶到点上、扶到根上。要聚焦基础设施建设，量力而行解决贫困村的路、水、电、气、讯等基础设施建设欠缺问题，改善其发展条件。要聚焦产业培育发展，积极推进健康扶贫、电商扶贫、金融扶贫等工程，因地制宜开展特色种养、乡村旅游、就业创业等扶贫行动，把扶贫和扶志、扶智结合起来，激发贫困群众内生动力。要聚焦政策落地见效，抓好社会保障兜底、教育资助扶贫、医疗救助扶贫、易地扶贫搬迁，精准推动脱贫政策到村到户到人，将政策的含金量转化为群众的获得感。要深入推进抓党建促脱贫攻坚工作，深化脱贫攻坚作风建设年活动，加强考核监督，坚持实事求是，坚决杜绝数字脱贫、虚假脱贫，严肃查处扶贫领域违纪违法行为。

第三，坚决打好污染防治攻坚战。要坚持全民共治、源头防治，大力推进“五大环保行动”，持续改善生态环境质量。要深入实施大气污染防治，强化废气、扬尘治理，加强重点污染源监管，减少重污染天数，消除人民群众的“心肺之患”。要认真落实河长制，推进城乡污水处理设施建设，切实加强孝子河、清溪河等水体保护治理。要坚持问题导向，着力解决噪声扰民、油烟污染等群众反映强烈的突出环境民生问题。要继续推进城乡环境综合整治，注重植被修复和环境绿化，加大农村面源污染治理力度。要着力构建政府为主导、企业为主体、社会组织和公众共同参与的环境治理体系，汇聚生态环境保护合力。要加快调整产业结构，淘汰落后产能，加大节能力度，倡导绿色生产生活方式，从源头上减少污染。要进一步压实环境保护责任，坚决防止重大突发环境事件发生。

在坚决打好“三大攻坚战”的同时，要统筹推进“八项行动计划”，方案成熟一个出台一个，今年起好步、开好局，持续推进、久久为功。

第一，实施以工业强区为目标和以大数据智能化为引领的创新驱动发展战略行动计划。中央实施国家大数据战略、创新驱动发展战略等重大战略，为推动大数据智能化发展提供了基本遵循。结合万盛实际，我们要围绕工业强区目标，坚持新型工业化道路、集群化发展方向，以大数据智能化引领创新驱动发展，着力推动大数据智能化与实体经济特别是工业经济深度融合，加快工业领域智能产业培育、智能改造提升和大数据智能化广泛应用，推动工业经济转型升级、提质增效。要积极运用大数据智能化推动提升煤电化工、新型材料、装备制造等传统优势产业，不断提高全要素生产率、产品附加值和市场占有率，打造具有竞争力的优势产业集群，推动产业和产品向价值链中高端跃升。要围绕智能化构建电子信息、生物医药、通用航空等战略性新兴产业集群，着力引进智能化领军企业，加快发展大数据、人工智能、软件服务等智能产业，持续优化产业结构、推进高质量发展。要加快工业基础设施和园区标准化、智能化建设，积极构建支撑“两化”融合发展的基础设施体系，推进智能化车间、工厂建设，发挥好玻璃检测中心、科技企业孵化器等平台作用，推动成果转化和产业化，加快建设市级高新技术产业开发区。要加快推进智慧万盛建设，大力推进大数据、云计算、人工智能在经济社会各领域的广泛应用和深度融合。

第二，实施乡村振兴战略行动计划。实施乡村振兴战略，是新时代做好“三农”工作的总抓手。我们要认真贯彻落实中央和市委、市政府关于乡村振兴的要求部署，细化实化万盛经开区乡村振兴战略行动方案，按照“产业兴旺、生态宜居、乡风文明、治理有效、生活富裕”的总要求，走好城乡融合发展、共同富裕、质量兴农、乡村绿色发展、乡村文化兴盛、乡村善治和中国特色减贫之路，让农业成为有奔头的产业，让农民成为有吸引力的职业，让农村成为安居乐业的家园。要深入推进农业供给侧结构性改革，促进农业与旅游融合发展，大力发展观光农业、乡村旅游、农村电商等新产业新业态，做优食用菌、茶叶、方竹笋、猕猴桃等特色农产品，推动一二三产业融合发展。要把农村公路建好、管好、护好、运营好，为农民致富奔小康、加快推进农业农村现代化提供更好保障。要推进美丽乡村建设，因地制宜打造主题村落，鼓励发展民宿经济。要积极稳妥推进农村资源变资产、资金变股金、农民变股东“三变”改革试点，多渠道支持农民创新创业，促进农民持续增收。

第三，实施以城市提质为统领的基础设施建设提升行动计划。建设提升基础设施，是促进新型城镇化建设、提升城市发展质量的必然要求。我们要加快补齐基础设施短板，切实解决当前万盛经开区城镇基础设施建设和管理中存在的问题，不断提升城市环境质量、人民生活质量和城市竞争力。要坚持规划引领，注重多规合一，贯彻“适用、经济、绿色、美观”建筑方针，加强城市设计，不断完善城市基础设施，提升城市宜居程度。要提升建设品质，让城市融入大自然、传承历史文脉，彰显城市精气神。要加强管理服务，坚持从小处着眼、从问题着手，实现城市管理像绣花一样精细精准，不断提升城市精细化、智能化、人性化管理水平。要推进以人为核心的新型城镇化，强化产业支撑，完善功能配套，大力推进交通、水利等重大基础设施建设，提速城市西区、鱼子新区建设，加快城市棚户区、老旧小区改造和采煤沉陷区综合治理，推进海绵城市建设，让城市既有“面子”、更有“里子”。

第四，实施军民融合发展战略行动计划。军民融合发展作为一项国家战略，关乎国家安全和发展全局，既是兴国之举，又是强军之策。万盛推进军民融合发展有较好基础，民国第二飞机制造厂曾迁入万盛，“三线建设”时期有5家军工企业入驻辖区，目前拥有保存较为完好的海孔洞、国营晋林机械厂、五〇八库等军工企业旧址和厂房。我们要抢抓军民融合发展上升为国家战略的机遇，充分发挥万盛军工资源较多的优势，深化与军工企业的战略合作，提高军工资源使用效益，更好满足市场所需、民生所需，形成全要素、多领域、高效益的军民融合深度发展格局，助推地区转型发展。要大力推进军地资源共享共用，壮大军民融合产业，重点利用好国营晋林机械厂旧址，加快推进“记忆157”建设，丰富万盛旅游产品体系；科学谋划推进五〇八库片区开发建设，打造创新型文旅融合发展区。要加强与军方沟通合作，加快推进重庆江南机场建设，大力发展通用航空产业，积极争取国防科技工业项目落户万盛，推动更多的万盛制造产品纳入军工装备体系。

第五，实施科教兴区和人才强区行动计划。科学技术是第一生产力，人才是第一资源。我们要大力发展科技事业，实施创新驱动助力工程，推动产学研协同创新，促进科技成果转移转化，全力服务企业科技进步和技术创新。要借智借力，进一步加强新材料产业院士专家工作站建设，发挥体育产业研究院、全域旅游研究院等专业智库作用，切实把人才智力凝聚到决胜全面小康、推进转型发展上来。要坚持把教育事业放在优先位置，推动教育由基本均衡向优质均衡发展，加快推进教育现代化。要全面发展人才事业，切实用好《万盛经开区引进人才若干政策》《万盛经开区引进人才若干政策实施细则》，大力支持战略性新兴产业、传统优势产业和社会事业等领域引才聚才，构建与地区转型发展相适应的人才工作新格局，为全区改革发展各项事业提供智力支撑和人才保障。

第六，实施内陆开放高地建设行动计划。在全市2018年国民经济和社会发展计划中明确提出，推动万盛经开区等提升开放发展水平。我们要按照市委、市政府要求部署，主动融入国家“一带一路”建设和长江经济带发展战略，抢抓西部大开发、渝黔合作先行区建设等历史机遇，发挥经开区开拓开放优势，更好地以开放促改革、以开放促转型。要拓展开放通道，加快交通基础设施建设，着力完善高速公路、通用航空等为一体的立体开放通道体系。要发挥万盛在渝黔合作中的桥头堡作用，深化与黔北地区在交通、能源、旅游、商贸等领域的交流合作，大力推进渝黔合作先行区建设。要优化开放平台，不断拓展中新（重庆）战略性互联互通示范项目合作领域和空间，走出一条符合万盛实际的开放发展新路。要壮大开放主体，大力引进中国乃至世界500强企业、行业龙头企业，引导本地企业增强产品出口意识，积极支持优势产品出口。

第七，实施以全民健身为重点、以需求为导向的保障和改善民生行动计划。要坚持以人民为中心的发展思想，从人民群众最关心的健康、教育、医疗、就业、住房等民生热点问题入手，持之以恒实施民生工程、办好民生实事，不断增强广大群众的获得感、幸福感、安全感。要深入开展全民健身活动，加快推进国家轮滑全项目赛训基地、凉风村运动休闲小镇等建设，不断丰富群众身边的健身场地供给，举办好“黑山谷杯”国际羽毛球挑战赛、青山湖国际跑步节等赛事活动，带动群众体育蓬勃开展，以全民健身促进全民健康。要持续增进民生福祉，着力办好20件重点民生实事，全面加强社会保障。坚决打好精准脱贫攻坚战，办好人民满意的教育，进一步完善医疗服务体系，深入推进“厕所革命”，大力实施“增绿添园”工程，实现57个行政村天然气全覆盖。要扎实抓好平安稳定工作，大力推进依法治区，加大矛盾纠纷排查化解力度，切实强化社会治安防控，层层压实安全生产责任，持续保持社会和谐稳定。

第八，实施以全域旅游为载体的生态优先绿色发展行动计划。要牢固树立和深入践行“绿水青山就是金山银山”的理念，把全域旅游作为重要载体，坚定不移走生态优先、绿色发展之路。要以全域旅游为着力点，以绿色为本底，提升黑山谷、龙鳞石海、奥陶纪等核心景区和“三湖一村一院落”等景区景点，让万盛山水“颜值”更高，让居民望得见山、看得见水、记得住乡愁；加快完善绿色交通、垃圾处置、污水处理等基础配套设施，纵深推进生态文明建设。要以全域旅游为突破点，注重旅游经济效益与生态效益相统一，打造黑山国家森林公园、九锅箐森林公园等生态景区景点，推进户外健身、休闲养老等绿色业态发展，把生态优势转化为发展红利。要以全域旅游为切入点，积极倡导文明旅游、绿色消费，加大绿色理念教育，推动城乡居民生产生活方式绿色化；引导涉旅企业实施绿色标准、绿色管理、开发绿色产品、研发绿色技术，促进绿色发展。

五、加强党的领导，全面从严治党，为地区经济社会发展提供坚强政治保证

（一）深入学习贯彻习近平新时代中国特色社会主义思想和党的十九大精神，坚定不移推进全面从严治党。要坚持以习近平新时代中国特色社会主义思想为指导，深入学习贯彻党的十九大精神，切实做到在干中学、在学中干，学思践悟、学以致用。要加强党的全面领导，坚持把党的政治建设摆在首位，牢固树立“四个意识”，坚定“四个自信”，自觉维护以习近平同志为核心的党中央权威和集中统一领导，全力推动中央和市委、市政府决策部署在万盛不折不扣落到实处、见到实效。要严肃党内政治生活，坚决肃清孙政才恶劣影响和“薄、王”思想遗毒，始终保持风清气正的政治生态。要深入推进“两学一做”学习教育常态化制度化，按照中央和市委要求开展好“不忘初心、牢记使命”主题教育。要加强宣传文化工作，牢牢掌握意识形态工作领导权，强化意识形态阵地管理，积极营造健康向上社会舆论环境。要坚持“二十字”好干部标准，选优配强各级领导班子，按照高素质专业化干部队伍要求，加强干部教育培训，努力打造政治过硬、本领高强的干部队伍。要以提升组织力为重点，突出政治功能，扎实抓好基层党组织建设，切实加强机关、国企、非公党建工作。要以永远在路上的坚韧和执着深化作风建设，加强纪检、监察工作，加大巡察力度，实践运用监督执纪“四种形态”，巩固反腐败斗争压倒性态势。抓好统一战线工作，发挥好群团组织桥梁纽带作用，做好老干部工作，支持人大代表、政协委员履行职责。

（二）坚持和加强党对经济工作的领导，全面提高党领导经济工作水平。要充分发挥党总揽全局、协调各方的领导核心作用，加强统筹协调，牢牢把握经济工作的主动权。党工委坚持每季度专门听取经济工作汇报，分析研究经济形势，研究部署经济发展重要工作、重大改革。全区各级各部门要提高政治站位，把讲政治落实到经济发展的方方面面，坚决反对经济工作中的分散主义、自由主义，绝不能搞上有政策、下有对策，绝不能空喊口号、光说不练。要对标对表中央、市委市政府、党工委管委会要求部署，及时研究解决经济工作中存在的问题，以具体行动、有效举措推动经济发展取得新成效。要坚持严管和厚爱结合、激励和约束并重，加强干部培养锻炼，选拔更多优秀干部进入经济发展主战场主阵地，充分调动广大干部的积极性、主动性、创造性。全区各级干部要按照“信念过硬、政治过硬、责任过硬、能力过硬、作风过硬”的要求，大兴学习之风，既要认真学习党的新理论、新思想，学思践悟、融会贯通，又要结合工作实际加强经济领域知识学习，丰富知识储备，培养专业思维、专业素养、专业方法，不断提高适应新时代、实现新目标、落实新部署的能力，努力成为做好经济工作的行家里手，推动地区加快转型发展。

（三）改进方法作风，以钉钉子精神推动各项工作落地见效。推进经济社会发展，干部是决定性因素，作风是关键性因素。全区各级领导干部要改进工作方法作风，苦干实干、敢闯敢试、善谋善为，切实把各项工作落细落小落实。要振奋精神抓落实，始终保持干事创业的精气神，切实增强等不起、慢不得、坐不住的紧迫感，一刻也不懈怠、一天也不耽误，咬定目标、一抓到底、有始有终、善作善成，鼓足“人一之我十之，人十之我百之”的干劲，以良好精神状态和作风推动工作、促进发展、赢得民心。要改进方法抓落实，坚持稳中求进，既要保持定力、把握好度，又要抓住机遇、积极作为；注重精准施策，突出问题导向，切实在精准谋划上出实招，在精准推进上下功夫，在精准落实上见成效；抓住关键环节，着力抓重点、补短板、强弱项，统筹推进、重点突破；创新工作手段，善于运用大数据、云计算、智能化等现代信息技术来科学决策、推动发展。要转变作风抓落实，解决会议多、文件多、考评检查多、懒政不作为等问题，对市委、市政府和党工委、管委会的任务安排，要一项一项地分解，一件一件地落实；要大兴调查研究之风，多到基层、企业、群众中了解掌握一线情况，化解矛盾、推动工作。要凝聚合力抓落实，各镇街各部门各单位要各司其职、协调一致，推动形成整体联动、运转高效的工作落实体系，形成齐心协力抓落实的良好局面。各级党员干部要身体力行作表率，带头干、带领干，干在实处、走在前列，积极支持社会各界立足岗位、脚踏实地、建功立业，最大限度团结凝聚发展力量。要严格督查抓落实，围绕党工委、管委会决策部署，进一步明确任务清单、责任清单，加大督查督办力度，健全完善考核机制，压紧压实责任，严格逗硬奖惩，严肃问责追责，确保各项重点工作按既定要求、时间节点推进，确保党工委、管委会安排部署的工作事事有着落、件件有回音。

时代是出卷人，我们是答卷人，人民是阅卷人。让我们更加紧密地团结在以习近平同志为核心的党中央周围，以习近平新时代中国特色社会主义思想为指导，砥砺奋进、开拓创新、团结实干，拥抱新时代、展示新气象、实现新作为，为决胜全面建成小康社会、加快推进资源型城市转型发展、加快建设美丽幸福现代的新型经济技术开发区而努力奋斗！

重庆市万盛经济技术开发区管委会工作报告

——2018 年 1 月 13 日在重庆市綦江区第二届人民代表大会第二次会议上

重庆市万盛经开区管委会主任　袁光灿

2017 年工作回顾

2017 年，是万盛资源型城市转型取得重大进展的一年。一年来，在市委、市政府和党工委坚强领导下，我们紧紧抓住资源型城市转型发展这条主线，以工业强区、全域旅游、全民健身为抓手，加快推进工业集群化、旅游全域化、城乡一体化，切实加强生态文明、智慧万盛建设，全区经济实现健康较快发展，社会保持和谐稳定，资源型城市转型发展取得新的重大成效。全年地区生产总值增长 8.1%；全社会固定资产投资增长 8.3%；全区规模以上工业产值增长 22.3%；社会消费品零售总额增长 14.1%；一般公共预算收入完成 12.53 亿元，同口径增长 3.7%；城乡居民人均可支配收入分别增长 8.5%、8.9%。

（一）扩总量、提质量，工业经济加快发展。

进一步突出工业主导地位，制定工业经济发展十条政策，吹响工业强区冲锋号。主导产业集群发展。实施工业投产达产攻坚行动，新开工项目 31 个、投产 16 个，完成工业投资 46.5 亿元。提升三大传统优势产业，与陕煤集团建立每年 300 万吨以上煤炭资源供应保障机制，铁锚玻璃、顺安爆破开工建设，川东化工、福耀二期、博奥镁铝、方汀技改投产达产。加快发展电子信息、医药健康等产业，多普泰现代中药投产，智能终端产业园入驻企业 22 家。全区工业总产值增长 21.8%，工业增加值增长 10.6%，工业对 GDP 增长的贡献率达到 61.4%。园区平台持续夯实。新增工业用地 1256 亩，建成标准厂房 24.2 万㎡，工业园区规模扩大到 10 平方公里。投入 16.7 亿元，加快园区基础设施建设。煤电化园区污水处理厂、公共停车场及环境整治等项目竣工投用，平山园区绿化、二期道路、灯饰工程以及水电气管网接入等项目全面建成。实施工业园区标准化建设，配套完善休闲健身公园、超市等生活设施，园区人居环境进一步改善。工业招商强劲有力。制定完善招商引资优惠政策，重点开展驻点招商、以商招商和产业链招商，三锋汽车饰件、年产100万套天窗总成、年产10万吨聚碳酸酯等重大项目相继落户，累计签约工业项目38个，计划总投资119.8亿元。强化企业跟踪服务，建立完善"一对一"联系服务机制，兑现外来投资企业优惠资金3735万元。

（二）破瓶颈、补短板，全域旅游取得突破。

强力化解"旅游产品单一、淡旺季分明"的不足，大力发展体育旅游、乡村旅游和高空挑战项目。全年接待游客增长41.8%，旅游总收入增长41.9%，增速均为全市第一；旅游业增加值占GDP比重达20.2%。新兴景点不断涌现。深入推进核心景区提档升级，黑山谷、龙鳞石海景区通过国家AAAAA级景区评定性复核验收，奥陶纪天空悬廊成功申报吉尼斯世界纪录。加快景区景点建设，板辽湖金沙滩、青年汇巅峰乐园、凉风"梦乡村"、金桥尚古村落等8个新景区陆续开放。加速打造城市景观，奥林匹克公园完成投资3158万元，"万盛场"老街成为城区旅游新地标。深入挖掘矿山文化，万盛矿山公园成功获批国家矿山公园资格。全年累计实施旅游类项目105个，完成投资63.5亿元。基础设施全境配套。优化旅游交通体系，16条旅游公路建成投用，开通旅游直达专线3条、旅游公交14条，景区景点通公交率达100%。完善功能配套设施，黑山谷国际运动医院及商品卖场、邮政快递网点等建成投用，新增酒店、农家乐等接待主体404家。扎实开展"厕所革命"，投入近1亿元，新建、改建A级旅游厕所91座，一般生态厕所127座，建成第三卫生间17座，黑山谷景区荣获全国"厕所革命"推进工作"人文关怀先进单位"称号。管理服务优化创新。率先设立旅发委、"三中心一室"等机构，优化黑山旅游度假区管理体制，万盛成功获批国家级旅游业改革创新先行区，黑山谷旅游服务标准化项目成为西南地区唯一获批国家级示范项目。组建万盛旅游联盟，建立全域旅游工作联席会议、游客满意度测评和质量监督暗访机制，旅游服务综合满意度位居全市前列。宣传营销精准发力。成功举办"中国旅游日"重庆分会场启动仪式及羽毛球挑战赛、青山湖国际跑步节等系列活动，"黑山谷杯"国际羽毛球挑战赛成为全市唯一国家体育旅游精品赛事。成立中国十大爱情主题景区联盟，建成6个市级研学基地，万盛全域旅游品牌效应日益彰显。

（三）靓形象、增活力，城市更加宜居宜业。

深入贯彻中央城市工作会议精神，推动城市更加靓丽、更加宜居、更有活力。城市建设扩容提质。突出规划引领作用，完成"多规合一"，形成"一张图"。加快鱼子新区建设，建成12.5千米城市道路系统、22.5千米市政管网系统、1100亩核心区景观工程。完善城市基础设施，西货场至303省道跨孝子河桥梁等建成投用，鱼田堡至万东南路立交桥启动建设。推进城市美化靓化，签订城市棚户区房屋拆除协议11.8万平方米，完成楼宇灯饰等亮化工程，六井坝运动公园建成投用，建成区绿地率达43%。大力实施城市智慧智能攻坚行动，投入近2亿元，"两平台两中心"和智慧交通、智慧旅游、智慧城管、网格化管理服务系统基本建成。城市业态日益丰富。全力打造商贸平台，43.6万平方米的城市核心商圈商业综合体奥特莱斯建成投用，引进Gucci、Armani、Prada等世界知名奢侈品品牌，入驻商铺119家，开启万盛大型中高端商业发展新篇章。大力发展电子商务，建成区级农村淘宝配送中心、运营中心，实现电子商务交易额17.3亿元。深入推进"商旅融合"，成功举办万盛老街夜市文化节、宏恩财富广场旅游美食文化节等展会活动，万盛老街荣获"2017重庆市十大特色夜市文化名街"称号。全年批零销售额增长22.4%，住餐营业额增长22.7%。城市管理规范有序。深化城市管理体制改革，组建城市管理局，制定派驻街镇执法等长效机制，推动城市管理向城市治理转变。扩大城区管理范围，将城市周边城乡结合部、旅游通道纳入市政管理。消除违法建筑4万㎡。全力维护市容秩序，规范占道经营，大力开展城区交通秩序综合整治，国家卫生区复审一次性通过验收。

（四）夯基础、优环境，城乡一体步伐加快。

坚持“城乡一体、景城一体、产城融合”，加快城乡一体化发展。城乡基础设施不断完善。着力谋划和建设出境大通道，重庆江南机场和渝黔高速公路扩能项目开工建设，实施交通项目47个、完成投资12.7亿元，万盛—正安高速项目纳入全市交通基础设施建设提升行动计划，渝贵高铁等项目前期工作提速推进。加快重大水利设施建设，松涛湾水库基本完工，鲤鱼河引水、观音寺提水工程分别完成总投资的85.9%、95%，凉风水库和青山湖、板辽湖、南天门片区供水工程有序推进。加快通信设施建设，新开基站480个，免费WiFi覆盖面进一步扩大，镇、村光纤通达率达100%。美丽乡村建设成效明显。深入改善农村人居环境，农村卫生厕所普及率达76.9%，农村生活垃圾有效治理率达100%，万盛被列为全国农村生活垃圾分类与资源化利用示范区县。改善农村交通条件，实现行政村公交通达率94.7%，成功创建市级“四好农村路”示范区县。启动“天然气进村”工程，50%以上行政村开通天然气。大力改善农村居住条件，建成统建安置房34万平方米。生态文明建设持续加强。深入推进采煤沉陷区综合治理，万盛经开区在国家采煤沉陷区综合治理部际联席会议上作经验交流，全国采煤沉陷区综合治理高级研修班在万盛召开，成功纳入国家首批采煤沉陷区综合治理试点地区。全力推进中央环保督察反馈问题整改，年度30项整改措施和22项具体问题全部销号。大力推进“三湖一岗”生态文明示范建设，深入实施环保“五大行动”，18个总量减排项目全面完成，农村小型污水处理设施全部实行专业化运维，城区空气质量优良以上天数达298天。实现区域河（湖）长全覆盖，温塘断面出境水质达到三类标准。

（五）增动力、提效率，发展质量不断提升。

进一步强化投资拉动作用、改革推动作用、开放促进作用，经济发展的质量与效益显著提升。投资拉动作用明显。持续用力扩大投资，全区90个重点项目完成投资101.6亿元。其中，44个政府主导类项目完成投资35.2亿元，46个市场主导类项目完成投资66.4亿元。工业集群、体育旅游、城市建设、基础设施、社会事业及其他类项目分别完成投资39.5亿元、19.8亿元、17.3亿元、16.4亿元、8.6亿元，投资结构更趋合理。改革创新成效显著。深入推进供给侧结构性改革，关闭煤矿2家，税收对煤炭行业依赖度从最高80%下降到不足20%。进一步完善投融资体制，设立5亿元产业发展股权投资基金，变“补贴投入”为“股权投入”。纵深推进国有企业改革、扩权强镇改革、中小城市综合改革、“放管服”改革，积极推进市属国有企业办社会职能剥离移交工作。实施创新驱动战略，新培育国家高新技术企业3家、高成长性企业4家、科技型企业42家，建立市级新材料院士专家工作站，万盛被纳入全市军民融合创新发展“十三五”规划总体布局和军民融合创新发展示范区建设。开放合作不断深化。强力招商引资，全年实际利用区外资金项目125个，累计利用区外资金74.8亿元。稳步推进外经外贸，实现进出口总额1.85亿元。深入推进渝黔合作，与桐梓、正安、道真、务川等区县建立联席机制，与正安签订合作框架协议，万盛成为全市渝黔合作先行区建设牵头单位。强化向上争取，加大融资力度，全年到位上级资金达年初目标的1.9倍，常住人口人均财力突破万元，有力保障了转型发展的资金需求。

（六）多层次、全覆盖，人民生活更加美好。

千方百计保障和改善民生，投入民生资金15.54亿元，占一般公共预算支出的54.5%。健康万盛深入推进。稳妥推进公立医院综合改革，在全市率先实施公立医疗机构药品采购“两票制”，实现药品“零”差率。大力实施家庭医生签约服务，累计签约居民8.1万户、22.76万人，常住人口签约覆盖率达84.9%。深入开展全民健身，体育基础设施投资超过10亿元，新建健身绿道100余千米，全区羽毛球场地达到680余片；成功承办全市首届体育旅游产业发展大会，举办拳力巅峰WBO亚太区年度总决赛；体育产业产值规模达7.5亿元，增加值占GDP比重提高至3%，高于全国平均水平；全国首个全项目轮滑赛训基地落户万盛，凉风村列入全国首批运动休闲特色小镇名单，万盛创建为国家体育产业示范基地，万盛经开区“体育+”融合发展模式被评为全国“2017年民生示范工程”。民生保障持续增强。整合资金2.46亿元，巩固提升贫困村基础设施、产业发展和贫困户社会保障，新增脱贫人口1025人，返贫率为零。30件重点民生实事全面落实，完成投入15.1亿元。全力促进就业创业，建成创业孵化基地15个，为2010户次创业主体落实补贴1279万元，实现城镇新增就业8904人、创业2852户，城镇登记失业率稳定在市下指标以内。社会保障水平稳步提高，养老、医疗保险覆盖率达95%、96.6%，巨灾保险实现居民全覆盖，及时足额发放社会保险待遇16.9亿元、增长8.2%。城乡收入比为1.9:1，城乡居民收入差距低于全市平均水平。社会事业全面发展。推动教育由基本均衡向优质均衡发展，49中新校区、万盛幼儿园等新建工程投入使用，智慧教育完成投资3573万元。完善公共文化服务体系，博物馆、规划展览馆开馆，青少年活动中心、美术馆启动建设，《万盛日报》《万盛新闻》实现日（刊）播。持续开展道路交通、建设施工、消防、特种设备、食品药品等重点行业领域安全专项整治，煤矿连续30个月实现“零死亡”，全年生产安全事故起数、死亡人数分别下降16.7%和23.1%；成功举办2017年全国“安全生产月”启动仪式，万盛被确定为全国十个安全文化建设试点城市之一。依法治区有序推进，公民法治知识普及率达97%。平安万盛扎实推进，刑事发案大幅下降，连续两年命案零发生，群众安全感指数达99.43%，位列全市第一。

一年来，我们深入推进“两学一做”学习教育常态化制度化，认真学习宣传贯彻党的十九大和市委五届三次全会精神，深入落实全面从严治党各项要求，持之以恒正风肃纪；高度重视建议、提案办理工作，坚持区领导领办督办制度，全年人大代表建议、政协委员提案办结率100%，代表、委员满意和基本满意率分别达100%、99.1%。同时，统计、审计、机关事务、外事、气象、保密、应急、民防、公共资源交易、民宗侨台、档案、地方志、老龄、残疾人、工会、青年、妇女儿童、关心下一代和老干部等工作也取得新成效。

回顾过去一年，万盛发展取得的成绩十分不易。全区人民期盼多年的一批重大工程相继落地开工，8个新景区靓丽登场，各大景点持续爆棚，多起国家级会议（活动）先后在万盛召开，万盛不断成为全市乃至全国人民关注的焦点，人民群众的获得感、幸福感、安全感大幅提升。这些成绩的取得，是市委、市政府和党工委坚强领导的结果，是全区人民凝心聚力、团结拼搏的结果，是“经开区+行政区”体制优势充分释放的结果。管委会向奋力拼搏在各条战线的各级各部门、驻区有关单位及企业干部职工，向武警消防官兵、政法干警，向人大代表、政协委员、民主党派、工商联和各界人士表示衷心感谢并致以崇高敬意！

我们也清醒地认识到，万盛发展还面临一些不容忽视的困难和问题，前进的路上充满压力和挑战。主要表现在：传统产业活力不足，战略性新兴产业支撑不力，新的经济增长点培育乏力；能源供需有待改善，公共服务配套不尽完善；个别干部工作干劲不足、效率不高，执行力有待加强等。面对这些问题与挑战，我们要高度重视，采取切实有效措施加以解决。

2018年工作安排

2018年是贯彻党的十九大精神的开局之年，是改革开放40周年，是决胜全面建成小康社会、实施“十三五”规划承上启下的关键一年。今年，世界经济持续复苏，出现稳定向好势头。我国经济发展进入新时代，已由高速增长阶段转向高质量发展阶段；随着供给侧结构性改革持续发力，“一带一路”、长江经济带、西部大开发等战略深入实施，经济发展的稳定性、协调性和可持续性不断增强。重庆是西部大开发的重要战略支点，处在“一带一路”和长江经济带的联结点上，随着国家自贸试验区落地，在国家区域发展和对外开放格局中的地位作用更加凸显；市委五届三次全会作出了“八项行动计划”和“三大攻坚战”的战略部署，为全市上下加快发展凝聚了强劲动能。面对新的历史机遇，我们要深入贯彻新发展理念，积极拥抱新时代、践行新思想、实现新作为，加快推动万盛资源型城市转型发展，为2020年全面建成小康社会打下坚实基础。

2018年管委会工作的总体要求是：深入贯彻党的十九大精神，深学笃用习近平新时代中国特色社会主义思想，贯彻落实习近平总书记对重庆提出的“两点”“两地”定位和“四个扎实”要求，坚持稳中求进工作总基调，坚定贯彻新发展理念，紧扣社会主要矛盾变化，按照高质量发展的要求，统筹推进“五位一体”总体布局和协调推进“四个全面”战略布局，统筹推进稳增长、促改革、调结构、惠民生、防风险各项工作，以供给侧结构性改革为主线，全力推动质量变革、效率变革、动力变革，在党工委的坚强领导下，围绕建设资源型城市转型发展示范区这个定位，坚决打好“三大攻坚战”，大力实施“八项行动计划”，突出工业强区、全域旅游、全民健身“三个抓手”，使人民群众的获得感、幸福感、安全感更加充实、更有保障、更可持续，确保全面建成小康社会、资源型城市转型、建设美丽幸福现代的新型经济技术开发区取得重大进展。

2018 年经济社会发展的主要预期目标是：地区生产总值增长 8% 以上，规模以上工业总产值增长 15% 以上，一般公共预算收入增长 3.7%，固定资产投资增长 10% 以上，社会消费品零售总额增长 12% 以上，城乡居民人均可支配收入分别增长 8.5%、9% 左右，城镇登记失业率控制在 4.5% 以内。

（一）聚焦质量效益，促进产业转型升级。

牢牢抓住产业发展这个根本，深入推进供给侧结构性改革，全力推动地区发展质量变革、效率变革、动力变革。

做大做强工业经济。围绕工业强区目标，努力把万盛建设成为全市新型工业化示范区。厚植工业发展根基，提速推进神华国能电厂、渝南循环经济等项目，确保铁锚玻璃、高科幕墙门窗、东方希望碳酸二甲酯等项目建成投产，三大传统优势产业增长 14.5%；依托高新技术产业园、智能终端产业园、重庆江南机场等项目，加快发展医药健康、电子信息产业，培育发展通用航空产业。深入落实以大数据智能化为引领的创新驱动发展行动计划，大力支持福耀、耀皮等优势骨干企业智能化改造和技术创新，充分发挥好玻璃检测中心、天馈线检测实验室、科技孵化中心等平台作用，全力引进培育战略性新兴产业，增强工业科技含金量和产品竞争力。设立 1 亿元工业发展专项资金，切实加大工业企业扶持力度。力争全年完成工业投资 61 亿元以上。

培育发展体旅产业。持续推进全民健身中心、健身基地、健身公园、健身绿道建设，建设镇街健身步道 100 千米，全面启动全国运动健康城市创建工作。扎实推进石林定向运动基地等景区景点建设，深入打造关坝凉风村国家运动休闲特色小镇，全面建成奥林匹克公园，提升旅游二次消费能力。深挖市场潜力，培育发展羽毛球、拳击等竞技表演项目，举办“黑山谷杯”国际羽毛球挑战赛、WBO 拳力联盟赛、青山湖国际跑步节、石林定向赛等系列活动，全力打造体育旅游精品赛事。加快建设全项目轮滑赛训基地及配套设施，确保全国第一届轮滑锦标赛如期举办。大力开展招商推介活动，加快建设体育用品工业园，新引进体育用品生产企业 5 家以上，体育产业众创空间新增市场主体 20 家以上，体育产业产值达到 10 亿元。

着力繁荣商贸市场。推动城市核心商圈商业综合体提档升级，加大品牌引进力度，提升商业品质和对周边地区辐射能力。加快推进商贸物流园、渝黔边城农产品交易中心等商贸项目。大力培育星级农家乐、钻石酒家和绿色饭店，引进一批名品名店，新发展限上商贸企业 5 家以上。制定落实电子商务扶持和奖励政策，设立电子商务发展专项资金，支持阿里巴巴等知名电商布局农村市场，改扩建农村淘宝服务站点 25 个。确保全年批零销售额增长 22%，住餐营业额增长 22%。

提质增效现代农业。实施乡村振兴战略，坚持质量兴农、绿色兴农，走特色效益农业发展之路。大力发展特色农业，投入 1 亿元，完成 5 万吨食用菌工厂化项目。健全新型农业经营体系，大力发展农业合作社、家庭农场、种植大户。提速发展乡村旅游，加快推进天星民宿村落、庙坝原乡建设，积极推进黑山镇创建市级全域旅游示范镇，板辽村、金堰村创建市级全域旅游示范村。依托茶叶、猕猴桃、蜜柚等特色产业，打造亲子游玩、观光休闲、采摘体验等农旅融合项目，提升农产品附加值。确保乡村旅游综合收入达 21 亿元，增长 10%。

（二）夯实发展基础，增强经济承载能力。

统筹推进城区、园区、景区及农村等发展平台建设，推动功能区域差异发展、协调发展、联动发展。

加快城市建设。按照“适用、经济、绿色、

美观”的方针，高标准推进新一轮城市设计。实施“2021—2030年版城乡总体规划”修编预可研，促进城市规划布局更加科学合理。启动鱼子新区开发建设三年行动计划，积极完善鱼子新区城市规划设计，加快基础设施和商业配套设施建设。大力打造宜居城市，完成城市棚户区改造1000户，启动三元桥复线桥等工程，完成高速路口至黑山谷大道绿化等项目，新增、改造公园10个，人行道提升改造7.6万平方米，使城市更加靓丽。完善城市功能配套，加快推进城市综合管廊建设，启动东林及小坡脚农贸市场、城区二三级排水管网工程，新增停车位5000个，完成万盛二水厂建设。深化城市执法体制改革，引入社会资本参与城市管理，加快推进城市公用设施、公共服务市场化运营；强化市容秩序整治，持续开展环境综合治理，推进城市精细化智慧化管理。

做强工业园区。投入20亿元，实施工业园区建设工程46个。平山组团重点推进25个基础配套工程，确保平山园区东西侧环道桥梁等11个项目和高新技术产业园一期标准厂房等6个项目全面完工。关坝组团重点推进17个基础配套项目，确保煤电化园区能源路A段、一般工业固废处置中心等13个项目年内竣工投用。青年组团重点推进征地拆迁工作，加快园区建设，完成投资7.3亿元。启动万盛工业园区空间布局规划编制和各组团产业规划调整工作，着力引导优势产业、优势企业向园区集中。

提升旅游品质。加快创建黑山国家级旅游度假区和国家全域旅游示范区。加大景区建设力度，开工建设“记忆157”项目，精心打造“夜石林”，加快创建奥陶纪、青山湖、“万盛场”老街等A级景区。整合各种资源，推动“旅游+”发展，打造田园旅游综合体、体育旅游综合体、商贸旅游综合体。持续推进“厕所革命”，建成旅游厕所100座。大力建设骑行道、观景台等旅游基础设施，全面改善黑山旅游度假区环境，适时启动城区五星级酒店建设，确保黑山谷建国酒店、京伦酒店和黑山影剧院投入使用，建设公共直饮水点100个，增强综合接待能力。强化旅游营销，完善旅游促进政策，设立旅游营销和旅游产业专项资金各1亿元，全力打造全国一线旅游品牌。

促进乡村振兴。大力实施“天然气进村”工程，确保全区行政村通天然气率达100%。着力方便群众出行，完成农村小康路建设300千米，行政村通公交率达100%。持续推进农村人居环境改善，新建农村污水处理设施60套，农村卫生厕所改造2000户，完成500户采煤沉陷区受损农房维修加固或搬迁，全面推广农村垃圾分类试点；抓好特色小镇、绿色村庄、民俗村落等农村人居环境示范项目，建设美丽乡村。

（三）坚持多点突破，释放经济发展潜能。

针对转型发展的瓶颈制约，精准施策、精准发力，全力助推经济稳中求进、持续向好，不断激发经济发展内生动力。

强化项目投资带动。坚持把抓项目、促投资作为经济发展的第一着力点和驱动力，建立高效行政审批机制、重大项目推进机制、园区服务专员机制、项目建设协调机制，扎实推进重点项目建设，力争完成投资132.1亿元。新开工项目75个，重点推进工业园区基础设施、丛林镇旅游基础设施、商务中心停车场建设等项目，力争完成投资73.5亿元；续建项目38个，重点推进丛黑公路、八角小镇商业街、奥陶纪度假区等项目，力争完成投资58.6亿元。

破解资金瓶颈制约。千方百计拓宽增收渠道，依法加大对重点行业、企业、税种征管力度，确保完成一般公共预算收入13亿元。认真研究上级政策、资金支持方向，力争更多项目纳入国家和市级项目库。强化融资平台建设，着力将开投集团打造成AA+融资平台公司，启动城投公司AA级信用评级，用好用活各类金融工具，进一步强化资金保障。创新金融服务产品和方式，增加信贷规模，力争全区存贷款余额超过270亿元。坚决打好防范化解重大风险攻坚战，严格控制增量，稳妥化解存量，确保政府债务可承受、可持续。

补齐基础设施短板。深入实施基础设施建设提升行动计划，全力推进重庆江南机场、渝黔高速公路扩能、平山—江南机场公路建设等项目，扎实做好万盛—正安高速公路、万盛—关坝铁路、绕城路大环线前期工作，新改建普通干线公路69千米，确保鱼田堡至万东南路立交桥等建成投用。加快重大水利建设，全力推进汤家沟分干渠、凉风水库等重点水利项目，开工建设板辽水库扩建工程，确保鲤鱼河引水、观音寺提水工程、松涛湾水库全面完工。加快智慧万盛建设，全力做好智慧万盛基础平台、应用模块、公共平台宣传推广及运营维护，进一步扩大公共区域WiFi覆盖范围。

（四）突出改革创新，提升对外开放水平。

以提高经济发展质量和效益为中心，深入推进改革创新和对外开放，为地区转型发展增添新动能、增创新优势。

向改革攻坚要红利。稳步推进中小城市综合改革，确保顺利通过国家、市级终期评估。扎实抓好区属国有企业改革，优化国资配置，规范债务管理，增强融资能力，建立现代企业制度。加快转变国有资产监管机构职能，理顺区属国有企业领导人员管理机制。推进混合所有制经济改革，完成市属国有企业办社会职能剥离移交工作。深化农村资源变资产、资金变股金、农民变股东改革，持续推进财税体制改革、扩权强镇改革。

向创新创业要活力。深入推进大众创业、万众创新，充分激发全社会的创新活力和创造潜能。扩大创业种子投资基金规模，力争达到3000万元。创建市级科技企业孵化器，力争建成各类科研平台4家以上，新增科创板挂牌企业1家。加强技术研发，确保全年发明专利申请量300件以上，万人发明专利拥有量突破5.5件，高新技术企业产值占工业总产值比重达28%。坚持就业优先战略，研究实施新一轮就业创业激励政策，确保城镇新增就业5000人、新增创业2500人。

向开放合作要市场。积极融入国家“一带一路”和长江经济带建设，加快打造渝黔合作先行区，促进要素有序流动、资源高效配置、市场深度融合。组建8个专业招商组，抽调21名精干力量，按照全脱产、集中办公、驻点招商要求实施精准招商，力争耀皮特殊浮法玻璃等30个项目完成协议签订，确保全年完成协议引资100亿元，实际利用区外资金100亿元。抢抓重庆自贸区和中新（重庆）合作发展机遇，主动承接两大平台产业转移，力争在项目推介、企业引进、债券发行等方面取得重大突破。发展壮大外经外贸，力争进出口总额达2亿元。

（五）加强生态治理，推动环境根本改善。

深入落实生态优先绿色发展行动计划，形成节约资源和保护环境的空间格局、产业结构、生产方式、生活方式。

重拳治理环境污染。坚决打好污染防治攻坚战，全面落实中央环保督查整改要求，认真履行属地管理职责，确保年度6个突出环境问题全部整改销号。全力做好大气、水、土壤污染防治工作，加强环境监管执法，确保市政府下达的总量减排任务圆满完成。加快推进污水、废水处理设施建设，全面完成清溪河、关坝场镇、青年场镇污水管网建设和南桐煤矿、鱼田堡煤矿废水处理扩容工程。

着力构建绿色屏障。推进通道绿化工程建设，启动采煤沉陷区植被恢复、工矿废弃地复垦项目，完成营造林任务5万亩，确保森林覆盖率达55%以上。加强重点生态功能区保护和自然保护区管理，持续推进生态保护红线划定工作，严格保护方家山、八面山、二郎山、黑山等重要生态屏障区和孝子河、刘家河、清溪河等重要水域流域生态涵养带，守好绿水青山、蓝天净土。

节约集约资源利用。加大违法用地和闲置土地的处置与清理，全面完成国家土地督察8类问题整改，强化永久性基本农田保护。深化落实河（湖）长制，严格控制水总量、用水效率和水功能区限制纳污“三条红线”，确保农田灌溉水有效利用系数不低于0.503。实施重点节能工程和节能技术推广，投入新能源电动公交车22辆；严格控制六大高耗能行业能耗过快增长，推动规上工业企业增加值能耗持续下降。

（六）决胜全面小康，改善社会民生福祉。

扎实办好20件重点民生实事，深入落实以需求为导向的保障和改善民生行动计划，不断提升人民获得感、幸福感。

巩固脱贫成果。坚决打好精准脱贫攻坚战，进一步强化脱贫攻坚组织领导，坚持扶贫与扶志、扶智结合，保证现行标准下的脱贫质量，确保返贫率保持在0.5%以下。以产业发展为支撑，以旅游扶贫为重点，以就业扶贫为抓手，以设施扶贫、医疗扶贫、教育扶贫、危房改造、饮水安全、低保兜底等为保障，全面落实各项扶贫政策，培育壮大贫困村特色优势产业，全面改造贫困户C、D级危房。加大财政扶贫资金监管力度，将有限的扶贫资金用在刀刃上。

发展社会事业。坚持素质教育、优质均衡发展方向，完成中盛小学、进盛中学扩建工程和职教中心实训场室建设，深化49中、进盛中学与知名学校合作办学，打造一所全市知名的优质特色高中；确保公办幼儿园营养午餐覆盖率100%，中小学及幼儿园“明厨亮灶”工程覆盖率100%；推进职业教育改革，加快“四方合作”办学项目。深入落实科教兴区和人才强区行动计划，充分用好万盛经开区《引进人才若干政策》，吸引集聚各类人才。深化医药卫生体制改革，加强基层医疗卫生服务体系和全科医生队伍建设；巩固创国卫成果，启动国家健康促进区和市级健康城市建设；完善医疗服务设施，加快推进妇幼保健计生服务中心综合业务楼建设，确保中医院综合业务楼全面完工。实施文化惠民工程，开展“三节”“文化进村”“文化上山”等系列活动，完成美术馆建设。

完善社保体系。深入推进全民参保计划，保质保量完成市里下达的扩面征缴任务。健全社会救助体系，完善各项救助政策，落实城乡低保、残疾人生活及护理补贴、高龄津贴等政策。健全完善区、镇（街）、村（居）三级养老服务体系，支持社会力量兴办养老服务机构，建设3个片区老年养护中心、6个社区养老服务站。强化劳动保障维权服务，全面落实保障农民工工资支付长效机制，构建和谐劳动关系。

深化社会治理。加快推进依法治区，全面实施“七五”普法规划，建成区镇村三级法律服务平台。深入打造平安万盛，强力开展扫黑除恶专项斗争，大力开展“三基”建设，完成“三所一队”、刑侦业务用房等项目建设，确保群众安全感指数持续保持全市前列。加强和改进信访稳定工作，扎实推进“3+N”信访突出问题专项治理和积案化解，深化落实案件交办、领导包案和“五个一”工作制度。完善和落实安全生产责任体系，持续深入开展重点行业领域专项检查，强化安全生产监督考核和检查执法，坚决遏制较大及以上安全事故发生；力争新创建工贸行业安全生产标准化企业5家以上。着力消除群众身边的安全隐患，确保电梯安全智能服务系统覆盖率100%，顺利通过食品安全示范区创建。

（七）加快职能转变，强化为民服务效能。

进一步深化行政体制改革，不断强化工作执行力，努力建设廉洁高效、人民满意的服务型管委会。

坚持从严治政，切实改进工作作风。旗帜鲜明讲政治，进一步增强“四个意识”，深学笃用习近平新时代中国特色社会主义思想，坚决维护以习近平同志为核心的党中央权威。严格落实中央八项规定精神和市委实施意见，严控“三公”经费支出，进一步提高财政资金使用效益。严格落实工作责任制、督查问责制，不折不扣贯彻执行市委、市政府和党工委决策部署。

坚持科学施政，提高为民服务水平。加快推动行政职能转变，着力创造良好发展环境，切实为广大人民群众提供更加优质高效的公共服务。持续深化“放管服”改革，全面清理和规范行政审批事项，抓好权力清单标准化建设，进一步厘清政府与市场、社会的边界。探索适应大数据特征的政府服务管理新方式，加快推进“互联网+政务服务”，进一步提升行政效能和水平。

坚持依法行政，推进权力公开透明。全面贯彻落实依法治国决定和《法治政府建设实施纲要》，确保16项法治政府建设任务圆满完成。建立完善重大决策制度，严格执行“五大必经程序”，坚持依法、科学、民主决策。加强和改进执法监督，推进行政权力依法规范公开运行。依法接受人大代表、政协委员监督，主动接受民主监督，自觉接受司法监督、舆论监督和社会监督。

坚持廉洁从政，树立良好政务形象。完成国家监察体制改革，全面推进惩治和预防腐败体系建设，健全廉政风险防控体系，严禁领导干部插手政府采购、工程招投标等。加强政风行风建设，持之以恒推进正风肃纪，严防“四风”问题隐形变异和反弹回潮。严格执行廉洁自律准则和纪律处分条例，不断巩固反腐败斗争压倒性态势，确保干部清正、政府清廉、政治清明。

新时代带来新机遇，新时代呼唤新作为。让我们紧密团结在以习近平同志为核心的党中央周围，在市委、市政府和党工委的坚强领导下，不忘初心、牢记使命，锐意进取、埋头苦干，奋力开创万盛经济社会发展新局面，为决胜全面建成小康社会、实现资源型城市成功转型、加快建设美丽幸福现代的新型经济技术开发区而努力奋斗！

名词解释：

第三卫生间 在厕所中专门设置的为行为障碍者或协助行动不能自理的亲人（尤其是异性）使用的卫生间。

三中心一室 全域旅游数据中心、投诉中心、应急调度指挥中心和综合执法办公室。

旅游联盟 由旅投公司发起，涵盖辖区主要旅游景区、餐饮住宿、交通运输、文体娱乐等旅游相关企事业单位的非营利性社会组织。

两平台两中心 大数据平台、信息安全平台、数据中心、运营中心。

军民融合 把国防和军队现代化建设融入经济社会发展体系之中，全面推进经济、科技、教育、人才等各个领域的融合，在更广范围、更高层次、更深程度上把国防和军队现代化建设与经济社会发展结合起来。

自贸试验区 在贸易和投资等方面比世贸组织有关规定更加优惠的贸易安排，在主权国家或地区的关境以外，划出特定区域，准许外国商品豁免关税自由进出。

四好农村路 建设好、管理好、养护好、运营好农村公路。

药品采购“两票制” 指药品从药厂卖到一级经销商开一次发票，经销商卖到医院再开一次发票。

八项行动计划 以大数据智能化为引领的创新驱动发展行动计划、乡村振兴战略行动计划、基础设施建设提升行动计划、军民融合发展战略行动计划、科教兴市和人才强市行动计划、内陆开放高地建设行动计划、以需求为导向的保障和改善民生行动计划、生态优先绿色发展行动计划。

三项攻坚战 防范化解重大风险攻坚战、精准脱贫攻坚战、污染防治攻坚战。

明厨亮灶 餐饮企业顾客可以直观地看到后厨员工的操作是否规范，卫生是否合格，是否有一些不应该出现的物品。明厨亮灶是对餐饮企业员工的一种监督。

四方合作 万盛经开区管委会、中国信息通信研究院西部分院、重庆电子工程职业学院、浙江华为通信技术有限公司合作办学，在万盛职教中心开设数据通信、物联网、无线传输等电子信息技术类专业课程。

三所一队 看守所、拘留所、戒毒所和武警中队。

五大必经程序 指政府重大决策需经公众参与、专家论证、风险评估、合法性审查、集体讨论决定等程序。

大事记

大事记

1 月

1 日

△万盛经开区首个冬季旅游项目——南天门冰雪世界开园。温哥华冬奥会花样滑冰双人滑冠军、国家队双人滑主教练赵宏博率队员参加开园仪式。

4 日

△万盛经开区 2017 年“三节”（元旦、春节、元宵节）系列群众体育活动乒乓球比赛在万盛文体中心体育馆举行。全区各部门、镇街、企事业单位，以及乒乓球协会的 24 支队伍、近 200 名乒乓球爱好者参赛。

6 日

△至 9 日，第十六届中国西部（重庆）国际农产品交易会在重庆国际会议展览中心（南坪）举行。万盛经开区组织 12 家企业参展。农业部副部长屈冬玉，台盟中央副主席杨健，中国农产品市场协会会长张玉香，副市长刘强、市人大常委会副主任夏祖相、市政协副主席李钺锋视察万盛展厅，区领导胡俊参加有关活动。

7 日

△万盛跑团第一届迎新马拉松接力赛在万盛文体中心体育场外举行，200 余名长跑爱好者参赛。

9 日

△晚，《在路上》全域旅游专场演出在万盛影剧院上演。

10 日

△万盛经开区党工委书记杨晓云先后到马嘶坝公园、西城花园、四十九中扩建工程、中医院和残疾人康复中心、博物馆、规划展览馆等项目建设现场，查看工程进展、了解规划建设情况，就推进西区开发建设提出要求。

△万盛经开区开始收取城区路内停车费，并执行统一的路内停车收费新标准。

11 日

△万盛经开区召开党工委、管委会班子 2016 年度民主生活会。会议以学习贯彻党的十八届六中全会和市委四届十次全会精神为主题、围绕“两学一做”学习教育要求，联系班子和个人工作实际深入查摆问题，开展批评和自我批评。党工委书记杨晓云主持会议。

13 日

△万盛经开区召开城区交通秩序综合整治工作调度会。管委会主任肖猛出席会议。

16 日

△万盛经开区“中国梦·巴渝风·万盛情”全民艺术普及第三届广场舞大赛在万盛影剧院举行。全区八镇两街的 10 支代表队参赛。万东镇和青年镇代表队获一等奖。

20 日

△万盛博物馆、规划展览馆试开馆。

21 日

△万盛经开区党工委书记杨晓云到金桥、丛林、青年、关坝、黑山等地，看望慰问“三湖一岗一村”建设工人，检查相关项目进展情况。

△至 22 日，2016—2017 年度中国·重庆万盛“黑山谷杯”国际羽毛球挑战赛城市外卡赛在陕西省西安市博奥·羽翰羽毛球馆举行。威克多新蓝天灵动俱乐部获冠军。

△万盛老街开街迎客。

23 日

△万盛经开区管委会主任肖猛走企入户，看望慰问困难党员群众和专技人才。

△“健康万盛、和谐卫生”2017 年迎新春文艺晚会在万盛影剧院上演。

25 日

△下午，万盛经开区管委会主任肖猛先后到东林矸石山、万盛烟爆公司仓库、中石油万东加油站、万盛客运中心、万盛 DAV 国际影城，检查安全措施落实情况，听取节日期间安全生产工作汇报。

2 月

6 日

△万盛经开区 2017 年“春风行动”暨化解过剩产能职工专场招聘会在子如广场举行。区内外的 68 家企业提供 100 多个工种的 3694 个岗位。

△万盛经开区召开“三大攻坚行动”（指工业投产达产攻坚行动、旅游规范秩序攻坚行动、城市智慧攻坚行动）暨招商引资工作会。

7 日

△万盛经开区召开全区镇街党（工）委书记落实全面从严治党责任述职评议会。党工委书记杨晓云出席会议并讲话，管委会主任肖猛出席会议。

8 日

△21 点 17 分，《乡约重庆万盛经开区》在中央电视台第七频道《乡约》元宵节特别节目中播出。

△2017 年万盛经开区欢度元宵游泳比赛在区游泳馆举行。全区各部门、单位、街镇的 50 余名选手参赛。

10 日

△万盛经开区召开 2017 年全区党风廉政建设和反腐败工作会议。党工委书记杨晓云出席会议并讲话，管委会主任肖猛出席会议。

△至 11 日，万盛经开区丁酉年元宵京剧专场演出、“幸福万盛 · 薪火相传”非遗及民俗展演、第四届“孝子河浪”书画摄影作品展、“姹紫嫣红总是春”公共文化服务体系精品节目展演、南桐矿业公司元宵专场文艺演出等活动相继举行。

11 日

△“迎新年彩妆跑”活动在重庆第四十九中学西区运动场举行。全区各镇街的干部职工、巾帼志愿者、妇女群众等 300 余人参赛。

16 日

△下午，万盛经开区召开全域旅游宣传营销专题会。管委会主任肖猛出席会议。

17 日

△上午，万盛经开区管委会主任肖猛率队现场踏勘 S303 温塘至轮子坡段、S204 轮子坡至关坝段公路沿线环境综合整治工作，并召开现场办公会，安排部署下一步工作。

21 日

△万盛经开区党工委 126 次委员会，审议并通过《关于进一步加强黑山谷旅游度假区管理的意见》《关于加快青年新型城镇化建设的意见》《关于加快丛林特色旅游小镇建设的意见》。

27 日

△2017 年“渝州大舞台”城乡文化互动工程暨 2017 年春季送演出进基层活动到东林街道和平村社区。重庆市群众艺术馆的演职人员为当地群众送去歌舞、小品、快板等文艺节目。

28 日

△万盛经开区召开关心下一代工作总结表彰会。党工委书记杨晓云对做好全区关心下一代工作作出批示。市关工委常务副主任唐情林出席会议。

是月

△中国羽毛球协会公布 2017 年全国羽毛球赛事承办单位征集结果。万盛经开区成功申办 2017 年全国东西南北中羽毛球大赛和全国羽毛球业余俱乐部赛等国家级赛事。

3 月

3 日

△国家旅游局督察组到万盛经开区专项检查旅游市场秩序整治工作。万盛经开区管委会主任肖猛，重庆市旅游局党组成员、副巡视员钟前元

等陪同督查或出席工作汇报会。

△至5日，“黑山谷杯”国际羽毛球挑战赛复活赛第三周比赛在区文体中心体育馆举行。四川羽冠全程队获第三周复活赛冠军。

6日

△下午，万盛经开区管委会主任肖猛调研丛黑公路建设工作。先后到项目各标段施工现场，查看建设进展情况，检查安全管理工作，并召开现场工作会，调度安排下一阶段具体建设任务。

7日

△万盛经开区党工委书记杨晓云看望慰问“全国五好文明家庭”——董德英家庭，并向为地区经济社会发展做出巨大贡献的全区各条战线妇女同胞致以节日的祝贺和慰问。

△万盛经开区召开凉风“梦乡村”开村筹备工作专题会。管委会主任肖猛出席会议。

9日

△上午，万盛经开区党工委书记杨晓云，管委会主任肖猛等全体在区市管领导到黑山镇鱼子村与120余名干部群众一起，参加2017年春季义务植树活动。

10日

△重庆市副市长刘强到万盛调研农业农村和扶贫开发工作。先后到关坝镇凉风村，查看凉风村“梦乡村”项目建设情况，了解扶贫开发、农旅融合发展等情况；到九锅箐等地，了解经开区农业特色产业、乡村旅游发展情况并听取经开区工作汇报。

△至14日，2017年重庆市青少年羽毛球锦标赛在长寿区体育中心举行。万盛经开区代表队获金牌8枚、银牌7枚和铜牌1枚，并获乙组、丙组、丁组3个团体总分第一。

11日

△关坝凉风“梦乡村”开园。当日接待游客3.5万人。

△关坝镇凉风村获重庆市工商局、扶贫办授予“重庆市精准扶贫微企梦乡村”称号。

△中国·凉风“梦乡村杯”第一届国际钓鱼比赛在凉风“梦乡村”举行。来自全国各地和俄罗斯等国家的240余名垂钓选手参赛。该赛事是国家级钓鱼比赛三级赛事，也是2017年中国钓鱼运动协会的第一场国家级钓鱼比赛。重庆万州选手程绪一获专业组冠军。

15日

△万盛经开区第四届小学生“萌芽杯”篮球赛在中盛小学开赛。全区18所学校的29支队伍、300余人参赛。

20日

△万盛经开区就业和社会保障服务中心投入使用。区社会保险局、区创业就业和人才服务局、区劳动人事争议仲裁院、区劳动保障监察大队、区社会保障卡服务中心分别从勤俭路69号、万新路55号、新田路27号、南桐车站建设银行2楼搬迁至万盛松林路111号国能天街8栋3楼。

21日

△万盛经开区首个由中国人民银行重庆营业管理部授权的个人信用报告自助查询点设立。查询点设在重庆农村商业银行万盛支行（渝南明珠小区对面）。

22日

△上午，中新（重庆）战略性互联互通示范项目管理局局长韩宝昌率队到万盛经开区，调研开放型经济发展和中新（重庆）战略性互联互通示范项目推进情况。先后到万盛博物馆和规划展览馆、金桥镇，了解经济社会发展情况，踏勘江南机场规划建设情况。

24日

△上午，万盛经开区2017年度城市管理服务主题月活动启动仪式举行。

△万盛经开区召开全域旅游专题工作会。会议安排部署“5·19”中国旅游日和“万盛全域旅游活动月”工作。党工委书记杨晓云、管委会主任肖猛出席会议。

△下午，2017年“华耀杯”斯诺克重庆万盛明星邀请赛在万盛嗨摩尔西南台球培训基地举行。斯诺克世界名将马克·塞尔比与重庆台球名将肖国栋到场助阵，并参加西南台球培训基地揭牌仪式。

25日

△至26日，2017徒步中国·全国徒步大会重庆（万盛）站在黑山镇南门村广场启幕。来自北京、上海、浙江等20个省市的430余名徒步爱好者参赛。

28 日

△至29 日，国家体育总局体育器材装备中心主任李桦到万盛经开区调研体育产业发展工作，并为万盛“国家体育产业示范基地”授牌。

29 日

△万盛经开区党工委书记杨晓云到南桐镇调研。实地了解南桐大道、平山综合交通枢纽规划建设情况和303 省道、204 省道南桐境内段综合整治情况；到鸿丰农贸市场，了解市场管理运行情况；到南桐花园小区，了解采煤沉陷区受损农房治理项目进展情况并听取南桐镇工作汇报。

30 日

△万盛街道2017 年全民健身运动会暨全民健身挑战日活动在区文体中心体育馆开幕。街道24 个部门的1200 余名运动员参赛。

△国家安监总局宣教办监察专员杨占科到万盛经开区调研安全生产宣传工作。先后到南桐小学安全文化创作基地、安全文化广场、东林街道和平村社区，了解安全生产宣传教育进学校、进公共场所、进社区等情况。

31 日

△万盛经开区召开区规委会主任第七次专题会。研究经开区2017 年城乡规划工作及听取城市鱼田堡组团、建设组团控规编修情况。

是月

△万盛消防安全装备产业入选重庆市经济信息委公布的新一批重庆市特色产业示范基地和建设基地名单，成为全市首个消防安全装备建设基地。

△万盛经开区翠信茶业有限公司注册的“滴翠剑名”商标入选重庆市著名商标评审委员会公布的2016 年重庆市著名商标认定名单。

4　月

1 日

△梦幻奥陶纪主题公园高空体验项目——天空悬廊开始接待游客。

△《万盛日报》由一周五刊改版为一周七刊。

4 日

△清明小长假期间，万盛经开区接待游客25.73 万人次，比上年增长206.31%。旅游总收入1.3 亿元，比上年增长208.42%，其中门票收入284.81 万元，比上年增长18.94%。

8 日

△至9 日，2017 年全国东西南北中羽毛球大赛（重庆万盛分站赛）在区文体中心体育馆举行。北京、陕西、贵州、河北、浙江、江苏等12 个省市的270 余名业余羽毛球爱好者参赛。比赛产生29 个单项冠军，其中万盛经开区选手获5 个单项冠军、2 个单项亚军、2 个单项季军。

11 日

△2017 年“万盛大舞台”送演出进基层活动在万盛街道开演。

12 日

△重庆市城市发展新区名茶手工制作技能大赛在板辽湖举行。大足、合川、铜梁等13 个区县的39 名制茶匠人参赛。永川选手吴华君、黄尚俊获一等奖；荣昌选手李贤华、万盛选手王维明和犹正友、永川选手范江河获二等奖；大足刘春秋、田桂林等6 位选手获三等奖。万盛选手刘臣获特等奖。

15 日

△《中国青年报》、《重庆日报》、华龙网等8 家国家、市级媒体的10 余名记者组成的采访组，到青年镇、黑山镇等地，采访万盛经开区实施农村环境综合整治、建设美丽乡村取得的成效和经验。

19 日

△万盛经开区党工委统战部组织民主党派、无党派人士代表先后到黑山谷露营基地、黑山谷运动中心、重庆万盛国际青年户外中心、万盛嗨摩尔，察看体育产业发展情况。

20 日

△重庆市运管局局长梅永康到万盛经开区检查道路运输安全工作。

22 日

△下午，第二季“星”动黑山谷——羽球明星黑山谷之旅开场。羽球名将李宗伟、万盛籍羽毛球世界冠军张亚雯、主持人童可欣及洪钢、余嘉欣等分别到黑山谷和龙鳞石海景区与游客们

互动。

25 日

△万盛经开区社会科学界联合会成立大会暨第一次代表大会召开。万盛经开区党工委书记杨晓云出席会议并讲话。市社科联党组书记、专职副主席杨清明，副主席阳奎兴出席会议。

26 日

△国土资源部党组成员、副部长凌月明率队到万盛经开区，调研地质灾害防治、采煤沉陷区综合治理和煤矿超层越界开采专项整治工作。

27 日

△全市旅游厕所建设专题会议在万盛经开区召开。重庆市旅游局巡视员邝海，区领导肖猛出席会议。

△万盛经开区文明家庭、优秀志愿服务组织和优秀志愿者颁奖典礼在万盛影剧院举行。

28 日

△万盛经开区召开旅游联盟成立大会。党工委书记杨晓云，管委会主任肖猛出席会议。

△万盛经开区举行“青春喜迎十九大·不忘初心跟党走”纪念建团 95 周年暨标准化入团仪式示范活动。

△在重庆市第五届劳动模范和先进工作者表彰大会上，万盛经开区顺达公路开发有限责任公司工程部副部长张有林，重庆多普泰制药股份公司生产技术部负责人彭治平，国电重庆恒泰发电有限公司质检部质检工程师焦键，黑山镇北门村党支部副书记、村委会主任徐永强获“重庆市第五届劳动模范”荣誉称号。

30 日

△2017 年重庆万盛石林第十九届苗族“踩山会”在龙鳞石海景区开幕。全国首部关于苗族爱情的大型情景剧《最后的夜郎王》在开幕式上首演，苗族歌手阿幼朵倾情演唱。

是月

△万盛经开区人民医院胸痛中心通过国家胸痛中心认证专家现场核查。胸痛中心对急性胸痛患者的综合救治能力达国家级标准和水平。

△红枫社区便民服务中心和莲池苑社区便民服务中心建成投用。

△板辽湖手工制茶“非遗”体验中心建成投用，总建筑面积约 517.8 平方米。

△位于黑山镇八角小镇的荧光步道建设投用。荧光步道分 A、B 两段，每段各 100 米。

5　　月

1 日

△重庆市首家运动医院——黑山谷国际运动医院试运营。医院位于黑山谷八角风情小镇，建筑面积 2.26 万平方米。医院设有运动体验中心、运动评定室、运动处方室、运动中医科、运动医疗急救室、药剂科、放射科及特检科、检验科等业务部门。

△“五一”期间，万盛经开区接待游客 53.25 万人次，比上年增长 77.91%；旅游总收入 2.66 亿元，比上年增长 76.33%。

2 日

△万盛经开区党工委书记杨晓云率队先后到从黑公路、黑山谷旅游度假区、白花片区，检查旅游交通项目建设、旅游度假区建设管理等情况。管委会主任肖猛陪同调研。

5 日

△上午，万盛经开区召开推进“两学一做”学习教育常态化制度化工作座谈会。学习贯彻习近平总书记系列重要讲话精神以及关于推进“两学一做”学习教育常态化制度化的重要指示精神，贯彻中央、市委推进“两学一做”学习教育常态化制度化工作座谈会精神，安排部署全区相关工作。万盛经开区党工委书记杨晓云出席会议并讲话，管委会主任肖猛出席会议。

8 日

△万盛经开区首部以棚户区改造为题材的原创方言话剧《安得广厦千万间》在万盛影剧院首演。

9 日

△万盛经开区第二届“兴盛杯”职工乒乓球赛在区文体中心体育馆举行，由区属机关、事业单位、国有企业及非公有制企业的在职职工、农民工组成的 24 支团体队伍、200 余名乒乓球爱好者参赛。

△万盛街道江山城社区微型消防站投入使用。消防站设在润洲·江山城小区 4 栋，配备治

安巡逻车和灭火、破拆等20余种消防器材。

△以“中国梦·劳动美——唱响万盛”为主题的全区职工歌咏大赛第五场比赛——工业系统职工歌咏大赛在万盛影剧院开唱。重庆万盛福耀玻璃有限公司队晋级总决赛。

△万盛经开区与中国移动通信集团重庆有限公司、中移物联网有限公司签订三方战略合作协议，计划通过3～5年的协同建设，将万盛建设成中国西部乃至全国的统筹城乡信息化高地及智慧城市建设的示范。万盛经开区党工委书记杨晓云，管委会主任肖猛，中国移动通信集团重庆有限公司董事长、总经理郭永宏，中移物联网有限公司副总经理乔辉出席签约仪式。

11日

△2017年全市中等职业学校“平安体育杯”学生篮球赛在区职教中心开赛。全市59个中等职业学校的84支队伍、900余人参赛。

△“中国爱情主题景区联盟”筹备大会在万盛黑山谷景区召开。湖南张家界武陵源景区、浙江宁波梁祝文化公园、云南石林风景名胜区等全国十个“爱情主题景区”负责人参加。

15日

△万盛经开区全覆盖培训党支部书记机关领域培训班开班。全区各部门、各镇街的机关党总支书记、党支部书记（含机关离退休党支部书记）和机关党务工作者210余人参加培训。

16日

△万盛经开区党工委党的建设工作领导小组召开会议，听取全区党的建设和意识形态工作情况汇报，研究部署2017年全区党建重点工作。党工委书记、党工委党的建设工作领导小组组长杨晓云主持会议并讲话。

△万盛经开区第二届玻璃产业劳动技能竞赛在重庆万盛浮法玻璃有限公司举行。福耀玻璃、浮法玻璃和耀皮工程玻璃三家公司的128名选手参加比赛。

17日

△交通运输部调研组到万盛经开区调研农村公路管养工作。先后到万东镇、金桥镇和黑山镇等地，实地了解万盛经开区农村公路管理养护、旅游交通建设和全域旅游发展等情况，并听取万盛经开区工作汇报和听取基层代表对深化农村公路管养体制改革的意见建议。

18日

△至19日，重庆市政府副市长谭家玲到万盛调研全域旅游示范区创建工作。

△万盛博物馆、万盛规划展览馆向市民全面开放。

△国内首家集水陆空为一体的运动主题乐园——青年汇巅峰乐园试开园。

△晚19点30分，“巅峰歌王　唱响万盛”音乐会在青年汇巅峰乐园开唱。著名歌手韩磊参加演出。

19日

△2017年“中国旅游日”重庆分会场暨万盛全域旅游活动月启动仪式在万盛黑山谷度假区举行。重庆市政府副市长谭家玲宣布活动启动，国家旅游局港澳台司司长李亚莹出席仪式并为万盛旅游发展委员会授牌。

20日

△中国共产党重庆市第五次代表大会在市人民大礼堂开幕。万盛街道万北二社区党委书记冯飞、区人民医院神经内科主治医生殷小琴两名基层党代表参加大会。

21日

△“定向古石林·康乐享亲情”万盛石林定向越野跑第二季第二期赛事——警界精英跑比赛在龙鳞石海景区举行，100余名定向越野爱好者参加比赛。

23日

△上午，民进重庆市委到进盛实验中学开展2017年“进盛合作”活动。15名教师获“进盛教育之星”称号，进盛中学30名学生获“优秀贫困学生”称号，民进重庆市委向“进盛教育基金”注资5万元，民进区委会向进盛实验中学捐赠教育经费3万元。

28日

△全国首个蘑菇主题乐园——丛林菌谷蘑菇总动员开园。

△青山湖尚古村落开园。

31日

△“中国梦·巴渝风·万盛情原创舞台”系列群众文化活动之2017年庆“六一”专场文艺演出在万盛影剧院上演。

6　月

1 日

△2017 年全国“安全生产月”暨“安全生产万里行”活动启动仪式在万盛经开区子如广场举行。中共重庆市委常委、市政府副市长刘强，市政协副主席周克勤，国家安监总局人事局（宣教办）监察专员杨占科等出席启动仪式。

2 日

△国家林业局湿地保护管理中心巡视员程良率验收考察组到万盛经开区，评估验收重庆青山湖国家湿地公园试点建设。

3 日

△以“点燃青春活力，畅享运动快乐”为主题的 2017 年魅力黑山七色跑活动开跑，1200 余名选手参加。

△中共重庆市委常委、市政府常务副市长吴存荣到万盛经开区调研。先后到万盛浮法玻璃有限公司、南桐镇、万盛煤电化产业园区、万盛博物馆和规划展览馆了解万盛经开区历史人文、城乡规划、城市建设管理等情况。

4 日

△至 5 日，以全国政协常委、世界贸易中心协会（香港）执行委员会主席伍淑清为团长的香港特别行政区全国政协委员考察团到万盛经开区考察生态旅游发展情况。全国政协常委、全国政协港澳台侨委员会副主任杨衍银，全国政协港澳台侨委员会驻会副主任吕虹参加考察。重庆市政协副主席张玲，万盛经开区党工委书记杨晓云、管委会主任肖猛陪同考察。

5 日

△重庆市商务委副主任王珏率队到万盛经开区检查指导商贸流通领域安全生产工作并召开座谈会。

△下午，万盛经开区召开防灾减灾工作部署会。管委会主任肖猛出席会议并讲话。

6 日

△万盛经开区党工委召开委员会议，学习重庆市第五次党代会精神，研究万盛经开区学习宣传贯彻党代会精神工作。党工委书记杨晓云主持会议。

△万盛经开区党工委召开第 136 次委员会。会议听取工业脱产达标攻坚行动和全民健身工作汇报。党工委书记杨晓云主持会议。

7 日

△上午，2017 年全国普通高等学校招生考试开考。万盛经开区有 1559 名考生参加高考。

9 日

△上午，福耀集团董事长曹德旺、日本电产集团中国区总裁甲斐照幸到万盛经开区，就推动有关项目合作进行考察。万盛经开区管委会主任肖猛陪同考察。

10 日

△2017 年全国羽毛球业余俱乐部赛“黑山谷杯”重庆万盛分站赛在区文体中心体育馆开赛。来自四川、贵州等地的 24 个俱乐部的 200 余名运动员参赛。

11 日

△2017 年全国羽毛球业余俱乐部赛“黑山谷杯”重庆万盛分站赛比赛结束。万盛羽毛球队获甲组五场制混合团体赛第一名。

13 日

△山东省供销合作社副主任许广民率考察团到万盛经开区考察交流供销系统农村现代网络流通体系建设工作。区领导司明陪同考察。

△重庆市政协党组副书记、副主席刘光磊到万盛经开区考察调研，并听取经济社会发展情况汇报。万盛经开区党工委书记杨晓云、管委会主任肖猛陪同调研。

15 日

△重庆市政府应急办主任张邦平率中共重庆市委、市政府专项督查组到万盛经开区督查防汛防地灾工作。先后到青山湖水库、黑山谷旅游度假区、三万南铁路吴家湾隧道弃渣场、奥陶纪公园、红岩煤矿、南桐煤矿等地以及万东镇箐溪村梨子榜、黑山镇南门鲜家坪和廖家湾、青年镇燕石村大坪、丛林镇五十千米社区新风井等滑坡隐患点督查指导万盛经开区防汛防地灾工作以及汛期有关安全工作。万盛经开区管委会主任肖猛陪同督查。

16 日

△万盛经开区召开干部大会，宣布中共重庆

市委关于万盛经开区党工委主要领导调整的决定：杨晓云任中共重庆市梁平区委委员、常委、书记，不再担任中共重庆市万盛经济技术开发区工作委员会书记、市委副秘书长（兼）职务；肖猛任中共重庆市万盛经济技术开发区工作委员会书记。中共重庆市委组织部常务副部长蒋宜茂宣布市委决定。

17 日

△万盛板辽湖景区开园迎客。

18 日

△上午，国家旅游局副局长王晓峰率队到万盛调研旅游工作。国家旅游局监督管理司司长刘克智，重庆市旅游局局长刘旗、副局长王定国，万盛经开区党工委书记、管委会主任肖猛陪同调研。

19 日

△万盛经开区党工委书记、管委会主任肖猛到党工委宣传部、区新闻中心，调研宣传思想工作。

21 日

△中共达州市委组织部常务副部长、中共通川区委副书记罗显泽率考察团到万盛经开区参观考察丛林菌谷农旅融合发展情况。区领导胡俊陪同考察。

△至22 日，万盛经开区党工委书记、管委会主任肖猛率队到国家发改委汇报万盛经开区经济社会发展、国家资源转型试点城市建设以及采煤沉陷区综合治理等有关工作情况。

△万盛经开区党工委书记、管委会主任肖猛到国家能源局汇报工作并与神华国能集团高层就加快推进神华国能重庆发电厂环保迁建项目进行对接。国家能源局副局长王晓林，神华国能集团董事长宋畅出席工作座谈会。

22 日

△第二十届中国（重庆）国际投资暨全球采购会在重庆国际博览中心开幕。万盛经开区推出总投资额60 亿元的 18 个重点招商项目参展，涉及工业、旅游、城市建设、商贸物流、农业等领域。

△万盛经开区党工委书记、管委会主任肖猛视察万盛经开区在第二十届中国（重庆）国际投资暨全球采购会的参展情况。

23 日

△重庆高速集团总经理田世茂率考察团到万盛经开区考察调研交通与旅游融合发展情况。区领导胡俊陪同考察。

△万盛经开区党工委书记、管委会主任肖猛调研老干部工作。

24 日

△至 25 日，2017 年重庆市青少年羽毛球单打精英赛在九龙坡区华岩羽乐汇乒羽球馆举行。万盛经开区选手获女子单打金、银牌各一枚，男子单打第四名和第六名。

25 日

△第二十届中国（重庆）国际投资暨全球采购会落幕。万盛经开区签约 18 个项目，签约总额60 亿元，涉及煤化工、旅游、装备制造、智能终端、新型材料、体育、通用航空等产业。

△国务院安委会安全生产巡查意见反馈视频会在重庆市举行。万盛经开区党工委书记、管委会主任肖猛等在万盛分会场参加会议。视频会议结束后，肖猛就万盛经开区安全生产工作再强调、再部署。

26 日

△万盛经开区 2017 年全民健身挑战日“残健融合关爱一千米竞跑”活动在青山湖举行。全区 10 支参赛队的 400 名运动员参赛。

△百花谷旅游度假区二期工程开园。

27 日

△重庆市、区交通系统基层党组织“四联共建”行动推进会在万盛经开区召开。市交委民航处支部、研究室支部、民航重庆监管局二支部、区交通局机关支部及江南机场公司机关支部相关党员干部参加会议。

△万盛经开区党工委书记、管委会主任肖猛会见到区考察的上海耀皮玻璃集团总裁柴楠，双方就进一步深化合作，推进万盛玻璃产业发展进行交流。

△万盛经开区召开党工委委员会议，听取全区防汛防灾工作汇报，党工委书记、管委会主任肖猛主持会议。

△万盛经开区举行“七一”党课报告会。党工委书记、管委会主任肖猛作党课报告。

△晚 7 时 30 分，青年镇专场文艺演出在万盛

影剧院精彩上演。

28 日

△中共重庆市委宣讲团到万盛经开区宣讲重庆市第五次党代会精神。中共重庆市委宣讲团成员、重庆社会科学与党组书记、院长陈全作宣作报告。万盛经开区党工委书记、管委会主任肖猛主持报告会。

30 日

△上午，开州区区长冉华章率队到万盛经开区考察经济社会发展有关工作。万盛经开区党工委书记、管委会主任肖猛陪同考察。

△万盛经开区党工委书记、管委会主任肖猛到基层看望慰问生活困难党员。

△上午，万盛经开区“巩固国家卫生区建设成果——志愿者在行动”集中服务活动启动仪式在子如广场举行。

△2017 年全市学习贯彻《全域旅游示范区创建工作导则》座谈会在万盛经开区召开。市旅游局党组成员、副局长陈一清，万盛经开区党工委书记、管委会主任肖猛出席会议。

△万盛经开区与西南大学签订校地合作协议，整合双方优势，共促地区经济社会和西南大学教育事业发展。西南大学党委书记舒立春，万盛经开区党工委书记、管委会主任肖猛出席签约仪式。

是月

△重庆市 2017 年全国高考各类招生录取最低控制分数线公布。万盛经开区上线率 98%，重本上线人数首次破 200 人。

△新疆克拉玛依市独山子区政府考察团到万盛经开区考察万盛体旅融合发展情况。

△万盛经开区入选国家旅游局公布的 21 个“第二批国家级旅游业改革创新先行区名单”。

7 月

3 日

△万盛经开区党工委书记、管委会主任肖猛主持召开专题会议，听取“三湖一村一院落”建设运营情况汇报，研究全域旅游工作。

4 日

△重庆市人民检察院检察长、党组书记贺恒扬到万盛经开区调研。先后到万盛玻璃产业园区、万盛中心检察室了解地区经济社会发展和检察工作等情况。

6 日

△万盛经开区召开党工委委员会议，传达学习全市城市工作会议精神。党工委书记、管委会主任肖猛主持会议。

△万盛经开区党工委召开第 140 次委员会议，听取全区意识形态工作汇报。党工委书记、管委会主任肖猛主持会议。

8 日

△“消夏避暑季暨台湾文化夜市”开市仪式在黑山谷运动中心举行。这标志着中国台湾文化夜市入驻万盛黑山谷景区。

9 日

△中共河北省张家口市市委常委、中共崇礼区委书记王彪率党政代表团到万盛经开区考察。先后到青年汇巅峰乐园、旅游综合管理执法集中服务区、体育产业众创空间、嗨摩尔、文体中心等地了解万盛经开区旅游、体育等经济社会发展情况。万盛经开区党工委书记、管委会主任肖猛陪同考察。

10 日

△万盛经开区党工委书记、管委会主任肖猛到南桐矿业公司调研，就深入推进地矿合作、共谋地区转型发展等工作进行交流。

12 日

△万盛经开区党工委组织召开 2017 年民主党派、工商联负责人和无党派人士代表第三次“双月座谈会”，专题听取党外人士对全区工业经济发展情况的意见建议。

△万盛经开区渝黔高速公路扩能项目建设指挥部召开第一次会议，动员部署建设相关工作，党工委书记、管委会主任肖猛主持会议。

13 日

△共青团市委第三督导组到万盛经开区开展共青团工作综合督导，贯彻落实共青团十七届六中全会、共青团重庆市四届七次全委（扩大）会议精神，推进共青团改革，推动从严治团、“一学一做”教育实践和共青团重点工作任务落地落

实等。

△万盛经开区党工委书记、管委会主任肖猛会见到区帮扶指导重庆市第四十九中学的重庆一中校长唐宏宇，就深化帮扶合作、提升万盛教育发展水平相关事宜进行交流座谈。

14 日

△重庆市科协、市教委带领重庆大学、西南大学、重庆医科大学等 8 所高校的专家教授团，到万盛经开区开展高校科技资源精准对接活动。市科协党组成员、副主席周雄参加活动。专家教授团先后到万盛福耀玻璃有限公司、万盛煤化有限责任公司、重庆盛镁镁业有限公司、重庆多普泰制药股份有限公司等 8 家企业调研，了解各企业生产经营和科技创新情况，并对企业的科技需求和科技创新中遇到的难题开展对接。

15 日

△2017 年全国残疾人羽毛球锦标赛在云南文山盘龙体育馆落幕，万盛残疾人运动员陈良华获金牌 1 枚、银牌 2 枚。

17 日

△万盛经开区党工委书记、管委会主任肖猛率队督查“国卫”复审迎检工作。

19 日

△重庆市国资委副主任李星强到万盛经开区调研，督查指导市属国有重点企业办社会职能剥离移交工作。

20 日

△万盛经开区党工委书记、管委会主任肖猛到区信访接待中心，与区出租车行业从业人员代表座谈，就深化出租车行业改革、依法依规解决当前出租车营运中的突出问题、把出租车建成为城市“流动文明风景线”等进行交流。

21 日

△万盛经开区党工委书记、管委会主任肖猛到鱼子岗片区调研开发建设工作，实地了解林泽连接桥、鱼子山庄、溯溪探险等项目建设情况，并听取鱼子岗旅游开发公司工作情况汇报。

22 日

△晚，中央电视台第七套相亲交友类大型户外访谈栏目《乡约》在万盛经开区子如广场录制节目，央视主持人肖东坡与嘉宾展开互动交流。

25 日

△晚，“中国梦・巴渝风・万盛情”四季原创舞台“夏之舞”晚会在万盛影剧院上演。

26 日

△万盛经开区党工委书记、管委会主任肖猛率队检查森林防火工作。

27 日

△万盛经开区召开党工委中心组学习（扩大）会，邀请重庆市规划局党组成员、总规划师徐颖作报告。

28 日

△万盛经开区召开 2017 年夏秋季征兵工作会，贯彻落实中央、全市征兵工作会议精神，安排部署全区征兵工作。党工委书记、管委会主任肖猛出席会议。

29 日

△万盛汽车站—黑山谷旅游度假区、万盛汽车站—奥陶纪景区的旅游直达客运专线试运行。

△2017 年万盛旅游度假区文艺演出暨全民艺术普及“消夏音乐会”在黑山露营基地举行。

30 日

△关坝镇凉风“梦乡村”入选全国第三批“中国乡村旅游创客示范基地”名单。

是月

△梁平区人大常委会副主任李志祥、区政府副区长唐军带队到万盛经开区考察城市及旅游景区建设管理工作。

△2017 年第五期“最美巴渝・感动重庆”月度人物发布会在荣昌举行。万盛市民刘军豪入选“最美巴渝・感动重庆”月度人物。

△“2017 第十九届全国艺术摄影大赛”评审工作在中国河南雅文集团・雅文虎山温泉落幕。万盛经开区摄影家协会会员周明作品《金土地》获风光类铜奖、刘琳作品《争》获花卉摄影类优秀奖、岳建忠作品《矮寨韵律》获工业建筑摄影类优秀奖。

△万盛市民傅明伟入选第 61 期“重庆好人榜”，当选“自强不息”类“重庆好人”。

8　月

2 日

△万盛经开区召开2017年半年工作会。会议通报上半年经济运行、重点项目建设和经济社会发展有关情况，安排部署下半年工作。党工委书记肖猛讲话，管委会主任袁光灿主持会议。

4 日

△至5日，武汉市副市长刘英姿到万盛经开区考察全域旅游发展、旅游业改革创新先行区建设情况。

△万盛经开区党工委书记肖猛、管委会主任袁光灿到开发投资集团公司调研，听取工作情况汇报并看望干部职工。

△万盛经开区2017年“全民健身日”系列活动启动仪式暨“万盛市民穿越黑山谷健身赛”在黑山谷景区北门举行，全区近300名市民参赛。

5 日

△上午，第二届黑山谷高山国际巨型气球节在黑山八角小镇开幕。

7 日

△万盛经开区召开全区国有企业党建工作会，学习贯彻全国、全市国有企业党的建设工作会议精神特别是习近平总书记重要讲话精神，研究部署全区国有企业党建工作，以及国资国企改革发展有关工作。党工委书记肖猛出席会议并讲话。

8 日

△至9日，万盛经开区2017年“全民健身日”门球比赛在白果坪湿地公园举行。全区16支老年代表队，150余名运动员参赛。

9 日

△万盛经开区党工委中心组召开学习会。学习习近平总书记在省部级主要领导干部“学习习近平总书记重要讲话精神，迎接党的十九大”专题研讨班上的重要讲话精神，重温习近平总书记在推动长江经济带发展座谈会上的重要讲话精神。党工委书记肖猛出席会议并讲话。管委会主任袁光灿等区领导及开发投资集团公司班子成员参加学习会。

△万盛经开区凉风“梦乡村”关坝垂钓运动休闲特色小镇入选国家体育总局公布的全国首批96个运动休闲特色小镇试点项目名单。

10 日

△万盛经开区召开党工委全面深化改革领导小组会议。学习中央全面深化改革领导小组第十九次会议精神，听取综合经济和生态环境体制、行政机构和事业单位、科技和创新驱动发展、社会事业和社会保障、社会治理、党的建设、群团等专项小组工作情况汇报，安排部署下一步全区改革工作。党工委书记肖猛主持会议并讲话，管委会主任袁光灿参加会议。

14 日

△万盛经开区管委会主任袁光灿调研安全生产工作。先后到南桐特种水泥有限公司矿山、大丘油库、万盛汽车站，了解非煤矿山、危险化学品、交通等行业安全生产工作情况。

△2017年全国羽毛球后备人才基地羽毛球比赛（东北赛区分站赛）在内蒙古自治区乌兰察布市落幕，万盛羽毛球训练中心代表队获1个第三名、1个第四名的成绩。

15 日

△万盛经开区党工委召开网络安全和信息化领导小组会议，学习贯彻习近平总书记在中央网络安全和信息化领导小组第四次会议上的讲话精神，以及市委网络安全和信息化领导小组会议精神，研究部署全区网络安全和信息化工作。党工委书记肖猛主持会议并讲话。

△万盛经开区召开全面推开公立医院综合改革工作动员部署会。管委会主任袁光灿、副主任唐竹分别代表管委会和区医改领导小组与相关部门、医院签订工作目标责任书。党工委书记肖猛出席会议并讲话。管委会主任袁光灿主持会议。

△万盛经开区召开卫生与健康大会，学习贯彻全国卫生与健康大会精神，安排部署全区卫生与健康工作。

16 日

△至17日，国家煤矿安监局技装司司长张文杰率国务院安委会办公室安全生产大检查督导组到万盛经开区检查安全生产工作。

17 日

△万盛经开区党工委书记肖猛到关坝镇调

研。先后到关坝镇凉风村、坪坝村、双坝村、场镇，了解旅游精准扶贫、配套设施建设、基层阵地建设、城镇规划管理等工作情况，并主持召开座谈会，听取关坝镇工作情况汇报。

18 日

△至 19 日，陕西渭南华阴市委书记李军政率党政代表团到万盛经开区考察城市建设管理、全域旅游发展等工作情况。

△晚，万盛首届龙虾啤酒音乐节暨梦幻灯光节在丛林菌谷举行。

19 日

△晚，“中国梦·巴渝风·万盛情”四季原创舞台“黑山等你来”专场文艺演出在黑山谷八角游客中心上演。

21 日

△中国农业银行重庆市分行与万盛经开区签订“十三五”金融服务战略合作协议，推动万盛资源型城市转型发展。中国农业银行重庆市分行党委书记、行长韩国强出席。

24 日

△万盛经开区党工委书记肖猛到北京，与海航通航投资集团有限公司首席执行官祝捷座谈交流，就加快推进重庆江南机场等合作项目进行对接磋商。

26 日

△第二届亚洲青少年定向锦标赛、2017 年全国定向锦标赛在内蒙古自治区呼伦贝尔市落幕。万盛定向运动代表队获第二届亚洲青少年定向锦标赛短距离公开组亚军、中距离公开组季军，以及体育道德风尚奖。

31 日

△2017 年万盛经开区工业投产达产攻坚行动暨化解过剩产能职工、扶贫攻坚、高校毕业生专场招聘会在子如广场举行。

是月

△万盛历史名人、著名慈善家刘子如被中华慈善博物馆列为重要慈善人物，并设立展区永久展出。

9　月

9 日

△在“2017 年重庆夜市文化节”闭幕式上，万盛老街被授予“十大特色重庆夜市文化名街”称号。

11 日

△万盛经开区 2017 年度新兵欢送大会暨国防教育宣传周启动仪式在子如广场举行。47 名新兵到湖南、新疆、西藏等地，开启军旅生涯。

△国家土地督察成都局万盛土地例行督察“回头看”工作汇报会在万盛经开区召开。

12 日

△万盛经开区举行 2017 年干部教育培训秋季开学典礼，党工委书记肖猛出席典礼。

15 日

△住房城乡建设部城市管理监督局在万盛召开重庆市推进城市管理执法体制改革调研座谈会。

△中央电视台少儿频道《大手牵小手》栏目在万盛经开区丛林菌谷蘑菇总动员现场录制节目，中央电视台儿童节目主持人鞠萍与现场的观众展开交流互动。

16 日

△至 17 日，2017 重庆市青少年羽毛球单打精英赛 U10、U11、U12 组别比赛在江津区羽毛球馆举行。万盛经开区羽毛球运动员获金牌 2 枚、银牌 3 枚、铜牌 3 枚。

18 日

△万盛经开区召开会议专题研究部署土地利用总体规划调整完善工作。

△万盛经开区召开“两学一做”学习教育常态化制度化推进会，党工委书记肖猛出席会议并讲话。管委会主任袁光灿主持会议。

△至 19 日，国务院安委会第十五综合督查组到万盛经开区督查考核安全生产大检查工作开展情况。督察组组长、国家安全监管总局办公厅监察专员杨智慧出席汇报会并讲话。

19 日

△万盛经开区党工委中心组举行学习（扩

大）会，专题学习统计法律法规。

20 日

△万盛经开区召开科学技术协会第二次代表大会。大会选举产生区科协第二届委员会主席、副主席、委员。邹红当选新一届区科协主席。

21 日

△重庆市综治办副主任张强率市委、市政府督查组到万盛经开区检查督导迎接党的十九大安全稳定工作会议精神贯彻落实情况。

22 日

△万盛经开区召开文学艺术界联合会第二次代表大会。党工委书记肖猛出席会议并讲话，市文联党组成员、副主席龙川致辞。大会选举产生区文联第二届委员会主席、副主席、秘书长，聘请区党工委副书记、政法委书记李川为区文联名誉主席，胡明当选新一届区文联主席。

△万盛经开区召开残疾人联合会第二次代表大会。党工委书记肖猛出席会议并讲话，市残联党组成员、副巡视员孙连尚致辞。大会选举产生区残疾人联合会第二届执行理事会，王慧明当选执行理事会理事长。

24 日

△黑龙江省鹤岗市政协主席徐颖率队到万盛经开区考察全域旅游发展情况。先后到黑山谷景区、梦幻奥陶纪主题公园等地，了解景区运营管理、旅游基础设施建设、旅游综合配套等工作情况。党工委书记肖猛陪同考察。

26 日

△万盛经开区召开第二次妇女代表大会。大会选举产生区妇联第二届执委会常委、主席、副主席。王良湘当选新一届区妇联主席。

27 日

△2017 年“全民健身挑战日·健康万盛动起来”开幕仪式暨两街两镇选拔赛在区文体中心体育场开幕。

△共青团万盛经开区第一次代表大会召开。

28 日

△国家采煤沉陷区综合治理部际联席会议第一次会议在北京召开。万盛经开区党工委书记肖猛在会上汇报万盛工作。

△万盛经开区工会第二次代表大会召开。大会选举产生区总工会第二届委员会委员、经费审查委员会委员。左青平当选区总工会主席。

10 月

8 日

△至 8 日，国庆中秋长假期间，万盛接待游客 176.6 万人次，比上年同期增长 216.96%；旅游总收入 7.7 亿元，增长 175.71%。

△2017 中国体育文化·体育旅游博览会在内蒙古包头市举行，万盛作为重庆唯一区县代表团参展。

9 日

△万盛经开区党工委书记肖猛到国家体育总局汇报工作。国家体育总局副局长赵勇，国家体育总局经济司、社会体育指导中心负责人专题听取万盛经开区工作汇报。

△万盛经开区管委会主任袁光灿到金桥镇调研。

12 日

△万盛经开区工业强区领导小组召开第一次会议，研究审议工业强区战略相关实施方案和政策办法。党工委书记、工业强区领导小组组长肖猛主持会议并讲话。管委会主任、工业强区领导小组常务副组长袁光灿出席会议。

△至 13 日，重庆市市级文艺家协会会员深入学习贯彻习近平总书记系列重要讲话精神专题研讨班（万盛班）在万盛经开区党工委党校举办。区市级文艺家协会会员、区文联各协会部分骨干会员。

13 日

△华西希望集团副总裁、希望教育集团董事长徐昌俊到万盛经开区考察，就相关合作事宜进行交流对接。万盛经开区党工委书记肖猛、管委会主任袁光灿陪同考察或参加座谈。

△万盛经开区管委会主任袁光灿到南桐镇调研。

16 日

△万盛经开区召开专题会议，通报全国采煤沉陷区综合治理部际联席会议情况。

△万盛经开区体育旅游领导小组召开第一次会议，通报到国家体育局汇报对接工作情况，听

取首届重庆市体育旅游产业发展大会暨“运动健康之城·幸福和谐万盛”推介会筹备情况汇报，研究体育旅游发展重点工作。

19 日

△青年镇第四届全民健身运动会暨全民健身挑战日活动在板辽湖游客接待中心广场举行。

20 日

△重庆市副市长刘桂平到万盛经开区调研。先后到万盛博物馆、规划展览馆、万盛浮法玻璃有限公司等地了解万盛经济社会发展情况。

△万盛经开区党工委书记肖猛、管委会会主任袁光灿调研全区重大水利建设项目并出席凉风水库开工仪式。

21 日

△至22 日，国务院安委会安全生产大检查第15 督察组第二小组到万盛开展安全生产大检查“回头看”。万盛经开区管委会主任袁光灿参加汇报或现场检查。

23 日

△万盛经开区管委会召开党组 2017 年第 8 次会议和第 141 次主任办公会。

26 日

△万盛经开区举办“欢庆十九大——为美丽幸福现代的万盛点赞”离退休干部书画摄影展。此次书画摄影展展出书画作品 80 幅、摄影作品200 幅。

28 日

△第三十届重庆高校教职工钓鱼比赛在关坝镇凉风村举行，重庆大学、西南大学、重庆邮电大学等 21 所高校的 24 支队伍参赛。

29 日

△下午 2:00，“CCTV－7《乡约》2017 中国十大爱情故事”颁奖典礼在万盛龙鳞石海景区举行。

30 日

△万盛经开区党工委书记肖猛到万东镇团结村，以一名人大代表的身份，走访联系选区选民，带头宣讲党的十九大精神。

31 日

△新疆克拉玛依市独山子区党政考察团到万盛经开区考察并签订友好城市战略合作协议，双方将围绕文化、体育、旅游等领域开展交流与合作。

△万盛经开区党工委书记肖猛，管委会主任袁光灿会见海航集团管理顾问委员会委员郑辉，双方就加强通航产业战略合作、推动重庆江南机场开工建设等方面进行交流。

11　月

1 日

△万盛经开区与贵州省遵义市正安县签署经济社会发展合作框架协议，共同推进渝黔区域合作桥头堡和示范区建设。贵州省遵义市正安县长吴起，万盛经开区党工委书记肖猛、管委会主任袁光灿出席签约仪式。

△2017 全民健身挑战日——“健康万盛动起来”总决赛暨万盛国民体质监测中心与市民大健康服务中心揭牌仪式在区文体中心举行。

2 日

△重庆市体育旅游产业发展大会暨“运动健康之城·幸福和谐万盛”推介会在万盛经开区召开。重庆市副市长屈谦出席大会并致辞。国家体育总局经济司副司长彭维勇代表国家体育总局到会祝贺。市旅游局局长刘旗、市体育局局长丁洪出席会议并讲话。国家体育总局群体司副司长李正宁宣布重庆市获得国家体育产业示范基地、国家体育产业示范单位、国家体育旅游精品赛事、国家运动休闲特色小镇的单位名单。万盛经开区党工委书记肖猛在会上致辞，并向莅临大会的300 余名业界代表推介万盛体育旅游工作及产业发展情况。

△贵州省铜仁市万山区委副书记、区长张吉刚率队到万盛经开区考察交流资源型城市转型工作。

△晚 7 时，中国重庆万盛石林 2017 年拳力巅峰 WBO 亚太区年度总决赛在万盛文体中心体育馆开赛，比赛分 9 场，共产生 WBO、WBA、WBC、IBF 四大职业拳击组织的 6 条腰带，含 2 条大中华金腰带、3 条洲际金腰带和 1 条洲际银腰带。

3 日

△2017 年万盛经开区关坝镇凉风村“体彩

杯”钓鱼邀请赛收竿。来自全国各地的100名钓友参加比赛。

4日

△2017重庆万盛国际跑步节暨CCTV体坛风云人物全民健身公益跑活动在万盛经开区青山湖湿地公园举行。

6日

△万盛经开区党工委书记肖猛会见中国电信重庆分公司总经理龚勃，双方就推进万盛信息化建设进行交流。

△万盛经开区管委会主任袁光灿以一名普通党员的身份，参加管委会办公室党支部“不忘初心，牢记使命，深学笃用党的十九大精神”专题学习会。

9日

△万盛经开区党工委书记肖猛到丛林镇调研。到工地、社区、机关，向基层干部群众宣讲党的十九大精神。

△由国家体育总局乒乓球羽毛球运动管理中心主办的2017年全国羽毛球后备人才基地比赛（西南赛区）在湖南省益阳市落幕，万盛经开区羽毛球代表队获1个第一名、1个第三名、1个第四名、1个第六名的成绩。

△南桐镇第五届全民健身运动会在二郎山公园举行。该镇各村、社区、镇机关、辖区企事业单位的24支队伍、900多名运动员参赛。

10日

△湖南省怀化市鹤城区区委书记熊安台、区长向秀亮到万盛经开区考察。先后到黑山谷度假区、梦幻奥陶纪主题公园、板辽金沙滩等地，了解景区运营管理、旅游基础社会建设和旅游综合配套等相关工作情况。

△万盛经开区党工委书记肖猛与党支部成员一道重温入党誓词，并以普通党员身份参加党工委办公室一支部组织生活会。

△万盛经开区管委会主任袁光灿到青年镇调研，向基层干部群众宣讲党的十九大精神。

14日

△在全市举行的重大旅游招商项目集中签约活动上，万盛经开区与上海金国泰文化发展集团有限公司签订合作协议，投资额100亿元。

15日

△万盛经开区党工委召开委员会议，传达学习市委五届三次全会精神。党工委书记肖猛主持会议并讲话，管委会主任袁光灿出席会议。

△万盛经开区召开学习贯彻党的十九大精神动员部署会暨“六进”（指进企业、进农村、进机关、进校园、进社区、进军营）宣讲分队授旗仪式，就全区学习宣传贯彻党的十九大精神作全面动员部署。管委会主任袁光灿主持会议。

16日

△万盛经开区党工委书记肖猛、管委会主任袁光灿率队到贵州省遵义市、黔西南州、黔南州考察学习旅游业发展经验。

△重庆市2017年残疾人乒乓球锦标赛在万州区三峡之星体育馆闭幕，万盛经开区代表团获铜牌1枚。

17日

△垫江县人大常委会副主任谭建到万盛经开区考察。先后到凉风“梦乡村”、板辽湖景区、梦幻奥陶纪主题公园、黑山谷景区、丛林菌谷蘑菇总动员景区等地考察美丽乡村建设情况。

△在中央文明委在北京召开全国精神文明建设表彰大会上，万盛经开区图书馆被评为“第五届全国文明单位”，青年镇堡堂村被评为“第五届全国文明村镇”。

18日

△上午，2017年“国能·奥特莱斯杯”重庆市精准扶贫微企梦乡村迷你马拉松竞赛在关坝镇凉风村开跑。来自重庆市微型企业协会的600名马拉松爱好者参赛。

20日

△重庆博奥镁铝金属制造有限公司3200吨级压铸生产线投产。这是西南地区第一台大型的智能化、自动化镁合金压铸单元，主要用于1.5米~2米的大型镁合金压铸件。

21日

△至25日，全国采煤沉陷区综合治理高级研修班暨资源型城市与独立工矿区转型发展工作培训班在万盛举行。全国18个省、直辖市、自治区发展改革委有关负责人和全国17个重点采煤沉陷地区政府相关负责同志参加学习。

27 日

△全区党政领导干部学习贯彻党的十九大精神暨政治能力提升专题培训班、第 2 期中青年干部（处级）培训班举行开班仪式。

28 日

△重庆江南机场在金桥镇马头桥村奠基，标志着重庆江南机场项目建设进入新的工作阶段。万盛经开区党工委书记肖猛宣布重庆江南机场奠基。海航集团管理顾问委员会委员郑辉，民航重庆监管局局长庞海东，海航实业集团运营总裁兼海南海航基础设施投资集团董事长黄秋，海航通航投资集团有限公司首席执行官张鹏，民航重庆空管分局局长胡志杰，海南海航基础设施投资集团运营总裁吴恕出席奠基活动。

△民航西南地区管理局局长蒋文学率队到万盛经开区调研。调研中到重庆江南机场场址，考察项目工作情况，了解万盛通用航空产业规划情况并召开座谈会听取万盛工作汇报。党工委书记肖猛陪同调研。

△万盛经开区管委会主任袁光灿到国家体育总局对接汇报建设国家轮滑、极限运功基地工作。国家体育总局社会体育指导中心主任范广升、副主任王玉龙听取万盛经开区工作汇报。市体育局副局长张欣一同参加汇报。

是月

△播州界文化公园建成投用。播州界文化公园位于万梨公路孝子河大桥左侧、孝子河南岸，占地面积近 5000 平方米。公园中的“播州界”石刻，凿刻于成化五年（1469 年），距今有 500 多年历史，于 1992 年、2009 年被列为第二批重庆市文物保护单位。

△东林街道举办以“全民健身共参与·活力东街动起来”为主题的第三届全民健身运动会，辖区居民和企事业单位的 18 支参赛代表队、400 余名运动员参赛。

△黑山镇 2017 年全民健身运动会在黑山谷运动中心举行，该镇机关和各村（社区）的 6 支代表队、400 名运动员参赛。

12　月

1 日

△万盛经开区市政园林管理执法局撤销，万盛经开区城市管理局设立，加挂万盛经开区城市管理综合行政执法局牌子。万盛经开区城市管理综合行政执法支队组建，为区城市管理局管理的副处级综合行政执法机构。党工委书记肖猛，管委会主任袁光灿出席成立仪式并揭牌。

△至 3 日，“2017 重庆·国际手机展”在重庆国际会展中心开展，万盛经开区推出 200 余种产品参展。

△万盛经开区党工委、管委会召开全区加快实施工业强区战略大会。

3 日

△万盛经开区首个城市核心商圈——国能奥特莱斯开街。该商圈位于国能天街，总投资 20 亿元，总建筑面积约 43.6 万平米，其中商业街约 12.8 万平米，分为 A、B、C、D、E 馆。

△万盛经开区党工委书记肖猛视察国能奥特莱斯开业情况。

4 日

△重庆市委研究室调研组到万盛经开区专题调研全域旅游发展工作。

5 日

△万盛经开区管委会主任袁光灿到丛林镇调研。

△万盛经开区管委会主任袁光灿到关坝镇调研。先后到九锅箐旅游地产开发现场、关坝足球场等地，了解关坝镇旅游发展、城镇规划管理等工作情况，并听取关坝镇工作情况汇报。

6 日

△至 7 日，2017 导游职业发展论坛暨重庆导游年会在万盛经开区举行。

7 日

△万盛经开区第二届规委会召开第二次主任会。会议审议并原则通过《万盛经开区总体城市设计》《万盛经开区六井坝片区及孝子河两侧重点地段详细城市设计》等方案。

8 日

△万盛经开区管委会主任袁光灿专题调研渝黔高速公路扩能项目推进情况。先后到渝黔高速公路扩能项目平山互通、青年互通、藻渡河大桥等项目建设现场，了解项目设计、施工等情况，并召开座谈会听取相关单位工作汇报。

9 日

△“亿年等待·遇见所爱”——2017 万盛石林万人相亲会在龙鳞石海景区启幕。来自全国各地的 1000 余名男女嘉宾参加相亲会。

12 日

△万盛经开区召开采煤沉陷区综合治理指挥部会议。

14 日

△国家体育总局社会体育指导中心、重庆市体育局、重庆市万盛经开区管委会签订三方协议，共建国家轮滑（滑板）集训队、训练基地，标志着全国首个全项目轮滑赛训练基地落户万盛。

18 日

△万盛经开区第三届青少年科技创新主任奖颁奖仪式暨第四届中小学科技节开幕式在重庆市第四十九中学新校区举行。刘美贤等 5 名学生获青少年科技创新主任奖，明亮等 4 名教师获青少年科技创新辅导员奖。

19 日

△在“寻找重庆乡村文明旅游典范”活动中，万东镇五和村、黑山镇黑山竹林山庄分别获评“重庆市乡村文明旅游示范村”和“重庆市乡村文明旅游示范农家乐（商铺）”称号。

20 日

△万盛经开区召开全面落实河（库）长制工作会议。

21 日

△万盛经开区管委会主任袁光灿到黑山镇调研。

22 日

△南桐矿业公司技工校移交万盛经开区管委会，这是万盛经开区市属国有重点企业办社会职能剥离移交工作取得的重要成果。

23 日

△2017—2018 年度中国·重庆万盛“黑山谷杯”国际羽毛球挑战赛暨中国羽毛球协会积分赛开幕。

△至 24 日，2017—2018 年度中国·重庆万盛“黑山谷杯”国际羽毛球挑战赛暨中国羽毛球协会积分赛首个分站赛在区文体中心体育馆举行。万盛羽球飞扬队获冠军。

△万盛经开区第六届“阳光杯”中小学生羽毛球比赛在区文体中心体育馆落幕。全区 26 所学校、251 名学生参加比赛。新华小学获小学业余组第一名，和平小学获小学专业组第一名，重庆市第四十九中学获初中业余组和专业组双项第一名。

25 日

△万盛经开区与重庆电子工程职业学院、华为通信技术有限公司、中国信息通信研究院西部分院签订四方合作框架协议，将围绕 ICT（电子信息技术）人才培养与产业发展开展合作，为万盛经开区电子信息产业发展提供人才和技术支撑。

26 日

△万盛经开区获 2017 年重庆市旅游“年度十大最受关注全域旅游区县”称号。

27 日

△万盛经开区召开深化国家监察体制改革试点工作小组会议。

△万盛经开区党工委书记肖猛受邀参与市委统一部署、市委宣传部集中组织的“新时代新气象新作为区县负责人系列访谈”专题集中采访。重庆电视台新闻联播和《重庆日报》《重庆晚报》《重庆晨报》《重庆商报》等市级主流媒体先后刊发（播）报道。

△重庆市科委公布 2017 年度第二批高成长性企业名单，重庆博奥镁铝金属制造有限公司、重庆九锅箐农林综合开发有限责任公司和重庆市药研院制药有限公司被认定为牛羚企业，重庆市楷林农业发展有限公司被认定为瞪羚企业。

△南桐小学凭借传承项目剪纸入选教育部公示的第二批全国中小学中华优秀文化艺术传承学校名单。

28 日

△晚，“拥抱新时代”2018 年群文之声新年音乐会在万盛影剧院奏响。

△至29日，中央农村工作会议在北京举行。会前，党和国家领导人亲切会见受邀列席全国农业工作会议的全国劳动模范和先进工作者代表。关坝镇兴隆村龙井村民组的犹绍华，作为万盛经开区唯一的全国农业劳动模范代表，受到接见。

△第五届中国民生发展论坛暨第十一届中国国际公益慈善论坛在北京举行。会议通报“2017年民生示范工程”名单，万盛“体育＋”融合发展模式入选该名单。

29日

△重庆市知识产权局公布“2017年重庆市知识产权优势企业名单”，万盛经开区4家企业（重庆欣润农业开发有限公司、重庆万盛福耀玻璃有限公司、重庆开奇科技发展有限公司、重庆市九瑞粉末冶金有限责任公司）入选。

（区档案局办公室）

青山湖瀑布

（区新闻中心　供）

万盛概况

万盛概况

基本情况

【地理位置】 万盛经开区在行政区划上归属于重庆市綦江区，位于重庆市南部，綦江区东部，地处北纬28°44′~29°07′，东经106°45′~107°03′。东和北与南川区相邻，南与贵州省桐梓县相接。管理区境周长约158千米，南北最长40.5千米，东西最宽23千米，面积565.58平方千米。

【历史沿革】 万盛经开区管理区境（以下简称区境）在殷商、西周、春秋及战国时期为巴国地。周慎靓王五年（公元前316年），秦惠王遣司马错领兵灭蜀国、巴国，建秦之蜀郡、巴郡，区境为巴郡地。公元前221年，秦始皇统一六国后，至隋朝时期，区境从属尚难考证。

唐贞观十六年（642年），置溱州隶江南道，辖荣懿、扶欢、乐来3县（州及荣懿县治在今青年镇境），区境分属江南道溱州荣懿、扶欢县及山南道涪州隆化县。开元二十一年（733年），分山南道为东西2道，涪州隶属山南道东道；分江南道设黔中道，南州、溱州隶属黔中道。元和三年（808年），废珍州，并入溱州；宾化县改隶黔州。大中二年（848年），宾化县复隶涪州。区境分属黔中道溱州荣懿县、扶欢县及山南东道涪州宾化县。

五代十国时期，前蜀废道，以州统县，后蜀继之。区境分属溱州荣懿县、扶欢县及涪州宾化县。

北宋时期，咸平四年（1001年），分蜀地为益州、梓州、利州、夔州四路，路下置府、州、军、监各领县，特殊地区置寨和羁縻州，南州、溱州皆为羁縻州，原南州所辖南川县已不存在。庆历八年（1048年），南州、溱州改隶于夔州路渝州。皇祐五年（1053年），改南州为南川县（今綦江县），仍隶属渝州；改宾化县为宾化砦（寨），隶属夔州路涪州。区境分属夔州路渝州荣懿县、扶欢县及涪州宾化砦。治平元年（1064年），渝州僚人首领李光吉、梁承秀、王兖3族反叛，区境为3族所占据。熙宁三年（1070年），转运使孙构等率兵“平荡3族”，废宾化砦复隆化县，仍隶属涪州；以荣懿、扶欢县2县地置荣懿、扶欢2砦，隶属渝州。熙宁七年（1074年）。南川僚人木斗反叛。熙宁八年（1075年），转运使熊本平息木斗反叛，于南川县铜佛坝（今綦江县赶水镇对岸）置南平军，隶属夔州路；撤南川县并入隆化县，隶属南平军；废溱州及县置溱溪砦，隶属南平军。元丰元年（1078年），复置南川县，隶属南平军，辖荣懿等5砦1堡。崇宁元年（1102年），改渝州为恭州。宣和六年（1124年），改播州城为播川县，区境地分属夔州路南平军溱溪砦、隆化县、南川县。

南宋时期，淳熙十六年（1189年）八月，升恭州为重庆府。嘉熙三年（1239年），复置播州，隶属南平军；南平军徙治隆化县。宝祐六年（1258年），以播川县地置鼎山县，隶南平军。区境地隶属夔州路南平军鼎山县、隆化县及南川县。

元朝在地方置行中书省（简称行省），代行中央政权，下辖路、府、州、县。至元十六年（1279年），置重庆路总管府，隶四川行省。至元二十二年（1285 年），撤销南平军；隆化县改名南川县，隶属重庆路总管府；废原南川县，置南平綦江长官司，隶属播州安抚司。至元二十九年（1292 年），以行播州军民安抚使杨汉英为绍庆、珍州、南平等处沿边宣慰使，行播州军民宣抚使，南平、珍州、溱溪等处诸长官并为所属，隶属湖广行省，区境地分属湖广行省播州鼎山县、南平綦江长官司及四川行省重庆路总管府南川县。至正二十二年（1362 年），明玉珍据成都称王，次年在重庆建立大夏国，改南平綦江长官司为綦江县，仍隶属播州，区境地分属播州鼎山县、綦江县及重庆路总管府南川县。

明朝时期，洪武四年（1371 年），灭大夏国，綦江县隶属四川行省重庆府。洪武五年（1372 年），仍置播州宣慰使司，改隶四川行省。洪武六年（1373 年），以播州地废县置播川、桐梓、松坎 3 驿。洪武九年（1376 年），改行中书省为承宣布政使司（简称布政司），废路置府。洪武十年（1377 年），撤南川县，并入綦江县。洪武十三年（1380 年），复置南川县，仍隶属重庆府。洪武十五年（1382 年），置贵州都指挥使司（明地方一级军事区划），改播州宣慰使司隶贵州都指挥使司。隆庆二年（1568 年），播州照旧专属四川管辖，仍听贵州节制调遣。区境分属贵州都指挥使司、四川布政司播州松坎驿及四川布政司重庆府南川县、綦江县。万历二十五年（1597 年），播州宣慰使杨应龙反叛朝廷。万历二十八年（1600 年）六月十六日，杨应龙兵败自缢。万历二十九年（1601 年），废播州置遵义府，隶属四川布政司；废播川、桐梓、松坎 3 驿，置桐梓县，辖夜郎里等 7 里。区境分属四川布政司遵义府桐梓县夜郎里、重庆府南川县（缺里的资料）及綦江县遵化里、永兴里。

清朝时期，顺治三年（1646 年），改布政使司为省。康熙六年（1667 年），实行里甲制。雍正六年（1728 年），以遵义全属改隶贵州。区境分属贵州省遵义府桐梓县夜郎里、四川省重庆府南川县丰隆里及綦江县遵化、永兴里。嘉庆七年（1802 年），设道领府，重庆府隶属川东道。光绪三十四年（1908 年），桐梓县废里设区，夜郎里分为第四、五、六区。宣统二年（1910 年），南川县设城、镇、乡、场。区境地分属贵州遵义府桐梓县第六区、四川省川东道重庆府南川县万盛场、刀子口场、丛林镇及綦江遵化里、永兴里。

中华民国时期，清宣统三年（1911 年）十月初二（11 月 22 日），重庆独立，成立蜀军政府。民国元年（1912 年）3 月，蜀军政府和四川军政府合并。重庆设重庆镇抚府，辖川东南 54 州、厅、县，南川、綦江县隶之。是年，贵州省设都督府。民国 2 年（1913 年），废府、州、厅，设道辖县，南川县、綦江县隶属四川省川东道（道治在巴县，今渝中区），桐梓县隶属贵州省黔中道。民国 3 年（1914 年），川东道改为东川道。民国 4 年（1915 年），升桐梓县为一等县。民国 7 年（1918 年）始，军阀割据防区，行政设置混乱。民国 24 年（1935 年），川政统一后，区境地分属贵州省桐梓县、四川省南川县和綦江县。

中华人民共和国时期，1950 年，西南军政委员会在四川省置川东、川南、川北、川西 4 个行署区，行署区下设专区，南川县隶属川东行署区涪陵专区，綦江县隶属川东行署区璧山专区；桐梓县隶属贵州省遵义专区。1951 年，璧山专区改为江津专区，区境地分属贵州省遵义专区桐梓县、四川省涪陵专区南川县、江津专区綦江县。

1955 年 1 月 21 日，国务院〔1955〕国政常字第 6 号文批准：由贵州省桐梓县第十区的 17 个乡、四川省南川县第十区的 1 个镇 6 个乡、綦江县的青年乡、建设乡、金灵乡（包括南桐煤矿、东林煤矿区），建立重庆市市辖区，称重庆市南桐矿区，区人民委员会设在万盛。8 月 16 日，成立重庆市南桐矿区。区境为南桐矿区。

1993 年 2 月 16 日，经国务院批准，重庆市南桐矿区更名为重庆市万盛区。4 月 8 日，重庆市万盛区成立。区境为万盛区。

1997 年重庆市划出四川省，成为直辖市，万盛区隶属重庆市。

2011 年 10 月 22 日，国务院批复（国函〔2011〕129 号），同意重庆市撤销万盛区和綦江县，设立綦江区，辖万盛区和綦江县所辖行政区域，区人民政府驻原綦江县古南街道中山路 1 号。10 月 29 日，重庆市政府决定设立重庆市万盛经济技术开发区。12 月 26 日，綦江区、万盛经济技术开发区成立。

2012 年 4 月 20 日，重庆市委、市政府印发

《关于万盛经开区管理体制调整的决定》（渝委发〔2012〕10号）。文件决定在万盛经开区区划归属綦江区的前提下，万盛经开区党工委、管委会由綦江区委、区政府代管的体制，调整为由市委、市政府直接管理。同时，綦江区委、区政府委托万盛经开区党工委、管委会，对万盛街道、东林街道、万东镇、南桐镇的党务、行政工作、经济社会发展事务进行领导和管理。至此，万盛经开区管理范围是万盛街道、东林街道、万东镇、南桐镇。

2012年6月2日，重庆市委、市政府同意扩大万盛经开区党工委、管委会关于扩大经开区管理范围的请求。6月5日，重庆市政府办公厅印发《关于万盛经开区管理体制调整的补充通知》（渝办〔2012〕44号），同意万盛经开区管理范围由2个街道2个镇（即万盛街道、东林街道、万东镇、南桐镇）调整为2个街道8个镇，（即增加关坝镇、青年镇、丛林镇、石林镇、金桥镇、黑山镇）。

（朱雪峰）

【管理范围】 万盛经开区下辖2个街道8个镇。含万盛街道、东林街道、万东镇、南桐镇、青年镇、关坝镇、丛林镇、石林镇、黑山镇和金桥镇。2017年末，万盛经开区有行政村57个、社区42个，总人口26.8万人，确定农村社区试点村6个。

2017年万盛经开区行政村一览表

表1－1－1

序号	镇	行政村	村民小组
1	万东镇	建设村	新华、石桥
		六井村	白塔、联丰
		五和村	霍家堡、伍家湾、支子沟、夹石头、窑罐厂、会厂湾、苦竹沟、石道场、内槽、杉树榜、黄高、小湾、白岩、干田榜
		新田村	皂角、龙洞坎、新地坝、熊家湾、白果坪、老君坝、喻家沟、张家湾、小坡脚、枣坪、水落、韩家、茶林、凉水
		团结村	青桥树、瓦啄沟、三层坎
		箐溪村	黄桷桥、李子山、下堡、梨子榜、五斗堡
		新华村	土地坪、胡家沟、瓦子坝、双鹞嘴、二井、新井、白果、忠联、尖山
		榜上村	杨家堡、柏树林、大坪、大沟
		五里村	高家、下房、上房、六福、鱼田、新湾、凤凰、柏杨、新屋、八字石

续表 1－1－2

序号	镇	行政村	村民小组
2	南桐镇	南桐村	大石元、蒋家山、砖房、余家湾、桃子、水井湾、长槽、沙滩、三角寺
		麒麟村	光明、联盟、联合、麒麟、杨柳井、海棠、王家嘴、新铺子、娄家湾、沙坝子、艳阳、堰塘
		金龙村	瓦房、元木沟、柿湾、大石坝、田湾、岗上
		温塘村	温塘、窝凼、打坪坎、石板塘、代家沟
		营寨村	下坝、金龟、垭口、水井沟、白云、喻家坳、胡家嘴、金灵
		民权村	大土、罗家湾、梨树台、齐兴、读书沟、坪土、斧头坝、四楞、茶垭、烂田湾
		沙坝村	桐梓沟、戴家湾、沙坝、财井、新田、庆坎、四坪、回龙湾、苏家林、白家坡、白家湾、苏家塘、风岩、大坪
		王家坝村	王家坝、黄家湾、大山坡、大竹林、群力、通杆坡
		岩门村	茶山、槲栗坡、榜上、大湾、岩门、花子湾、马鞍山、前进
		石桥村	和平、胜利垭、新房子、八面山、八零、大塘、大淌、石桥、卢家湾、跃进、岩孔坝、生基坪、池井沟、黄干沟、四合头
3	关坝镇	田坝村	水井台、沙坎、大坝、大岗、枇杷林、南垭、芋头塘、炉堂、田坝、石咀、关井、后岩
		光明村	张家湾、铁炉、团窝田、黄土坎、沙土、新田、大榜、水井沟
		兴隆村	青丰、水井湾、龙井、全兴、和平、油沙坡、联合、木耳厂、三合、砖房、祠堂、兴隆湾、王家言、年丰、铁心
		坪坝村	关口、张家山、转角石、街上、枣林湾、皂角树、鱼家垭口、新铺子、染房
		双坝村	天成、罗斗田、小沟子、卫东、高坎子、河沟、李家沟、青塘井、羊吼台、冷水台、青家沟、半坡、鱼塘坎、竹林湾、天坪丘、千口、苦竹林、椅子台、新房子、南天门
		凉风村	水井坎、芝麻土、堰消井、边湾、立梓林、仁和、黄泥坎、蜂蜜田、鱼塘、苏家湾、财兴
		兴文村	阴半岩、石虎头、黄卜湾、金家沟、大沟、三角石、杨家山、石岗、石林岗、松林堡
		林地村	李家湾、石板山、垭口、红星、艾树沟、霍家湾
4	青年镇	堡堂村	桐梓街、陈家湾、龙洞湾、吴家坝、双星
		板辽村	联合、坡足、回龙、水库、兴龙、大屋基、板辽
		燕石村	山岔、岩塘、千丘、燕石、铜锣
		更鼓村	罗家林、元石井、赵家湾、均田、道竹、上坝、曾家湾、金鹅、庙岗
		毛里村	白鹭垭、瓮子塘、小桥、三湾、小坪子、关山沟
		湛家村	大路坪、熊家坪、钟河、山足、半山、上湾、堰口、龙叫、堰塘、小湾

续表 1-1-3

序号	镇	行政村	村民小组
5	丛林镇	永胜村	一碗水、芭蕉湾、何家湾、田湾、红光、中坝、老房子
		白龙湖村	雷家堡、汤家沟、观音寺、张家山、麻窝、塔岗、袁家沟、刘家沟、新开寺、大湾、达足沟、张家沟
		红岩村	石道、磨盘、唐家堡、白岩、下龙井
		海孔村	余家林、果园、黄草坪、海孔坝、松涛湾
		绿水村	新桥、牟沙、周家院、重塘、方家湾、水井湾、小竹林、岩脚
		新建村	郭家沟、水角井、彭家湾、界牌、碑岗
6	金桥镇	金堰村	大堰、金子山、坪上、其黄、四合头、小竹、新棕、张家湾
		星河村	长河、梁子上、两河口、青桐湾、天井、土坎坝、乌抛湾、下榜、银匠
		新木村	柏树塥、丁互、南木滩、新房子、自愿
		三台村	红岩、丛林、前进、新建、太平
		马头桥村	范家、和平、前丰、沙坝、胜利、先丰、新丰、新建、新民、幸福
		青山村	戴家沟、邓家岩、桂花、花园、林星、庙树、蒲家沟、石坝、苏家岗、新田
7	石林镇	农林村	龙背、范家湾、龙洞坪、花果山、鱼池
		两河村	半坡、蒙溪沟、耳香坪、石人足、双河、田湾、石堡
		茶园村	青白、油茶、河水、茶园、和平、柏树、大田
		石鼓村	王家嘴、大坝、天地岗、毛家湾、撕栗坪、范家山、朱行、椅子台、石鼓坪
		庙坝村	王家坪、庙坝、松树坡、
		茶树村	拾慈、新华、团山、园场
		白花村	新建、白花台、大湾、沙坡、柏果
		星台村	朱水井、通湾、石坎子、龙孔头、红星、大坪、当湾、丁家湾、青龙嘴
8	黑山镇	鱼子村	飞炉寺、鱼子岗、大铺子、石堰、中学、古墓坪、万家山、白水、和平、龙塘溪
		南门村	石院墙、鲜家坪、落凼、响水河、廖家湾、林口、窝凼
		北门村	石门、石笋、河沟、家园
		天星村	田坝、铁炉、联合、天星

2017 年万盛经开区社区一览表

表 1-2-1

序号	街道、镇	社区
1	万盛街道	新田社区、建设社区、万新社区、万北一社区、万北二社区、松林社区、砚石台社区、江山城社区
2	东林街道	腰子口社区、铁路村社区、和平村社区、清溪桥社区、观井湾社区、鱼田堡社区
3	万东镇	莲池苑社区、红枫社区、建新社区、海棠社区、莲池社区、塔山社区、新房社区、永利社区、天池社区、花卉园社区

续表 1-2-2

序号	街道、镇	社区
4	南桐镇	支路社区、南桐社区、新工村社区、平山社区、八〇一社区、二郎峡社区、皂角井社区、后湾社区
5	关坝镇	兴隆街社区、中坝社区
6	青年镇	青年街社区
7	丛林镇	五十千米社区、九一一社区
8	金桥镇	金灵社区
9	石林镇	两河口社区、百花社区
10	黑山镇	八角社区、江流坝社区

（金宗雯　梁　艳）

【气候】　万盛经开区属亚热带湿润季风气候区。2017 年气候特点为春季气温变化大，初夏多阴雨，盛夏炎热、强对流天气频繁、局部风雹雷电灾害多，秋冬季光照少、阴雨时段长、霜期短、云多、日照少，区内各地光、温、水地域差异大。2017 年万盛经开区年平均气温 17.2℃，较多年（1981—2010 年）平均气温偏低 1.0℃；年极端最高气温 40.1℃，年极端最低气温 0.3℃；年总降水量 1184.3 毫米，与历年平均降水量相比略偏少 6.8%；年总日照时数 1150.4 小时，与历年平均日照时数相当。年内出现的气象灾害有暴雨、强降温、干旱、高温、大风和连阴雨等。

（周燕秋）

【水文】　万盛经开区管理范围内多年平均降雨量 1278 毫米、7.23 亿立方米，多年平均径流量 3.2 亿立方米（地表水资源量是当地水资源量，下同），多年平均地下水资源量 0.46 亿立方米，产水系数 0.49、产水模数 56.24 万立方米/平方千米。2017 年万盛经开区降雨量 1642 毫米、9.29 亿立方米，年径流深 725 毫米，年径流量 4.1 亿立方米。地下水资源量 0.34 亿立方米，产水系数 0.5，产水模数 50.5 万立方米/平方千米。

（马　波）

【环境质量】　2017 年，万盛城区空气质量良好，满足优良以上天数 298 天，其中，可吸入颗粒物（PM10）、细颗粒物（PM2.5）、二氧化硫（SO_2）、二氧化氮（NO_2）年日均浓度分别为 74 微克/立方米、53 微克/立方米、34 微克/立方米、33 微克/立方米，一氧化碳（CO）24 小时平均浓度为 1.1 毫克/立方米，臭氧（O_3）日最大 8 小时平均浓度为 67 微克/立方米。按照《环境空气质量标准》（GB3095-2012）二级标准衡量：可吸入颗粒物（PM10）、二氧化硫（SO_2）、二氧化氮（NO_2）、一氧化碳（CO）、臭氧（O_3）浓度均达标，细颗粒物（PM2.5）超标。水环境质量较好，孝子河温塘断面水质为Ⅲ类，扶欢河扶欢断面水质为Ⅲ类，鲤鱼河下猪喉断面水质为Ⅱ类，汤家沟水库城市集中式饮用水源地水质达标率 100%，建制镇集中式饮用水源地水质达标率 100%，比上年同期明显好转。声环境质量较好且基本稳定，区域噪声 53.8 分贝、交通噪声 65.8 分贝、功能区噪声 53.3 分贝，与上年同期相当。

（谭　茜）

【自然资源】　万盛地区属四川盆地东南边缘与云贵高原衔接的过渡山区，以低中山为主，兼有岩溶丘陵槽坝，地形起伏大，相对高差悬殊。境内重峦叠嶂，岭谷相间，地势东高西低，山脉南北延伸，最高点黑山镇狮子槽东侧峰顶，海拔 1973 米，最低点南桐镇温塘孝子河出境处河床，海拔 265 米，境内自然资源丰富。

土地资源　全区农业土壤由潮土、紫色土、石灰岩土、黄壤、水稻土五个大类组成。潮土占

耕地面积 0.82%，紫色土占耕地面积 19.93%，石灰岩土占耕地面积 9.38%，黄壤土占耕地面积 24.01%，水稻土占耕地面积 45.86%。

矿产资源 境内煤炭、石灰石、白云石、金属镁、石英砂等矿产资源种类多，储量大、品位高。每年集聚开采煤炭 500 万吨，白云石 30 万吨以上。

（梅 兵）

【旅游资源】 万盛是中国优秀旅游城市，全国唯一的国家资源型城市旅游经济转型试点区，首批国家全域旅游示范区创建单位，国家级旅游业改革创新先行区，全国休闲农业与乡村旅游示范区。万盛旅游产品丰富，生态旅游、体育旅游、乡村旅游、城市旅游四大产品类型齐备。主要景区有国家 AAAAA 级景区、国家地质公园——被誉为“中国最美养生峡谷”“渝黔生物基因库”的黑山谷景区；被称为“中华石林之祖”的龙鳞石海景区；梦幻奥陶纪、九锅箐森林公园、青山湖国家湿地公园、丛林菌谷、板辽金沙滩、凉风梦乡渔村、尚古村落、南天门风雪世界、青年汇巅峰乐园、万盛场老街、百花谷、金蝶湖文化公园、五和梨园、鲤鱼河漂流、黑山房车露营基地、奥林匹克公园等。万盛旅游配套设施完备，一元化公交可直达各景区并实现相互换乘；主要景区、节点实现免费 WiFi、旅游交通广播 FM92.2 全覆盖；景区、度假区水电气通信保障有力，住宿餐饮购物方便，医疗文化健身场所设施完善。有全域旅游投诉中心、应急指挥中心、数据中心及旅游警察、旅游工商、旅游巡回法庭等各类旅游专业机构全程为游客服务。

（张孝富）

【人口】 2017 年，万盛经开区户籍总人口 267207 人、100123 户，其中男性 133059 人，女性 134148 人。18 岁以下 40200 人，18 岁 ~34 岁 59292 人，35 岁 ~ 59 岁 108003 人，60 岁以上 59712 万人。2017 年人口出生率 7.18‰，人口自然增长率 0.47‰。

（王俊锋）

【民族】 万盛是一个少数民族散杂居地区，有常住少数民族 30 个，总人口 3006 人。其中苗族 2074 人，土家族 368 人，布依族 77 人，壮族 68 人，彝族 66 人，仡佬族 62 人，回族 55 人，侗族 41 人，满族 29 人，藏族 28 人，黎族 24 人，蒙古族 17 人，瑶族 16 人，白族 13 人，朝鲜族 9 人，景颇族 9 人，哈尼族 9 人，羌族 9 人，畲族 5 人，高山族 4 人，仫佬族 4 人，傣族 3 人，水族 3 人，拉祜族 2 人，傈僳族 2 人，布朗族 1 人，哈萨克族 1 人，基诺族 1 人，土族 1 人，维吾尔族 1 人，其他（穿青人）4 人。世居苗族约占少数民族总人口的 70%，他们有自己的语言、服饰、节日、习俗、文化等，主要分布在万东、南桐、关坝、青年、丛林、石林、黑山 7 个镇和万盛、东林 2 个街道的 24 个村、16 个社区。

（罗绍忠）

【宗教】 万盛经开区有宗教团体 2 个，即区佛教协会和区基督教三自爱国运动委员会，有佛教、道教、天主教、基督教 4 种宗教。依法登记宗教活动场所 10 个，其中佛教寺庙 6 处、道教宫观 2 所、天主教堂 1 处、基督教教堂 1 座；行政许可审批筹备设立佛教固定活动处所 1 个。经政府宗教部门登记备案的宗教教职人员 16 人，其中佛教 10 人，道教 3 人，天主教 1 人，基督教 2 人。宗教信徒 2.54 万余人，其中佛教信徒 1.6 万余人，道教信徒 5000 余人，天主教信徒 400 余人，基督教信徒 4000 余人。

（罗绍忠）

经济社会发展概况

2017 年，是实施“十三五”规划、决胜全面建成小康社会的重要一年，是供给侧结构性改革的深化之年。一年来，万盛经开区党工委、管委会团结带领全区干部群众，坚持以习近平新时代中国特色社会主义思想为指导，深入学习贯彻党的十九大精神和市委五届三次全会精神，认真贯彻落实中央和市委、市政府要求部署，坚持稳中求进工作总基调，紧紧抓住资源型城市转型发展这条主线，以工业强区、全域旅游、全民健身为抓手，推进工业集群化、旅游全域化、城乡一体化，加强生态文明、智慧万盛建设，真抓实干、善作善成，经济实现健康较快发展，社会保持和谐稳定。全年地区生产总值增长8.1%；全社会固定资产投资增长8.3%；全区规模以上工业产值增长22.3%；社会消费品零售总额增长14.1%；一般公共预算收入完成12.53亿元，同口径增长3.7%；城乡居民人均可支配收入分别增长8.5%、8.9%。

一、三次产业协同发展，地区经济运行稳中向好

工业经济稳中提质。工业总产值增长21.4%，工业增加值增长10.6%，对GDP增长的贡献率61.4%。煤电化工、新型材料、装备制造、生物医药、电子信息、通用航空等“3+3”产业集群占规模以上工业总产值比重82.5%，拉动规上工业产值增长18.4个百分点。规上工业销售收入增长20.9%，利润总额增长56.2%、高出全市平均34.2个百分点，高新技术企业产值增长37.5%，工业经济发展质量效益同步提升。

服务业活力持续提升。商贸业态提档升级，宏恩财富广场、国能天街等综合商圈逐步成型，万盛国能奥特莱斯开业迎客。体育旅游消费持续红火，批发零售业、住宿餐饮业分别增长22.4%、22.7%。房地产销售市场持续向好，全年商品房销售面积和销售额分别增长12.2%、25.7%，带动建材、家电、家具等相关消费领域保持较快增长。电子商务迅速发展，菜背篼、微万盛等本土电商平台不断壮大，农村淘宝、邮乐购相继入驻万盛，全年电子商务交易额17.3亿元。财税实现稳定增收，常住人口人均财力突破万元，税收收入完成8.04亿元，同口径增长7.8%，占一般公共预算收入比重提高至64.2%，财税结构更加优化。辖区金融机构人民币存贷款余额249.5亿元，增长7.1%，存贷比62.7%。物流业发展势头向好，商贸物流园加快建设，道路运输总周转量90.2亿吨千米，增长16%。

农业经济提质增效。全年农业增加值增长3%。特色效益农业提速发展，茶叶、猕猴桃、方竹笋、蜜柚等优势产业做大做强，食用菌产业加快培育。新型农业经营体系健全完善，新发展农业产业化龙头企业2家、农民专业合作社9个、家庭农场9家。乡村旅游蓬勃兴起，全力打造凉风“梦乡村”、青山湖国家湿地公园等6个乡村旅游品牌，新增酒店、农家乐等接待主体404家，举办休闲农业与乡村旅游宣传推介活动11次，带动了当地农民增收致富，全年实现农民旅游收入增长9%。

二、四大领域竞相发力，发展动力结构加快转换

投资拉动依然强劲。全社会固定资产投资增长8.3%。从资金来源看，政府性投资、社会性投资分别占投资总额的49.3%、50.7%，民间投资积极性得到充分调动，成为固定资产投资的主力军。从资金投向看，工业集群、体育旅游、城市建设、基础设施、社会事业及其他类项目分别完成投资39.5亿元、19.8亿元、17.3亿元、16.4亿元、8.6亿元，以工业、体育旅游为支撑的产业投资势头强劲。从项目类别看，全区90个重点项目完成投资101.6亿元，全年新开工项目达29个，48个项目提前完成年度目标任务。

创新驱动成效显著。创新驱动发展战略深入实施，成功与西南大学签订校地合作协议，建成市级新型法人化研发机构2家，获批市级新材料院士专家工作站，新培育国家高新技术企业3家、高成长性企业4家、科技型企业42家，新增高新技术产品36件。壹特科技获全国创新创业大赛新能源及节能环保初创组决赛第一名、顺安爆破获新材料初创组决赛第三名，全区万人发明专利拥有量同比增长74%。万盛被纳入全市军民融合创新发展“十三五”规划总体布局和军民融合创新发展示范区建设。

重点改革持续深化。扎实推进供给侧结构性改革，关闭煤矿2家，累计淘汰煤炭落后产能260万吨，税收对煤炭行业依赖度从最高80%下降到不足20%；“房票”安置、免契税等政策有力促进房地产去库存；“营改增”、普降社保费率和工业用电用气价格改革为企业减负3.4亿元。进一步完善投融资体制，设立5亿元的产业发展股权投资基金。全力推进中小城市综合改革，两年试点工作全面落实。深化扩权强镇、抓乡强村改革，相继出台黑山、青年、丛林、南桐等镇域发展实施意见，促进镇街特色发展、差异发展。深化国有重点企业改革，制定完善南桐矿业公司办社会职能剥离移交“1+6”工作方案，基本完成“三供一业”、技工学校等职能剥离移交工作。

开放合作持续推进。成功引进本贝得、盛意欧等进出口企业，进出口总额实现1.88亿元。深入推进渝黔合作，推动与桐梓、正安、道真、务川等区县建立联席机制，成功与正安县签订合作框架协议，万盛成为全市渝黔合作先行区建设牵头单位。全力推进争上和融资工作，全年到位上级资金达年初目标的1.9倍，有力保障转型发展的资金需求。

三、三大抓手深入实施，地区发展方式转型升级

全力推进工业强区。坚持工业主导地位，吹响工业强区战略冲锋号。产业集群步伐加快，扎实开展工业投产达产攻坚行动，与陕煤集团建立300万吨/年以上煤炭资源供应保障机制，铁锚玻璃、顺安爆破等项目开工建设，川东化工建成投产，福耀二期、博奥镁铝等技改投产达产，海尔万佳智联智造等22个项目签约入驻智能终端产业园。园区承载能力提升，新增工业用地83.73公顷，建成标准厂房24.2万平方米，工业园区规模扩大到10平方千米，煤电化园区企业服务中心启动建设，煤电化园区污水处理厂及环境整治工程、平山园区绿化及二期道路等项目竣工投用，休闲健身公园、超市等园区生活设施配套不断完善，园区入园企业产值占全区规模工业产值达61.7%。工业招商成绩喜人，成功签约年产10万吨非光气法生产聚碳酸酯、年产100万套天窗总成等38个项目，计划总投资119.8亿元，产业发展后劲充沛。

全域旅游领跑全市。黑山谷、龙鳞石海顺利通过国家AAAAA级景区评定性复核验收，奥陶纪天空悬廊成功申报吉尼斯世界纪录。凉风“梦乡村”、青年汇巅峰乐园、板辽湖金沙滩等8个新景区景点相继建成开园。成功入选第二批国家级旅游业改革创新先行区，成立中国十大爱情主题景区联盟，建成6个市级研学基地，建立健全723家旅游企业诚信经营数据库，黑山谷旅游服务标准化项目成为西南地区唯一获批国家级示范项目。成功举办“中国旅游日”重庆分会场启动仪式暨万盛“全域旅游活动月”活动、“央视《乡约》2017中国十大爱情故事”颁奖典礼。推出10条精品旅游线路、8条乡村旅游线路，旅游服务综合满意度名列全市前列。全年接待来区游客1805.6万人次、增长41.8%，实现旅游总收入91.2亿元、增长41.9%，增长速度均为全市第一；全区旅游业增加值占GDP比重达20.2%。

全民健身成绩斐然。新建健身绿道100余千米、市级社区健身点9个和区级健身点40个，市民大健康服务中心、全市首条黑山谷荧光步道等健身场地建成投用。组织开展群众性全民健身活动2000余次，顺利承办重庆市体育旅游产业发展大会暨“运动健康之城·幸福和谐万盛”推介会，成功举办万盛“黑山谷杯”国际羽毛球挑战赛、万盛青山湖国际跑步节、拳力巅峰WBO亚太区年度总决赛等重大体育赛事活动。“黑山谷杯”国际羽毛球挑战赛成为重庆市唯一国家体育旅游精品赛事，关坝凉风村被评为国家运动休闲特色小镇，万盛经开区“体育+”融合发展模式被评为全国“2017年民生示范工程”。成功创建国家体育产业示范基地，香港森秋鸿运动服装、厦门羽弘羽毛球拍生产等项目落户万盛，全区体育产业产值规模达7.5亿元，增加值占GDP比重提高至3%，高于全国、全市水平。

四、城乡一体统筹发展，转型发展基础加快夯实

基础设施不断完善。内畅外通路网加快构筑，丛林—白龙湖、猪行—板辽等38个项目全面完工，渝黔高速公路扩能项目万盛段、重庆江南机场开工建设。重大水利设施提速建设，松涛湾水库基本完工，凉风水库工程加快推进，鲤鱼河引水、观音寺提水工程分别完成总投资的85.9%、95%。加大通信设施建设力度，新开基站480个，实现镇、村光纤通达率100%。

城市建设扩容提质。建成12.5千米城市道路系统、22.5千米市政管网系统、73.33公顷核心区景观工程，签订城市棚户区房屋拆除协议11.8万平方米。新建、改建A级旅游厕所91座，一般生态厕所127座，万盛黑山谷景区荣获全国“厕所革命”推进工作“人文关怀先进单位”称号。持续美化靓化城市环境，完成城区楼宇灯饰等亮化工程，六井坝运动公园建成投用，建成区绿地率达43%。大力开展城市智慧智能攻坚行动，“两平台两中心”和智慧交通、智慧旅游、智慧城管、网格化管理服务系统基本建成。

美丽乡村加快建设。立足农村所需、农民所盼，启动“天然气村村通”工程，50%以上行政村开通天然气。大力改善农村居住条件，维修加固A、B级受损农房4405户，建成统建安置房34万平方米。持续改善农村人居环境，农村生活垃圾有效治理率达100%，卫生厕所普及率达到76.9%、超全市平均水平8个百分点，万盛被列为全国农村生活垃圾分类和资源化利用示范区县，一次性圆满通过国家卫生区复审检查。

生态屏障日益筑牢。深入实施环保“五大行动”，18个总量减排项目全面完成，城区空气质量优良天数达298天。全面落实河（湖）长制，设立河长72名、河库警长93名，城区、建制镇集中式饮用水源地水质达标率均为100%。做好中央环保督察反馈问题整改，年度30项整改措施和22项具体问题全部销号。深入推进采煤沉陷区综合治理，成功纳入国家首批17个采煤沉陷区综合治理试点地区，治理经验在国家采煤沉陷区综合治理部际联席会议上得到充分肯定，成功举办全国采煤沉陷区综合治理高级研修班暨资源型城市与独立工矿区转型发展工作培训班。

五、民生福祉惠及百姓，全面建设小康步伐加快

始终坚持民生优先，全年投入民生资金15.52亿元，占一般公共预算支出的54.5%，农村村社便道建设、山坪塘整治等30件重点民生实事全面落实。整合资金2.46亿元用于支持贫困村、贫困户基础设施建设、产业发展和社会保障，新增脱贫人口1025人，返贫率为零，脱贫攻坚成果进一步巩固。加快推动教育优质均衡发展，49中新校区、万盛幼儿园等新建工程建成投用，普通高考上线1975人，上线率98.4%，再次刷新历史记录。全面推进公立医院综合改革，并取得阶段性成效。稳步推进医疗资源下沉，完成8个镇卫生院、40个行政村卫生室改扩建、42个社区卫生服务站标准化建设，家庭医生签约服务惠及8.15万户、22.76万人，签约覆盖率达84%。全力促进就业创业，实现城镇新增就业8904人、新增创业2852户，城镇登记失业率稳定在市下达指标以内。社会保障水平稳步提高，设立“扶贫济困医疗基金”，建成投用3个社区养老服务中心，养老、医疗保险覆盖率达95%、96.6%。区博物馆、规划展览馆建成投用，文化馆、图书馆全年实施免费开放，美术馆启动建设。成功举办2017年全国“安全生产月”和“安全生产万里行”活动，成为全市唯一的全国首批“安全文化建设试点城市”，群众安全感指数达99.43%，列全市第一、创历史新高。城乡居民收入与经济增长同步，城乡收入比为1.9:1，收入差距小于全市水平，人民群众幸福感获得感安全感不断增强。

总体来看，2017年万盛经开区经济社会保持平稳健康发展，各项工作均取得新成效，地区转型发展迈上新台阶，为决胜全面建成小康社会、实现资源型城市成功转型、加快建设美丽幸福现代的新型经济技术开发区奠定了坚实基础。

（区发改局办公室）

精神文明建设概况

2017年，万盛经开区精神文明建设工作以党的十九大精神为指导，围绕全区中心工作，筑牢市级文明城市和“志愿之区”创建基础，注重文明示范引领和文明新风养成，着力培育讲道德、树新风、重诚信、明礼仪的万盛好市民。

全年开展“文明礼仪我带头·争做万盛好市民”等主题系列活动9场。评选表彰区级户文明家庭10户、最美家庭30户、优秀志愿服务组织10个、优秀志愿者30人。评选万盛好人86人，7人被评为“重庆好人”，1人候选“中国好人榜”；2名学生被评为“重庆市美德少年”，6人被评为或提名为“重庆市最美志愿者”系列最美志愿者。组织“周六文明劝导我参与”活动12场，开展“好人在身边”微访谈活动12场。

对全区127个志愿服务组织进行规范化建设，举办各类志愿服务培训20余场。全区累计注册志愿者数4.2万人，总服务时长120万余小时。万盛街道作为市级先进典型在全市志愿服务推进会上作经验交流发言。组织“城区交通秩序综合整治——志愿者在行动”“巩固国家卫生区建设成果——志愿者在行动集中服务活动”等大型志愿服务活动9场。万盛2个项目获首届重庆市志愿服务项目大赛铜奖。

区图书馆、青年镇堡堂村分别评为第五届全国文明单位、第五届全国文明村镇。抓好区级文明校园创建、评选工作，19所学校荣获区级文明校园称号；开展区级文明单位、文明村镇复查验收，118个区级文明单位、27个区级文明村镇继续保持荣誉称号，撤销3个区级文明单位、2个区级文明村镇荣誉称号。

开展“衣旧情深”活动，向区内区外贫困家庭捐赠衣物2500多件。落实“门前新三包”责任制，签定文明卫生就餐承诺书。以“礼让斑马线·文明我点赞”为主题，重点开展车辆逆行专项整治行动。开展“争做万盛好市民”“知荣辱、树新风、我行动”等专题讲座60余场；《万盛式过马路》在全国安全生产万里行启动仪式、重庆电视台、优酷上播出，点击率达15万余次，获领导和群众赞誉。

对辖区6所乡村学校少年宫进行规范化管理，新华小学、青年小学分别获2017年度全市乡村学校少年宫述职考评一、二等奖。引导未成年人养成阅读习惯，全区获得重庆市“书香校园”1个，“书香班级”2个，“书香少年”7人。开展“寻根乡愁·记住年味——九童圆梦鸡年春节行动”，谢欣然等同学获5项市级荣誉。

（杨　娅）

政 治

党务与行政

中共重庆市万盛经济技术开发区工作委员会

【概况】 中共重庆市万盛经济技术开发区工作委员会（以下简称万盛经开区党工委）是中共重庆市委的派出机构，履行区一级党委的领导和管理职权。其主要职责是领导和管理万盛经开区管理范围内的党务工作、经济发展和社会稳定工作，以及承办重庆市委、市政府交办的其他事项。2017年年末，万盛经开区党工委下设工作机构5个，即党工委办公室（含政策研究室、保密委员会办公室、机要局、督查室）、党工委组织部（含编办、老干局、党工委机关党委、党工委非公工委）、党工委宣传部（文明办、文联、社科联、外宣办、党工委网信办）、党工委统战部（含民宗侨台办、侨联）、党工委政法委（含司法局、信访办、综治办、党工委防范处理邪教办）；直属事业单位1个，即党工委党校（含党史研究室、行政学校、社会主义学院）。经开区党工委驻万盛街道新田路74号。

【重要会议】 党工委（扩大）会议 2018年2月5日，万盛经开区召开党工委（扩大）会议召开。会议深入学习贯彻习近平新时代中国特色社会主义思想和党的十九大精神，认真贯彻中央经济工作会议精神，贯彻落实市委五届三次全会、全市经济工作会议和全市“两会”精神，总结2017年全区各项工作，安排部署2018年工作。会上，肖猛代表党工委报告2017年工作，全面部署2018年工作；袁光灿安排2018年经济工作和重点项目工作，并代表党工委、管委会与重点项目牵头领导、有关单位签订年度目标责任书。

党工委委员会议 2017年，万盛经开区党工委委员会会议召开29次。会议重点研究党的建设、纪检监察、反腐倡廉、宣传文化、安全稳定、机构编制、干部职务任免、经济发展、国有企业改革、社会民生改善、重点项目建设等议题。

“三大攻坚行动”暨招商引资工作会议 2月6日，会议安排部署工业投产达产攻坚行动、旅游规范秩序攻坚行动、城市智慧智能攻坚行动，安排招商引资工作。

全区党风廉政建设和反腐败工作会议 2月10日召开，会议全面贯彻落实党的十八届六中全会精神，深入学习贯彻习近平总书记重要讲话和视察重庆重要讲话精神，落实十八届中央纪委七次全会、市纪委四届七次全会要求部署，总结党的十八大以来全区党风廉政建设和反腐败工作，安排部署今年工作。

全区干部大会 6月16日召开，会议宣布市委关于万盛经开区党工委主要领导调整的决定：杨晓云任中共重庆市梁平区委委员、常委、书记，不再担任中共重庆市万盛经济技术开发区工作委员会书记、市委副秘书长（兼）职务；肖猛任中共重庆市万盛经济技术开发区工作委员会书记。

全区卫生与健康大会 8月15日召开，万盛经开区召开卫生与健康大会，会议深入学习贯彻全国卫生与健康大会精神特别是习近平总书记重要讲话精神，学习贯彻全市卫生与健康大会精神，安排部署全区卫生与健康工作，推进健康万盛建设。党工委书记肖猛主持会议并讲话，管委会主任袁光灿安排部署全区卫生与健康工作。

【重大决策】 2月27日，出台《关于进一步加强黑山谷旅游度假区管理的意见》，顺应大众旅游时代要求，进一步优化旅游管理体制，加强黑山谷旅游度假区管理，加快创建国家级旅游度假区，推动万盛旅游转型升级。包括4项重点任务：1. 完善度假区规划，有序推进开发建设；2. 完善基础设施配套，加强度假区管理服务；3. 加强社会治理，提高文明法治水平；4. 理顺体制机制，深化扩权强镇。

3月16日，出台《关于加快青年新型城镇化建设的意见》，保护传承历史文化，充分发挥市级中心镇示范带动作用，深化扩权强镇改革、探索城乡一体发展，承接产业布局、加快构筑全域一体化发展的重要支撑，加快推进青年新型城镇化建设。包括5项重点任务：1. 修编完善新型城镇化发展规划；2. 强化基础设施保障；3. 加快推进产业发展；4. 完善公共服务体系；5. 深化扩权强镇改革。

3月31日，出台《关于加快丛林特色旅游小镇建设的意见》，加快丛林特色旅游小镇建设，深入推进生态文明建设，丰富万盛全域旅游内涵、完善旅游功能配套，深化扩权强镇改革，加快构筑全域一体化发展的战略支点。包括6项重点任务：1. 修编完善特色旅游小镇发展规划；2. 强化饮用水源地保护；3. 完善集镇旅游功能配套；4. 加快景区景点建设；5. 配套完善基础设施；6. 深化扩权强镇改革。

6月2日，出台《关于加强南桐镇城市建设的意见》，顺应人民群众期盼，加强南桐镇城市建设，强化城市治理、加快产城融合，充分发挥南桐镇在全区一体化发展中的战略地位和作用。包括6项重点任务：1. 修编完善规划体系，促进城市科学发展；2. 加强城市综合治理，优化城市发展环境；3. 完善基础设施配套，增强城市服务功能；4. 持续抓好采沉治理，建好农民安居家园；5. 完善产业配套服务，促进产城融合发展；6. 深化扩权强镇改革，增强统筹发展能力。

8月15日，出台《关于加强卫生与健康工作的意见》，认真贯彻落实全国、全市卫生与健康大会精神，坚持以人民为中心的发展思想，坚持把人民健康放在优先发展的战略地位，坚持正确的卫生与健康工作方针，牢固树立大卫生、大健康观念，以公平可及、群众受益为目标，以基层为重点，以改革创新为动力，预防为主、中西医并重，推动共建共享，促进全民健身与全民健康深度融合，推动卫生工作由“以治病为中心”向“以健康为中心”转变，从注重“治已病”向注重“治未病”转变，全方位、全周期保障全区人民健康，为如期全面建成小康社会、实现资源型城市成功转型、加快建设美丽幸福现代的新型经济技术开发区奠定坚实的健康基础。

11月9日，出台《关于进一步加强城市规划建设管理工作的实施意见》，认真落实中央城镇化工作会议和中央城市工作会议精神，牢固树立和贯彻落实创新、协调、绿色、开放、共享的发展理念，认识、尊重和顺应城市发展规律，更好地发挥法治的引领和规范作用，依法规划、建设和管理城市，按照“适用、经济、绿色、美观”的建筑方针，着力转变城市发展方式，着力塑造城市特色风貌，着力提升城市环境质量，着力创新城市管理服务，着力推动城乡一体化发展，探索走出一条彰显万盛特点的城市发展道路。

12月25日，出台《关于加快实施全民健身战略的决定》，全面贯彻习近平新时代中国特色社会主义思想和党的十九大精神，牢固树立和贯彻落实创新、协调、绿色、开放、共享的发展理念，认真落实中央、市委决策部署，以增强人民群众体质、提高健康水平、推进产业转型升级为根本目标，坚持以人民为中心，满足人民群众日益增长的美好生活需要，推进体育供给侧结构性改革，培育壮大各类市场主体，丰富产品和服务供给，提高发展质量和效益，加快推进“运动之城、体育强区”建设，建设全国运动健康城市，打造全民健身国家战略万盛实践“升级版”。

12月26日，出台《关于加快实施全域旅游战略的决定》，全面贯彻习近平新时代中国特色社会主义思想和党的十九大精神，牢固树立和贯彻落实创新、协调、绿色、开放、共享的发展理念，认真落实中央、市委决策部署，以转型升级、提质增效为主题，以推动全域旅游发展为主线，抓重点、补短板、强弱项，全面升级旅游产品供给、基础配套、管理服务、宣传营销和政策保障，打造万盛旅游升级版。

（区党工委办公室）

重庆市万盛经济技术开发区管理委员会

【概况】　重庆市万盛经济技术开发区管理委员会（以下简称万盛经开区管委会）是重庆市人民政府的派出机构。2017年年末，万盛经开区管委会有内设机构24个，即管委会办公室（含法制办公室、应急救灾管理办公室、外事办公室）、发展改革局（含转型办）、财政局（含金融工作办）、经济和信息化局（含中小企业发展指导局）、教育局（含教育督导室）、科技局（含创新发展局、地震局、科协）、规划建设局（民防办）、交通局、农林局（含农综办、扶贫办）、商务局（含对外经济贸易局、粮食局、供销联社）、民政局（含救灾救济物资管理办）、人力资源和社会保障局、国土房管局（含采煤沉陷区房屋治理办）、环保局、城市管理局、水务局、文广新局、卫生计生局（含爱卫办、红十字会）、国资局、安监局（含煤管局）、统计局、旅发委、体育局、审计局（由重庆市审计局直管，机构数计入万盛经开区）；有派出机构3个，即平山园区管委会、煤电化园区管委会、黑山旅游度假区管委会；有直属事业单位3个，即机关事务局、新闻中心、投资促进中心。

【重要会议】　管委会主任办公会　2017年，万盛经开区管委会召开主任办公会23次。会议重点研究党的建设、反腐倡廉、经济发展、社会民生实事、重点项目建设等议题。

全区农业农村暨脱贫攻坚工作会议　3月16日，2017年全区农业农村暨脱贫攻坚工作会议召开。会议强调，紧扣农业供给侧结构性改革这条主线，实现农业增效农民增收农村繁荣。坚持问题导向，瞄准靶标、精准施策，全力以赴打赢脱贫攻坚战。

全域旅游专题工作会议　3月24日召开，会议安排部署“5·19”中国旅游日和“万盛全域旅游活动月”工作。会议强调，要以举办2017年中国旅游日重庆分会场启动仪式暨万盛“全域旅游活动月”活动为契机，全面启动创建国家全域旅游示范区、国家级旅游度假区迎检验收工作，迎接旅游旺季到来，全面检验和展示万盛经开区实施全域旅游战略的工作成效，树立全域旅游示范区形象。

万盛经开区旅游联盟成立大会　4月28日召开，管委会主任肖猛强调，区旅游联盟成立后，要紧紧围绕全域旅游发展的总体思路和目标，充分发挥联盟的参谋和助手、桥梁和纽带、合作和服务、监督和约束等优势和作用，着力推进旅游行业严格自律、旅游市场秩序规范、旅游服务水平提高，促进全区旅游业持续健康有序发展。要积极创造条件，帮助支持旅游联盟及成员单位加快发展，促进成员单位共享旅游资源、拓展旅游市场、延伸产业链条，进一步壮大旅游及相关产业，管委会主任肖猛出席成立大会并讲话。

2017年半年工作会议　8月2日召开，会议总结分析上半年经济社会发展和重点项目建设情况，全面安排部署下半年工作。党工委书记肖猛讲话，党工委副书记、管委会主任袁光灿主持会议。会议通报上半年经济运行、重点项目建设和经济社会发展有关情况。

加快实施工业强区战略大会　12月1日召开，会议贯彻落实党的十九大精神和市委五届三次全会精神，安排部署当前和今后一个时期全区工业发展工作。会议强调，要以习近平新时代中国特色社会主义思想为指导，牢固树立新发展理念，认真落实中央和市委、市政府决策部署，紧紧围绕资源型城市转型发展这条主线，大力推进供给侧结构性改革，坚定不移走新型工业化道路，优化空间产业布局，加大招商引资力度，加快园区平台建设，强力推进项目建设，强化创新驱动和要素保障，营造良好发展环境，推动新型工业化和信息化深度融合，举全区之力优化存量、提升质量、扩大总量，加快把万盛建设成为全市新型工业化示范区。

【重要活动】　1月22日，市政府检查组到区检查消防工作。检查组一行先后到区人民医院和万盛街道新田社区，实地检查了解万盛经开区消防主体责任落实、微型消防站建设、区域性火灾隐患整治等有关工作情况。检查组认为，万盛高度重视消防工作，政府主导、部门协同，“党政同责、一岗双责”、行业监管责任、企业主体责任等落实情况较好，群众消防安全感和满意度大幅提升，成绩值得充分肯定，强调要进一步增强消防安全意识、落实消防安全主体责任、强化消防安全措施，确保消防工作大局持续稳定。

3月10日，党工委副书记、管委会主任肖猛会见到区考察的意大利工商联合会副主席、西北部工商联合会主席盖美瑞·吉利一行。肖猛对盖美瑞·吉利一行到区考察表示热烈欢迎，并介绍万盛区情及商贸流通发展等情况，希望盖美瑞·吉利一行通过此次考察交流，深入了解万盛，并向意大利企业更多地宣传推荐万盛，推动双方商务等方面合作良好开展。

4月26日，国务院安委会第六巡视组组长史玉波率队到区，巡查万盛经开区安全生产工作。市安监局局长冉进红，区领导杨晓云、肖猛出席工作汇报会或陪同巡查。巡查组对万盛经开区安全生产工作给予充分肯定，认为万盛经开区党工委、管委会高度重视安全生产工作，认真贯彻落实党中央、国务院以及市委、市政府安全生产相关要求，在安全监管机构建立完善、安全监管责任落实、推进产业结构调整、压实安全生产企业主体责任、开展“打非治违”专项行动、安全文化培育等各方面工作中，措施有力、特色突出、落实到位、成效明显，促进地区安全生产形势持续向好。

4月25日，由重庆市政府新闻办、重庆市旅游局、万盛经开区管委会联合主办的“山水之都美丽重庆”重庆市4月旅游新闻发布会在市旅游局召开。会上，市旅游局宣布，2017年“5·19中国旅游日”重庆分会场落地万盛经开区。活动期间，万盛经开区将陆续举办2017年中国旅游日重庆分会场暨万盛“全域旅游活动月”启动仪式、“黑山谷杯”羽毛球挑战赛、万盛第十九届苗族踩山会、“惊险奥陶纪·挑战新极限”活动、央视《乡约》再进万盛活动、万盛青年汇巅峰乐园急速电音音乐节、丛林菌谷蘑菇总动员、黑山谷高山国际气球节、“速度与爱·一路飞驰”卡丁车大赛、“乐水板辽·浪漫沙滩”狂欢季等十大旅游优惠活动。

5月19日，2017年“中国旅游日”重庆分会场暨万盛全域旅游活动月启动仪式在万盛黑山谷旅游度假区隆重举行。市政府副市长谭家玲宣布活动启动，国家旅游局港澳台司司长李亚莹出席仪式并为万盛旅游发展委员会授牌。党工委副书记、管委会主任肖猛在致辞中表示，“中国旅游日”重庆分会场活动启动仪式在万盛举办，体现国家旅游局、市政府、市旅游局等各级各部门对万盛旅游的关心和重视。万盛将以此为契机，全面加强旅游管理服务，加快推进旅游转型升级。诚邀各界朋友到万盛休闲度假、旅游观光。市旅游局副局长秦定波在讲话中充分肯定万盛在深入实施全域旅游战略中取得的成效。吉尼斯世界纪录认证官石月梅在仪式上宣读万盛奥陶纪主题公司“天空悬廊”获得吉尼斯世界纪录认证成功通知，并颁发证书。

6月4—5日，以全国政协常委、世界贸易中心协会（香港）执行委员会主席伍淑清为团长的香港特别行政区全国政协委员考察团到区考察生态旅游发展情况。全国政协常委、全国政协港澳台侨委员会副主任杨衍银，全国政协港澳台侨委员会驻会副主任吕虹参加考察。考察期间，考察团先后到丛林菌谷、黑山谷景区，实地考察解万盛乡村旅游扶贫开发、生态旅游等情况。

6月9日，福耀集团董事长曹德旺、日本电产集团中国区总裁甲斐照幸一行到区，就推动有关项目合作进行考察。区领导肖猛、李川、陈宇等陪同考察。考察期间，曹德旺、甲斐照幸一行实地了解福耀集团在万盛投资项目建设运行情况，就进一步深化与万盛合作。曹德旺表示，福耀集团与万盛合作十余年，双方有着深厚的合作友谊与坚实的合作基础，感谢万盛给予企业发展的鼎力支持，对集团在万盛实现更好发展充满信心。集团将进一步深化与万盛合作，拓展合作领域，实现互利共赢。

8月16—17日，国家煤矿安监局技装司司长张文杰率国务院安委会办公室安全生产大检查督导组到区检查安全生产工作。党工委副书记、管委会主任袁光灿，区领导陈宇参加座谈会和现场督导。张文杰充分肯定万盛安全生产大检查取得的成效，认为万盛经开区高度重视，工作扎实推进，尤其是围绕“三个确保”目标、采取“六抓”举措推进大排查大整治大执法，工作力度大，成效明显。

9月11日，国家土地督察成都局万盛土地例行督察“回头看”工作汇报会在万盛经开区召开。高明对万盛土地例行督察各项整改工作取得的明显成效给予充分肯定。他指出，要加大力度，持续推进后续整改任务落实。要建立完善长效机制，强化部门协调配合，进一步规范土地执法监管、耕地保护等工作。要高度重视、落实责任、明确时限，发现问题及时整改，确保整改工作按时、保质、保量完成。要攻坚克难，加强日常监管，合理配置土地资源，维护好土地管理秩序。

9月18—19日，国务院安委会第十五综合督查组到区开展督查，采取听取汇报、查阅资料、实地检查等形式，对万盛安全生产大检查工作开展情况进行督查考核。督查组组长、国家安全监管总局办公厅监察专员杨智慧出席汇报会并讲话。

10月31日，万盛与新疆克拉玛依市独山子区签订友好城市战略合作协议。双方将围绕文化、体育、旅游等领域开展交流与合作，促进两地经济社会快速发展，推动资源型城市加快转型。

11月2日，重庆体育旅游产业发展大会暨“运动健康之城·幸福和谐万盛”推介会在万盛举行，300余名业界权威齐聚万盛，共商重庆体育旅游产业发展大计、打造重庆城市新名片。副市长屈谦出席大会并致辞。国家体育总局经济司副司长彭维勇出席会议。市旅游局党组书记、局长刘旗，市体育局党组书记、局长丁洪分别发表讲话。国家体育总局群体司副司长李正宁宣布重庆市获得国家体育产业示范基地、国家体育产业示范单位、国家体育旅游精品赛事、国家运动休闲特色小镇的单位名单。党工委书记肖猛在会上致辞，并推介万盛体育旅游工作及产业发展情况，向热爱体育旅游、向往健康幸福的各界朋友发出万盛的诚挚邀请。会上，市体育局与万盛经开区、重庆市联合产权交易所、市旅游局分别签订合作协议。万盛等区县与相关企业签约，签约总额达161.6亿元。

11月21日，全国采煤沉陷区综合治理高级研修班暨资源型城市与独立工矿区转型发展工作培训班在万盛开班。全国18个省、市、区发展改革委有关负责人和全国17个重点采煤沉陷地区政府相关负责同志参加学习。国家发展改革委振兴司司长周建平出席开班仪式并讲话。周建平说，党的十九大报告明确提出，支持资源型地区经济转型发展。举办全国采煤沉陷区综合治理高级研修班暨资源型城市与独立工矿区转型发展工作培训班，是深入贯彻落实党的十九大精神，研究资源枯竭城市、独立工矿区、采煤沉陷区等资源型地区经济转型发展的具体工作实践。重庆市发改委副主任詹成志表示，国家发展改革委在重庆举办全国采煤沉陷区综合治理高级研修班暨资源型城市与独立工矿区转型发展工作培训班，旨在用实际行动贯彻习近平总书记在十九大报告中提出的深化改革加快东北等老工业基地振兴，支持资源型地区经济转型发展的精神，也是对重庆经济社会发展的极大支持和鼓励。万盛经开区党工委书记肖猛在致辞中表示，近年来，万盛认真贯彻落实党中央、国务院和重庆市委、市政府决策部署，在各级各有关方面的关心帮助支持下，紧紧抓住资源型城市转型发展这条主线，实施工业强区、全域旅游、全民健身战略，推进工业集群化、旅游全域化、城乡一体化，大力实施采煤沉陷区综合治理，加快经济转型、社会转型、生态转型，资源型城市转型、采煤沉陷区治理取得良好成效，全面建成小康社会迈出坚实步伐。

12月14日，国家体育总局社会体育指导中心主任范广升调研万盛经开区全民健身工作。他表示，万盛全民健身战略成效显著、基础扎实，国家体育总局社会体育指导中心将结合自身职能，加强对万盛的指导和支持，从共建国家级赛训基地、大型赛事举办以及项目、资金、人才等方面给予倾斜，助推万盛转型发展。

（区管委会办公室）

纪检监察工作

【概况】 2017年，万盛经开区设置纪检监察组织45个，其中镇街纪委或纪工委10个，区纪工委派驻纪检组18个、国有企业10个、驻区市属部门7个。万盛经开区纪工委监察局内设6室1中心，即办公室、组织部、宣传部、党风政风监督室（区纠正部门行业不正之风办公室）、纪检监察室、案件审理室、信访中心。设立党工委巡察办，作为党工委工作部门，与区纪工委监察局合署办公。区纪工委监察局机关有编制27人，其中行政编制20人，事业编制7人。巡察办编制11人，其中列纪工委8人，列党工委组织部3人。区纪工委设书记1人，副书记2人（按正处级领导干部配备，其中1名兼任监察局局长）；监察局设局长1人，副局长2人；下属机构主要负责人按副处级领导干部配备，核定职数7人；核定科级领导职数8人。巡察办设专职副主任1人。2017年区纪工委（监察局、巡察办）机关有在编在岗人员24人。

【严明党的纪律】 坚决维护以习近平同志为核心的党中央权威和集中统一领导，带头全面认真贯彻落实十八届六中全会和党的十九大精神，以及市委五届三次全会、市纪委四届七次全会精神，认真贯彻执行新形势下党内政治生活若干准则和党内监督条例，坚决清除孙政才恶劣影响和“薄、王”思想遗毒，严格执行重大事项请示报告制度、领导干部报告个人事项等制度。坚持把纪律和规矩挺在前面，督促各级各部门严守党的政治纪律和组织纪律，通过强化政治纪律和组织纪律，带动廉洁纪律、群众纪律、工作纪律、生活纪律严起来。加强对各级各部门贯彻落实中央、市委和党工委的重大决策部署情况的监督检查，坚决查纠落实不力、推进迟缓，做选择、搞变通、打折扣等问题，确保政令畅通、令行禁止。不折不扣贯彻落实党的十九大精神，加强对各单位开展学习贯彻党的十九大精神情况和市委五届三次全会精神的监督检查，确保学习贯彻不流于形式，确保抓好学习贯彻和当前各项工作两不误、两促进，真正学懂弄通做实。

【党风廉政宣传教育】 增强党员干部党章党规党纪意识。通过媒体宣传、集中宣讲等各种形式抓好党章和新形势下党内政治生活若干准则、廉洁自律准则、党内监督条例、党纪处分条例、问责条例等党内法规的学习宣传，同时将廉政教育作为各类干部主体培训班的必修课。区廉政宣讲团开展廉政宣讲21场次，全区各级纪检组织开展领导干部任前廉政谈话403人次。在元旦、春节、五一、国庆等关键时间节点，发送廉政短信30余万条次，同时通过推送微信、电视栏目播出等方式及时强调八项规定精神。开通“廉洁万盛”微信公众号平台，办好“党风廉政看万盛”专栏，营造全面从严治党的良好氛围。

【纪检监察体制机制改革】 逐步配齐配强派驻纪检组干部，出台派驻纪检组管理办法、干部请假、抽借人员、干部准入等制度。派驻纪检组干部由纪工委会同党工委组织部按照15%的优秀比例单列进行年度考核。严格实行每季度定期听取派驻纪检组汇报工作，严格规范纪检监察干部出国（境）管理等。理顺区纪工委派驻纪检组对国有企业的监督范围，以及派驻纪检组与企业纪委的工作关系问题。明确按党组织隶属关系、直接管理关系划分监督责任范围，明确派驻纪检组与企业纪委的关系比照区纪工委与镇街纪委的关系运行。继续开展市委巡视组2015年到区巡视、巡视整改工作检查组2016年到区检查反馈意见的整改工作；就中央第十一巡视组对重庆市“回头看”反馈意见，制定工作方案，把整改任务落实到具体单位、具体人。推进区内巡察工作，完善巡察制度，优化巡察人才库。组建4个巡察组对发改局等10个区级部门开展两轮巡察。针对发现的117个问题，移交问题线索12条，给予党纪政纪处分2件2人，约谈被巡察单位党组织、纪检组织负责人20人。组建2个整改检查组对2016年被巡察的7个单位开展整改检查，反馈29个未整改到位的问题。按照全市的统一部署和要求，成立国家监察体制改革试点工作小组，明确设立市监委派出万盛经开区监察室。

【办信办案】 全年受理群众信访举报194件次，其中检举控告类143件次，办结率90.5%。全年函询17件、17人。按时办结中央第十一巡视组转送件3件、市纪委交办督办件8件、管委会交办件1件。完成十九大期间信访举报稳控工作。全年开展执纪审查案件30件、32人，给予党纪政纪处分30件、32人，其中轻处分26人，重处分6人，均全部结案。按规定及时解除政纪处分9人，指导办理恢复党员权利2人。推进谈话室和办案点场所建设，防范执纪审查过程中的安全风险。完成委局1个办案点、2间“走读式”谈话室的改建工作；在黑山镇完成1间谈话室建设工作，并在其余有条件的镇街和派驻纪检组逐步推进“走读式”谈话室建设。完成全区402名领导干部廉政档案信息的收集、填报、录入及附件上传等工作，初步建成全区领导干部廉政档案信息库。

【纪检监察干部队伍建设】 全年提名考察4名区管纪检监察干部、10名科级纪检监察干部，公开选调6名派驻纪检组工作人员。对新提任和新进纪检系统的干部全部开展任前谈话和廉政谈话。制定区纪工委班子成员联系各镇街纪委和派驻纪检组制度，联系领导负责牵头协调、指导联系纪检组织的业务工作。结合监督执纪工作规则办法和基层实际，制定镇街、纪检组开展工作的流程和文书模板，并把工作流程、文书模板、涉及的政策性规范性文件汇总编制了《纪检干部工作手册》。安排委局机关、派驻纪检组和镇街纪委干部参加中央纪委、市纪委业务培训24人次。举办一期全区纪检监察干部综合业务培训班，结合工作手册讲解纪检业务，同时安排与纪检业务相关联的全面从严治党责任、财务管理知识、招投标等课程，切实提高纪检监察干部敢监督、会监督的能力。落实纪检监察系统内部“两个责任”，各级纪检组织负责人、室主任、审查组组长既抓业务又抓党风廉政建设，认真落实“一岗双责”。纪检系统带头严格执行重大事项集体决策制度、重大事项和外出请示报告制度，进一步规范党风廉政意见回复工作流程，出台党风廉政意见回复办法。严格执行监督执纪工作规则和我市实施办法，增强依纪依法办事意识。对4名纪检组织负责人进行提醒谈话，受理反映纪检监察干部的问题线索2件2人。

（杨　黎）

组　织　工　作

【概况】 中共重庆市万盛经济技术开发区工作委员会组织部（以下简称万盛开区党工委组织部）是万盛经开区党工委下设机构，挂重庆市万盛经济技术开发区机构编制委员会办公室牌子，中共重庆市万盛经济技术开发区工作委员会非公有制经济组织和社会组织工作委员会、中共重庆市万盛经济技术开发区直属机关工作委员会与其合署办公。经开区党工委组织部有内设职能科室8个，即办公室（挂信访室牌子）、干部科（挂干部监督科牌子）、人才工作科（挂干部教育科牌子）、组织科、调研信息科、非公经济和社会组织党建科、人大代表联络科、机关党建科；有直属事业单位4个，即重庆市万盛经济技术开发区事业单位登记管理局、重庆市万盛经济技术开发区党员教育中心、重庆市万盛经济技术开发区党员信息管理中心、重庆市万盛经济技术开发区党代表和人大代表服务中心，其中重庆市万盛经济技术开发区事业单位登记管理局、重庆市万盛经济技术开发区党员教育中心2个机构为参公事业单位。有在编在岗人员26人，其中行政编制人员12人，参照公务员法管理人员8人，事业人员6人。

（邓　聪）

【领导班子和干部队伍建设】 全年根据领导班子和干部队伍建设、机构改革、群团换届需要，先后选拔任用干部10批次，其中，选拔任用区管党政正职领导干部4人、副职领导干部21人，交流任职干部110人，处级非领导职务晋升19人。抽调48名年轻干部到社会治理第一线、项目建设主战场、民生改善最前沿等锻炼，促进年轻干部在实战中磨练意志、锤炼作风、提升能力。制定镇街、部门考核办法，优化考核内容，改进考核方式，完成全区59个领导班子、371名区管干部2016年度考核，确定先进领导班子21个、优秀领导干部80人。全年全区举办各类培训班60期，培训各级各类干部5500余人次。其中举办主体班3期，区级重点专题班12期，培训1482人次，含党政正职220人次，处级领导干部950人次。

（戴春洪）

【推进“两学一做”学习教育常态化制度化】 5月5日，区党工委组织召开全区“两学一做”学习教育常态化制度化工作座谈会，自上而下推动层层动员部署，直达每个支部。9月18日，组织召开全区“两学一做”学习教育常态化制度化推进会，全面总结学习教育阶段性成效、认真查找突出问题、现场交流先进经验，推进各领域党组织互促互鉴、整体推进。制定机关、村（社区）、学校、医院、国企、非公6个领域党组织抓党建责任清单和基层党组织工作活动基本规范。开展党支部书记培训，培训村（社区）、机关、国企、学校、医院、非公6个领域党支部书记、基层党务工作者2572人。组建督导组5个，制定督导清单，明确职责任务。

【基层党组织建设】 全区有基层党组织576个，党员1.03万。其中镇街、村（社区）党组织278个，党员6682人；区级部门党组织156个，党员2598人；驻区有关单位党组织48个，党员570人；国有企业党组织29个，党员310人；非公组织党组织112个，党员969人。全面贯彻落实党工委“抓乡强村”改革工作专题纪要精神。规范57个村卫生室、警务室，村级组织功能配套进一步完善；全面规范98个村（社区）标志标牌。全年办理群众反映事项5401件，群众反映事项办结率、满意率稳步提升。12月28日组织召开全区城市基层党建工作推进会，全面部署启动全区城市基层党建工作，推行组织共建、党员共管、活动共办、服务共做、基层共治、资源共享“六共”举措，着力构建起以主城规划区为核心，以工业园区、旅游景区、重点商圈为支撑，以5个镇场镇为板块的“1+3+5”城市基层党建格局。确定25个基层组织建设示范点，按照“五个一”标准，重点从拓展服务项目、发展集体经济、加强基层治理等方面积极探索、先行先试、稳步推进，充分发挥示范辐射带动作用。成立区直机关工委，理顺管理体制，机关党建工作进一步加强。全面完成国有企业公司章程修订，落实党组织在公司法人治理结构中的法定地位。非公领域党建工作得到加强，建成投用平山园区等5个党群服务中心，完成青年镇非公联合党委等5个党支部规范化阵地建设，举办全区非公组织党组织“微型党课”竞赛，创新实施“三会一课”、主题党日活动提前报备和督查通报制度，党内组织生活规范化水平不断提高，非公企业和社会组织党组织覆盖率分别达88.15%和89.13%。

【基层干部队伍建设】 从村（社区）优秀干部中招录2名镇街公务员，3名镇街事业编制人员。选派6名大学生村干部到村工作。持续回引本土人才回村任职。选派9名基层干部参与市委组织部组织的示范培训班。

【党员队伍建设】 全年发展党员181人。结合学习贯彻党的十九大精神、党员冬训等工作，分级分类进行教育培训，85个农村终端站点使用达标率100%。落实“三会一课”、民主评议党员等制度，全区57个区管领导班子召开民主生活会，576个基层党组织、10290余名党员参加组织生活会和民主评议党员工作。

（景光伟）

【“三个导向”聚才育才】 一是完善党管人才领导体制。坚持党工委人才工作领导小组统筹全区人才工作，党工委副书记担任组长，切实发挥党工委总揽全局、协调各方的领导核心作用，加强党对人才工作统一领导，切实履行管宏观、管政策、管协调、管服务职责。二是着力构建人才工作一体化制度体系。强化人才政策与招商引资、产业发展、全民创业就业等政策的统筹配套。成立人才评审联席会，依托人才办公室，动态吸纳行业专家、律师等组成，对引进人才身份把关审核。三是强化政策落地保障措施。党工委、管委会决定每年投入1000万元人才专项经费，确保政策落地。健全完善全区人才评审、人才服务、人才考核、人才奖励等人才工作配置制度和配套机制。结合相关领域人才需求，制定2018—2020年引进人才目标任务。四是大力引进高层次人才。组织4个企业、项目参加“国创会”人才洽谈、成果展示等活动。组织相关引才职能部门赴哈尔滨工业大学、山东大学，开展高校集中引才活动。五是合力搭建育才平台。依托“巴渝工匠2020实施计划”，多行业、多工种开设培训项目，大力发展创业型实用人才。统筹指导各类创业培训35期，培育创业型实用人才2000余人。六是加大市级人才专项对接力度。完成2个“博士服务团”和2名“三峡之光”访问学者岗位的申报工作。申报2017年人才项目，推荐平山园区管委会院士专家工作站项目参与市级精品、优秀人才项目评选。

（张　松）

【人大代表基本情况】 2017年年末，万盛经开区有市人大代表6人，区人大代表103人。

【人大代表参加人代会情况】 1月14—19日，重庆市第四届人民代表大会第五次会议召开，6名驻经开区市人大代表参加会议，会议期间提出建议、批评和意见14件。1月6—9日，綦江区第二届人民代表大会第一次会议召开，经开区辖区内102名区人大代表参加会议，审议管委会工作报告，完成各项选举任务，会议期间共提出建议、批评和意见128件。

【人大代表履职活动】 一是开展集中视察活动，围绕全区工业、旅游和社会事业发展，于年中和年末开展全体市区人大代表集中活动2次，组织代表视察平山工业园区、第四十九中学六井坝新校区、全民健身运动中心、鱼子岗度假区、国能奥特莱斯、规划展览馆等项目并召开座谈会听取管委会主要领导关于全区经济社会发展情况的报告；二是开展专业代表小组履职活动，组建财政经济、农业农村、社会民生、城乡建设4个专业代表小组，分别视察并听取了招商局、农林局、体育局、建设局等部门的专项工作报告，提出建议意见50余条；三是开展镇街人大代表小组履职活动，全年围绕黑山谷旅游度假区建设、社区养老服务站运行、采煤沉陷治理、国卫复审检查、乡村旅游发展探索、扶贫工作等内容开展履职活动74次，其中专题视察32次、专题调研17次、工作评议12次、执法检查13次；四是开展代表走访联系选民活动，组织全体区人大代表深入选区走访联系选民，固定联系选民500余人，随机走访选民2000余人，收集选民意见建议800余条。

【人大代表建议办理情况】 万盛经开区负责办理的区人大代表建议、批评和意见128件。其中国土资源和交通建设方面30件，占23.4%；城乡建设和城市管理方面27件，占21.1%；经济发展和环境保护方面18件，占14.1%；农林和水利方面15件，占11.7%；全域旅游和全民健身方面12件，占9.4%；科教文卫方面11件，占8.6%；社会保障等其他方面15件，占11.7%。2017年的建议由区建设局、交通局、民政局等35个部门和单位研究办理。建议办结率、回执回收率、回执满意与基本满意率均为100%。

（程　超）

宣传思想工作

【概况】 中共重庆市万盛经济技术开发区工作委员会宣传部（简称万盛经开区党工委宣传部）是万盛经开区党工委主管意识形态的综合职能部门。内设万盛经开区精神文明委员会办公室、万盛经开区党工委对外宣传办公室2个机构和办公室、理论科、宣传科、文艺科4个职能科室。有万盛经开区互联网信息办公室（与党工委网信办同一机构，两块牌子）、万盛经开区宣传文化中心（挂牌机构包括地方历史文化研究会办公室、新媒体运营管理中心）、万盛经开区特色文化办公室3个下属事业单位。有在编在岗职工37人。

（冯　谦）

【意识形态工作】 贯彻落实市委、党工委对意识形态工作的重大决策部署以及党工委对意识形态工作的系列要求，加强全区920余所意识形态场所管控和各类宣传文化阵地管理，做好党的十九大期间意识形态工作应急处置，与全区72个镇街、部门和重点企业签订意识形态工作责任制责任书，层层压实责任。实现全区意识形态领域督导检查全覆盖，组织召开意识形态研判会议和联席会议各2次，各党委（党组）全年向党工委书面汇报意识形态工作2次。2017年，全区意识形态工作平稳可控、向善向好。

【理论武装工作】 开展理论学习，印发《2017年全区党委（党组）理论学习中心组学习意见》，强化专题学习，突出理论研讨。全年，党工委中心组召开学习会16次。各党委（党组）理论学习中心组学习每月开展1次以上。组建党工委宣讲团、“六进”宣讲队、镇街宣讲队、名嘴宣讲队等宣讲队伍，深入镇街、部门、村（社区）、企业、学校、医院等开展党的十九大精神宣讲2000场次，邀请市委宣讲团成员到区作党的十九大精神宣讲报告。在全市基层理论宣讲评选中，获市级先进个人1人、市级先进报告1篇。围绕习近平新时代中国特色社会主义思想和万盛资源型城市转型发展实践，形成《运用“互联网+”做好基层宣传思想工作的调研报告》《新时代下基层思想政治工作路径探析》等22篇资政报告。全年在市级以上刊物发表理论文章和调研报告40余篇。

（余方运）

【思想道德建设】 加强基层宣传思想文化阵地建设和管理。开展“基层工作加强年”活动，开设“梦想课堂”、建设“小马工作室”、发布善行义举榜、设立志愿服务站、设置“家风文化墙”、树立“乡贤榜”。发挥榜样的示范引领作用。万盛刘军豪获“重庆好人”“最美巴渝·感动重庆”月度人物两项市级荣誉。报纸、电视、新媒体开设“学雷锋·做好事”“市劳动模范”“文明家庭”等专题专栏9个。开展2017年度政工专业职务任职资格评定工作。制发《关于开展2017年度政工专业职务资格评定工作的通知》，对符合条件的思想政治工作人员专业职务进行资格评定，4名从业者完成评定。

【对外宣传工作】 在重庆电视台、公交线路、重要商圈户外投放和发布《幸福万盛》《美丽万盛》形象宣传片，推进CCTV－7《大手牵小手》《乡约》栏目组在万盛制作专题节目。策划资源型城市转型发展外宣主题，拍摄《资源型城市转型》宣传片，制作《蝶变——转型十年看发展》画册，开展“全国重点网络媒体记者走进转型中的资源型城市”采访。策划“全域旅游”四季外宣主题，50余家中央、市级媒体报道南天门冰雪节、高山气球节等20余项四季重大活动。策划“全民健身”系列外宣主题，100余家媒体采访报道WBO拳击赛、重庆万盛国际跑步节暨CCTV体坛风云人物公益跑等10余项重大体育赛事。举办市级新闻发布会7场，国家级媒体采访报道1600余篇（条），新闻主题外宣传活动20余次，在新华社等网络平台发布新闻报道1000余篇。

【对内宣传工作】 统筹全区新闻媒体做好党的十九大精神、习近平总书记系列重要讲话精神、习近平总书记视察重庆重要讲话精神、市五次党代会精神的学习宣传。根据重要时段、重点工作确定每季度宣传报道工作重点，制发季度宣传要点4期。开设“深入学习贯彻党的十九大精神·加快万盛资源型城市转型发展”“把党的十九大精神全面落实在重庆大地上·推进万盛资源型城市转型发展再上新台阶”等专题专栏120余个。完善户外公益广告管理，制发《关于进一步做好户外公益广告发布和管理工作的通知》《关于做好户外公益广告工作的紧急通知》，完善监督管理机制，严格落实审批、备案、建档程序。利用户外大型LED屏、T型牌、墙体海报、公交站台海报、电子字幕屏、建筑围挡、宣传栏等宣传海报和宣传标语8700余幅（条），发布总面积7944平方米。

（高朝平）

【网络舆情信息工作】 全区构建起“一网一端一坛两微三账号”移动互联网现代传播体系。万盛微发布建成囊括辖区65个微信公众号的微信矩阵群。万盛微发布综合排名长期保持全市政务公众号前十；幸福万盛APP平均阅读率排名全市第一，多次被评为全市十佳优秀客户端。全年全区发布正面网帖97.44万条，微博、微信信息58.21万条，图片32.4万张，视频78段，累计浏览量2亿人次。召开区党工委网络安全和信息化领导小组会议，建立网络意识形态管理机制，全区网络意识形态工作呈现出平稳可控、向善向好的局面。规范全区网络舆情导控，网民诉求比上年降低32.4%，网民满意度96.1%。组织全区网络安全宣传周活动，开展关键信息基础设施网络安全检查，整改网络安全漏洞672个。制定下发《万盛经开区网络扶贫行动实施计划方案》，推动15个网络扶贫项目全面实施。城区、镇和行政村光纤通达率100%。全区建成移动通信基站1782个，其中4G基站1398个，4G网络覆盖率95%以上。

（张光渝）

【文艺文化工作】 开展“六进”文艺宣传90余场，举办“中国梦·劳动美——唱响万盛”歌咏比赛，全区77支队伍4000余人参加。开展原创作品创作展演。采风创作歌曲45首，组织“中国梦·巴渝风·万盛情原创舞台”演出活动20余场。大力开展文学艺术创作活动，持续办好《人文万盛》杂志，新开设“万盛记忆”专栏，编印《万盛2017年度文艺作品选粹》。举办“转型发展看万盛”美术书法摄影展，打造“四季原创舞台”“读山水、看万盛”等品牌活动。川剧《人间好》获第五届重庆市社区文化节文艺团队才艺比拼二等奖，歌曲《下渝州》获重庆市“十佳原创歌曲”荣誉，摄影作品《金土地》获第十九届全国艺术摄影大赛铜奖；摄影作品《矿山植被恢复35平方千米》获第七届重庆市摄影艺术展银奖。话剧《安得广厦千万间》、歌曲《下渝州》广受好评。加强文艺阵地管理，利用“中国散文之乡”荣誉牌和重庆市艺术创作中心万盛基地等4个市级创作基地开展各类培训、讲座40余场。推进人文城市建设，对全区91处亭台楼阁命名，题写楹联牌匾，建设溱州楼，提炼城市精神和城市形象宣传语。

（金　奉　毋一娜）

统　战　工　作

【概况】 中共重庆市万盛经济技术开发区工作委员会统战部（挂重庆市万盛经济技术开发区民宗侨台办公室牌子），有内设机构3个，即办公室、党派联络科、民宗侨台科，有下设事业单位2个，即统战服务中心、政协委员服务中心，人员编制19人，在编在岗人员16人。重庆市万盛经济技术开发区归侨侨眷联合会机关与中共重庆市万盛经济技术开发区工作委员会统战部合署办公，人员编制3人，在编在岗人员3人。

（张我勇）

【民主党派领域统战工作】 引导各民主党派深入学习贯彻中共十九大会议精神、习近平总书记系列重要讲话精神，进一步凝聚共识，开展“不忘合作初心、继续携手前进”专题教育活动，提高党派成员的思想素质和政治把握能力。全年组织民主党派、工商联和无党派人士开展政党协商，组织专题协商3次、视察活动4次，围绕管委会工作报告、全民健身战略、交通建设等开展协商，收集意见建议70余条。召开双月座谈会（含暑期谈心会）4次，就城市建设与管理、工业攻坚行动等征求民主党派、工商联和无党派人士的意见建议80余条，以3期《统战声音》予以编发，得到5位区领导批示。组织民主党派开展视察调研，形成《关于发展雷竹产业巩固脱贫成果的建议》《关于万盛全域旅游的思考和建设》等调研文章以《统战声音》刊发，送区领导和有关部门参考，其中民革韩树林等撰写的《关于建立“三位一体”乡村旅游信贷支持体系的思考》获党工委委员、管委会常务副主任胡俊，党工委委员、统战部部长詹旭东批示，民进万承毅《关于万盛全域旅游的思考和建设》得到管委会副主任唐应良批示，李自立《关于认真解决城区停车难问题的建议》得到党工委书记肖猛批示，雷友强《关于做好丛黑公路土地林地管理并提早进行相应规划的建议》得到管委会副主任陈宇、李华全批示。民革与关坝镇开展联谊活动，为凉风“梦乡村”发展支招，提出改进污水处理、开展对外营销、推出精品特色菜等20余条建议。与民革渝中区委在关坝镇联合开展“扶贫攻坚送医下乡”义诊活动，接待群众200余人，发放资料400余份。参与精准扶贫工作，民革党员杨毓剑代表重庆盛威实业有限公司与“滨水人家”农家乐签订战略合作协议，为其提供菜品研发，提升菜品质量和管理服务水平，提高核心竞争力，助其早日脱贫。民进开展2017年“进盛合作”活动，民进市委会向“进盛教育基金”注资5万元，表彰“进盛教育之星”优秀教师15名、优秀贫困学生30人。九三学社联合渝中区委共同出资举办了为期一周的“为了明天‘童’一样地绽放——‘童’聚九三”关爱留守儿童活动；组织10名贫困留守儿童到重庆主城与父母团聚，策划系列活动让孩子们体验重庆发展新面貌，增长见识、开阔视野，感受社会的关心、关爱；组织镇街义诊4次，开展送健康进景区活动1次，6人次参与区卫计局组织的景区义诊活动，助力全域旅游战略。各民主党派有计划、储备式地发展成员，年末，民革党员有117人，民进会员有98人，九三学社社员有79人。

【党外知识分子领域统战工作】 在党政机关和国有企事业单位中开展党外知识分子基本信息摸底工作。据统计，全区有党外知识分子905人，其中科级及以上党外知识分子170人，处级干部有18人，科级干部有152人。中级及以上专业技术职称有735人，其中高级职称有75人、中级职称有660人。相对集中在教育和卫生系统单位，这两个系统的人数为705人。11月2日成立党外知识分子联谊会，重点从有代表性、有影响力、有突出贡献的党外知识分子中发展会员，按照单位推荐、组织掌握、本人自愿的原则，把学有所长、贡献突出、影响较大的党外知识分子吸收为会员，首批吸收会员50人。组织党外知识分子围绕万盛三大攻坚行动开展调研活动，形成调研报告10余篇，其中有8篇以《统战声音》刊发，有6篇得到区领导批示。组织以区级领导与无党派代表人士座谈会，听取无党派代表人士对参政议政、民主监督以及万盛经开区经济社会发展等各方面的意见建议，为其知情参政搭建平台。全年举办座谈会4次，参会22人次，收集意见建议40多条，涉及旅游发展、体育产业开发、医疗器材更新、城区停车收费问题以及智慧城市建设等方面，建议及时交有关部门办理。

（唐洪容）

【港澳台海外统战工作】 贯彻落实全国、全市侨务、对台工作会议精神和涉侨涉台法规，依法保护归侨侨眷、台胞台属的合法权益。在春节、中秋、重阳等传统节日组织侨台界代表人士召开迎春茶话会、中秋座谈会。组织学习十九大精神并畅谈感受，举办聆听“学习十九大、传承好家风”家庭教育专题讲座。开展“同心健康行”凉风村视察、参观万盛博物馆和规划展览馆、重庆白公馆、渣滓洞、三峡博物馆，调研万盛平山工业园区等重大项目建设200余人。组织开展“精准脱贫光明行”活动中，协助爱尔眼科医院在全区筛查250余户贫困老年白内障患者，实施39台手术，让29名患者重见光明。组织实施澳大利亚魏基成慈善列车捐赠冬衣派发活动，将向上争取的200件冬衣全部发放到区贫困群众手中。为镇街200余名老年听力障碍者申请免费“天籁列车”助听器。通过座谈走访、建立微信群以及推荐使用侨宝APP等方式向广大归侨侨眷和台胞台属宣传侨台方针政策，发放《中华人民共和国归侨侨眷权益保护法》等法律法规及书籍。利用传统节日走访慰问贫困侨台界群众家庭100余户，为他们送去专项扶贫资金及节日慰问金达3万多元，帮助他们解决实际生活中的困难以及创业扶持和就业技能培训。按要求全面排查涉台情况1次并上报，受市台联委托考察两名台胞，帮助协调1位侨眷鱼子岗用地一事，参与协调处理美华地块、台湾文化夜市等5起涉侨涉台事件。重点对贫困侨眷、台属子女就读情况进行调查摸底，为侨眷、台属子女开具证明帮助高考加分、申请贫困救助金以及提供咨询帮助等，2017年，为1名台胞子女争取上级助学金9000元，扎扎实实为侨台界群众做好事、办实事、解难事。侨台界人大代表、政协委员围绕全区中心工作和重点项目进行视察调研达10次以上，形成提案、社情民意近20件。组织全区各中小学参加第十九届世界华人学生作文大赛，征集1377篇文稿进行评议筛选，评选出318篇优秀的学生作文选送到组委会参选。协助旅投公司与台商在7～10月的黑山谷台湾文化夜市活动中的政策咨询、两岸关系维稳等协调服务工作。2017年，承接第五届台湾大学生重庆实践活动万盛黑山行、第五届“台湾青年菁英重庆行万盛参访”等对台交流活动5次，接待台胞达300余人。

（霍本银）

【非公经济领域统战工作】 组织非公经济人士认真学习领会党的十九大、市第五次党代会精神，全面贯彻落实党工委（扩大）会议精神。组织年轻企业家到刘子如陵墓、聂荣臻纪念馆等地开展爱国主义教育活动。举办第四期民营企业高级研修班，组织50余位企业家到重庆西南大学深造学习；开办“万商大讲堂”3期，为非公经济人士提供经济、管理、法律等多方面知识，参训人员达500余人；邀请区人力社保局、工商分局、中心法庭等部门为100余名企业负责人作“依法管理，守法经营”为主题的宣讲；邀请中国著名税务专家、中国企业税收管理大师宋洪祥教授为近200名企业负责人和财务人员专题讲授《企业经营决策的税收管理与风险控制》，重庆工商大学副教授强海涛为100余名企业家讲解《企业战略营销与品牌突围之道》。引导非公经济人士自觉强化社会责任意识，全面投入“感恩万盛三走进”活动，据不完全统计，非公经济人士2017年累计捐款捐物160余万元。通过调研，形成《我市民企参与社会化养老服务发展研究》《万盛经开区2016年度民营经济发展报告》《以智慧城市创建为突破促进万盛智慧产业快速发展的建议》专题调研报告3篇，报送相关部门，供决策参考；通过主席会、视察座谈会、双月座谈会等平台收集意见建议11条。与各金融机构联系，实时协助企业与金融机构对接，推介“农家乐贷款”金融产品；推动汇畅钢管制造有限公司在重庆股份转让中心科创板成功挂牌。探索“名企携手微企”新思路，引导振兴华福集团帮扶众城包装制品公司恢复生产，引进投资者帮助玉囤矿业解决生产技术落后、产品品种少、市场销售不畅问题，企业正走向正轨；搭建金鑫智慧公司市级路演平台，协助其建设企业总部和生产基地等问题。协助民营企业之间加强合作，引进深圳一民企与本区企业合作，投资1800余万元购买国能天街幼儿园，在万盛首创“双语”幼儿教育。组织定青茶业携电商平台“菜背篼”参加第十三届中国西部（重庆）国际农产品交易会；组织年泽商贸等企业参加“首届重庆——东北发展交流暨自贸试验区创新研讨会”“一带一路”海处投资实务国际论坛；引导企业参加第二十届“渝洽会”，助推万盛青商实业有限公司与贵州贵青企业联合发展有限公司签订战略合作协议。召开警企座谈会，贯彻落实市公安局《服务民营经济发展30条》和驻区公安分局12条便民措施，配合法院、检察院，帮助会员企业解决各类纠纷和疑难问题21件次。

（万立红）

【党外干部队伍建设】 2017年年末，全区有党外处级实职干部17人，其中民革3人，民进3人，九三学社6人，无党派5人。两名党外干部轮岗交流。形成《万盛经开区党外干部培养使用工作基本情况》报送党工委，党工委委员会专题研究党外干部工作，并对全区党外干部培养使用工作作出总体部署。全年召开组织、统战部长联席会3次，共同研究党外干部的培养选拔使用问题，2名干部实现平级交流，推荐出五届市人大代表、政协委员人选名单。从体制内单位中，筛选出党外代表人士个性化培养对象26人，采取走访和座谈等方式，与培养对象所在单位党组织和所在党派就培养对象的工作表现、培养措施等交换意见40余次。推荐1名党外干部（李自立）到市级实践锻炼基地挂职锻炼，任九龙坡区工商联秘书长。开展无党派代表人士身份认定工作。按照“政治坚定、业绩突出、群众认同”的标准，从党外干部、党外知识分子中确定无党派人士22人，并发文确认其身份。推荐市级党外代表人士后备人选8人，其中市人大代表4人，市政协委员4人。

（唐洪容）

【民族宗教工作】 通过《万盛日报》、万盛电视台等媒体开展民族政策、法律法规宣教活动，组织开展少数民族团结进步宣传周、代表座谈会、培训会以及参观万盛博物馆和规划展览馆等各类宣传活动30余次，发放宣传资料3000余份。走访慰问少数民族困难群众30余户。创建市级民族团结进步模范单位3个。加大少数民族聚居地建设力度。争取市民族宗教委少数民族发展资金85.5万元，整合资金500余万元，支持关坝、青年、石林等少数民族聚居地基础设施、扶贫开发和教育卫生事业发展。加强民族文化保护和传承。筹集资金80余万元，围绕全域旅游帮助开展苗族“踩山会”“砍火星节”、红苗“绷鼓”仪式、篝火晚会、苗家刺绣蜡染展示等打造红苗特色文化。依法管理民族事务。加强少数民族流动人口服务管理工作，建立完善外来少数民族维权服务站3个，妥善处理涉及少数民族的矛盾纠纷7件次，争取市民族团结进步促进会少数民族青年才俊成长工程专项基金，资助经开区5名少数民族贫困大学生4.5万元。宣传学习贯彻全市宗教工作会议精神和国务院新修订公布的《宗教事务条例》，适时开展学习培训、调研指导和督导检查，调整和完善民族宗教工作领导小组以及联席会议制度，完成全区宗教工作三级网络两级责任制等制度机制建设。协助宗教场所加强基础设施建设。协调资金1100余万元，帮助基督教会迁建基督教堂、排危复建八角净业寺、黑山镇飞炉寺筹备建设和其他宗教场所排危整治。坚持召开全区宗教场所负责人季度座谈会和宗教界人士暑期谈心会，加强对宗教教职人员的教育引导，不断提升宗教活动场所的民主管理能力和水平，关心宗教教职人员生活，按时足额发放生活补助费10万余元，坚持开展和谐寺观教堂创建活动，3个宗教场所申请市级和谐寺观教堂称号。与10个合法宗教场所签订2017年安全稳定工作目标责任书，在国家法定节日、十九大和重大宗教活动节日等敏感时期开展安全稳定督查工作88次，协调资金120余万元，开展6项较大安全隐患整治，同时开展宗教活动规范治理和宗教网络安全巡网清网行动，促进地区宗教和睦、社会和谐。

（罗绍忠）

【新社会阶层人士】 开展新阶层人士调研摸底工作，建立全区新的社会阶层人士详细信息数据库。全区新的社会阶层人士87人，其中区政协委员3人，人大代表3人，工商联执委以上14人，担任其他社会职务的11人。组建机构，建立制度，形成长效机制。成立由党工委委员、统战部部长詹旭东任组长，统战部常务副部长犹元超任副组长，14个相关单位为成员的新阶层人士工作领导小组。召开全区新的社会阶层人士统战工作会议，传达学习全市新的社会阶层人士统战工作会议精神，区非公工委组织围绕新的社会阶层党组织加强统战工作、区网信办围绕网络人士统战工作进行发言。在原有区级领导干部联系党外代表人士名单中，增加4人新的社会阶层人士，要求各部门、各镇街每位党员领导干部至少联系1名党外代表人士，每两月至少沟通交流一次，帮助解决一些党外人士关心的实事和困难。组织30余名新的社会阶层人士代表开展十九大精神学习和全市新的社会阶层人士统战工作会议精神传达学习。组织新的社会阶层人士对全区城市建设、经济发展等方面开展视察调研2次。

（万立红）

【政协委员活动】 2017年，万盛经开区有区级政协委员124人，分3个政协小组开展活动，每个小组由2名区领导联系工作。有驻区市政协委员5人。万盛经开区党工委委员、统战部部长詹旭东联系政协工作，政协委员服务中心配备工作人员2人。开展协商民主活动。对管委会工作报告、区财政工作报告、城市规划建设管理进行协商3次，提出意见建议，以《统战声音》送区领导和区级有关部门作决策参考。开展民主监督活动。通过召开提案督办会、走访提案承办单位、开展调研、推荐委员参加政风行风评议等形式开展民主监督。开展视察调研活动。政协委员先后到板辽金沙滩、凉风梦乡村、鱼子岗旅游度假区等地开展视察活动5次，形成《关于规范管理万盛城区停车的建议》等调研报告2篇，为党工委、管委会科学决策提供参考；组织委员小组围绕“全域旅游、全民健身”两大战略，对关坝凉风村、梦幻奥陶纪、体育产业众创空间、黑山谷周边配套旅游项目、以及西区中医院建设工地等重点项目活动开展视察活动12次。组织委员参加区政协二届一次政协大会和新一届委员集中培训会，组织政协委员小组长召开四次政协委员小组长会议。全年全区政协委员提交提案147件，立案117件（合并为112件），立案率79.6%。截至年末，办成和正在办理的95件，占立案数的85%；列入计划逐步解决的9件，占8%；条件不成熟，留做工作参考的8件，占7%。委员满意率97.3%。确定《关于重庆能源南桐矿业有限责任公司社会职能移交的建议》等6件重点提案，由党工委、管委会领导班子成员牵头领办督办，提案办理工作取得积极成效。市政协四届五次全委会上，驻区市政协委员提交提案12件。全区政协委员提交社情民意57件，审查后交办51

件。按照《万盛经开区政协委员管理办法》相关要求，经党工委会议研究决定，辞去龙明虎和苏娅勤政协委员职务。经过人选推荐、征求意见、审查考察，以及党工委会议研究同意、綦江区政协常委会审议通过，增补陈晶晶、刘晴为綦江区第二届政协委员，区政协第二届第二次全会选举陈晶晶为綦江区政协常委。市政协委员换届工作。根据市委统战部文件要求，经过制定方案、人选推荐、征求意见、考察核查、人选公示等程序，分布在特邀、科技、体育、教育4个界别中协商产生李川、詹旭东等5名市第五届政协委员。委员履职考核工作。评选出洪跃鸣等优秀政协委员12人、《关于加强民营医院监督管理的建议》等优秀提案9篇和《关于在车管所增加停车站的建议》等6件优秀社情民意，由党工委统战部进行表彰。

（李永涛）

人　事　工　作

【概况】　万盛经开区人力社保局有机关人事职能科室4个，即人力资源科（挂重庆市万盛经济技术开发区人力资源和社会保障局国家职业技能鉴定所牌子）、公务员管理科（挂重庆市万盛经济技术开发区军队转业干部安置办公室牌子）、事业单位人事管理科（挂重庆市万盛经济技术开发区职称改革办公室牌子）、机关事业单位工资福利科〔挂重庆市万盛经济技术开发区机关事业单位工人技术等级（岗位）考核办公室牌子〕，在编人员7人，配备科级领导干部3人。承担人事职能的下属事业单位2个，即重庆市万盛经济技术开发区人事就业培训中心、重庆市万盛经济技术开发区军转干部服务中心（挂重庆市万盛经济技术开发区机关事业单位退休人员管理服务中心牌子），在编在岗人员17人，配备科级领导干部2人。

【人才队伍建设】　围绕地区转型和产业发展需求，引进高层次人才15人，招录（聘）用机关事业单位人员303人。在山东、黑龙江两地高校开展招聘活动，收到简历155份，其中硕士153人、博士2人。完成技能鉴定1969人次。组织各类招聘50余场次，为重点企业落实用工保障3267人。

【公务员管理】　2017年累计招录公务员40人，其中面向社会公开考试录用公务员32人，从优秀村（社区）干部中考试录用公务员2人，从2014年选派大学生村干部中定向招录公务员6人。面向全市公开遴选公务员5人。开展一期公务员初任培训班，培训学员72人。开展科级干部任免检查1次，审核科级干部人事档案500余册。制定出台《公开遴选（选聘）工作人员暂行办法》。完成95名公务员登记工作。对全区21名公务员，72名机关事业人员在2013至2015年期间连续三年个人年度考核优秀记三等功，对有突出贡献的商利红记三等功，南桐镇人民政府张茹维获“重庆市人民好公仆”称号。

【事业单位人员管理】　完成新审批聘用事业单位工作人员264人（公招250人，考核招聘14人）。其中教师115人，卫生事业单位人员44人，从村社区优秀干部中招聘事业单位工作人员3人，从村干部中招聘事业单位工作人员8人，从三支一扶大学生中招聘事业单位工作人员8人，面向退役士官招聘事业单位工作人员1人，其余事业单位工作人员85人；办理职员职务晋升备案18人次，转正定级242人次，专业技术人员转岗21人次，管理人员转岗1人次，工勤技能人员转岗10人次；办理124人工作调动手续，其中调出区外20人，调入区内15人，区内调动89人；办理辞聘解聘手续21人；完成岗位补员748人次。办理专业技术人员职称初定165人，其中助理级161人，中级4人，办理到渝人员专业技术资格确认3人；完成2017年职称申报评审工作，2017年申报评审300人（助理工程师63人，工程师237人），通过评审251人，其中助理工程师52人，工程师199人。

【教育培训工作】　举办微型企业创业培训2期、40个班次、115人，举办SYB创业培训2期、3个班次、61人，举办IYB创业培训1期、1个班次、30人，共计创业培训206人，创业成功149

人。开展公务员初任培训25人次，组织公务员及参公人员参加“创新驱动发展战略”公需科目培训及考试1180人次。

【工资福利与退休管理】 全年核定绩效工资外“高出部分”8374万元，核定全区绩效工资总量12395万元。组织兑现2016年绩效目标考核奖及离退休人员健康休养费调标。发放2016年绩效目标考核奖6390万元，离退休人员健康休养费3133万元。配合完成3166名退休人员养老金调整工作，全年增资788万元。清理、规范全区特岗津贴，规范名额及标准。清算“中人”一次性退休补贴，发放751万元。组织开展2017年“快乐运动·健康万盛”迎春趣味活动，重阳节大型系列活动，与新田社区联动开展“国粹养德．翰墨育英”爱心课堂，组织慰问退休困难人员15人。

【军转干部安置】 全年接收自主择业军转干部1人，接收计划安置军转干部4人，安置随调家属1人，完成档案清理、退役金审核、职务确定等相关准备工作。2017年，全区区属企业军转干部32人，其中已退休31人，失业企业军转干部1人；另有隶属南桐矿业公司的企业军转干部32人；至年末，均已按照全市规定按时足额发放生活困难补贴和医疗补助。

（吴贵玲）

机构编制

【概况】 重庆万盛经济技术开发区机构编制委员会办公室（以下简称万盛经开区编办）是万盛经开区机构编制委员会的常设办事机构，在党工委组织部挂牌，是党工委、管委会的工作机构，列入党工委机构序列。党工委组织部设立职能科室机构编制管理督查科，负责管理体制改革和机构编制管理督查等工作；部下设万盛经济技术开发区事业单位登记管理局，负责全区事业单位法人登记管理工作。万盛经开区编办人员编制在经开区党工委组织部人员编制中调剂使用。

【机构设置】 2017年年末，万盛经开区党工委、管委会内设机构28个，即党工委办公室（含政策研究室、保密委员会办公室、机要局、督查室）、管委会办公室（含法制办公室、应急救灾管理办公室、外事办公室）、党工委组织部（含编办、老干局、党工委机关党委、党工委非公工委）、党工委宣传部（文明办、文联、社科联、外宣办、党工委网信办）、党工委统战部（含民宗侨台办、侨联）、党工委政法委（含司法局、信访办、综治办、党工委防范处理邪教办）、发展改革局（含转型办）、财政局（含金融工作办）、经济和信息化局（含中小企业发展指导局）、教育局（含教育督导室）、科技局（含创新发展局、地震局、科协）、规划建设局（民防办）、交通局、农林局（含农综办、扶贫办）、商务局（含对外经济贸易局、粮食局、供销联社）、民政局（含救灾救济物资管理办）、人力资源和社会保障局、国土房管局（含采煤沉陷区房屋治理办）、环保局、城市管理局、水务局、文广新局、卫生计生局（含爱卫办、红十字会）、国资局、安监局（含煤管局）、统计局、旅发委、体育局、审计局（由重庆市审计局直管，机构数计入万盛经开区）；纪检监察机构1个，即区纪工委（监察局）；派出机构3个，即平山园区管委会、煤电化园区管委会、黑山旅游度假区管委会；直属事业单位4个，即党工委党校（含党史研究室、行政学校、社会主义学院）、机关事务局、新闻中心、投资促进中心；群团机构11个，即区总工会、团区委、区妇联、区工商联（总商会）、区残联、区科协、区侨联、区计生协会、区红十字会、区文联、区社科联，其中前5个独立运行；10个镇街按“五办五中心”（五办指党政办、经济发展办、社会事务办、综治办、规划建设管理环保办，五中心指财政所、农业服务中心、水利站、文化服务中心、社会保障服务所）设置，10个镇街均单独设置监察室。

【机构编制管理】 2017年末，万盛经开区区级行政编制432人，实有410人，空编22人。乡镇行政编制255人，实有232人，空编23人。政法专项编制52人，实有51人，空编1人。区属事业编制4779人，实有4588人，空编191人；其中行政执法专项编制125人，实有95人，空编30人。镇属事业编制345人，实有309人，空编36人。机关工勤人员77人。

【行政审批制度改革】 动态调整全区32个审批职能部门行政许可事项273项，承接市级部门下放审批事项26项，取消全区项目7项，清理规范全区中介服务事项9项。梳理建立25个精细化标准规范，组织32个审批部门分批次集中开展273项行政许可事项与流程的清理和规范化定制，明确完善名称、设定依据等30个要素，编印行政许可事项服务指南完整版、简版。建立投资项目联合审批机制，绘制联合审批流程图，明确5个环节审批服务事项。对照国标，从信息公开、一次性告知、首问责任等9方面细化标准细则。探索实施“互联网+政务服务”模式，推动实体服务中心和网上政务大厅的有效融合和服务联动。不断完善网审功能，形成行政审批、公共服务、权利运行等多功能一体网审服务平台。全年平台受理2.53万件审批事项，办结2.52万件，办结率99.9%。

【行政体制机制改革】 撤销区市政园林管理执法局，设立区城市管理局，新组建区城市管理综合行政执法局，在区城市管理局挂牌，分别明确职能职责，在全市率先完成城市管理综合行政执法体制改革。明确区安全生产监督管理局为党工委、管委会的内设机构和行政执法机构，进一步健全和完善镇街、园区安全生产监管机构。加快构建适应大众旅游时代的现代旅游治理机制，将区旅游局更名为区旅游发展委员会，保留原旅游局职能职责，强化旅游发展委员会产业促进、资源统筹、旅游投资、发展协调、监管服务等方面的职能职责，理顺区全域旅游管理体制。撤销“万盛经开区建设局”，设立“万盛经开区规划建设局”，为党工委、管委会内设机构。撤销“万盛经开区规划局”，设立“万盛经开区城市规划发展服务中心”，为规划建设局管理的正处级事业单位。撤销“万盛经开区招商局”，设立“万盛经开区投资促进中心”，为党工委、管委会管理的正处级事业单位。

（李　宇）

外　事　管　理

【概况】 万盛经开区外事办公室，有科室1个，即外事科；有处级领导职数1人，科级职数1人。全年审批全区领导干部因公出国（境）7人（其中1人实际未成行），全年无自组团出国（境）。参加市级部门组团3人次，出访目的地包括新加坡、日本等国家。全年3名区籍运动员到韩国、阿联酋参加中国残联组织的国际赛事。全年审批因私出国（境）20人。做好AC米兰足球夏令营到区考察有关翻译工作，协助做好意大利工商联合会副主席、意大利西北部工商联合会主席盖美瑞·吉利到区考察，埃塞俄比亚驻华大使塞尤姆·梅斯芬、驻重庆总领事卡贝迪到区考察福耀玻璃，德国巴林根中学到区考察交流等有关工作。翻译《今日万盛》6期。

（区管委会办公室）

台　湾　事　务

【概况】 万盛经开民宗侨台办挂牌在万盛经开区党工委统战部。有编制3人，负责民族、宗教、侨务、台务工作。万盛经开区统战部副部长兼民宗侨台办主任。2015年6月，万盛经开区侨联成立，与统战部合署办公。经部长办公会研究决定，将台务工作交由侨联负责。党工委、管委会有分管领导，各镇街、部门均有分管领导和兼职工作人员。

【台胞台属】 万盛经开区有台胞57人、台属71户220人。

【涉台经贸】 认真学习贯彻对台工作方针政策和有关法律法规，依法保护台胞台属的合法权益。发挥工作优势，主动开展对台经济、交流工作，积极探索和创新对台招商方式，促使对台招商引资工作有新进展。协助旅投公司与台商在黑山谷台湾文化夜市活动中的政策咨询、两岸关系维稳等协调服务工作。2017年，承接第五届台湾大学生重庆实践活动万盛黑山行、第五届“台湾青年菁英重庆行万盛参访”等对台交流活动5次以上，接待台胞达300余人。

（霍本银）

民族事务

【民族团结进步事业】 组织开展民族团结进步宣传周活动，召开座谈会12次、院坝会20余次，重点宣传民族政策法规、习总书记关于民族工作的重要讲话精神、十八大以来的重大成绩等内容，发放宣传资料3000余份，为迎接十九大的胜利召开营造良好的舆论氛围；通过城区LED电子屏幕显示横幅标语30余条，发放宣传资料3000余份，开展宣传民族团结进步模范集体和模范个人先进事迹，使民族团结进步宣传周活动深入人心。广泛开展科技赶场、义诊义检、送书下乡、政务服务到基层、民族文化展演等活动，走访慰问少数民族困难群众和少数民族外来务工人群30余户，为新疆到区经商的7名维吾尔族同胞免费体检并签约家庭医生服务协议，组织医疗志愿者开展义诊义检活动5场次，开展科技赶场、送书下乡、民族文化展演等活动10余次。研究确定将旅游设施基础条件较好、少数民族群众较为集中，特别是对周边带动和辐射作用强的黑山镇鱼子村，作为2017年市民族团结进步模范单位创建点，4月报市民族宗教委备案，黑山镇鱼子村通过扎实开展创建工作，成效较为显著，并于11月24日通过区民宗侨台办组织的初检。

【民族事务管理】 在4月、9月和11月分别召开有民族工作干部和少数民族代表人士参加的全区统战工作培训班、统战工作专题培训班和统战系统培训班，对十九大精神、民族工作相关政策法规、民族工作重点任务、如何做好城市民族工作及贯彻落实中央和市委民族工作会议精神的具体措施等内容进行学习培训，进一步细化民族事务管理工作。9月对各镇街和有关部门，开展包括关于贯彻落实民族工作重要决策部署的调研检查。进一步提升和发挥万东镇和万盛街道外来少数民族维权服务站的服务功能，帮助东林街道设立少数民族维权服务站，指导服务站建立“三交”工作台账和服务管理工作规范，进一步完善服务管理体制机制；联系辖区医院为新疆到区经商的少数民族同胞免费签约家庭医生服务协议，协调解决外来少数民族同胞经商摊点问题等服务管理工作。会同基层少数民族联谊会开展参观万盛博物馆、展览馆，开展到重庆白公馆、渣滓洞、山峡博物馆进行社会主义核心价值观教育活动。争取市民族宗教委少数民族发展资金85.5万元，对石林场镇苗族特色路灯建设进行打造，在石林场镇、生态停车场、绕镇公路和文化健身广场安装苗族特色路灯60盏；对青年镇更古村道竹苗寨广场基础设施、环境综合整治和绿化、亮化（灯饰打造）、美化工程（壁画打造）及农家院坝改造等进行建设，使苗寨真正靓起来；对关坝镇田坝村便民服务中心健身广场和水井台公路堡坎边沟建设等。妥善处理涉及少数民族的矛盾纠纷7件次，8月11日，会同公安分局、黑山镇，妥善处理黑山镇鱼子村万家山苗族群众与永川到区游客的交通纠纷问题。

【民族文化传承与保护】 整合资金350余万元，加强青年镇更古村道竹苗寨建设，突出苗族文化、带动产业发展。依托黑山谷—龙鳞石海AAAAA景区旅游资源，整合资金57万余元打造石林红苗场镇；整合资金60万元，在石林镇打造红苗印象度假村，将少数民族特色文化融入旅游产业发展，加大少数民族聚居地乡村旅游开发。注重保护传承少数民族非物质文化遗产，协调资金40余万元，举办第十九届苗族踩山会，开展少数民族非物质文化遗产的挖掘整理和相关培训活动，支持苗族刺绣、蜡染、服饰、芦笙制作等民族特色文化传承发展，支持石林小学开展民族文化进校园，支持青年更古红苗风情艺术团、苗岭文化公司等开展活动。1月，四川省叙永县苗族文艺会演，青年更古红苗风情艺术团获特等奖、芦笙舞比赛获二等奖，苗族艺人代表杨飞获苗歌大赛一等奖。“红苗歌舞”参加2017年重庆市第二届民间文化艺术之星选拔赛，舞蹈节目《红苗鼓舞》参与重庆卫视2017年春晚节目录制。

（罗绍忠）

宗 教 事 务

【宗教事务管理】　2月，万盛经开区党工委召开委员会议，专题传达学习全市宗教工作会议精神，研究部署全区学习贯彻会议精神的具体措施。要求各级党委、政府认真履行宗教工作主体责任，党委主要负责人为宗教工作第一责任人，党工委进一步健全完善万盛经开区民族宗教工作领导小组，落实联席会议制度，切实把宗教工作纳入社会治安综合治理网格化管理范畴，纳入各级领导班子评价考核体系，将贯彻执行宗教工作政策法规、妥善处理涉及宗教各类问题作为衡量工作能力和绩效的重要内容。区编委、党工委统战部、区法制办通过内部整合调节，优化资源配置，保证宗教工作机构行政执法主体资格，增加民族宗教工作人员编制1人，加强宗教工作能力建设，各镇街落实宗教工作三级网络和两级责任制，建立健全属地管理、分级负责和责任追究制度。根据实际情况，加大对宗教团体工作经费的支持力度，纳入财政预算（全区建立有两个宗教团体，佛教协会和基督教三自爱国运动委员会，两个宗教团体财政预算工作经费共计2万元）。排查地区宗教领域存在的突出问题和矛盾纠纷，形成问题清单，研究落实措施，切实加以解决，始终坚持我国宗教中国化方向，推动佛教道教以去商业化、天主教以独立自主自办、基督教以治理私设聚会点为重点，引导宗教与社会主义社会相适应。加强宗教活动场所的安全管理、财务管理和宗教教职人员管理，加强网络宗教事务管理以及其他涉及国家利益和社会公共利益的宗教事务管理，宗教事务工作制度进一步完善。完善宗教工作权力清单，依法严格宗教事务行政审批，推进网上行政审批，制定宗教行政许可事项4个母项、5个子项的标准化服务指南，加强事中事后监管，着力提升管理和服务水平。8月，按程序行政许可审批筹备设立黑山镇飞炉寺为佛教固定活动处所。继续开展以“规范”为主题的和谐寺观教堂创建活动，促进宗教活动场所人文化、特色化、生态化、规范化，佛教观顶寺、天主教堂、基督教堂成功创建市级和谐寺观教堂。加强宗教领域乱象治理，依法打击各种利用宗教进行的违法犯罪和渗透破坏活动；推动解决宗教领域重点难点问题解决，在全区开展宗教领域有关问题清查调研、“中国真理教会”深入摸排调研、非法宗教势力进行传教渗透活动排查整治调研、基督教工作调研、民族宗教领域风险排查评估等，摸清底数、掌握情况，有效开展治理。建立研判巡查机制，定期开展信息互通、情报研判、实地巡查和教育整治。2017年，制止非法宗教场所建设2处，依法取缔基督教私设聚会点（中国真理教）2个，无天主教地下势力，无借发展旅游为名乱建宗教活动场所和借发展经济和繁荣文化之名助长宗教热现象发生。

【宗教场所基础设施建设】　协调资金800余万元，完成万盛基督教堂排危迁建，改善其周边基础设施，解决困扰基督教堂安全稳定的老大难问；协调资金300余万元帮助八角净业寺排危改建和观顶寺二郎山寺院排危复建，帮助完善其基础设施建设；协调资金120余万元对弥陀寺、观顶寺地质滑坡隐患以及其他宗教活动场所安全隐患进行整治，支持妙音山紫竹寺打造佛教文化。全区宗教活动场所整改隐患23处，整治较大安全隐患6处，排危改造面积达7500平方米，帮助宗教场所公厕旱厕改造4座，加强各宗教场所周边基础设施建设和环境绿化改造。

【宗教领域安全稳定】　为保证全区宗教活动场所安全有序的开展宗教活动，加强国家法定节日和重大宗教活动节日等敏感时期的安全督查工作，与10个合法宗教场所签订《万盛经开区宗教活动场所2017年安全工作目标责任书》。3月、4月，集中开展宗教活动场所食品卫生安全和非法出版物专项检查。5月，针对汛期安全工作，专门向各宗教团体和宗教活动场所下发《关于加强宗教活动场所汛期安全工作的通知》，对10个宗教活动场所进行全面的汛期安全大检查。7月、8月，集中开展夏季安全巡查行动。9月、10月，集中开展宗教政策法规宣传。11月，在青年弥陀寺组织开展全区宗教界消防安全培训演练，宗教活动场所负责人、宗教教职人员、安全管理人员和信教群众代表49人参加；召开宗教团体、宗教活动场所负责人会议，安排部署今冬明春火灾防控工作，下发《全区宗教活动场所今冬明春火灾防控工作方案》。12 月，集中开展电气火灾防控专项检查。全年领导研究和部署安全工作 32 次、带队对宗教场所进行了 88 次安全检查，现场督查腊八节、观音会、圣诞节等活动安全工作。

（罗绍忠）

侨务工作

【概况】 2017 年年末，万盛经开区有华人华侨 30 人，归侨 0 人，侨眷 175 户、525 人。党工委、管委会明确一名分管联系领导，各镇街、部门均有分管领导和兼职工作人员。

（霍本银）

万盛经开区党工委党校

【概况】 中共重庆市万盛经济技术开发区工作委员会党校（以下简称万盛经开区党工委党校）是万盛经开区党工委直属参公事业单位，与重庆市万盛经济技术开发区行政学校（以下简万盛称经开区行政学校）、重庆市万盛经济技术开发区社会主义学院（以下简称万盛经开区社会主义学院）、中共重庆市万盛经济技术开发区工作委员会党史研究室（以下简称万盛经开区党工委党史研究室）合署办公。万盛经开区党工委党校有内设科室 4 个，即办公室、教研室、组教科、党史研究科。教育培训中心下设事业单位 1 个，即干部教育培训中心。2017 年年末，有编制 21 人，实有在编人员 17 人，含试用期 1 人。有离退休干部 12 人。

【干部培训】 全年举办各类培训班 80 期，培训各级各类干部 7400 余人次。其中举办各类干部培训班 15 期，培训 1500 余人，含党政正职 220 人次，处级领导干部 950 人次；协助其他区级部门、各镇街举办各类短期班、特色培训班 45 期，培训 3200 余人次。组织重庆学习论坛干部周末大讲堂 8 期，1000 余人次参训。完成 12 期市民学校专题讲座，培训 1700 余人次；区内各部门和镇街大讲堂完成培训 210 期，培训 29400 余人次。区级领导为全区党员干部上党课 25 场次，人均至少 1.5 次，覆盖面 100%。推行学员论坛——微课堂教学互动，创新“知名高校集中学习 + 发展前沿城市实地考察 + 基层一线实践锻炼”的“三段式”培训模式。按照党建、经济、社会、民生等分类新设区级干部教育现场教学基地 13 个。

【科研资政】 全年向川渝蓉党校行政院校系统报送各级各类理论征文 30 余篇，入选 16 篇，获得一等奖 1 篇，二等奖 3 篇，三等奖 1 篇，优秀奖 1 篇。完成市委党校 3 项、市社会主义学院 2 项课题结题，成功申报市级课题 7 项、区级课题 5 项，与市委党校决策咨询中心联合开展课题 1 项。在《延边党校学报》等市级以上刊物公开发表理论文章 27 篇。撰写呈送《资政内参》11 期，有 9 期分别获得杨晓云书记、肖猛书记等区领导肯定性批示 10 人次。

党校新貌

（区党工委党校 供）

【教职工学习培训】 全年公开招聘引进研究生1人，从其他部门调入工作人员1人。累计安排教师参加区内外脱产学习进修16人次，安排赴市委党校挂职2人、赴区棚改办挂职1人，承担主体班教学任务的教师12人，占教师总人数的85.71%。全年聘用各类别各层级兼职教师117人。

【专题教育活动】 全年宣传宣讲党的十九大精神近30场次，受众2000余人次。推进“两学一做”常态化、制度化。制定教育实施方案与学习计划安排，认真查找并及时整改存在问题，确保“两学一做”学习教育各项工作落到实处。全年开展各类集中学习活动8次，发放党的十九大报告单行本等书籍300余套，为离退休老干部和区级部门、镇街开展“两学一做”专题理论宣讲。贯彻落实“党校姓党”“党校教师姓党”要求。始终与中央、市委市政府、党工委管委会保持高度一致，突出党的理论教育与党性教育主业主课，把党校打造成党的理论与党性教育的主阵地。

【理论宣讲活动】 以开展“两学一做”“党校姓党”“党的十九大”专题教育为契机，发挥党校干部教育培训主阵地作用，开展党校教师送教到部门、机关、基层村社区的宣传宣讲活动，全年宣讲80余场次，受众1万余人次。

【校园基础设施建设】 完成校园改扩建工程，新建党校礼堂1个、多功能教室1间、校史馆1个，维修改建报告厅1间，维修办公室10间，优化校内路面1万平方米。从6月开始，接待市级领导4人次、市级部门和友邻区县领导150余人次到校参会、授课，承办会议60余场次，其中有区级领导参会近40场次。

（陈峥嵘　李志勇）

党史工作

【党史“五个一”工作】 收集万盛党组织建立以来的党史资料，系统归类整理，形成16.8万字的《重庆历史大事记·万盛区卷(1948—2006)》，并通过区、市党史专家审读审核和重庆出版集团校核验收，实现出版和全区免费发放。完成《万盛党史人物传》的撰写和审核。撰写改革开放专题实录3篇，受到市委党史研究室好评，并纳入全市改革开放实录出版计划。收集散落在民间、区外的万盛党史资料。数字化党史资料8万余字。

【党史宣传教育】 将党史素材作为形势政策、意识形态和社会主义核心价值观教育的重要内容，结合“两学一做”学习教育以及党的十九大精神，创新形式开展党史宣讲宣传。将党史纳入党校主体班培训重要内容，邀请市委党史研究室副巡视员艾新全、市委党校党史教研部主任张健到区讲授党史课程；参与录制的专题节目《万盛第一个党组织》在区电视台播出；三线建设受到市党史研究室、电视台关注，多次到区考察勘探。在市级媒体积极发声，在重庆市委党史研究室网站上稿党史宣传报道6条，报送各类经验材料、调研材料1.2万余字。

【科研理论工作】 向《万盛史苑》报送万盛历史人物、三线建设等党史文章9篇；向市委党史研究室报送万盛解放研究资料8000余字；开展改革开放史口述资料整理研究。撰写以理想信念、党性修养为主题的理论资政文章8篇。完成《万盛历史》乡土教材的初稿撰写工作。向市委党史研究室报送《加强党史工作意见建议》18条。

【资料征集】 先后翻拍收集档案资料5万余字、历史图片16幅、家书家信7封，记录党史当事人口述回忆2万余字。利用现有党史资料，结合南昌起义90周年、全面抗战爆发80周年等历史节点，加大对新民主主义革命时期早期共产党人在万盛开展活动、发动革命的历史发掘研究；强化抗日战争时期万盛作为抗战煤都正面战场的后勤保障研究，收集到有价值研究线索12条，纠正党史讹误3条。同区档案局、博物馆等部门联系协作，资源共享、信息互通，推进三线建设、改革开放历史时期和万盛经开区成立以来史料利用研究。

【党史资政工作】　全年撰写上报《资政内参》11期。

（陈峥嵘　李志勇）

老干部工作

【概况】　中共重庆市万盛经济技术开发区工作委员会老干部局（以下简称万盛经开区党工委老干部局）在区党工委组织部挂牌，于2017年4月独立运行，负责全区离休干部和全区副处级以上退休干部服务管理，有机关行政编制4人，其中处级领导职数3人，局长1人，副局长2人，科级领导职数1人。万盛经开区党工委老干部局下属正科级财政全额拨款事业单位2个，即重庆市万盛经济技术开发区离退休干部服务管理中心，有核定事业编制（参照公务员法管理）4人，其中科级领导职数1人；重庆市万盛经济技术开发区离退休干部党建中心，有核定事业编制3人，其中科级领导职数1人。

7月中国共产党万盛经济技术开发区工作委员会离退休干部工作委员会成立（以下简称区党工委离退休干部工委），负责统筹谋划、指导协调和督促检查全区离退休干部党建工作。区党工委离退休干部工委设书记1人，由老干部局局长、组织部副部长兼任；设专职副书记1人，负责离退休干部党建工作；设委员3人，分别由区直机关工委、人力社保局、关工委分管领导兼任。

5月党工委老干部局机关党支部成立，选举刘必琪、李燕、罗玲任支委委员，刘必琪任党支部书记；10月，改选罗静秋任党支部书记。5月，成立党工委老干部局妇女小组，选举李燕、罗玲、颜梅为小组委员，由李燕任妇女小组组长。10月，成立党工委老干部局机关工会委员会，选举罗静秋、李燕、夏兴旺为工会委员，由罗静秋任工会主席。年末，老干部局管理服务离退休干部484人（代管离休干部2人，退休干部5人），其中离休干部33人，退休老干部451人；厅级离退休干部26人（正厅级退休干部9人，副厅级离退休干部17人）。新中国成立初期参加革命干部30人。新退休老干部9人，均是处级退休干部；逝世老干部16人，其中离休干部6人（正处级1人，副处级5人），厅级退休干部1人，处级退休干部10人。

【全区老干部工作会】　12月4日，万盛经开区党工委组织召开全区老干部工作会，党工委书记肖猛，副书记、管委会主任袁光灿，市委老干部局副巡视员黄宗清及部分离退休干部参加会议，犹春香、马礼政、岳建忠等老干部出席会议，会议由党工委委员、组织部部长马应华主持。会议表扬10个离退休干部工作先进集体、25名先进工作者、50名“正能量之星”。

（李　燕）

【老干部政治生活待遇】　坚持落实理论学习、组织生活、情况通报、阅文订报、参加会议、参观考察、走访慰问、领导联系等各项政治待遇。组织离退休干部和老干部工作者学习习近平新时代中国特色社会主义思想、全国和全市老干部局长会议精神以及党工委重大会议精神。组织200余名老干部集中观看十九大开幕式；组织老干部和老干部工作者学习十九大报告和《中国共产党章程（修正案）》。分2批次组织开展住万盛和住区外320余名老干部参观视察青山湖、金沙滩、凉风渔村、煤电化园区活动。召开全区离退休干部党组织建设工作会，组建离退休党组织37个，组织支部书记参加市、区两级培训，落实离退休干部党务工作者补贴，编印《离退休干部党组织学习参考》6期。利用老干部党校、兴趣活动小组、离退休干部党支部组织生活、“四就近”试点社区、原单位等五个层次的学习平台，抓好老干部思想政治建设。调整离退休干部年终健康休养费标准。按新标准落实离休干部护理费：一是（民国26年）1937年7月6日前参加革命工作的离休干部护理费标准由原每人每月2000元提高到每人每月2800元；二是（民国26年）1937年7月7日至（民国34年）1945年9月2日参加革命工作的离休干部护理费标准由每人每月1200元提高到每人每月2000元；三是（民国34年）1945年9月3日至1949年9月30日参加革命工作的离休干部护理费标准由每人每月700元提高到每人每月1500元；四是生活长期完全不能自理的离休干部护理费标准由每人每月1000元提高到每人每月2500元，该项与前三项不重复享受；五是离休干部护理费与自雇费不重复享受。

坚持重大节日、重病住院、满旬喜庆、逝世吊唁、急难险困及时走访慰问老同志的“五必访”制度，到万盛及主城医院探视住院老同志185人次，上门祝贺满旬老同志40人，到殡仪馆吊唁老同志18人，使用老干部扶困救助基金救助老同志38人。全区各级各部门走访慰问老干部及家属2300余人（次）。做好“夏送清凉、冬送温暖”活动，看望慰问老同志156人次。推进社区“四就近”工作，试点社区新田社区、海棠社区专职老干部工作人员2人，开展上门走访236人次、志愿服务216人次、爱心陪聊48人次。

【老干部活动】 围绕“畅谈十八大以来变化，展望十九大胜利召开”主题，搭建“主题宣讲、调研建言、访谈座谈、实践体验、征文抒怀、节庆活动”六个平台，组织开展区级老干部迎春视察及座谈会，引导老干部为经开区经济社会发展建言献策。组织开展女老干部“三八”节植树活动。交办完成“调研建言”活动中老同志们提出的200余条意见建议。组建以原人大常委会主任马礼政为团长的老干部宣讲团，到老干部兴趣活动小组、离退休干部党支部、“四就近”社区宣讲市第五次党代会精神，引导老干部围绕全区全域旅游、全民健身、交通建设、城市建设等方面谈成就、谈认识、谈体会，开展宣讲会20余场。全年组织老干部志愿者队伍开展环境保洁、交通劝导、慰问孤寡老人、关爱留守儿童等集中性老干部志愿服务活动12次，参加老干部达400余人次。

（罗　玲　夏兴旺）

【老干部服务管理】 4月，召开全区老干部工作培训会。组织开展春节和重阳节系列庆祝活动，举办“喜迎十九大·真情颂党恩”重阳节专场文艺演出、书画摄影展、第四届老干部运动会。为44名离休及厅级退休干部建立“一对一”医疗服务机制，协调解决1名企业离休干部的住房问题，完成6名老干部瘫痪护理费的审批事宜。

（罗　玲）

督　查　工　作

【概况】 万盛经开区党工委督查室内设3个科室和1个下属事业单位，即综合科、决策督查科、专项查办科和万盛经开区考核中心。有行政编制5人，全额拨款事业编制3人。2017年年末，有职工7人，其中机关行政编制5人（主任1人、副主任1人），全额拨款事业人员2人。

【重大决策事项落实情况督查】 全年对党工委委员会、管委会主任办公会263条议定事项和专题会议85条议定事项开展督促检查，形成专项督查专报8期。围绕“工业强区、全域旅游、全民健身”三个抓手、重点项目、30件民生实事、脱贫攻坚、突出环境问题整改、“国卫”复审等工作的落实，开展专项督查56次，形成督查专报31期、督查快报9期，发出催办通知36件、督办通知15件，约谈工作进度滞后责任单位负责人9人次；通过督促检查，重点项目建设成效明显，30件民生实事落地见效，工业主导地位得到持续巩固，全民健身和全域旅游工作向纵深推进，完成脱贫攻坚任务，通过国家卫生区复查验收。

（区党工委办公室）

保　密　工　作

【概况】 中共重庆市万盛经济技术开发区工作委员会保密委员会办公室（重庆市万盛经济技术开发区国家保密局）为中共重庆市万盛经济技术开发区工作委员会办公室的挂牌机构，与中共重庆市万盛经济技术开发区工作委员会机要局（重庆市万盛经济技术开发区密码管理局）共同设置1个职能科室负责机关日常事务，即机要保密科。人员编制和领导职数在万盛经开区党工委办公室人员编制和领导职数中调剂。

【落实“党管保密”】 区党工委、管委会印发《“十三五”时期万盛经开区保密事业发展规划》和《万盛经开区“七五”保密法治宣传教育规划》，将保密工作纳入镇街、部门年度目标管理绩效考核。调整充实党工委保密委成员，党工委副书记、政法委书记李川任主任，党工委委员、管委会常务副主任胡俊任副主任，党工委办公室、管委会办公室、纪工委（监察局）、组织部、宣传部、保密局等17个部门负责人任委员。召开2017年党工委保密委会议，协调力量资源保障，指明保密工作方向。

【保密“两识”教育】 保密意识和保密常识教育纳入全区干部教育培训规划和公务员培训纲要，作为公务员初任、晋升、在职培训重要内容和各级党委（党组）中心组必学内容。以通报典型案例、观看教学影片、会议重点宣讲等形式，分层次、分批次培训领导干部和涉密人员，增强干部职工保密意识。全年党工委党校举办时长一周以上的干部培训班11个，保密教育培训均超过1学时。

【保密监管检查】 组织开展互联网电子邮件系统专项整治、安全保密专项检查、软件漏洞排查、单位保密自查和“回头看”专项督查，检查门户网站47个、政务微博46个、微信公众号17个、互联网办公系统7个、政务邮箱15个，处理漏洞电脑25台，整改问题40余条，印发通报1期。

（区党工委办公室）

应急管理

【概况】 2017年，万盛经开区应急办制定印发《万盛经开区贯彻落实重庆市突发事件应急体系建设“十三五”规划的实施方案》；开展风险动态排查防控工作，整改消除一般风险信息1923条，对新增和一时不能消除的1858条风险信息实行清单管理；开展综合性趋势分析60余次，召开专题会商、临灾会商会议480余次；各级开展应急演练200余次、参演达6万余人，开展应急管理业务培训70余期，培训参与人员5000余人次；争取中央资金1373万元，启动新救灾物资库房和高森林火险防控中心建设，全年各级各部门共计投入1017万元购置灾害救助必需品和应急物资；开展规范化建设“回头看”工作，为基层组织配发手机终端609部，新增配基层巡逻车22辆；再建30个重点部门单位应急应战子平台；推进值班标准化建设，建成标准化值班室30个；办理“12345”市长公开电话、管委会主任公开电话4430余起；公开电话（信箱）系统来件488件。全区未发生影响较大的自然灾害类、社会安全类、公共卫生类突发事件，无一起较大以上生产安全事故，群众安全感指数达到99.43%。

【应急预案体系】 全区应急预案分为四个层级，即1个总体预案，4个分类预案，34个专项预案、8个保障预案，12个镇街（园区）预案。2017年修订完善16个区级预案，完成区级预案第一轮修订任务，新编制6个区级预案。

【应急队伍】 调整充实综合应急救援支队组织机构成员，区综合应急救援支队580余人，镇街综合应急救援中队10支500余人；村居综合应急救援小队93支近1000人，各景区、学校、重点企业均建立10人左右的专兼职救援队伍。建立区级、镇街、村（社区）三级应急管理志愿者队伍123支1772人。健全应急管理专家队伍，完成区第二届应急管理专家的聘任工作，涉及5大类、75名专家。各级应急救援队伍开展队伍训练70余场次，参训人员5000余人次。

【应急处置】 指导各镇街编制一般突发事件现场处置指导手册，突发事件处置程序进一步规范。成功处置红岩工业公司“3·29”车辆伤害事故、百花“黑山丽景”小区居民腹泻事件、“6·10”强降雨、“8·2”森林火灾险情等各类突发事件，全年无较大以上事件发生。

（区管委会办公室）

电子政务

【概况】 万盛经开区政府信息公开办公室（挂万盛经开区管委会电子政务管理办公室牌子），下设4个科室，即综合规划科、信息发布科、申请公开科、应用推进科，有核定事业编制31人、处级领导职数1人、科级职数8人。

【政务网站集群建设】 全年编辑、审核、上传万盛网各类信息5980余条，上传图片1200余张，按时上传万盛报数字版和万盛视频新闻，全年万盛网浏览量65万人次，开展网上调查征集6期，办理群众建言献策28件，交办和回复率100%；完成全区网站集群建设，今年新增建设4家单位网站整合上线，实现43个部门网站整合上线，指导全区网站开设或调整“政务公开”栏目，围绕公开重点，统一格式设置，全年全区政务网站更新信息4万余条；公开财政资金信息117条、招投标信息360条、规范性文件11件、主动公开公文61件、权利清单3194条、转发国务院公文269条、市政府公开文件181件。全市电子政务考核中位列第7名、全国政府网站普查连续12个月合格。

【政府网络安全管理】 完成网站服务器升级改造，防范加固相关设备和系统漏洞57次，处理网络安全问题5次；全区57个单位开通电子政务网络，接通应急应战指挥平台、应急风险评估平台、网审平台、环保监测系统等相关行业业务网络57个；开展政府网络安全管理培训3次，全年累计下发整改通知34份，关停网站1个；初步完成网络安全和信息化管理制度汇编，全年未发生重大网络安全事件。

【政务信息公开】 构建政务公开横向到部门、镇街，纵向到社区、村的工作架构，全区42个部门（镇街）295名工作人员开展信息公开工作；主动公开政府信息数8346条、制发和主动公开规范性文件12件，政府网站公开政府信息15117条、政务微博和微信公开政府信息3774条、政府信息公开统一平台公开政府信息616条；政策解读稿件发布数71条，微博、微信、论坛等回应事件779条；收到依申请公开4件，按时办结4件，申请答复数1件；召开政府信息公开工作会议或专题会议数1次、举办各类培训班数3次、接受培训人员数271人次；向市政府门户网站报送全区公开信息2369条，信息报送和采用连续10个月居全市第一；编辑印发《政务文件汇编》6期，共编发各类政务文件108件，编辑出版《今日万盛》6期，全年刊发各类图片657幅、文章383篇。

（区管委会办公室）

行政审批服务

【概况】 重庆市万盛经开区行政服务中心（以下简称万盛经开区行服中心）为重庆市万盛经开区管委会办公室管理的正处级财政全额拨款事业单位，内设综合科、行政审批服务科和联系服务群众工作科，核定财政全额拨款参公事业编制8人，其中处级领导职数2人，科级领导职数3人，2017年，有在编人员5人。全年万盛经开区行服中心各窗口累计受理行政审批服务事项9.48万件，其中即办件6.45万件，承诺件3.03万件，即办件办结率保持100%，承诺件办结率98%。区群工系统受理办结群众反映事项5366件，办结率100%，满意率96.66%。

【清理行政审批服务项目】 全年清理确认全区现有行政审批事项273项。精简行政审批事项7项，承接26项，对应调整3项。对应清理规范全区行政审批中介服务事项9项。清理确认全区镇街公共服务事项62项，建立完成公共服务事项清单。

【行政许可标准化建设】 围绕行政许可标准化五位一体建设建立25个精细化的标准规范，完成市行政许可标准化检查组年中、年底检查。推进事项标准化建设，清理完成全区32个审批职能部门、273项行政许可事项，实现每个事项30个要素逐一规范确认；推进流程标准化建设，实现每个事项流程再造再优，绘制规范标准流程图；推进服务标准化建设，对照国标，建立涵盖信息公开、一次性告知、首问责任、顶岗补位等9个方面细化标准细则；推进服务场地及管理标准化建设，将婚姻登记处、人社局劳动就业和社会保障服务中心、不动产交易登记中心、国地税办税服务大厅纳入分中心管理，确定黑山镇公共服务中心、八角社区便民服务中心为镇街、村社标准化建设试点改革单位，各级中心从功能区域划分、便民服务设施、自助服务设施等得到进一步规范、完善；推进监督评价标准化建设，中心建立一事一评机制、电话回访制度，设立意见箱、意见簿，公开投诉电话，利用网审平台日扫描、周通报，督查办事服务。

【网上行政审批改革】 全年网上审批系统完善行政审批、公共服务、权力运行、效能监察等版块，实现网上咨询、网上受理、网上核准、网上查询等功能。2017 年，万盛经开区网审平台累计受理 20098 件审批事项，办结 19925 件，办结率 99.1%。

【群众三级体系建设】 牵头、督促全区 10 个镇街、99 个村（社区）和 5 个党群服务中心的联系服务群众工作。拓展群工系统民事代办功能，将就业失业登记证、老年优待证、百岁老人营养补助等 14 个事项纳入群工民事代办事项，全年群工系统累计受理民事代办事项 369 件，办结 368 件，办结率 99.73%，总体满意率 82.88%。坚持“一通报两报告制度”，坚持限时办理、“日扫描”、定期回访等工作机制。制作群工宣传片、微视频，印发宣传资料 6000 余份。

（王燕菡）

信 访 工 作

【办信接访】 2017 年，万盛经开区信访接待中心受理群众来信来访 2401 件次、6025 人次（含区级领导接待群众 319 件次、1339 人次），分别增长 23.3 %、降低 2.3%。其中群众来访 1261 件次、4110 人次，分别增长 21.5%、降低 15.5%；群众来信 1140 件次、1915 人次，分别增长 25.3%、36.4%。群众到区集访 146 件次、2349 人次，分别比上年降低 32.7%、30.7%。群众到区党工委、管委会等非接访场所 57 件次、503 人次，分别降低 17.4%、49.4%。无一人到市进京非正常上访。全年区信访办受理信访复查申请 49 件，作出复查意见书 12 件，复查告知 29 件，协调化解处理 8 件，全年无 1 件市信访办撤销或发回重办案件。

【干部接访下访】 全区各级干部接访下访群众 2730 件次、4913 人次，及时受理办结群众事项 2674 件，收集社情民意 111 条，投入资金 186.5 万元。区主要领导阅批群众信访事项 49 件，办结率 100%。

【矛盾化解】 2017 年，区群众工作联席会议暨党工委信访稳定“六人小组”会议、矛盾纠纷排查调处会议先后 13 次分析研判维稳形势、研究化解突出信访问题 42 件。市交办 10 件信访化解 10 件，区自排突出矛盾纠纷 38 件、化解 38 件。

【网上信访】 2017 年，办理网上信访事项 1032 件次，信访信息系统录入 2441 件次。信访信息系统应用率、群众信访事项及时受理率 100%，群众信访事项办结率 99.91%，信访事项参评率 70.40%，群众对信访部门满意度 97.33%、对事权单位满意度 97.17%，网上信访占比率 53.87%。

（蔡朝君　蓝世其　何　奕　贺　媛）

机关事务管理

【概况】 万盛经开区机关事务局是万盛经开区党工委、管委会管理的正处级财政全额拨款直属事业单位（参照公务员法管理）。2017 年末，经开区机关事务局机关有领导 4 人，其中局长 1 人，副局长 2 人，交易中心副主任 1 人；内设科室 5 个，即办公室、政务接待科、资产管理科、后勤科、节能科，有在职人员 18 人；经开区公共资源综合交易中心有职能科室 4 个，即综合科、交易一科、交易二科、法规监督科，有在职人员 10 人。

【政务接待】 全年完成接待任务 195 批、13857 人次。其中部级领导 11 批、198 人次；国家部委办 6 批、107 人次；国家专项检查组 4 批、173 人次；市级部门 32 批、420 人次；市级专项检查组

7 批、93 人次；重要客商 32 批、452 人次；领导安排 14 批、198 人次；2017 年“中国旅游日”重庆分会场暨万盛全域旅游月活动、重庆市体育旅游产业发展大会等大型活动 11 批，5960 人次；大型会议 21 批、3753 人次；小会议 27 批、1369 人次。

【公务车辆管理】 开展公务用车标志化整改。印发《关于开展全区党政机关机要通信车等公务用车标志化整改工作的通知》，对全区党政机关公车改革后保留的机要通信、应急、特种专业技术、综合执法以及离退休干部服务等 299 辆公务用车进行标识化整改。至年末，全区公务用车标识整改工作全面完成。开展党政机关黄标车限期淘汰工作，完成机关事业单位在册的 9 辆黄标车报废处置工作。公务用车常态化管理。建立公务用车集中停放数据库，在劳动节、国庆节等重要时间节点，会同纪检组先后对管委会、农林局、环保局等 20 多家党政机关公务用车集中停放管理情况进行督查。定期走访定点维修企业、保险公司和加油站；公平、公正组织开展定点维修企业 2016 至 2017 年度考核，经考核，8 家定点维修企业均合格。全年处置公务用车 31 辆，购置公务用车 16 辆。规范公务出行租赁工作。组织开展全区党政机关租赁社会车辆清理和整改工作，9 月底，13 个部门、1 个乡镇租用的 24 辆社会车辆全部落实整改。

【办公用房管理】 开展办公用房专项检查。对全区党政机关办公用房进行再摸底，建立党政机关办公用房档案数据库。开展办公用房使用专项督查，对单位办公室面积超标的 6 家单位，督促整改，至年末，均整改完毕。合理调配党政机关办公用房。规范区级机关吊牌制作，更换 42 家区级单位吊牌。做好经营性房产管理。强化门面租金收取工作，一季度收取门面租金 6. 98 万元。开展经营性门面管理移交工作，将原管理的 20 户经营性门面管理权限于 3 月移交盛欣公司。

【公共资源交易】 全年万盛公共资源交易中心完成各类入场交易项目 343 件，交易成交总额 12. 60 亿元，节约财政资金 5479. 78 万元。其中完成建设工程项目 76 项，中标金额 9. 32 亿元，节约财政资金 2070. 51 万元，节资率 2. 17%；完成政府采购项目 187 项，成交金额 1. 67 亿，节约财政资金 2180. 34 万元，节资率 115. 7%；完成国有土地出让 14 宗，成交金额 19051. 00 万元，完成国企采购 66 项，成交金额 1. 62 亿元，节约财政资金 1228. 93 万元，节资率 7. 07%。

【公共机构节能管理】 编制完成万盛经开区公共机构节约能源资源“十三五”规划。推进进盛实验中学分项计量和能源审计项目，涉及面积 3 万平方米。开展示范单位创建，制定区级示范单位创建标准，对 14 家单位创建申请进行评审。牵头开展“节能宣传周”活动，街头宣传 1 次，发放宣传海报 500 余张，文化衫 200 余件，问卷调查 100 余份，宣传单 300 余份。加强日常统计，完善统计方案，审核汇总公共机构能耗数据。确定区人民医院为万盛经开区重点用能单位，建立重点用能单位名录库。联合市政等 6 个部门安排部署公共机构生活垃圾分类工作。完善考核机制，制定考核细则，对全区公共机构实施考核。

（桂金莲）

工　商　联

【概况】 万盛经开区工商联内设职能科室 2 个，即办公室、会员科。下属事业单位 1 个，即万盛经开区非公有制经济发展服务中心。区工商联机关在编职工 12 人，其中行政编制 6 人，机关工勤编制 1 人，事业编制 5 人。处级领导干部 5 人。

【非公经济人士思想政治工作】 全年经开区工商联通过持续深化以“守法诚信、坚定信心”为重点的非公有制经济人士理想信念教育实践活动，不断夯实广大民营企业家“听党话、跟党走”的政治基础和思想基础。组织非公经济人士深入学习党的十九大精神和习近平新时代中国特色社会主义思想，学习市第五次党代会精神，全面贯彻落实党工委（扩大）会议精神。邀请市工商联“榜样面对面”宣讲分团成员、市工商联副主席王进到区为非公经济人士宣讲党的十九大精

3 月，万盛经开区管委会主任肖猛（左五）专题调研工商联工作

（区工商联　供）

神；组织年轻企业家到刘子如陵墓、聂荣臻纪念馆等地进行爱国主义教育，引导组织年轻企业家到刘子如陵墓、聂荣臻纪念馆等地进行爱国主义教育，引导其坚定对中国特色社会主义的信念、对党和政府的信任、对企业发展的信心和对社会的信誉。进一步帮助非公经济人士更新知识、开阔眼界，采取“走出去”与“请进来”相结合的方式，加大培训力度。全年全区非公经济人士参加各类培训 800 余人次。8 月中旬，到西南大学举办“第四期民营企业高级研修班”，50 余位企业家参加学习培训；结合民企所需，举办 4 期“万商大讲堂”，为非公经济人士提供经济、管理、法律等多方面知识。引导非公经济人士自觉强化社会责任，做亮“感恩万盛三走进”活动品牌。据不完全统计，会员企业通过不同渠道向社会各界捐款捐物 160 余万元。建筑与房地产商会捐赠 60 万元，其中 40 万元用于重建区内部分滑坡路段，20 万元帮助 118 名困难群众；国能投资公司向区慈善总会、残联、红十字会、石林中学、石林小学各捐款 10 万元；北京品今控股集团第三次到区扶贫捐赠，捐资 18 万元惠及 151 户困难家庭。

【非公有制经济发展】　全年区商联干部职工走进各基层商会和 50 余家民营企业，收集意见建议 60 余条，并帮助其协调解决。通过调研，撰写形成《我市民企参与社会化养老服务发展研究》等 4 篇调研报告，其中《以智慧城市创建为突破促进万盛智慧产业快速发展的建议》获评市工商联 2017 年度优秀调研文章，《贴心帮企业，真情促发展——为非公企业提供精细服务，助企业插上腾飞的翅膀》获全国工商联“辉煌历程，砥砺前行”征文三等奖。3 月，万盛经开区管委会主任肖猛书记专题调研工商联工作，会上各参会副主席、商会会长、执委代表等提出意见建议 11 条，办结 10 条。区工商联系统 12 名人大代表、21 名政协委员积极建言献策，提出人大建议 5 条，委员提案 21 件，办理或答复满意率 100%。与农业银行召开银企对接会，推介“农家乐贷款”金融产品。推动民营企业到资本市场挂牌融资，汇畅钢管有限公司在重庆股份转让中心科创板成功挂牌。探索“名企携手微企”新思路，引导振兴华福集团帮扶众城包装制品公司恢复生产，扩大生产规模。引进投资者入股玉囤矿业，以期共同解决企业产量低、销售市场不畅问题。搭建金鑫智慧公司市级路演平台，协助其建设企业总部和生产基地等问题。引进深圳一民企与本区企业合作，投资近 2000 万元将在国能天街首创幼儿“双语”教育。召开警企、检企座谈会，贯彻落实市公安局《服务民营经济发展 30 条》、区公安分局 12 条便民措施以及检察院服

民营企业家到西南大学参加第四期民营企业高级研修班

（区工商联　供）

11 月，万盛老街创业商会成立

（区工商联　供）

务企业 10 条。配合法院、检察院，帮助会员企业解决各类纠纷和疑难问题 21 件次，维护会员企业的合法权益。组织执委企业定青茶业携电商平台“菜背篼”参加第十三届中国西部（重庆）国际农产品交易会。组织年泽商贸等企业参加“首届重庆——东北发展交流暨自贸试验区创新研讨会”“一带一路”海外投资实务国际论坛。助推万盛青商会与贵州省桐梓县青商会联合举办“渝南黔北大合作·桐万青商在行动”论坛活动，万盛青商实业有限公司与贵州贵青企业联合发展有限公司签订战略合作协议。

【基层商会建设】　全年经开区工商联指导成立行业商会 2 个，即众诚公益协会和老街创业商会。开展“四好”商会创建活动，制定具体的创建考核评分标准，加强对商会规范化运行的指导。会员发展稳步增长，全区发展新会员 94 个，比上年增长 7.6%。

（邹大燕）

群　众　团　体

万盛经开区总工会

【概况】　万盛经济技术开发区总工会（以下简称经开区总工会）有内设科室 3 个，即办公室、组织建设部、权益维护部；有行政编制 5 人，事业编制 2 人；有下属事业单位 2 个，即万盛经开区职工俱乐部（有事业编制 8 人）、万盛经开区困难职工帮扶中心（有事业编制 2 人）。

（肖　兰）

【万盛经开区总工会第二次代表大会】　9 月 28 日，万盛经开区总工会第二次代表大会召开。大会 170 名正式代表中，会议选举出挂兼职副主席 3 人。会议回顾总结过去五年工作，并提出今后五年全区工会工作思路、主要任务。

【工会组织建设】　全年新增社会组织及非公经济工会组织 62 家，新增会员 3000 余人。组建区域性、行业性联合基层工会 7 家，新增会员 200 余人。开展职工之家建设，顺达公司工会、多普泰公司工会被评为“市级模范职工之家”、多普泰公司技术部被评为“市级模范职工小家”。多普泰公司工会获“重庆市工会改革基层工会示范点”。新建职工服务中心 1 个，打造全国职工书屋示范点 1 个，市级工会职工书屋 10 家，创建爱心妈咪小屋 3 个，打造基层群团服务示范点 3 家，建成户外劳动者驿站 58 个。聘请 2 名市级专职集体协商指导员开展工作，推进 22 家企业新签订集体合同和各项专项集体合同 50 余份。全区企业合同建制动态率 88%；建工会的企事业职代会、厂务公开建制率保持在 92% 以上。国有企事业单位在供给侧结构性改革中履行民主程序推进面达 91%。

（姚晓东）

【职工权益维护】　开展“千名律师进企业服务职工在基层”工作。招募 7 名志愿律师派驻 10 个镇街 2 个园区，全年进驻单位 150 次，走访职工 1321 人次，协调处理劳动争议 10 件，为职工追回劳动经济权益 8.6 万元。推进工资集体协商工作，聘请 2 名市级专职集体协商指导员，21 家企业签订集体合同和各项专项集体合同。协助开展农民工工资清欠工作。建立《工会欠薪报告制度》，企业走访调研，摸排区内农民工工资清欠情况，并及时把相关情况通报区人力社保局。全年协调处理农民工工资拖欠事件3起，涉及农民工258人，涉及金额590万元。健全职工服务体系，制定出台《区总工会畅通职工诉求表达渠道制度》，通过互联网平台发出职工需求、工会活动等调查问卷1700份，解决职工迫切需求2项，同步构建“工会组织+社工+志愿者”工作模式，加大购买社会组织专业化服务力度，邀请乒乓球协会等社会专业服务力量共同组织开展职工篮球赛、乒乓球赛、歌咏赛等系列工会活动。

【劳动技能培训和竞赛】 开展劳动技能竞赛，举办渝西片区茗茶手工制作技能大赛决赛，翠信茶业公司职工获大赛特等奖；选拔优秀职工参加市级劳动竞赛8场，取得“优秀组织奖”6个，个人奖项30个；举办区内劳动技能竞赛5场，600余名职工参赛。各级工会开展劳动竞赛、技术创新等活动50场次，3000余名职工参与，耀皮玻璃、博奥镁铝公司分别获市级职工创新三等奖和优秀奖。加强党的十九大精神学习宣传，召开专题学习会议16次，集中组织职工观看网络视频30场，开展十九大主题演讲、知识竞赛10余场，劳模深入企业、村社宣讲党的十九大精神12场；开展以“中国梦·劳动美——唱响万盛”为主题的万盛经开区职工歌咏大赛，3000余名职工参赛；在电视台等媒体广泛宣传劳模先进事迹，唱响“劳动最光荣”的时代强音。

【劳动保护监督检查】 组织开展“安康杯”竞赛系列活动。与平山园区联合开展应急避险知识竞赛，2000名职工积极参与；组织浮法玻璃等13个企业参加“安康杯”竞赛；选送的音诗画舞《安全第一、砥砺前行》、相声《干不下去》分别荣获第四届“安全伴我行”岗位安全文艺创作比赛一等奖、优秀奖，万盛经开区获优秀组织奖。扎实开展安全生产宣传教育活动。以《中华人民共和国职业病防治法》宣传周及“安全生产月”活动为契机，组织志愿律师深入重点企业开展《中华人民共和国职业病防治法》《中华人民共和国安全生产法》等安全法律法规宣传教育活动，引导各类企业牢固树立安全发展理念，促进职工牢固树立安全生产意识。参与联合执法专项检查。联合人社局等相关部门对18个用人单位开展联合执法检查，发现劳动安全卫生方面存在的问题20起，并责令其限时整改。

（莫　凡）

【困难职工帮扶】 全年累计为困难职工发放帮扶资金53.14万元；开展互助保障工作，8672人参与职工互助保障，为761名职工理赔81万余元，互助保障工作排名全市第四；协助区就业局举办化解过剩产能职工专场招聘会2场，提供岗位5000余个；筹集资金6万余元，联合区就业局开展技能培训29期，促进供给侧结构性改革中下岗失业人员再就业。

（罗远智）

共青团万盛经开区委

【概况】 中国共产主义青年团万盛经济技术开发区委员会（以下简称共青团万盛经开区委）是共青团重庆市委的直属团组织，负责万盛经开区管辖范围内的青少年工作。有内设科室3个，即办公室、青年工作部、学少部，核定行政编制2人、财政全额拨款事业编制3人；有下属事业单位1个，即重庆市万盛经济技术开发区青少年活动中心，核定编制2人。2017年年末，有在编在岗职工5人。

【共青团万盛经开区第一次代表大会】 9月27

共青团万盛经开区第一次代表大会

（团区委　供）

日，共青团重庆市万盛经济技术开发区第一次代表大会在万盛经开区党校礼堂召开。万盛经开区党工委书记肖猛、团市委副书记黄永宜出席会议并讲话。来自全区有关部门、各条战线、各个行业和优秀青年共计240名代表参加会议。大会选举产生共青团万盛经开区第一届委员会（由27名委员和13名候补委员共计40人组成），第一届委员会第一次全体会议选举产生常委、书记和副书记，陈晶晶当选为书记。

【青少年思想素质教育】 全年开展各类团、队主题活动210余场次，3.5万余人次参与。全区28所中小学推行标准化入队、离队、入团仪式教育；运用官方网站、微信公众号等团属媒体传播党的主张、开展网络互动，关注人数3000余人，浏览量1.5万余人次。

团市委副书记胡栋（主席台左）为团干部宣讲十九大精神

（团区委　供）

【青年就业创业】 成立重庆市青年创新创业促进会第二十四（万盛）分会，实施“未来企业家青锋计划”、新型职业农民“新芽计划”免费培训，举办创业沙龙、青年路演、经验分享会等活动，为400余名青年实现创业梦想提供帮助；培养农村青年致富带头人3人，联合西南政法大学、重庆师范大学等高校实施“三下乡”社会实践2次，利用“流动少年宫”宣传脱贫政策6次，团区委机关干部“一对一”帮扶贫困家庭，团结凝聚广大青年为脱贫攻坚奉献青春力量。

2017年“青锋计划”全国农村青年创业致富带头人专题培训班

（团区委　供）

【志愿者工作】 全年组织480余名志愿者服务“2017年重庆万盛青山湖国际跑步节”“2017黑山谷高山国际巨型气球节”、全国采煤沉陷区综合治理高级研修班、重庆市体育旅游产业发展大会等大型赛会；定期开展“学雷锋，见行动”“秋季助收”等志愿服务，累计投入志愿力量750余人次；106名青年组成志愿者河长队，开展志愿巡河示范活动16场；培育“雨露志愿者协会”成功注册，并引导其承接政府购买服务3项，开展公益活动12场次；建立旅游志愿服务岗亭，服务全域旅游发展；围绕农村脱贫，开展“金秋助农”等扶贫志愿服务，累计100余名志愿者为贫困村民送去农业农村政策宣传、干起秋收农活。

志愿者服务重庆万盛国际跑步节

（团区委　供）

【青少年合法权益维护工作】 推进“四点半课堂”“七彩假期课堂”等品牌项目，常态化开展健康义诊、自护教育、禁毒防艾等宣传活动90余场，参与志愿者520余人次，受益群众2万余人；深化“网上共青团”“两微一端”建设，运用“青年之声”解答青年问题395个，累计积赞636个，团区委机关每2个月开放一次，集中解决青年困难，260余人受益；做好预防青少年违法犯罪工作，利用“12355”青少年综合服务平台，为青少年提供法律援助、心理疏导、行为矫治等服务。

【少年儿童工作】 持续帮扶困难青少年群体，实施“冬日阳光·温暖你我”新春关爱行动，1007名留守儿童实现新年心愿；开展“阳光助残”“暖冬行动”等公益活动，传递社会正能量；落实“精准扶贫·圆梦行动”，帮助19余名青少年获得“爱心资助”6.5万元、“爱心车票”6张和“爱心手机卡”1个；建立爱心书屋13所，5万余册书籍供青少年学习。

冬日阳光·温暖你我

（团区委　供）

【群团改革】 深化共青团改革攻坚，党建带团建不断加强，党工委委员会2次专题研究共青团工作，团建纳入党建考核；万盛经开区召开第一次团代会，93个村社区团组织顺利换届，团支部书记进入“两委”班子；开展“学习总书记讲话做合格共青团员”教育实践，全区村（社区）团支部书记培训、团支部书记“背靠背”满意度测评和团干部技能大比拼；全年发展团员783人，团青比控制在60%以内；推进从严治团，推进“两学一做”学习教育常态化制度化，严格执行中央八项规定精神和市委实施意见。

（谭静东　刘韦宇）

技能大赛后团干部合影

（团区委　供）

万盛经开区妇女联合会

【概况】 重庆市万盛经济技术开发区妇女联合会（以下简称万盛经开区妇联）是重庆市妇女联合会的下属组织，2017年，万盛经开区妇联有内设科室3个，即办公室、权益部、发展部；有行政编制4人，在职人员5人；有财政全额拨款事业编制3人，实有在职人员3人；有下属事业单位1个，即万盛经济技术开发区妇女儿童工作委员会办公室，有财政全额拨款事业编制1人，在职工作人员1人。管理范围内有基层妇女组织154个，其中机关事业单位妇女组织42个，市级驻区部门妇联组织8个，镇街妇联组织10个，村妇联57个，社区妇联34个，区域性妇联1个，团体会员2个。

【万盛经开区第二次妇女代表大会】 9月26日，万盛经开区第二次妇女代表大会在万盛经开区党校礼堂召开，178名妇女代表参加会议，审议通

9月26日召开的万盛经开区第二次妇女代表大会闭幕式

（区妇联　供）

过第一届执委会所作《凝聚巾帼力量 砥砺奋勇前行 团结带领全区妇女为实现资源型城市成功转型而努力奋斗》的工作报告，选举经开区妇联第二届执行委员会委员41人。二届一次执行委员会议选举常务委员13人。执行委员会主席1人，执行委员会副主席4人。

【妇女儿童权益维护】　创新维权服务，维护妇女儿童合法权益。推动解决纲要（规划）实施过程中的重难点问题，促进纲要（规划）各项指标和目标任务的落实。加强与司法部门协作，完善诉调对接机制；加强与公安部门协作，打击家庭暴力行为；规范各级妇联信访接待工作，探索集信访受理、普法咨询、法律援助、心理疏导、人民调解、帮扶救助于一体的基层维权服务工作模式，建立“爱心维权室”91个，提升维权工作实效。开展“建设法治中国·巾帼在行动”活动，发挥12338妇女维权服务热线作用，宣传男女平等基本国策、妇女儿童权益保障法律法规，送法到基层，进学校、进企业、进农村、进社区，教育引导广大妇女儿童学法尊法守法用法。全年接待处理来信来访124件次，满意率100%。

【妇女参政】　2017年年末，全区有县处级正职干部151人，其中女性31人，占20.53%；有调研员37人，其中女性12人，占32.43%；有县处级副职干部228人，其中女性50人，占21.93%；有副调研员45人，其中女性21人，占46.67%。人大代表103人，其中女性31人，占30.10%；政协委员124人，其中女性40人，占32.26%。

【妇女就业创业】　开展妇女创新创业服务工作，组织动员妇女在改革发展中建功立业。万东镇新房社区成功创建为全国巾帼文明岗，区旅发委、新闻中心报刊记者部等5个岗组创建为重庆市巾帼文明岗，联合区旅发委开展区级旅游系统巾帼文明岗创建评选工作，命名表扬27个岗组。以“巾帼建功·筑梦万盛”为主题，通过万盛电视台、万盛日报、微信公众号等新媒体，对全国巾帼文明岗、市级优秀妇女之家、市级农村留守妇女“百优”互助组、区级优秀妇女工作者、区级优秀“爱心妈妈”等7个典型集体和人物进行专题报道。推荐4名女性参与市级沃尔玛女性中小企业家培训；推荐2名女性加入市级“女性创业创新导师团”；利用全国妇联“精彩人生·女性终身学习项目”，发动全区127名妇女参与“女性素质提升工程”学习提质；联合区人力社保局开设“春风行动”女性招聘专区，为求职的妇女提供家政、餐饮服务、物流配送等200余个放宽招聘条件的就业岗

7月13日，万盛经开区妇女就业技能培训（月嫂）举行

（区妇联　供）

位。开展巾帼促农。联合区扶贫办、人力社保局开班1期月嫂、养老护理技能培训，各镇街开展厨师、家政服务和创业技能培训10场次，全区培训妇女168人，其中留守妇女86人，推荐17名妇女就业。

【农村妇女“两癌”免费检查及救助】 2017年，区妇幼保健院在丛林镇、关坝镇、万东镇、金桥镇4个项目镇开展“两癌”免费检查项目工作，免费筛查11078人次，其中宫颈癌7055人次，乳腺癌4023人次。通过免费筛查，检查出乳腺癌患病妇女1人和宫颈癌患病妇女1人。1月，区妇联争取中央、市级“贫困母亲两癌救助”专项资金31万元，按照每人1万元的救助标准，救助农村“两癌”贫困妇女31人，实现2016年度入库人员全覆盖。2017年4月和11月，收集、录入全国妇联“两癌”救助对象信息库12人。

1月23日，万盛经开区“贫困母亲两癌救助”中央专项彩票公益金发放仪式

（区妇联　供）

【家庭教育与建设】 推动《重庆市家庭教育促进条例》贯彻实施，出台《指导推进万盛经开区家庭教育的五年规划（2016—2020年）》，围绕重庆市第一个“家庭教育日”，组织家庭教育讲师团成员进社区、进学校、进院坝、进企业开展专题讲座10余场；与区关工委联合开展“百场家庭教育进校园、进村居”活动，推进家校共育和家庭教育指导服务工作；通过电视、报刊、网站、微信等媒体向广大家长推送《致万盛经开区家长朋友的一封信》，宣传家庭教育知识；打造家庭教育活动阵地，丛林镇丛林菌谷蘑菇总动员

10月20日，重庆市妇联家庭教育流动学校百场讲座进万家活动走进万盛

（区妇联　供）

建全市首个亲子教育实践基地。启动2017年寻找“最美家庭”活动，举办“幸福万盛·我爱我家”2017年万盛“最美家庭”表彰会，评选、表彰张祥英等区级“最美家庭”40户，4户家庭当选重庆市“最美家庭”。开展“平安家庭”创评，评选区级“平安家庭”198户。开展家风家训宣传展示活动，联合文明办组织最美家庭、五好家庭代表开展报告会、巡回交流、故事分享会等6场次，约400余名群众参与。

（张　娴　袁　瑶）

2017年万盛经开区“最美家庭”代表合影

（区妇联　供）

万盛经开区文学艺术联合会

【概况】 重庆市万盛经济技术开发区文学艺术界联合会（以下简称万盛经开区文联）是中共重

庆市万盛经济技术开发区工作委员会、重庆市万盛经济技术开发区管理委员会领导的，由本辖区文艺家协会、行业（企业）文联和其他文艺社团组成的人民团体，是经开区党工委、管委会联系本辖区文艺界的桥梁和纽带。万盛经开区文联由万盛经开区党工委宣传部主管，与区党工委宣传部合署办公，是财政全额拨款的事业单位，有机关编制3人。1月4日，区文联召开一届五次全委会，经全委会表决通过，胡明任区文联主席。9月22日，召开第二届文代会，完成协会换届，选出新一届主席团成员。8月25日，成立朗诵协会；12月，金桥镇、青年镇文联成立。

【万盛经开区作协】 万盛经开区作家协会属万盛经开区文联下属分支机构，无编制。协会有会员75人，其中中国散文协会会员10人，重庆市作协会员9人。协会主席1人，秘书长1人，理事9人。2017年，协会会员在市级以上报刊发表文学作品160余篇（首），在区级报刊上发表诗文500余件。开展采风创作、沙龙改稿活动10余次。运营“散文万盛”微信公众号，推出优秀本土散文36期，累计推出88期。开展“深入生活、扎根人民”文艺志愿服务活动，开展“文学进校园”“文学沙龙”活动，形成协会品牌活动。

【中国散文之乡】 “散文万盛”微信公众号开通，推广优秀本土散文，并附深度点评，形成品牌，鼓舞创作；市级刊物《重庆文学》开设“黑山谷”专栏，推介万盛散文作者；万盛青年读书交流会成立，发掘和培养散文创作人才；发挥凉风村散文创作基地、林音谷度假村等创作基地作用，开展各类采风创作、沙龙交流等活动30余次，产生作品100多件。

（母一娜）

万盛经开区科学技术协会

【概况】 万盛经开区科学技术协会（以下简称万盛经开区科协）与万盛经开区科技局合署办公，内设普及科、学会协会工作科2个职能科室，有在岗在编人员3人。年末，万盛街道、东林街道、万东镇、南桐镇、关坝镇、青年镇、丛林镇、金桥镇、石林镇、黑山镇等10个镇街科协成立，园区科协全覆盖。指导新成立区农技协联合会、科创大厦企业科协，2017年年末，全区有企事业科协4个，学会协会10个，农村专业技术协会18个。

【万盛经开区科协第二次代表大会】 9月20日，经开区科协召开第二次代表大会和二届一次全委会，选举产生经开区科协第二届委员会、常委会，选举邹红为主席、陆克平为副主席。

【科普宣传】 2017年，新购置39个大屏信息化终端，基本实现经开区社区、市级科普基地、市级科技教育特色学校“科普中国e站”全覆盖。组织开展科技活动周、全国科普日、科技下乡等大型科普宣传活动，活动期间，举办各种讲座、培训班60余场次，发放各种科普宣传资料30万余份，展出科普展板600余块，活动总受益人数约32万人次，在各类媒体发布信息40余条。组织评选第三届青少科技创新主任奖，5名学生、4名老师获奖。联合科技局、教育局开展主题为“新时代·科学梦”的第四届中小学科技节，活动现场有1000余件科技创新小发明、小制作优秀作品和400余篇教师科技教育实践方案、学生科技小论文进行了现场展示，有来自全区各中小学校近200名师生参加科技创新现场制作大赛。联合经开区关工委走进新田社区、江山城社区等7个社区开展了橡筋动力飞机制作与放飞、水火箭制作与放飞等青少年科技创新实践活动。11月14日，中国科协青少年科技中心副主任张振威到万盛调研，实地调研万盛小学杨波工作室、万盛科技馆。11月15日，2017年全国青少年科学工作室科技辅导员培训班45名学员到重庆市第四十九中学校开展参观体验活动。根据重庆市科协、中国科普研究所调查结果，经开区具备科学素质公民的比例7.8%，比渝西片区平均水平6.9%高0.9个百分点，比全市平均水平7.5%高0.3个百分点。

【万盛经开区科技馆】 万盛科技馆被列入2017年全国免费开放科技馆试点单位，获得中央财政111万元专项资金支持。与关坝镇政府共同投资

40万元，建成120平方米的万盛科技馆分馆（又名“凉风科普活动中心”）。实施科技馆改造提升工程，新置太空影院、互动涂鸦、数字混合现实互动沙盘、无弦竖琴、机器人、天文望远镜、全息教育系统、自己拉自己等大型科普展品。购置11台3D打印机、20台一体式电脑，优化升级青少年科学工作室。开展走近机器人主题活动，让学生充分了解机器人项目及相关知识，培养学生对机器人技术的兴趣与亲近感，打破对机器人的神秘感。开设3D打印创新教育、湿拓画等常设课程，全年在街镇、社区、馆内开展青少年科技创新实践活动50余场次，1000余名青少年参加活动。万盛经开区科技馆全年入馆超过20万人次，馆内青少年创新实践教育课程达到50余次。

（李　雪）

万盛经开区归侨侨眷联合会

【概况】 重庆市万盛经济技术开发区归侨侨眷联合会与中共重庆市万盛经济技术开发区工作委员会统战部合署办公，有职能科室1个，即办公室，有事业编制2人，科级领导职数1人。有正处级领导1人，在岗在编人员2人。

（张我勇）

万盛经开区残疾人联合会

【概况】 万盛经开区残疾人联合会（以下简称万盛经开区残联）内设科室2个，即办公室和维权科；下设事业单位1个，即残疾人就业服务中心；有在职人员8人。

【万盛经开区残联第二次代表大会】 9月22日，万盛经开区残联第二次代表大会在区党校礼堂召开，大会选举区残联第二届主席团委员会委员35人和出席重庆市残联第五次代表大会代表4人。大会主席团第一次会议选举唐竹为主席团主席，王慧明、赵兵、冯育刚、娄小平、魏鸿、马钟声为副主席；通过聘请选举王慧明为区残联第二届执行理事会理事长，罗宗成、王建勇、傅明伟（兼）为副理事长；选举王慧明、蹇诗培（视力残疾人）为市残联第五次代表大会主席团委员候选人。

【残疾人康复服务】 全区免费实施白内障复明手术302例。投入经费24.6万元，为363名精神病患者提供免费药物治疗，33名重度精神病患者实施住院治疗救助。按照“人人享有康复服务”目标，为2165名残疾人提供精准康复服务。组织开展假肢安装和肢体残疾人社区（家庭）康复训练，为1320名残疾人提供康复训练。培训康复人才110人。残疾人康复中心完成主体工程建设。

【残疾人扶贫救助】 投入经费49.5万元，改造农村残疾人危房33户。投入经费62万元，为151户残疾人实施家庭无障碍改造。投入经费60万元，为501名重度肢体、精神和智力残疾人实行居家托养。免费发放轮椅、手杖、盲杖等辅助器具189件。

【残疾人基本社会保障】 全年投入经费115.7万元，为2334名残疾人发放贫困残疾人生活补贴；投入经费91.2万元，为1733名一、二级重度残疾人发放护理补贴。投入经费34.54万元，为3140名办证残疾人购买城乡居民合作医疗保险，实现全区残疾人合作医疗保险全覆盖。

【残疾人劳动创业就业】 全年开展残疾人职业技能和实用技术培训11期，培训残疾人419人。加强残疾人就业服务，通过举办专场招聘会、定向招聘、上门推荐、跟踪服务等方式，全年新增残疾人就业41人。加大残疾人创业扶持力度，全年扶持残疾人兴办微型企业11家、个体工商户10户、农村种养殖大户2户，残疾人实现集中就业28人。

【残疾人教育】 全年资助贫困残疾大学生、特殊教育学校就读残疾学生、随班就读小学和初中残疾学生178人次，资助金额20.1万元。

【残疾人文化体育】 举办“相亲相爱、缔造幸福”“链爱吧”公益残友相亲会，8对伴侣牵手成功。组织专门协会开展爱国主义教育考察学习活动，70余名残疾人参观中国民主党派历史陈列馆、三峡博物馆、红岩村革命纪念馆等爱国主义教育基地。举办“残健融合关爱跑”初赛和决赛，500 余名残健运动员参加活动。组队参加 2017 年全国残疾人羽毛球锦标赛，取得金牌 1 枚、银牌 5 枚、铜牌 2 枚的成绩；参加 2017 年全市残疾人乒乓球运动会，取得 1 枚铜牌、1 个第五名和 1 个第六名的成绩。

（杨　校）

万盛经开区红十字会

【概况】　2017 年经开区红十字会争取到重庆市红十字应急救护培训“五进”活动经费 5 万元，争取到重庆国能投资开发有限公司捐款 10 万元，争取重庆市社区与农村卫生协会、石家庄以岭药业集团公司捐赠价值 8 万元人民币的连花清瘟药品。全年完成遗体（眼角膜）志愿者捐献登记 15 人，并成功实现人体器官捐献 1 例。全年红十字会完成应急培训 13 场，培训人员 1310 人，社区培训 6 场、校园培训 4 场、机关培训 1 场、企业培训 1 场、农村培训 1 场，顺利通过市红十字会督导评估。开展元旦、春节期间慰问困难家庭 200 户，对 215 名符合救助条件的对象申请疾病应急救助基金 199210.26 元，解决经开区身份不明、城乡低保、城市“三无”、农村“五保”人员无力缴纳急救费用的问题。

【万盛经开区红十字会第二次会员代表大会】　2 月 16 日，万盛经开区红十字会第二次会员代表大会召开，选举唐竹为万盛经开区红十字会会长，傅汝琴为红十字会常务副会长，赵世林为红十字会兼职副会长，贺群英为红十字会挂职副会长，吕文义为红十字会秘书长。

（刘　燕　刘茂雪）

万盛经开区计生协会

【概况】　按照全市计生协统一部署，万盛经开区计生协会承接计生特殊家庭扶助信息系统的管理维护工作。配合计划生育家庭发展科规范完善计生特殊家庭联系人制度，对于需要每两月入户走访或电话联系 1 次的督促落实到位。继续实施计生特殊家庭住院护理保险，开展春节慰问，2017 年春节期间走访慰问计生特殊家庭人员 660 人，覆盖率 100%。采取座谈会、院坝会、知识竞赛、走访慰问、困难帮扶、悬挂标语、举办宣传专栏、上街咨询、发放宣传资料等形式，以全面二孩生育政策、避孕节育措施、药具知情选择、生殖健康、优生优育与免费孕前优生等相关知识为主要内容，在全区两街八镇开展宣传，扩大计生组织的社会影响。

【万盛经开区计划生育协会第二次会员代表大会】　2 月 16 日，万盛经开区计划生育协会第二次会员代表大会召开，选举唐竹为万盛经开区计划生育协会会长，傅汝琴为计划生育协会常务副会长，朱玉华为计划生育协会兼职副会长，杨琴为计划生育协会挂职副会长，罗昭祥为计划生育协会秘书长。

（刘　燕　刘茂雪）

万盛经开区社会科学界联合会

【概况】　重庆市万盛经济技术开发区社会科学界联合会（以下简称万盛经开区社科联）成立于 2017 年 4 月，是中共重庆市万盛经济技术开发区工作委员会、重庆市万盛经济技术开发区管理委员会领导的学术性人民团体，是全区性社会科学学术团体、社会科学研究机构的联合组织，是经开区党工委、管委会联系广大哲学社会科学工作者的桥梁和纽带，是繁荣发展哲学社会科学，推动社会全面进步的重要力量。万盛经开区社科联有事业编制 3 人，内设职能科室 1 个，即社科联办。全年召开社科联委员会 3 次，听取采纳建议 39 条次。在全区各镇街、党校和教育部门开展哲学社会科学培训 13 场次。制定《关于建立万盛经开区社科专家库的通知》，全区推荐社科专家 28 人，建成社科专家库。制定《万盛经开区哲学社会科学规划课题管理办法》《关于开展 2017 年度万盛经开区社科普及课题研究的通知》，确定对 22 个经济社会发展中的重大理论和现实课题项目同意立项。

【万盛经开区社科联成立大会暨第一次代表大会】

4月25日，万盛经开区社科联成立大会暨第一次代表大会召开，推选出全区各单位、各社科社团和特邀代表111人，会议通过社科联《章程》，选举产生新一届委员会和由1名主席、4名副主席和1名秘书长组成的主席团。

（孙天容）

法　治

法治政府建设

【概况】　万盛经开区法制办公室有下设科室1个，即法制科，有处级领导职数1个，科级领导职数1个，有工作人员3人。

【行政复议】　全年收到行政复议案件19件，管委会作为复议机关的案件11件，办结10件（其中不予受理6件，维持1件，确认违法1件，终止复议1件，转送1件），未办结1件；管委会作为被申请人的行政复议案件8件，经市法制办审理后办结7件（其中维持3件，驳回当事人申请2件，终止2件），中止1件。

【规范性文件管理】　凡是以管委会名义发布的规范性文件，由起草单位行政办公会议审议后形成送审稿，报送区法制办进行合法性审查后，再报管委会主任办公会审议。凡是以管委会名义发布的规范性文件，由法制办统一编号、统一登记。2017年新发布规范性文件12件，废止规范性文件1件，现行有效规范性文件42件。

（区管委会办公室）

政　法　综　治

【概况】　中共重庆市万盛经济技术开发区工作委员会政法委员会（以下简称万盛经开区党工委政法委）是万盛经开区党工委、管委会的内设机构。挂重庆市万盛经济技术开发区社会治安综合治理委员会办公室（以下简称区综治办）牌子。中共重庆市万盛经济技术开发区工作委员会、重庆市万盛经济技术开发区管理委员会信访办公室（以下简称区信访办），重庆市万盛经济技术开发区司法局（以下简称区司法局）与其合署办公。中共重庆市万盛经济技术开发区工作委员会防范和处理邪教问题领导小组办公室挂靠区党工委政法委。万盛经开区党工委政法委内设综合科、行政科、社会管理科、基层指导科、国安防邪科、司法行政工作科、社区矫正管理局、法律服务管理科、维稳科、督查复查科、办信科等11个科室。派驻经开区镇街基层司法所10个，即万盛司法所、东林司法所、万东司法所、南桐司法所、关坝司法所、青年司法所、丛林司法所、金桥司法所、石林司法所、黑山司法所。有下属事业单位5个，即重庆市万盛经济技术开发区群众工作联席会议办公室、重庆市万盛经济技术开发区法律援助中心、重庆市万盛公证处、重庆市万盛经济技术开发区信访接待中心、重庆市万盛经济技术开发区矫正帮教管理服务中心。2017年年末，区党工委设有政法专项编制39人，机关后勤编制5人，全额拨款事业编制27人，参公事业编制6人。

【平安稳定】　全年全区无涉暴涉恐、个人极端案（事）件、邪教案件发生，无影响国家安全案（事）件发生，出色完成党的十九大、市五次党代会、“4·25”“5·13”“一带一路”高峰论坛等多个敏感时段维稳工作，实现“七个坚决防止”工作目标。全区群众安全感指数99.43%，超全市平均水平2.51个百分点，比上年增加1.83个百分点，政法队伍满意度、司法公信力分别为95.48分、95.75分，分别超全市平均水平0.74分、0.75分，分别比上年增加1.47分、1.75分。全区建成区级以上平安单位218个，其中校园30所、医院11所、风景区2个。

【社会治安综合治理】 全年全区刑事立案、八类主要刑事案件、可防性案件、侵财案件分别比上年降低26.1%、6.5%、35.3%、27.8%。加强社会治安防控体系建设，建成背街小巷视频监控摄像头2951个，整合接入旅游景区、医院等重点民生单位视频监控390个。2个挂牌整治重点地区刑事案件比上年降低72.05%，全部顺利摘牌。加强校园及周边社会治安综合治理，整改隐患100处。按社区10人、村6人的标准配备治安巡逻队98支、750人，增配治安巡逻车22辆。对293名、3级以上重性精神障碍患者落实服务管控小组，并按照每人每年2400元的标准落实监护补助46.2万元，救治救助特殊人群12人、15.6万元。

【平安综治基层基础】 全年全区各镇街综治办、派出所、司法所、各村（社区）综治工作站、社区警务室以及村（社区）调委会、治保会、流动人口服务和管理工作站、群防群治组织建成覆盖率100%。配备村（社区）治安巡逻员、网格管理员、社区专职禁毒工作者1320人，每年落实人员经费1800余万元。将网格化服务管理系统纳入“智慧万盛”建设，研发设计区、镇街（部门）、村（社区）、网格四级网格化服务管理系统和社管通手机APP，设置综治组织、实有人口、社会治安、矛盾纠纷、单位场所、问题处理等15个应用模板，铺设专线将55个部门、10个镇街、99个村（社区）、609部网格化手机终端全部纳入系统运行，接通公安公共视频监控，实现视频共享、数据共享。全年命名区级平安单位210个。

【公共安全】 开展安全生产大排查大整治大执法，加强煤矿、道路交通、建设施工“两防”、危险化学品“两重点一重大”、非煤矿山、旅游、特种设备、消防等重点行业专项整治，全年发生生产安全事故9起、死亡9人，分别比上年下降10%、18.18%。占市下达控制指标的21.1%；煤矿行业连续26个月实现“零死亡”。建成区地质灾害应急指挥中心，对144个地质灾害防治点落实防治措施，对10处治理地质灾害隐患进行治理，转移避让群众29户、108人。开展食品药品安全专项整治7次，检查生产经营单位1342家次，办理行政处罚案件72件，未发生食品药品安全事故。出台应急物资储备管理办法，建成全区预警信息发布和应急应战指挥平台，完成1437条自然灾害的风险识别、登记工作，启动800平方米新救灾物资储备库建设。有效防控金融风险，开展集中性大规模打非宣传活动2次，查处涉嫌非法交易、广告违规、传销公司3家。

（蔡朝君　蓝世其　何　奕　贺　媛）

公　安

【概况】 重庆市公安局万盛经济技术开发区公安分局（以下简称万盛经开区公安分局）是重庆市公安局的派出机构。万盛经开区公安分局有内设工作机构35个，实际运行28个，其中综合部门4个，即警令处、政治处、纪检监察室（与警务督察支队、审计室合署办公）、警务保障处；一线实战部门12个，即指挥中心（与情报信息支队合署办公）、法制支队、网络安全保卫支队（与科技信息化科合署办公）、人口管理支队、国内安全保卫支队、出入境管理支队、治安管理支队（与校保支队、警卫处合署办公）、刑事侦查支队、经济犯罪侦察支队、禁毒支队、交通巡逻警察支队（下设综合大队、秩序大队、事故预防及处理大队、车辆管理所、勤务一大队和勤务二大队）、特警支队；监管场所2个，即看守所、强制隔离戒毒所（与拘留所合署办公）；2个街道8个镇驻10个派出所，即万盛派出所、东林派出所、万东派出所、南桐派出所、青年派出所、关坝派出所、黑山派出所、石林派出所、丛林派出所、金桥派出所。全年区公安分局有民警编制463人，实有在岗民警433人，工勤人员1人，其中派出所168人，另有警务文职23人、协勤人员319人。

【社会治安治理】 落实经费1800余万元，配齐配强“四员一长一队”，全区各镇街（村社）群防群治力量建成覆盖率100%，以三级网格化巡防为基础，对监控盲区及防范薄弱区域开展巡逻。全区盗窃案件比上年降低25.6%，入室盗窃案发案比上年降低33.5%，“两抢”案件比上年降低57.1%，连续两年无命案发生。开展公众聚集场所安全、道路交通安全、消防安全、民爆危化物品安全等专项整治和打击涉枪违法犯罪活动，联合安监等部门处理处罚民爆寄递行业952起，抓获涉枪犯罪嫌疑人8人，缴获各类枪支6把，全区发生一般性交通事故74起，比上年增长5.7%。发生火灾事故46起，降低12.7%，未发生较大及亡人火灾事故。中共十九大安保维稳期间，因易制爆危险化学品专项整治成效显著，受到公安部、市局贺电表彰；重点加强对1个市级，1个区级挂牌重点整治地区的综合治理，整治地区刑事案件发案比上年降低72.86%，查处治安案件1305起，查破黄赌刑事、治安案件54起，处理处罚102人，稳控肇事肇祸精神病人13人。群众安全感99.43%，比上年增加1.83个百分点，位列全市第一名。群众满意度和执法公信力分别为94.75分、95.08分，列全市第二名。

【打击刑事犯罪】 全年立刑事案件1098起，比上年降低25.5%，侵财案件870起，降低26.6%，其中电信诈骗案件124起，降低31.7%，扒窃案件38起，降低39.7%，八类暴力犯罪案件29起，降低6.5%，九类涉恶案件6起，降低78.6%。全年破获各类刑事案件805起，起诉340人，抓获逃犯18人，缴获毒品3.7公斤。完成“渝安2号”专项行动，破获侵犯公民信息案1起，涉及公民信息100余万条；打击盗窃团伙5个，电信诈骗团伙3个，对涉案银行账户实施紧急止付措施，挽回群众损失10.5万元。通过大数据比对抓获1名潜逃20年的命案逃犯。

【禁毒工作】 全年起诉涉毒犯罪嫌疑人90人，破涉毒刑事案件89起，缴获各类毒品3.7公斤，强制隔离戒毒121人，责令社区戒毒128人，行政拘留吸毒人员306人次、新发现吸毒人员136人。万盛经开区禁毒办与各镇街签订《禁毒工作责任书》，全区连续13年毒品原植物种植“零产量”。

【打击经济犯罪】 全年立经济案件19起，破案8起，抓获犯罪嫌疑人20人，抓获历年逃犯1人，刑事拘留16人，取保候审12人，打击处理11人。破获傅某某涉嫌合同诈骗案、“重庆科纬供应链管理有限公司涉嫌骗取出口退税案”“重庆市万盛区供应链管理有限公司涉嫌虚开增值税专用发票案”等系列涉税案件，为国家止损6300余万元。

【交通巡逻】 全年查处各类交通违法5.15万余起，其中查处酒驾毒驾、“三超”、无牌无证等重点违法6144起，破获各类刑事案件29起、打击处理36人、行政拘留16人，查获盗抢机动车4辆，交通肇事致人死亡逃逸案件侦破率100%，查处城区机动车闯红灯、违法停车、摩托车违规逆行、无牌无证等交通违法15446起、比上年增长133.96%，查处纠正各类交通违法6.2万起，处罚金额715.9万元。围绕全域旅游、安全实效两大主题新增科技严管路段（路口）3处、交通LED诱导屏14处、高清视频监控174处、电子卡口31处，设置城区道路交通标志122个，应指工程建设基本成型。

【安全保卫】 成立安保指挥部、出台考评工作方案，推进“迎接十九大忠诚保平安”主题活动。坚持传统与现代、网上与网下、专业与综合相结合，收集事关中共十九大、事关本地的各类不稳定苗头线索，超前发现深层次、内幕性、行动性情报线索。收集摸排各类涉稳信息1100余条，化解涉稳风险24个。稳控涉稳重点群体21个127人，涉疆关注人员8人，处置项目推进、民生领域等涉稳事件132起，训诫处罚16人。健全完善全方位排摸、大数据支撑、分层次管控工作机制，实现到市进京“零上访”目标。狠抓反恐防暴措施落实，强化3人快反小组常态备勤，机动处突队动态备勤，做好全天候应急处置准备，实施全时空社会面巡防。投入警力600余人、社会治安力量500余人，强化巡逻防控，确保国庆及党的十九大期间，社会治安大局平稳。

【公安法制】 全年举办“公安大讲堂”11 次，分别以新版执法办案系统、常见警情处置规范、执法质量考评细则等为主题进行授课，参训民警达到 300 余人次。组织 3 次专题培训会，分别是新版执法办案系统培训会、“四个一律”工作培训会、办案民警业务培训会，参训民警 200 余人次。按照市公安局“每个办案民警每年参加旁听庭审不得少于两件”的要求，由法制部门负责，组织监督办案单位开展旁听庭审工作，全年参与旁听庭审 35 次，参与民警 155 人。2017 年度执法质量考评为优秀。

【公安信访】 全年接待群众来访 131 次，189 人次，接收来信 17 件，通过审核共受理信访事项 51 件，全部依法办结，办结率 100%。依法处理政府公开信箱信访事项46 起，领导接访信访事项 84 件，全部办结化解。

【户籍管理】 全年受理身份证申请 16650 人次，受理市内跨区县异地居民身份证 372 人次，受理跨省居民异地办证申请 338 人次，受理跨省居民异地证挂失申请 86 人次。注销重复户口 14 人、清理应销未消户口 1 人、清理纠正户口登记项目差错 1 个、核实部级人口信息人像比对系统下发重复户口线索 112 条；集中开展死亡人员注销户口工作中，核实处理公安部下发的两批名单 880 人，核实处理率 96.92%；招标制作门楼牌 49796 块。

【出入境管理】 启用全国公安出入境管理信息系统、微信支付系统、2015 版往来台湾通行证新系统，实现出入境证件办理从预约、进度查询、到缴费全办证流程的。全年受理、审批因私出国（境）申请 7867 人次，其中受理普通护照 4023 人次、港澳通行证 2996 人次、台湾通行证 848 人次。登记、录入、核查境外人员临时住宿登记 1199 人次。登记复核通报法定不批准出境人员 356 人次，清理国家工作人员登记备案信息 174 人次。全年为企业和群众提供急事急办和预约服务 106 次，相关事迹被网络和新闻媒体报道 7 次。

【公安队伍建设】 区公安分局学习习总书记“十六字”总要求，引导全体民警牢固树立“四个意识”，落实党委中心组学习、“三会一课”、队伍形势分析会为重点，学习习总书记“5·19”“7·26”重要讲话精神。党委中心组开展学习 14 次，召开专题民主生活会 3 次。党委书记带头上党课 1 次，支部书记讲党课 62 次。党委班子成员以普通党员身份每月按时参加支部组织生活 70 余次，各党支部开展组织生活 500 余次。制定《党建工作考评办法》，建立“书记负总责”的党建工作考评机制，坚持每季度开展党支部书记和政工干部交流培训，规范基层党支部党建工作。严格落实“二十字”好干部标准和“五看”要求，坚持干部选拔任用全程纪实，坚决防止“带病”提拔，落实战时考察领导干部措施，选拔任用 18 名科级领导干部充实基层一线。围绕中心工作、重点工作和专项工作，落实先进典型评选表彰队伍激励机制，对中共十九大安保期间表现突出的集体和个人给予奖励。有 26 个集体，214 人获得嘉奖以上奖励。社区民警王令囡当选全国“派出所好民警”。办理侵犯民警正当执法权益案件 6 起，处理处罚 8 人。制定《反腐败工作要点》和《责任分工表》，坚持运用好监督执纪“四种形态”，严格“一案双查、违纪必纠”，对涉警问题

3 月 29 日，区公安分局民警王令囡获全国“情满万家·派出所好民警”荣誉称号

（区公安分局　供）

或群众投诉，依纪依规严查重处，处理民警违纪案件3起，给予警示谈话、诫勉谈话、党纪政纪处分23人。推行《民警纪律作风量化考核办法》和《日常督察考核办法》，每月打表考核，规范民警行为。

12月20日，区公安分局专案组在河南省抓捕电信诈骗犯罪嫌疑人

（区公安分局　供）

【重大案件】　电信诈骗案　1月，万盛经开区公安分局统一组织部署，多警种部门联合作战，抽调刑侦支队、万盛派出所、万东派出所、南桐派出所、石林派出所等30余名精干警力到湖北省武汉市、孝感市等地，在当地警方的支持配合下，打掉一个虚假办卡办贷款诈骗的电信诈骗团伙，抓获犯罪嫌疑人6人，追回经济损失20万元，破获全国各地刑事案件151件，涉及全国14个省市。

“4·10”重大盗窃案　4月10日凌晨4时许，万盛龙凤碑转盘电信大楼电信营业厅被盗窃全新手机35部，总价值67232元。案发后，万盛经开区公安分局迅速成立专案组，综合运用现场勘察、视频追踪等侦查手段，快速锁定犯罪嫌疑

9月4日，被害人出租车驾驶员李某的家人将锦旗送到办案民警手中

（区公安分局　供）

“7·2”电信诈骗案　12月中旬，万盛经开区分局抽调警力成立“7.2”专案组，开展侦查工作。经初步调查，发现嫌疑人在河南、江西、福建、浙江等四省实施诈骗。后专案组在温州、岱山、邯郸警方支持配合下，打掉一个冒充军人采购的电信诈骗团伙，实现从非法办理、贩卖银行卡、POS机到实施电信诈骗、取款洗钱的全链条打击，抓获犯罪嫌疑人12人，追回经济损失15万元。

“6·1”杀人案　1997年6月1日凌晨1时许，犯罪嫌疑人田某伙同张某某、田某某、汪某某密谋抢劫，在万盛租乘受害人李某驾驶的“川B57814”红色奥拓出租车，途中用绳索将驾驶员李某杀害，抛尸于綦江县三江镇重钢四厂渣场。案发后，区公安分局于1999年、2000年先后将犯罪嫌疑人汪某某、张某某、田某某抓获归案，但犯罪嫌疑人田某一直在逃。经大量情报研判、深入走访和信息科技手段的运用，2017年8月15日，专案组锁定田某在贵州贵阳的活动轨迹。

8月18日晚，将田某抓获。至此，历时20年的命案告破。

（王俊锋）

检　察

【打击刑事犯罪】　全年万盛经开区中心检察室受理提请批准逮捕案件207件、232人，占全院案件总数37.5%，办结206件、231人（含上年受理未办结的4件、5人），其中批准逮捕158件、176人，案件批捕率76.7%。受理审查起诉案件267件、351人，占全院案件数的32.9%，审结案件261件、339人，其中提起公诉243件321人，案件审结率97.8%，起诉后均无撤回案件以及无罪判决。

【预防职务犯罪】　全年受理属于检察机关管辖的举报线索3件，完成预防调查1件，向发案单位发出检察建议1份，收到整改回复1份。先后到万盛经开区交建公司、重庆农村商业银行万盛支行、中国农业银行万盛支行、万盛水务局等单位开展预防职务犯罪专题讲座12场，受教育干部群众900余人。规范和加强行贿犯罪档案查询工作，开展行贿犯罪档案查询441件次。

【诉讼监督】　全年监督公安机关立案2件、2人，其中1件、1人获法院判决；纠正公安机关违法行为6件次；纠正漏捕3人；不批准逮捕66人，其中证据不足不捕24人、无社会危险性不捕42人。不起诉10件10人，报送分院4件4人，公安机关撤回案件1件1人，建议本院侦查部门撤案3件3人。追诉漏犯4名及单位1个，现有4名漏犯获法院有罪判决，1个单位被判处罚金。全年对看守所监管活动开展巡视检察210次，对303名在押人员开展谈话教育，对350名入所人员体检资料进行检察，发现刑讯逼供线索1条，并移送综合部门处理。办理羁押必要性审查案件7件7人；办理缓刑罪犯又犯罪案件5件9人，其中审查逮捕案件2件4人，审查起诉案件3件5人。纠正看守所所内违法2件2人（其中纠正收押依法不应当关押的罪犯1件1人，纠正混关混押1件1人），纠正社区矫正管理违法2件、2人（其中口头纠正1件、1人），纠正刑期计算错误1件、1人。落实“一证通”350人次，严格按照“一证通”实施办法的规定，提示催办14次，督促催办2次。全年办理控告案件3件，民事申诉案件93件，其中不服民事行政裁判结果监督案件9件，建议上级院提请抗诉2件，不支持监督申请2件，终结审查2件，建议上级院不提请抗诉3件。向同级法院发出执行监督检察建议7件，其中法院采纳3件；向同级法院发出审判人员违法行为检察建议6件，均被采纳。

【认罪认罚案件】　全年区中心检察室公诉科以认罪认罚审查案件126件、140人，占受理案件总数47.7%；以认罪认罚提起公诉120件134人，不起诉6件6人。

【电信网络犯罪专项行动】　全年审查起诉电信诈骗案件2件6人，审查起诉非法获取计算机信息系统数据案件1件17人。

（区中心检察室办公室）

司　法　行　政

【普法宣传】　开展“七五”普法工作，组建一支23人的普法讲师团，全年安排讲师团成员开展专题法制讲座26场次。组织开展“送法下乡”“三月法治宣传月”“平安综治宣传”“反邪教宣传”“爱路护路专项宣传”“农民工日”为主题的各类法治宣传活动135场次，制作法治宣传展板90块，发放宣传资料10万余份，受教育群众12万人次，公民法治知识普及率97%。采取LED平台、标语展板、报纸杂志、微博微信、新闻媒体等多渠道多方式宣传结合，拓宽法治宣传载体，拍摄《渝事说法》栏目专题片2部。组织开展法治优质课竞赛、“关爱明天、普法先行”青少年普法教育、校园模拟法庭、开展现场庭审观摩活动、法治安全主题班会等活动20余场次，聘请法治副校长29人，邀请法治副校长到各校举办讲座50余场次。组织100余名中小学生参观区拘留所、戒毒所，200余名学生参加中心法庭旁听庭审。安排普法讲师团成员到全区各村、社区开展暑期青少年法治教育讲座12场次，受教育学生5000余人次。到全区各个镇街开展“送法下乡”活动10场次。组织完成30名新提任领导干部法治理论知识考试，考试通过率、合格率100%。组织开展2017年度全区法治理论知识考试，90名处级以上领导干部参加集中现场考试，6323人参加网络法治理论知识考试，参考率、合格率均达到100%，组织开展120余名新提任领导干部和法治理论知识抽考人员参加旁听庭审。

【人民调解】 全年全区建成调委会114个，配备调委会人员471人。组织开展2016年度人民调解案卷检查，检查案件11468件，审查出不合格案卷474件，不合格率5%，对检查中存在的问题及时督促整改。按规定发放2016年度人民调解案件补贴37.54万元。每个镇街选取一个调委会，全面推行人民调解委员会“一图三表五制度”（“一图”即人民调解工作流程图；“三表”即人民调解工作组织网络表、人民调解案件明细表、近期人民调解案件进度表；“五制度”即排查制度、登记制度、报告制度、回访制度、档案管理制度）。全年调解各类纠纷9892件，调解成功率99.49%，其中协议涉及金额4121.75万元。参与调解医疗纠纷6件，调解成功5件，涉及金额112.5万元。排查纠纷349次，预防纠纷841次，防止群体性上访7件次165人次，无民转刑案件发生，无1件因纠纷调解不及时而引发的群体性事件发生。组织开展人民调解员的培训工作，邀请区法院专业人士为人民调解员讲授法业务知识，为新任调解人员发放调解员证、调解徽标等。

【社区矫正和安置帮教】 全年接收社区矫正人员136人，解除社区矫正人员129人，在册社区矫正人员169人，其中假释3人，暂予监外执行5人，缓刑160人。组织开展集中教育652人次、个别谈话教育182次、心理辅导51人次、社区服务730人次。全年衔接（接收）刑释解教人员395人，处于安置帮教期间的在册刑释解教人员1385人。刑释解教系统人员信息核实率、回执率100%，安置率、在册帮教率100%。强化关爱帮扶力度，协调相关部门为2名社区矫正人员未成年子女解决就学问题，对10名贫困未成年人矫正人员和服刑人员未成年子女进行慰问，对5名特别困难的刑满释放人员开展临时困难救助。

【法律援助】 出台《万盛经开区法律援助案件质量考评办法》对法律援助案件质量进行考核。实行援助案件回访制度，全年抽查回访案件80件，无1人投诉。区法律援助中心接待群众法律援助咨询1000余人次，办结法律援助案件134件，为受援人挽回直接经济损失728万余元。

【法律服务】 区司法局制定出台《深化律师制度改革方案》，推行公职律师制度，组织律师、法律工作者为68家重点企业、重点部门担任法律顾问，办理各类案件506件，引导法律工作者参与涉法涉诉工作。强化执法监督，开展行政权力清理和“双随机一公开”工作，提高法律服务质量，全年办理司法鉴定121件、各类公证事项1101件，无违法违规执业问题发生。

【基层司法所建设】 全年全区各镇街司法所工作人员配备均为2～3人，其中8个司法所达到3人。推动基层司法行政工作上档升级为导向，加强对各司法所的指导和管理，制定下发《2017年司法所考核办法》。推进司法所规范化建设，在全区推行司法所“三表五制度七簿册”，建立季度工作例会，开展司法所业务用房、办公设备、通讯网络以及规范化建设和业务开展情况监督检查4次，解决各司法所装订机、打码机等必备办公用品问题，为万盛、黑山等司法所更新电脑等办公设备。

（蔡朝君　蓝世其　何　奕　贺　媛）

仲　裁

【概况】 重庆市万盛经开区劳动人事争议仲裁院为重庆市万盛经开区人力资源和社会保障局管理的正科级财政全额拨款事业单位。有核定财政全额拨款事业编制5人（参照公务员法管理）；核定科级领导职数2人，在编人员4人，配备科级领导干部 2 人。全年接到各类劳动争议案件 627 件，其中不予受理 122 件、镇街劳动争议基层调解组织受理 229 件、仲裁院受理案件 276 件，法定期限结案率 100%。

（吴贵玲）

军　事

万盛经开区消防大队

【概况】　2017年重庆市万盛经开区公安消防大队（以下简称万盛经开区消防大队）万盛经开区消防大队主要负责万盛经开区内机关、团体、企事业单位的防火监督、建筑工程消防审核验收、开业前消防检查、消防知识普及、消防业务培训和对所属中队的管理等业务。所属消防中队主要承担辖区内灭火救援、社会救助等任务。有现役消防执勤中队4个，即万东中队、南桐中队、关坝中队、黑山谷中队，其中黑山谷中队在2017年7月投入执勤。消防大队有执勤消防车25辆：其中指挥车1辆、宣传车1辆、登高平台车1辆（奔驰底座徐工牌32米登高平台车）、抢险救援车3辆、水罐消防车7辆、泡沫消防车6辆、后勤保障车5辆（其中运兵车1辆、生活保障车4辆）、器材运输车1辆、冲锋舟（艇）1艘。

【消防执勤及灭火救援】　全年万盛经开区公安消防大队接警出动318次，出动消防车426辆次、警力2879余人次，扑救火灾21起，抢险救援57次，社会救助127次，其他出动104次，抢救遇险群众100余人，疏散被困人员262人，参与重大节日和各类活动消防安全保卫任务15余次。

【火灾隐患排查整治】　全年万盛经开区消防大队检查单位（场所）6380家，督促整改火灾隐患14957处，办理临时查封单位110家，责令“三停”82家，下发行政处罚决定书174份，罚款113.7万元，挂牌整治重大火灾隐患4件。投入180万元完成69栋老旧建筑改造任务。在涉老涉幼场所安装400个独立式感烟探测、5套简易喷淋系统。

【消防宣传教育培训】　2017年，万盛经开区消防大队开展攻坚组复训、专业士官培训、基层指挥员培训、专业技术培训，集中督导指导实战化训练15余次，合成操法训练200余次，检查市政消火栓220个，开展实战演练8000余人次，修订数字化灭火预案50份，组织开展联合实战演练20次，组织执勤中队攻坚组队员和各专业岗位士官开展为期30天的轮训，组织开展化工、易燃易爆场所、高层建筑、车辆交通事故处置等专业培训。组织、指导开展消防安全宣传活动100余次，发放宣传资料9万余份，在各类平台发布宣传信息300余篇，受众8万余人次。

【装备建设】　2017年末，万盛经开区公安消防大队有个人防护装备3394件（套），抢险救援器材499件（套），灭火器材734件（套），多功能泡沫灭火剂10吨，4个执勤中队车载泡沫量6吨，库存总量4吨。结合主要灾害事故类型和事故处置特点和现有消防装备实力，在2017年度累计投入350万元用于各类消防装备建设，购置各类消防车3辆、各类器材装备1998件（套），万盛经开区消防装备达到《城市消防站建设标准》，实现核心区域同时覆盖1辆登高车、9辆水罐泡沫消防车的建设目标；2017年区财政又投入200余万元采购消防宣传车1辆、抢险救援车1辆、泡沫车1辆。同时，区财政逐年为每名消防员、每个执勤消防中队配备先进装备，器材装备总量达4648件（套）。

【部队管理】 2017年，万盛经开区公安消防大队开展党委专题学习和中心组集中学习6次，研究决策重大事项107个；落实党委成员基层联系点和调查研究制度，班子成员带头基层调研20余次，帮助基层解决实际问题60余项，撰写调研文章4篇；学习习总书记治国理政和强军兴军重要思想，学习“四句话、十六字”总方略和党的十九大精神。开展“维护核心、听从指挥”等主题教育，推动“两学一做”学习教育常态化、制度化。举办“喜迎十九大·壮志映红门”微电影评比活动；发挥组织功能优势，部队先后有2人获总队颁发三等功，12人分局颁发三等功，30余人立三等功和嘉奖，无一起上访、举报和投诉；开展“战斗型大队”创建活动，实现“指挥调度精准化、人员素质专业化、营区管理军事化、工作秩序规范化”。开展安全“五无”（指无重大伤亡事故、无中毒、无倒塌、无火灾、无重大机械设备交通事故）创建，成立专检组，对大队部和各中队实地明察暗访和视频巡查抽查，召开季度思想形势分析会和安全形势分析会，通报问题、补齐短板、改进工作；落实中央“八项规定”精神，班子成员定期学廉议廉，防止在思想上工作上生活上受到影响；完成干部工作大检查，按规定调整基层中队和机关干部配备，落实干部轮流休假制度。

（程凡凡）

民　　防

【概况】 2017年年初，万盛经开区民防办完成机构调整，由万盛经开区管委会办公室挂牌变更为万盛经开区建设局挂牌，设置下属事业单位1个，即重庆市万盛经济技术开发区民防指挥信息保障中心。有核定财政全额拨款事业编制3人，科级领导职数1人。配备民防指挥信息保障中心主任1人，事业编制工作人员3人，有人防工程21个，通信警报20台，短波电台2台；有人防专业队伍350人，民防志愿者队伍460人，“两防一体化”社区10个，有疏散基地5个，指挥车及保障车各1辆。

【人防指挥及通信建设】 建成市、区、镇三级联通的应急应战指挥平台，投入220万元完成区内国动委和应急委成员单位全部接入，区里召开视频会议及点名60余次，市级点名47次，短波通讯训练104次；召开设备使用培训会2次，受训人员80人。与大足、石柱、南川、綦江、北碚进行通信应急保障合训6次。新安装防空警报2台，实现乡镇警报建设全覆盖，到镇街和警报安装单位维护、调试警报，“6·5”防空警报试鸣放率100%。组织10支人防专业队伍开展共同科目和专业科目训练。11月2日，开展500人参与的人防专业队伍防空袭综合演练，渝中、渝北、南岸、南川、黔江、武隆、綦江、秀山、彭水等9个区县应邀观摩。

【人防工程建设维护及管理利用】 批建防空地下室，收取人防易地建设费1900余万元，结合民用建筑修建防空地下室审批率100%。兰乔圣菲人防工程竣工验收，永利豪庭防空地下室于2018年年初完工，开展人防工程质量和安全生产检查10次，开出整改通知书5次；子如广场人防工程外租，南桐矿业公司机关防空洞全部移交民防办；投入50万元对区委防空洞进行整治用于群众

人防专业队伍防空袭综合演练

（区民防办　供）

纳凉。

【人防教育宣传】 投入资金10万余元，专项用于中学民防教材征订、购买教具、组织教研、演练、观摩、竞赛等活动；举办民防知识党校开班2期，在国家发级刊物发表宣传文章1篇、市级刊物26篇，结合“3·15”“6·5”“百日纳凉”“法制宣传月”等开展宣传活动10余次，发放资料万余份，接受群众咨询2万余人次。

（李小林）

人防教育宣传

（区民防办 供）

经　济

农 业

综　述

【概况】　2017 年，万盛经开区农林牧渔业总产值 13.88 亿元，比上年增长 1.04%；农林牧渔业增加值 9.2 亿元，增长 3.0%；农村常住居民人均可支配收入 13338 元，增长 8.9%；农林牧渔服务业 785 万元，增长 12.9%；全年粮食产量 5.4 万吨，蔬菜产量 19.2 万吨，茶叶产量 750 吨，水果产量 5368 吨，水产品产量 1680 吨，生猪出栏 7.88 万头，小家禽出栏 86.72 万只。全区 7 个贫困村的 386 户、1025 人脱贫。

【农村改革】　推动农村土地适度规模经营，土地流转总面积 4980 公顷，占全区农村土地面积的 34%。投入财政资金 45 万元，三年累计在全区 8 个镇 8 个行政村的 8 个村民小组开展农村集体资产量化确权改革试点工作。实施基本农田落实到户，全面推进农村承包地调查测绘补图，完善承包合同、换发经营权证书，建设确权颁证信息应用平台，建立经营权流转服务体系。选择关坝镇凉风村作为市级联系示范点，以促进农民增收、产业增效、生态增值。

（曾忠全）

美丽乡村建设

【概况】　2017 年年末，万盛经开区形成全国“中国乡村旅游创客示范基地”1 个，全国休闲农业与乡村旅游示范点 1 个，市级休闲农业与乡村旅游示范点 4 个，农业部“美丽乡村”创建试点乡村 1 个，市级“美丽乡村”示范村 8 个。打造凉风“梦乡村”、青山湖国家湿地公园、鱼子岗、奥陶纪、尚古村落、风情板辽、百花谷、丛林菌谷等乡村旅游发展新品牌 8 个。推荐五和梨园——青山湖国家湿地公园——金蝶湖、黑山鱼子岗——奥陶纪——丛林总动员等精品线路 8 条。开发旅游农产品 25 个。

【乡村旅游发展】　全年万盛经开区乡村旅游接待人数 542 万人次，总收入 19.58 亿元，其中农副产品销售收入 1.9 亿元。各类乡村旅游经营主体 623 家，接待区内外各类政府考察学习团 180 余批次。

（刘　杰）

种 植 业

【粮食生产】　2017 年，全区粮食作物种植面积 1.25 万公顷、平均亩产量 289 千克、总产量 5.4 万吨。其中小春作物种植 2200 公顷、总产量 0.6 万吨、平均亩产 182 公斤；大春作物种植 1.03 万公顷、总产量 4.8 万吨、平均亩产 312 公斤。

（李　赟）

【蔬菜生产】　2017 年，全区蔬菜种植面积 6466.67 公顷，总产量 19.2 万吨，其中食用菌生产 1000 万包，产量突破 1 万吨。无公害蔬菜生产基地（青年、金桥）600 公顷。全年完成特色效益及中央专项蔬菜项目资金投入 97 万元。

（杜全能）

【水果生产】　全区有水果种植面积2187.33公顷，产量5368吨，产值5000余万元。管护猕猴桃133.33公顷，蜜柚533.33公顷。

【茶叶生产】　全区有茶叶种植面积1133.33公顷，产量750吨，产值8000余万元，比上年增加1000万元，增长16.7%；其中名茶产量25吨，产值2000万元，完成低产茶园改造133.33公顷。

【经济作物新品种推广】　全年全区推广新品种12个，其中水果8个，茶叶3个。水果包括猕猴桃新品种川猕，葡萄新品种阳光玫瑰、水晶牛奶、夏黑，蓝莓新品种夏普兰，梨子品种圆黄、翠冠，草莓新品种香妃，柑子新品种不知火、血脐。茶叶新品种名山131、乌牛早、安吉白茶。

【新技术推广】　水果方面，新推广避雨栽培技术、水肥一体化技术、果园配方施肥技术、果树高效树形及整形修剪技术、水果套袋技术、病虫害综合防治技术。茶叶方面，新推广茶叶清洁化加工建设、茶园蓄梢留养技术、茶园绿色防控技术。

（曾　辉）

【农作物病虫草害防控】　2017年，万盛经开区区植保植检站开展稻水象甲、柑橘溃疡病、柑橘实蝇、粮食仓储害虫等农业有害生物的监测、调查工作。通过监测，尚未发现疑似稻水象甲、柑橘溃疡病等检疫性农业有害生物。6月下旬至11月30日，分别在万东、关坝、金桥等3镇、4村、5社布设实蝇监测点13个，开展实蝇监测工作。5—9月，先后3次（5月、7月、9月各1次）开展粮食仓储害虫入户抽样调查，抽取粮食生产农户32户、粮食加工企业（贵先米业）1家3次、农贸市场粮食批发经营单位3家，抽取稻谷、大米、玉米粒、玉米粉、黄豆、豌豆、胡豆、杂豆等粮食样品71个，送交西南大学植物保护学院检测。

【农业植物检疫】　全年出动21人次，检查“两杂”种子3.3万余千克（其中杂交水稻种0.7万余千克、杂交玉米种2.6万千克）；为企业、业主联系开具省际间水果种苗调运检疫要求书3份，签发农业植物产地检疫合格证书1份，查验农业种子种苗调运检疫证书54份；5月9—16日，到乡镇，开展农业植物检疫宣传周活动，发放《农业植物检疫宣传资料（一、二）》《咬人的红火蚁》《农业检疫性有害生物——柑橘溃疡病》《柑橘大实蝇防治技术措施》等宣传资料500份，服务咨询农民群众550人次。

【化肥农药零增长行动】　全年全区化肥、农药使用量分别为8150吨（折纯）、144吨，比上年分别减少58吨、15.79吨。推广水稻、玉米、薯类、蔬菜、茶叶等主要农作物测土配方施肥技术1.36万公顷，占种植面积82.02%，其中水稻3271.32公顷、玉米2320.93公顷，分别占水稻、玉米种植面积93.3%、96.2%；农作物秸秆养分还田率55%；畜禽粪便养分还田率55%；通过开展水稻、玉米化肥利用率试验，主要农作物的化肥利用率34.1%；在蔬菜、水果上开展水肥一体化技术示范20公顷，种植绿肥366.67公顷。在水稻、玉米、果树、蔬菜、茶叶5种作物上强化绿色防控技术推广，绿色防控面积11020公顷次，覆盖率27.78%；水稻、玉米、小麦3种作物病虫害统防统治面积为6893.33公顷次，覆盖率31.91%，农药利用率38%。

【耕地地力保护补贴】　8月底，完成2017年度耕地地力保护补贴发放工作。全区发放补贴资金1100.88万元。其中一般农户3.26万户，补贴面积1.09万公顷，补贴标准为66.92元/亩，兑付补贴资金1097.01万元，户均337.22元；种粮大户2户，补贴面积11.22公顷（水稻8.55公顷、玉米2.67公顷），补贴标准230元/亩，兑付补贴资金3.87万元。

（李　赟）

林　业

【概况】　2017年，全区林地面积3.42万公顷，其中森林面积3.09万公顷，森林蓄积190万立方米，森林覆盖率54.68%；年度完成人工造林667公顷，年度实有封山育林面积2333公顷；林业总产值10.65亿元（其中第一产业产值2.37亿元，第二产业产值1.01亿元，第三产业产值7.27亿元），森林旅游业、笋竹产业是全区林业主导产业。

【林业资源管理】 全年办理全部各种林地占用手续17宗，占用林地总面积65.17公顷，征收植被恢复费937.75万元；解决林权纠纷4件，涉及林地面积14.6公顷；办理林权抵押2宗，抵押面积392.53公顷，抵押金额600万元；办理林材采伐证239宗，采伐面积92.31公顷，蓄积消耗4348.66立方米，出材2309.78立方米；办理木竹材运输许可证154宗，运输原木629.4立方米、规格材111.5立方米、木轴5593件、竹材93吨；完成木材经营或加工户的年审换证或新办工作，办理木材经营许可证12份、木材加工许可证14份。

【植树造林】 全年完成植树造林666.67公顷。其中新一轮退耕还林工程造林233.33公顷，水利、农综、国土等部门造林186.67公顷，镇街义务植树及零星造林246.67公顷。

（陈　敏）

【天保工程】 全年签订天保工程目标管理责任书10份，落实管护员78人，并签订合同，管理林地面积1.70万公顷。完成封山育林任务2016年666.67公顷以及2013年333.33公顷的成效检查验收工作。

（尤　卫）

【国有林场】 全年管护国有森林资源1233.33公顷和万盛城周森林屏障266.67公顷。签订森林管护和森林防火责任书45份，发放森林防火宣传单500余份，更换、订挂宣传标语、警示标牌60余幅（块），出动宣传车100余台次，重点地域、重点时段巡山护林、蹲点守卡350人次。国有林和城周森林屏障砍出杂草、清理防火道长1万米、宽10米，参与区防火办组织的各乡镇森林防火演练6次。清理枯死、冰雪灾松树500余株，订挂松墨天牛诱捕器30个，完成松墨天牛回收5次。完成2017年长坝沟管护站庭院绿化及基础设施建设；六井坝、白沙岩等地城周森林屏障补植23.33公顷，3500株，全年管护除草、施肥2次。2014年度万盛经开区农业综合开发林业生态示范项目完成最后一次管护除草任务并通过竣工验收。全面完成国有林场改革任务。

（胡昌平）

【森林防火】 全年投入整改资金10万余元，排查单位320余个，高温伏旱期间局领导带队夜巡5次，整改火灾隐患10处。在高温伏旱期区防火办联合森林公安查处野外违规用火5起，罚款1.10万元，并要求受罚人义务宣传森林防火。全年发生森林火情11起，森林火灾1起，过火面积2公顷，损失面积0.87公顷。全年森林火灾扑救过程中，无人员伤亡事件发生。

（肖　柯）

【林业产业】 全年林业总产值10.65亿元，比上年增长13.6%，净增值1亿元以上。形成黑山森林公园、九锅箐森林公园、龙鳞石海景区、奥陶纪主题公园、青山湖湿地公园等五家生态旅游目的地，经营规模6059公顷，年产值7.2亿元，其中林业休闲与康养产值1.5亿元；形成高海拔地区方竹笋、猕猴桃与低海拔地区花椒、琯溪蜜柚等区域特色经济林4866.67公顷，年产方竹笋4100吨、产值3280万元，猕猴桃年产700吨、产值1400万元，花椒年产量1200吨、产值1200万元，666.67公顷琯溪蜜柚逐步进入初产期。笋竹加工企业年加工能力1万吨，花椒干椒及保鲜企业加工能力1000吨。

（陈　敏）

【森林病虫害防治】 万盛经开区管委会与8个镇签订2017年松材线虫病防控目标任务责任书，明晰各镇责任人员责任和防控工作目标任务，并要求将山头地块的监测工作落实到村、到人头。建设一支以天保管护员为主要力量、业务工作熟练、相对稳定的测报队伍，做到2.83万公顷森林全覆盖。开展林业有害生物春秋两季专项普查，发布2017年林业有害生物预测预报，完成春、秋季专项普查工作。金桥镇星河村乌抛弯有1个松林小班发生松材线虫病、面积2.65公顷。编制

《2017年松材线虫病防控实施方案》，组织专业队认真开金桥镇松材线虫病除治，完成松材线虫病除治目标任务。组织开展全区枯死松树清理，清理各种死亡松树3000株。全区推广使用APF－Ⅰ型松墨天牛诱捕器230套，诱捕松墨天牛1.98万头，在金桥镇星河村开展直升飞机防治松墨天牛6000亩/2轮8架次。

【林业检疫执法监管】 全年出动检查12车次，检查木材经营加工户18户，复检木材100立方米；办理检疫登记证5户、植物检疫证174份，检疫木材264立方米、杂竹126吨、木质包装6340个、苗木8.91万株，实施产地检疫100公顷，检疫苗圃苗木400万株，产地检疫率100%。

【强化检疫宣传】 采取贴标语、发传单、走村入户等多种形式开展检疫宣传，发放宣传资料1300份、走村入户30次、召开会议2次，媒体宣传44条次。

（邓永红）

【野生动物管理】 全年办理陆生野生动物驯养繁殖许可证（换证与新办）13个，其中野猪野鸡豪猪9个、孔雀1个、虎纹蛙黑斑蛙1个、竹鼠2个；办理陆生野生动物经营许可证（换证与新办）9个，其中野猪野鸡豪猪5个、孔雀2个、虎纹蛙黑斑蛙1个、竹鼠1个。开展野生动物安全检查5次。利用“爱鸟周”开展打击破坏野生动植物违法行为的专项整治和林业法律法规宣传活动，全年举办科普知识讲座2次、广播13次（天）、摆放展板6块、悬挂横幅12条、举办观鸟活动3次、张贴宣传标语33条，6480人参与“爱鸟周”有关活动，发出宣传资料近1.3万份。放生野生动物6只，其中猫头鹰2只、夜鹭2只、果子狸1只，其他小鸟1只。

（尤　卫）

畜　牧　业

【概况】 2017年全区生猪出栏7.56万头，家禽出栏86.7万羽，羊出栏7844只，牛出栏1189头，肉类总产量8074吨，禽蛋产量2708吨。畜禽养殖污染治理完成0.41万头生猪当量治理，累计投入资金300余万元。完成9家禁养区养殖场的关闭工作，共计清理生猪当量1809头，关闭圈舍及辅助用房总面积6300平方米，投入关闭补偿资金658万元。

【生猪养殖】 开展养殖场标准化改造、畜禽养殖场污染治理等扶持政策；完善规模养殖场养殖档案建设，深化春季和秋季动物防疫工作。参加并推进农业部农技推广项目，对基层养殖示范户进行指导帮扶，促进科学养殖技术快速进村、入户，通过科学指导和培训，养殖户的生产成果得到有效保护。

【家禽养殖】 全区常年存栏家禽6000只的规模养鸡场4个，存栏1万只及以上的规模养鸡场2个。

【特种经济动物养殖】 全区有小香猪特色养殖场1户，存栏能繁母猪100头；孔雀养殖户1户，常年存栏600只；中蜂常年存栏7063群，全区年产蜂蜜141吨以上。

【动物疫病监督执法】 全年口蹄疫、猪瘟、小反刍兽疫等免疫17.7万头只次，禽流感、新城疫免疫78万羽次；消毒畜禽圈舍15万间次；重大动物疫病免疫密度100%，集中免疫应免动物免疫密度100%，牲畜戴标率100%。全年监测动物血清样品13453份，其中H5高致病性禽流感1920份、H7N9流感1467份，口蹄疫2066份、新城疫260份、猪瘟1450份，小反刍兽疫510份，牛羊布鲁氏菌病筛查5780份，免疫抗体监测合格率均达到农业部规定标准。建立屠宰企业安全生产“一企一档”制度，落实生猪屠宰产品质量安全主体责任。全年各类执法出动执法人员300余人次，出动车辆100余次。全年没有生产安全事故发生。

（元　艳）

农业产业化

【概况】 2017年，全区有农业龙头企业、专业合作社等产业化组织256个，其中市级龙头企业9家，区级农业产业化龙头企业38家，专业合作社209家。2017年年末，全区有国家级示范专业合作社6个，市级示范专业合作社15个。

【农民专业合作社】 全区新增登记注册农民专业合作社10个，注销登记5个，累计发展农民专业合作社和联合社209个，入社农户3.42万户。按从事行业划分：种植业107个、林业22个、畜牧业54个、渔业10个、服务业16个；按牵头人身份划分：农民牵头组建189个、企业牵头组建8个、基层农技服务体系牵头组建1个、其他方式组建11个；按经营内容划分：产加销一体化服务173个、生产服务为主的32个、购买服务为主的1个、其他方式为主的3个；按是否采取土地股份合作划分：非土地股份合作社202个、土地股份合作社7个；均未开展内部信用合作和互助保险。年销售农产品300万元以下的201个，占96.2%；300万元~500万元的5个，占2.4%；500万元以上的3个，占比1.4%。全年农民专业合作社统一购买农林业生产投入品3034万元，统一组织销售农产品产值7254万元，开展培训210期，培训成员数2.83万人次，实施标准化农林业生产8个，拥有注册商标16个，创办加工实体合作社10个。农民合作社经营收入3089万元，比上年增长37.37%，实现盈余702万元，比上年增长183.9%，按交易量返还成员总额570万元，实现按股分红资金总额83万元。全年获得财政扶持资金专业合作社8个，涉及总额280万元。

（曾忠全）

【农产品品牌建设】 全年获得“三品一标”认证的农产品8个，其中新认证有机农产品2个，即鲜香菇、方竹笋。有市级农业品牌17个，其中新增重庆市名牌农产品1个，即“神弥牌”猕猴桃；重庆市著名商标2个，即盛鼎玉露、滴翠剑名；农产品地理标志证明商标1个，即金灵青山萝卜。

（杜全能）

农业机械化

【基层农技服务体系建设】 申请市级基农技推广体系建设与改革项目资金126万元。建设2个农业科技示范基地，组织9名专家、104名技术人员和450名农业科技示范主体形成“专家+技术人员+农业科技示范主体+农业科技示范基地”的农技推广新模式。加强对农技人员的管理，使农业新品种、新技术尽快的推广到户；抓好“特岗计划”试点工作，加强对8名农技特岗人员管理，发挥特岗人员对农技推广的力量。

【农业科技园区】 6月29日，万盛农业科技园服务中心成立，在重庆市农业广播电视学校万盛经济技术开发区分校挂牌，区科教信息科主持工作。全年开展职业农民培训、专项技能培训等各类培训农民约3000人次。2017年农业科技园区农专资金项目50万元，共有三个项目，具体项目、投资及实施单位见下表：

2017年农业科技园区农专资金项目一览表

表2-1-1　　单位：万元

序号	项目名称	承担单位	负责人	投资	
				投资总额	财政资金
1	重庆青山湖国家湿地公园科普项目	万盛经开区农林局湿地保护管理中心	刘俊	288	20

续表 2-1-2

序号	项目名称	承担单位	负责人	投资	
				投资总额	财政资金
2	万盛丛林菌棒厂蘑菇新品种研发与推广	重庆百菇园农业科技发展有限公司	王玥	200	20
3	凉风梦乡村星创天地	重庆市渝黔边城旅游开发有限公司	傅军	150	10
合计				638	50

（崔玉英）

【农业机械化水平】 全年推广微耕机149台，使用补贴金额12.02万元，未发生违纪违法案件；累计推广各类补贴农机6296台套，享受财政补贴的各型农业机械（不含拖拉机、联合收割机）备案登记率100%。全年推广机耕面积8333.33公顷（含复种），机收面积2800公顷，主要农作物耕种收综合机械化水平43.2%。

（周会斌）

农业生态

【农业生态建设】 全年投入资金119.49万元，建成村社便道10.5千米，涉及4个镇5个村，受益人口5460人。新发展“三品一标”2个，分别是重庆雪瑞盛泉农业开发有限公司的竹笋，重庆书容蘑菇种植专业合作社的蘑菇。建设生态农业试点村（关坝镇凉风村）1个，生态农业示范基地26.67公顷。投入资金35万元，建废弃物回收池4处，安装太阳能杀虫灯20盏，黏虫板2万张，统一采购商品有机肥32吨，采购生物农药防治优质桃锈病、褐斑穿孔病和螨类等，农民技术培训3次，农业环境保护宣传3次，建立投入产出台账，同时对土壤、作物和径流水进行监测。全年推广水稻、玉米、薯类、蔬菜、茶叶等主要农作物测土配方施肥技术1.36万公顷，占种植面积82.02%，比上年增长9.27%；推广缓释肥料、生物肥料、水溶肥料等高效新型肥料500吨，施用面积1333.33公顷。主要农作物化肥利用率34.06%，超年度目标0.06%。全区农作物秸秆还田量4.4万吨，还田率55%，比上年增长2.09%，还田面积9300公顷；畜禽粪肥还田量1.9万吨，粪便利用率55%，比上年增长1.69%；全区绿肥种植面积366.67公顷。全年印发重庆市万盛经开区农林局关于保护渔业资源的告知书100余份，统一组织检查行动25次，出动车辆25次、人员78人次。自2013年开始，连续5年实施开展水生生物资源增殖放流工作，投入资金105万元，增殖放流鱼类200余万尾。

（李小华）

农村扶贫开发

【概况】 全年投入财政扶贫资金1141万元，行业部门资金2.3亿元，社会资金474万元，巩固提升脱贫村和贫困户基础设施、产业发展和社会保障等。全年完成386户1025名贫困人口脱贫，新识别31户86名贫困人口；年末，还有69户178人未脱贫，贫困发生率0.15%，返贫率为0；7个脱贫村贫困发生率0.076%，低于国家3%的规定标准。全区建卡贫困户人均可支配收入6310元，超过国家现行扶贫标准线。

【设施扶贫】 新建乡村公路8千米，硬化公路10千米，改扩建公路64千米，新修人行便道68千米，7个脱贫村道路硬化率100%，畅通率100%，客运通达率100%。建成脱贫村供水站7个，饮用水水质达标率100%，累计安装安全饮水管网144千米，贫困户自来水入户率100%。改造贫困户C、D级危房97户。脱贫村100%建成标准化卫生室，配备乡村医生13人。脱贫村公共服务中心标准化率100%。

【产业扶贫】 7个脱贫村累计发展茶叶、猕猴桃、蜜柚等特色农业810.06公顷，食用菌350万袋，特色主导产业覆盖87.1%的农户，建卡贫困户实现全覆盖。成立农民专业合作社209个，87.7%的农户参加农民专业合作社，建成农村淘宝、菜背篼等农村电商平台2个。

【旅游扶贫】 建成“五和梨园、板辽金沙滩、凉风生态渔村”等乡村旅游景点6个，创办微企172个，发展农家乐475户，提供就业岗位500余个，乡村旅游接待人数542万人次，实现旅游综合收入19.6亿元。引导脱贫户参与旅游经营、接待服务、出售土特产、流转土地获得，实现由“脱贫”到“致富”的转变。

【贫困户社会保障】 全区贫困户城乡医保参保率100%，符合条件的贫困户基本养老保险实现全覆盖，为贫困家庭购买“精准脱贫保”保险，建立“扶贫济困医疗基金”，贫困群众报销医疗费用190万元，教育资助贫困家庭子女2708人，兑现资金241.9万元。帮助1765名贫困人员成功创业、就业，贫困户零转移家庭彻底消除。1257名贫困人员纳入低保兜底，基本生活得到保障。走访慰问贫困户3.46万人次，发放慰问金154.3万元。

（犹广勇）

农村土地流转

【农村集体产权制度改革】 投入财政资金15万元，分别在南桐镇王家坝村王家坝村民小组、黑山镇天星村天河村民小组和金桥镇金堰村小竹村民小组开展农村集体资产量化确权改革试点。清理资产总额403.03万元，其中流动资产3.67万元、农业资产8.55万元、长期资产390.81万元；负债总额0.14万元；所有者权益总额（净资产）402.89万元，净资产率99.97%，人均净资产7233元。

【农村土地承包经营权确权登记颁证】 投入中央和区级财政补助资金350万元，推进农村土地承包经营权确权登记颁证。完成确权登记颁证技术公开招标；完成330平方千米1:2000比例尺航飞摄影数据采集和外业像控测量，占总任务59%；完成DOM底图航飞面积70平方千米；开展入户调查1个乡镇、1个行政村、19个村民小组；完成金桥镇新木村试点外业调查500户数、2.3万个地块数、测绘面积240公顷。

【新型农业经营体系】 全年完成9个区级家庭农场和10个农民专业合作社的培育和发展。投入财政资金803万元，重点扶持有较高知名度、有自主品牌、有规模和实力的40个新型农业经营主体。全年，培育发展新型农业经营主体1275家。其中种养大户181户、家庭农场58个、农民专业合作社210个、农业龙头企业43个、涉农小微企业783个。

（曾忠全）

水　　利

综　　述

【概况】　2017年，万盛经开区水务局有内设机构4个，即办公室、规划建设科、水文水资源科（挂区节约用水办公室）、安全监督管理科；有下属事业单位7个，即万盛经开区水务行政执法大队、万盛经开区水务工程管理站（挂区水务工程建设质量监督管理站）、万盛经开区防汛抗旱办公室（挂河道管理站）、万盛经开区供排水管理站（挂区水质监测中心站）、万盛经开区水土保持站、万盛经开区移民工作办公室、万盛经开区水库管理所；在职人员34人，其中公务员6人、参公人员6人，事业单位人员22人（其中事业工勤人员1人）。

【水利工程基础设施现状】　2017年年末，万盛经开区有水利蓄水工程1073座（处），其中中型水库2座、小（一）型水库5座、小（二）型水库11座、塘坝264处、窖池829处，蓄水容积4417.11万立方米，年供水能力6329.05万立方米、灌溉面积2920公顷。泵站114处、年供水能力5599万立方米、灌溉面积127公顷。机电井990眼、年供水能力124.35万立方米。小（二）型水电站17座、装机容量1.10万千瓦，城乡供水工程1898处（数据有误，农村供水工程317处）、覆盖城镇、农村、景区人口30.63万人（农村供水人口9.53万人）

2017年万盛经开区水库基本情况表

表3－1－1

	规模	坝型	坝高（米）	坝长（米）	集雨面积（平方千米）	总库容（万立方米）	灌溉面积（公顷）	工程所在乡镇	备注
汤家沟	中型	混凝土重力坝	49.60	116.80	22.00	1120	870	丛林镇	
青山湖	中型	砌石重力坝	29	185.45	40.30	1205	1346.67	金桥镇	
银碗槽	小（一）型	面板堆石坝	44.50	120	5.20	182	80	关坝镇	
板　辽	小（一）型	混凝土重力坝	45.85	126	10.40	959	270	青年镇	
毛　里	小（一）型	均质土坝	22.09	84.60	2.35	128	210	青年镇	
大　槽	小（一）型	均质土坝	27.58	106	1.75	103	310	青年镇	
金蝶湖	小（一）型	均质土坝	21.90	120	2.45	161	650	金桥镇	原名金桥水库
大　堰	小（二）型	均质土坝	12.54	45.00	0.25	14.00	90	金桥镇	
丰岩沟	小（二）型	均质土坝	10.60	60.00	2.03	22.00	90	金桥镇	
大炉井	小（二）型	均质土坝	9.80	61.20	0.43	15.00	90	金桥镇	

续表 3－1－2

	规模	坝型	坝高（米）	坝长（米）	集雨面积（平方千米）	总库容（万立方米）	灌溉面积（公顷）	工程所在乡镇	备注
河　塥	小（二）型	均质土坝	15.48	70.00	0.75	43.00	100	金桥镇	
河　坝	小（二）型	均质土坝	19.00	98.30	0.99	21.00	30	关坝镇	
中　心	小（二）型	均质土坝	22.00	94.50	1.50	14.00	60	关坝镇	
双龙井	小（二）型	均质土坝	20.00	84.00	1.10	23.00	70	关坝镇	
石弯角	小（二）型	均质土坝	14.00	53.00	0.37	17.00	50	关坝镇	
仙桃湾	小（二）型	均质土坝	13.14	39.00	—	11.57	10.67	金桥镇	
金　星	小（二）型	均质土坝	13.41	75.00	1.50	10.50	46.67	关坝镇	
羊喝坪	小（二）型	混凝土重力坝	42.70	88.74	7.75	59.20	—	黑山镇	

【重点水利工程建设】　2017年，主要完成观音寺提水工程及丛林松涛湾水库建设任务，启动建设关坝镇凉风水库，续建鲤鱼河引水工程和金佛山水利工程汤家沟分干渠工程。

观音寺提水工程　观音寺提水工程跨越万东镇、丛林镇、黑山镇、石林镇北门村，主要是从汤家沟水库经过2级泵站提水至黑山镇1098处泰山石水厂，经过净水处理后再由2级泵站提水至奥陶纪高位水池。其主要解决黑山景区河沟片区、八角片区、天赖谷片区、石林百花、奥陶纪片区6.2万人的饮水。该工程于2016年10月开工建设，2017年6月底除三标段外其余部分全部完工投用，完成投资8400万元，日供水能力1万立方米。

松涛湾水库　位于重庆市万盛经开区境内，坝址位于丛林镇海孔村，距丛林镇6.0千米，距经开区城区20千米，是一座以农业灌溉为主，兼有场镇生产、生活、农村人畜饮水功能的小（2）型水库，水库正常蓄水位760.00米，相应库容73.70万立方米；设计洪水位（P＝3.33%）761.21米；校核洪水位（P＝0.5%）761.56米，相应库容87.13万立方米；死水位746.00米，相应库容7.74万立方米；设计灌面106公顷。水库由水库枢纽工程和灌区工程两部分组成。2017年年末，工程建设完工，总投资约8050万元。

鲤鱼河引水工程　位于石林镇、青年镇境内，以工业供水为主、兼顾农业灌溉、农村人畜饮水等。鲤鱼河引水工程水库设计总库容30.40万立方米，正常蓄水位657.00米，正常库容26.80万立方米。预计每年向板辽水库供水1499.10万立方米。工程由坝枢挡水建筑物、引水建筑物及其他附属设施等组成。坝体采用砼重力坝，最大坝高20.00米，设计引水流量2.5立方米/秒。引水建筑物包括引水隧洞1座，总长9306米。工程总投资24065万元，工程建成后可有效保障神华集团2×66万千瓦电厂、焦化项目等重大工业项目的供水需求。工程于2013年12月25日开工建设，2016年12月鲤鱼河拦河大坝封顶，2017年6月隧洞主洞9306米全线贯通，2017年12月底累计完成投资约2.08亿元。

金佛山水利工程汤家沟分干渠工程　位于重庆市万盛经济技术开发区丛林镇和南川区南平镇境内。金佛山水库是以灌溉、供水为主，兼顾发电等综合利用的水利工程，坝址以上控制集雨面积180.8平方千米，水库总库容1.01亿立方米。金佛山水库万盛境内渠系配套工程汤家沟分干渠由万盛经开区水务开发建设集团有限公司代建，汤家沟分干渠从南平干渠大湾沟隧洞进口半岗分水，罗家田隧洞北向南引水至袁家沟，渠末位于汤家沟水库上部。汤家沟分干渠由1座隧洞形成，全长2.98千米，设计流量0.89立方米/秒，渠首设计水位729.66米，渠末设计水位728.26米。工程总投资1078.5万元。工程于2016年5月3日开工建设，至2017年年末洞室开挖完成2056米，洞室初期支护累计完成1976米，完成投资757万元。

凉风水库　位于重庆市万盛经开区关坝镇凉风村，水库所在流域为綦江河二级支流溱溪河。

水库坝址距万盛城区约 32 千米，距重庆市区约 123 千米，凉风水库工程是一座以防洪为主的小二型水库工程。枢纽工程主要由大坝和放水设施组成，坝址控制集雨面积为 11.09 平方千米，总库容为 85.00 万立方米。大坝为混凝土重力坝，坝顶高程为 590.5 米，坝顶宽 6 米，最大坝高 47.5 米，坝轴线长为 116.5 米。工程为Ⅴ等小二型工程，水库枢纽工程拦河坝按 5 级设计，泄洪建筑物为 5 级。设计洪水标准为 30 年一遇，校核洪水位标准为 200 年一遇，消能防冲洪水标准为 20 年一遇。工程于 2017 年 11 月 28 日开工，完成大坝土石方开挖 22000 立方米，完成左右岸坡喷锚 1000 平方米，完成临时工程 70% 的建设内容，累计完成投资 1200 万元。

【水利民生实事】 2017 年，全区民生水利工程主要体现在贫困农村饮水安全、石林百花片区饮水困难、山坪塘整治、小农水专项工程。全年完成观音寺提水工程配水部分建设（泰山石水厂供水工程及南门至石林椅子台官网配水工程），以及 2017 年度农田水利基本建设。全年累计完成土石方 14.4 万立方米、砼 4.84 万立方米、整治山坪塘 25 口，维护塘坝、堰 25 处，新修水池、水窖 21 处，清淤沟渠 3.04 千米，新增供水能力 54.11 万立方米、新增恢复灌溉面积 666.67 公顷、新增节水灌溉面积 666.67 公顷，新增年节水能力 621.43 万立方米，新增供水受益人口 4.21 万人、新增农村水电装机容量 0.04 万千瓦。

【水生态环境保护】 根据重庆市 2016 年水土保持公报数据：万盛 2016 年水土流失面积 137.19 平方千米，占辖区总面积的 24.26%；年土壤侵蚀量 16.68 万顿，土壤侵蚀模数 1362 吨/平方千米·日。2017 年 12 月建成万盛青山湖水土保持科普馆，总投资约 150 万元，是重庆市首个水土保持综合性科普馆。全年水土流失治理完成投资 100 万元，实施北门水厂饮用水源地水资源保护工程，营造水源涵养林 2.6 公顷。

【移民后扶】 全年全区有后期扶持移民人口指标 2115 人，其中能核实到人 193 人，分别分布在丛林、金桥、万东、南桐、关坝 5 个镇的 16 个村 34 个社。按照每人每年 600 元的标准，全年直补及摊薄资金 126.9 万元，其中直补资金 11.58 万元，摊薄资金 115.32 万元。实施丛林镇白龙湖村观音寺社猕猴桃产业发展及基础设施配套工程，该工程已完工，累计投资 424 万元；实施万东镇五和生态鱼养殖及基础设施配套工程，该工程位于万东镇五和村支子沟社、霍家堡社和小湾社，已完工，累计完成投资 387 万元。

【水资源与水文水质管理】 水资源开发与利用 2017 年万盛经开区当地地表水资源量为 4.1 亿立方米，总用量 7790 万立方米，其中城镇居民 1420 万立方米，农村居民 180 万立方米，农田灌溉 783 万立方米，牲渔畜 406 万立方米，工业 4260 万立方米，城镇公共 583 万立方米，生态与环境 158 万立方米。万元国内生产总值用水量 67 立方米，万元工业增加值用水量 76 立方米，灌溉水利用系数 0.503。

水质 2017 年，万盛经开区重要江河湖泊水功能区水质达标率 92%，城市饮用水源地水质达标率 100%，满足市政府水资源管理“三条红线”考核要求。

水行政管理 全年核发取水许可证 16 个，许可审批 31 项涉河建设项目、水土保持项目，征收水土保持补偿费 49.04 万元、水资源费 120 万元。

供水 全年全区供水覆盖人口 30.63 万人，总供水量 1396.53 万立方米。其中城镇自来水厂供水覆盖人口 21.10 万人，供水量 1090.93 万立方米；农村供水工程覆盖人口 9.53 万人，供水量 305.60 万立方米。全区农村供水工程 317 处，其中集中式供水工程 178 处，分散式供水工程 139 处。农村集中式供水工程入户率 100%，集中供水率 88.2%。农村自来水普及率 87.9%。

【防洪抗旱】 严格执行汛期 24 小时值班制，与 10 个镇街和渝盛公司签订防汛抗旱暨山洪灾害防治工作责任书，组建 13 支区镇防汛抗旱应急队伍，形成区镇应急服务网络。编制修订防汛抗旱应急预案 121 个，组织开展防汛暨山洪灾害防御、防汛抗旱业务能力及防汛安全培训 2 次，开展全区性防汛抢险应急演练 1 次，储备价值 289 万元防汛抗旱物资。建成、完善区级防汛抗旱监测预警系统，全年发送预警信息10000余条。投资完成抗旱应急备用井工程927.62万元，解决项目区内石林、青年、万东、南桐、关坝以及金桥等6个镇的14个村1.87万人的饮水及126.67公顷农田灌溉问题。

【河长制】 2017年，万盛经开区水务局出台"1+10"的河长制工作方案，明确在全区12条河流、18座水库及1座山坪塘全面推行河长制，落实责任单位36个、河长72人、河库警长93人、责任人138人，修订河长会议、考核问责、部门联动、信息共享与发布、督查、验收、巡查和信息报送等制度；完成50平方千米及以上9条河流河道管理范围212千米摸底划界；在青山湖水库、板辽湖水库、凉风河、丛林河等河库显著位置树立河长公示牌25块；加强涉河建设项目管理，审批涉河项目8个，全区自然岸线保有率控制在80%以上；开展"一河一策，一库一策"方案编制工作。

【农村小水电】 2017年年末，万盛经开区有地方小（二）型水电站17座。其中利用水库水发电2座，利用溪河发电15座。全年完成发电1824万千瓦时，发（售）电收入552.8万元，上缴税金11.95万元，固定资产6729.21万元。

（马　波）

工　　业

综　　述

【概况】　2017 年，万盛经开区工业总产值 218.08 亿元，比上年增长 21.4%；增加值 55.83 亿元，增长 10.6%，占全区 GDP 比重 47.9%。其中规模以上工业企业 104 家，比上年增加 4 家；总产值 211.8 亿元，增长 22.3%；工业销售收入 212.2 亿元，增长 20.9%；利税总额 42.4 亿元，增长 41.2%；年均从业人员 25015 人，减少 2.2%。

2017 年完成工业投资 56 亿元，比上年增长 4.1%，占全区固定资产投资的 31.3%。其中，竞争性工业项目完成投资 36.8 亿元，占全区固定资产投资的 20.6%；政府投入基础设施项目完成投资 19.2 亿元，占全区固定资产投资的 10.7%。

（李　广　李攀峰）

2017 年万盛经开区规模工业企业基本情况表

表 4－1

年份	企业数（家）	年均从业人员（万人）	增加值（亿元）	总产值（亿元）	销售收入（亿元）	出口交货值（亿元）	利润总额（亿元）	上缴税金（亿元）
2017 年	104	2.50	53.74	211.80	212.25	1.00	20.82	21.54
2016 年	100	2.56	43.98	173.18	175.56	0.67	13.33	16.67
比 2016 年增减（%）	4.0	－2.2	22.2	22.3	20.9	50.1	56.2	29.2

说明：统计生产规模在 2000 万元以上的企业基本情况

2017 年万盛经开区规模工业企业主要产品产量表

表 4－2－1

产品名称	单位	2017 年	2016 年	比 2016 年增减（百分率）
发电量	亿千瓦时	20.78	23.72	－12.4
原煤	万吨	149.91	207.35	－27.7
洗精煤	万吨	111.73	117.24	－4.7
水泥	万吨	243.38	212.37	14.6
平板玻璃	万重量箱	565.24	540.38	4.6
钢化玻璃	万平方米	692.93	603.60	14.8
夹层玻璃	万平方米	394.92	400.53	－1.4

续表 4－2－2

产品名称	单位	2017 年	2016 年	比 2016 年增减（%）
中空玻璃	万平方米	181. 18	148. 87	21. 7
甲醇	万吨	36. 77	40. 32	－8. 8
无缝钢管	万吨	4. 77	3. 29	44. 8
中成药	吨	137	122. 8	11. 6
自来水	吨	1979	1728	14. 5
商品混凝土	万吨	189. 37	148. 88	27. 2

（李　广　刘友芬）

煤　炭　工　业

【概况】　2017 年年初，全区有地方煤矿 3 家，均为煤与瓦斯突出矿井，生产能力 51 万吨/年，其中整合技改矿井 1 家。全年关闭地方煤矿 1 家，淘汰落后产能 15 万吨/年，年末，全区有地方煤矿 2 家，生产能力 36 万吨/年。

【煤炭开采】　全年全区地方煤矿受市场经济和供给侧结构性改革影响，全区地方煤矿和煤炭洗选厂均未生产。

【电煤保障】　全年地方煤矿未生产，万盛经开区辖区内有国电恒泰电厂、东方希望集团万盛煤化有限公司等重点用煤企业，年消耗原煤 300 万吨左右，全部由区外调运保障电煤。

（邓　茜）

电　力　工　业

【电力供应】　2017 年万盛经开区用电总量 6. 63 亿千瓦时，比上年增长 16. 5%，占国网綦南供电分公司綦万南三地售电总量 26. 3%，超国网綦南供电分公司增速 8. 5 个百分点。其中工业用电 3. 73 亿千瓦时，比上年增长 20. 6%，居民用电 1. 68 亿千瓦时，增长 10. 4%，商业及其他用电 1. 22 亿千瓦时，增长 13. 5%。特别是浮法玻璃、福耀配件、耀皮玻璃、万盛煤化、方汀机械、南桐矿业公司等大工业企业全年累计用电 2. 96 亿千瓦时。

（娄金海）

【万盛南天门风电场项目】　该项目是 2012 年市政府重点项目、“千亿装机”重点工程和 2012 年区十大重点民生工程，于 2011 年 12 月 29 日通过市发改委（渝发改能〔2011〕1888 号）核准，总投资 4. 4 亿元，占地 1. 22 公顷，设计安装 23 台 2 兆瓦风机装机规模。2016 年 3 月，全面完成 16 台风力发电机调试和并网发电。2017 年实现工业总产值 6095 万元。

（李攀峰）

【国电重庆恒泰发电有限公司】　国电重庆恒泰发电有限公司 2017 年发电 16. 4 亿千瓦时，比上年降低 12. 1%；工业总产值 6. 2 亿元，降低 10. 1%；利润亏损 0. 61 亿元；入库税金 0. 27 亿元，降低 52. 5%。

（李　广）

2017 年万盛经开区规模以上
电力工业企业基本情况表

表 4－3　　单位：家、万元

行业名称	企业家数	总产值	销售收入	利润总额	上缴税金
火力发电	2	80466	80466	－3248	3534

（李　广　刘友芬　李攀峰）

化　学　工　业

【概况】 2017年，全区有规模以上化工工业企业5个，总产值12亿元，比上年降低16.3%；销售收入11.9亿元，降低15%；利润总额1.4亿元，增长59.8%；上缴税金0.13亿元，降低17%。

【煤炭化工】 2017年年末，全区有煤炭化工企业2家，即重庆万盛煤化有限责任公司、重庆中能化工有限公司。全年，万盛煤化公司生产甲醇36.8万吨，工业总产值8.9亿元，比上年增长24.2%；重庆中能化工公司在2017年关停。

（李　广）

材　料　工　业

【概况】 2017年，全区有材料与建材工业企业（规模以上）44家，实现工业总产值88.8亿元，比上年增长32.9%；销售收入87.6亿元，增长28.5%；利润总额12.2亿元，增长57.2%；上缴税金2.5亿元，增长9.4%。

【玻璃产业】 全区有玻璃及玻璃深加工企业3家，分别为平板玻璃生产企业重庆万盛浮法玻璃有限公司、汽车玻璃加工企业福耀玻璃（重庆）配件有限公司、建筑工程玻璃加工企业重庆耀皮工程玻璃有限公司。全年3家企业工业总产值21.8亿元，比上年增长36.8%；销售收入20.7亿元，增长19.6%；利润5.5亿元，增长41.8%；上缴税金1.9亿元，增长13.1%。

【耀皮工程玻璃项目】 上海耀皮玻璃投资建设建筑节能玻璃深加工项目计划总投资15亿元，占地25.47公顷，计划建设生产离线镀膜中空、在线镀膜中空等安全建筑节能玻璃等高品质玻璃深加工项目，形成年产500万平方米建筑节能玻璃生产能力。2017年公司实现产值4.3亿元，比上年增长100.2%。

【水泥产业】 2017年末，全区有水泥及水泥制品企业5家，其中水泥生产企业1家，设计产能220万吨/年；混凝土生产企业4家，设计产能约160万立方米/年。全年完成工业总产值14.2亿元，比上年增长36.4%；销售收入14.09亿元，增长32.1%；利润1.3亿元，增长175.1%；税金0.4亿元，增长0.4%。

（李　广　刘友芬　李攀峰）

医　药　工　业

【概况】 2017年，全区有规模以上医药工业企业4个，实现总产值10.5亿元，比上年增长26.1%；销售收入9.8亿元，增长25.3%；利润总额1.1亿元，增长6.5%；上缴税金0.46亿元，下降0.9%。

（李　广）

【多普泰现代中药扩能项目】 位于平山产业园区鱼田堡组团，总投资2.25亿元，占地约8公顷。项目于2013年7月开工，2016年12月建成投产。经过技改扩能，该公司达到年产脉血康胶囊7.2亿粒、脉血康肠溶片6亿片、其他胶囊（片）3亿粒和颗粒丸剂500万袋的生产能力。至年末，公司获专利25项，其中发明专利24项，“多泰（Duotai）”商标获中国驰名商标认证。

（李攀峰）

2017年万盛经开区规模以上医药工业基本情况表

表4-4　　单位：家、亿元

行业名称	企业家数	总产值	销售收入	利润总额	上缴税金
医药工业	4	10.54	9.78	1.14	0.46

（李　广　刘友芬　李攀峰）

食　品　工　业

【概况】 2017年，全区有农副食品加工规模以上企业12家，工业总产值14亿元，比上年增长

27.6%；销售收入13.8亿元，增长29.6%；利润总额1.5亿元，增长41.6%；上缴税金18万元，降低68.4%。

（李　广）

机械及配件加工工业

【概况】　2017年，全区机械及配件加工规模以上企业有22家，工业总产值44.4亿元，比上年增长5.8%；销售收入44亿元，增长5.4%；利润3.4亿元，增长1.6%；税金0.12亿元，比上年降低24.1%。

（李　广）

电　子　工　业

【园区建设】　高新技术产业园2017年获征地批文49.4公顷，完成征地拆迁工作，完成平场约33.33公顷。天馈线检测实验室（泰尔实验室）完成主体工程建设，进入内部装修及设备安装阶段。园区一期12万平方米标准化厂房开工建设，完成部分桥梁建设及河道改造工程。

智能终端产业园2017年完成项目二期厂房、研发楼及配套的员工、高管宿舍，总计19.35万平方米的建设，达到项目业主进场条件；完成园区内道路、绿化、篮球场、路灯等配套设施建设，员工、高管宿舍进入验收阶段。

【招商引资】　全年引进电子信息项目17个，其中手机整机项目1个，核心零部件项目16个，计划投资14.76亿元，达产产值157.8亿元，年缴税收3.57亿元。

【项目落地情况】　2017年智能终端产业园入住企业21家，其中力奥科技、安连普电子、星环航空、或智智能4家企业相继投产；杰威通信、百康星电子、海芯舟科技、胜倍科技、粤盛科技、诺进科技等6家企业完成厂房装修，进入设备安装、调试阶段；兴皓泰科技、明远光电、粤翔实业、耐奥科技、东舜科技、鹏圣达科技、盛林兴光电、慧瞳智能8家企业进入厂房装修阶段。

（犹岳斌）

交 通 邮 电

交 通

【概况】 2017年末，全区公路总里程1213.75千米（含高速），按行政等级分：国道46.02千米，省道133.00千米，县道65.86千米，乡道167.60千米，村道771.32千米，专用公路8.66千米；按技术等级分：高速公路21.3千米，二级路83.72千米，三级路144.00千米，四级路863.49千米，等外路101.24千米，公路桥梁89座，交通局列养公路235.3千米。路网密度按国土面积计算为214.44千米/百平方千米；按辖区人口计算为44.95千米/万人。行政村客车通达率100%，行政村通公交率94.7%；完成公交旅客量2866万人次，比上年增长6.1%，公交旅客周转量40993万人千米，增长14.3%，完成客运量607万人，增长0.3%，旅客周转量28104万人千米，降低8.4%；完成货运量8066万吨，增长8.1%，货物周转量899208万吨千米，增长16.1%。

【交通基础设施建设】 2017年，全区交通重点建设项目47个，建设总里程约408千米，项目总投资约27.99亿元（不含渝黔扩能），年度总投资约12.7亿元。其中新开工类8个（渝黔高速公路扩能项目、猫岩—天籁谷公路改扩建工程、二郎峡—峡口坝公路、2017年农村公路建设、温塘—万盛煤电化基地公路沿线环境综合整治工程、凉风至关坝煤电化园区路面大修工程、关坝煤电化园区至万梨公路工程、2017年安保工程），续建类项目36，前期类3个（万盛—正安高速、万盛—关坝铁路、机场建设）。

丛黑公路施工现场

（区交通局 供）

渝黔高速公路扩能项目 全长100.4千米，建设枢纽互通4座，一般互通7座，分离式立体交叉34处；其中万盛境内约30千米，总投资50亿元，全年完成投资3亿元，占总投资6%。

丛林互通至黑山八角公路工程 采用二级公路标准进行建设，设计车速40千米/小时，路基宽度12米，双向两车道，采用沥青混凝土路面。2014年7月开工建设，项目总投资约7.64亿元，全年完成投资8300万元，占年度计划103%。

腰子口—鱼子岗—八角公路路面工程　全长约10千米，路面为沥青混凝土。分为两段：其中腰子口至鱼子岗段约3千米，路基宽9.5米；鱼子岗至八角段长约7.2千米，路基宽8.5米；建设工期为2016年1月至2017年10月，总投资1.37亿元，全年完成投资4150万元，占总投资30%。

平山—黄高山—五和公路工程　全长约13千米，路基宽8.5米，路面为沥青混凝土；建设工期为2016年1月至2017年10月，总投资约7590万元，全年完成投资约2000万元，占总投资26%。

茶树—奥陶纪公路工程　全长约7千米，路基宽度7.5米，路面为沥青混凝土；全年完成投资2000元，占总投资57.1%。

腰子口—楠竹山公路工程　全长约10千米，路基宽度8.5米，路面为沥青混凝土；全年完成投资3300万元，占总投资52.3%。

猫岩—天籁谷公路改扩建工程　全长约4.2千米，路基宽度8.5米，路面为沥青混凝土；建设工期为2017年1月至2017年11月，总投资约2600万元。

关坝—凉风—板辽公路工程　全长约12千米，路基宽度8.5米，路面为沥青混凝土；建设工期为2016年1月至2017年12月，总投资约8400万元，全年完成投资1900万元，占总投资22.6%。

凉风村环线公路工程　全长7.5千米，路基宽度7.5米，路面为沥青混凝土；建设工期为2016年10月至2017年12月，总投资约6400万元，全年完成投资2500万元，占总投资39%。

关坝—凉风—九锅箐公路工程　全长约5千米，路基宽度8.5米，路面为沥青混凝土；建设工期2016年8月至2017年12月，总投资约6400万元，全年完成投资约4000万元，占总投资62.5%。

板辽湖拱桥建设工程　按设计修建17孔拱桥，并以景观形式打造；建设工期2016年10月至2017年10月，总投资约3600万元，全年完成投资约2500万元，占总投资69.4%。

【农村公路建设】　2017年，万盛经开区下达农村公路通畅计划84.48千米。全年，完成农村公路通畅工程63.51千米，完成总投资3608万元。

【客运】　2017年新增公交线路12条；开通快速公交线2条；优化调整公交线6条，全区开通公交线路42条，运行公交车158辆，行政村公交通达率94.7%。2017年新建公共自行车网点4个，全区有公共自行车网点33个，投放公共自行车500余辆；全年新办公共自行车卡521张，累计办理公共自行车IC卡3400张，日均骑行量500人次。全年完成38个公交站棚、113个公交站棚建设。安装车载电视128套、车载WiFi128套、公交车智能调度系统终端150套、智能公交站牌33个、公共汽车计数系统90套和车载执法系统1套。

【货物运输】　2017年，新增货运企业137家、个体业户53户，新增车辆11000余辆。年末，全区有货运车辆4.4万余辆。全年办理车辆等级评定31393件次；办理车辆过户2209辆（转入、转

新增公共自行车服务网点

（区交通局　供）

出）；清理黄标车4346辆，淘汰营运黄标车4179辆，无车牌112辆。

【公路运输管理】 2017年，组织从业资格考试36期1044人；继续教育培训12期750人；执业备案从业人员4781人；注销从业资格证63个，清理伪造从业资格证39个；全年开展驾校初学培训12期2409人。注销安全责任不达标维修企业2家；加强二维合格证管理，严格执行在互联网上申领、复核、发放、监管和使用合格证；开展机动车维修企业职业危害专项整治工作和汽车维修行业电子健康档案系统建设工作。开展普货企业安全生产托管和总质量12吨以上重型货车动态集中监控，全年，对211家企业、2839台车辆、2654名驾驶员开展托管，对19959余辆车实施24小时不间断监控，累计处置38万余起车辆超速、驾驶员疲劳驾驶等报警隐患；开展货运行业综合整治，注销安全主体责任落实不达标企业118家，要求企业在落实安全主体责任同时依法纳税，全年入库增值税4210万元，企业所得税819万元（合计5029万元）；比上年增加3229万元，增长179.38%。开展文明公交线、公交车、“雷锋的士”等文明细胞创建活动。全年创建文明公交线3条，文明公交车19辆，保持“雷锋的士”命名车20辆，创建“雷锋的士”5辆；开展从业人员文明服务专项培训，强化从业人员文明服务意识，提升行业服务质量。

【交通执法】 全年投入执法人员5688余人次，检测车辆23043台次，查处超限运输车辆125台次，卸载货物979.7余吨。出动巡查车辆1092台次，投入巡查人员2660余人次，巡查里程86569.5余千米，查处各类路政案件66件，结案率100%。对符合要求的许可申请，许可正确率100%。排查公路安全隐患56起，整改56起，清除堆积物60处、512立方米。结合城区交通秩序综合整治，与公安、市政组建“联合执法队伍”，对非法营运集中区域开展大规模整治。全年查处各类违章行为463件，依法查扣各类无证经营车辆30辆（其中机动车20辆，电动车10辆），查扣异地教学培训教练车5辆。劝导行人8000余人次，劝导车辆1.5万余台次，协助交巡警暂扣车辆100余台次，协助交巡警处理车辆1000余台次，协助查处羊儿客10人次。率先在全市开展农村公路乡道委托处罚工作。5月将乡道公路路政处罚权委托各镇人民政府行使，依法完善各镇对乡道、村道公路的路政管理手段，填补乡村公路路政管理的空白。采取免费培训、划片区指导、业务指导组上门教授等方式对各镇农村公路管理进行指导。自农村公路指导工作开展以来，先后举办3次执法业务培训和工作交流会，各镇参与人数达90余人，划片区指导70余次，业务指导组现场指导20余次。全年办理各类农村公路路政案件10件。

【公路养护与管理】 全年清理疏通边沟240余千米，疏通涵洞237个，修复水毁挡墙13处、共计513.62立方米，修复破损路肩、边沟5500米，实施路面灌缝56262.5延米，挖补路面病害36534.1平方米；冬季，清除积雪464万余平方米，动用融雪物资120吨；汛期，清理坍方1.25万立方米，清理倒伏行道树73棵，修筑挡墙513.62立方米；各类灾害抢险投入机械车辆122台次，参加抢险人员379人次。完成长习路预防

各镇配备交通执法车辆

（区交通局 供）

性养护总里程 9.85 千米，其中实施微表处 4.35 万平方米，薄层罩面 6.05 万平方米。全年开展桥梁经常性检查 32 次，修复伸缩缝 117 米；完成桥梁公示牌、限载标志更换设置，共 24 块。实施生态文明公路绿化、美化工程，全年撒播草籽 13250 平方米，旅游环线扦插月季 1000 余株。清捡白色垃圾 420 吨、清理露肩堆积物 150 立方米、清理建筑垃圾 120 立方米、平整路肩 4600 平方米；万金路打造景观钢筋混泥土防护栏 7 处、彩绘公路文化墙 2 处；猪九路安装防护栏 557.1 米、设停车位 79 个、安装停车定位器 180 个、龙门柱 180 个；全线护栏喷漆 2.7 万米。

（邹群娇　贾梦雪）

邮　政

【概况】　中国邮政集团公司重庆市万盛经济技术开发区分公司（简称中国邮政万盛分公司）隶属于中国邮政集团公司重庆市分公司领导，中国邮政集团公司重庆市巴南片区分公司管辖，人、财、物等综合管理职能由中国邮政集团公司重庆市綦江区分公司统一负责。2017 年 11 月 23 日，中邮重庆分公司下发《关于调整万盛经济技术开发区分公司机构设置的通知》，调整中国邮政万盛分公司的机构编制设置。中国邮政万盛分公司主要负责万盛经济技术开发区所辖区域内邮政业务的经营和邮政网点的经营管理。公司主要经营国内、国际邮件寄递、国内报刊发行、代理邮政储蓄、代理各类保险、代理信息、邮政汇兑、邮票和集邮品、机要通信、邮政物流、化肥、农药、种子等农资配送、图书销售等业务。2017 年，公司内部设有 2 部 1 室，即市场营销部、金融业务部和综合办公室。市场营销部下挂靠渠道平台中心、包裹快递中心、集邮与文化传媒中心。分公司下设万东东林支局、桃子青年支局，支局下辖金融网点 14 个，纯邮政网点 1 个，乡镇网点 3 个。2017 年年末，公司从业人员 135 人，其中合同用工 A 类 18 人，合同用工 B 类 74 人，劳务用工 29 人，劳务承揽 14 人。2017 年全年业务收入完成 4332.35 万元，比上年增长 20.66%。

【企业改革】　2017 年 8 月，按照市分公司、片区分公司关于机构改革的总体要求，万盛分公司完成 1 部 1 室经营管理机构的组建，设立专业机构 3 个，即金融业务中心、集邮与文化传媒和包裹中心、渠道平台中心。2017 年 11 月 23 日，调整万盛分公司的机构编制设置，万盛区分公司机构级别由四级正调整为三级副建制。内设部门市场营销部、综合办公室机构级别均由班组建制调整为四级副；金融业务中心调整为金融业务部，级别四级副；渠道平台中心、包裹快递中心、集邮与文化传媒中心，挂靠市场营销部，级别班组建制。领导职数：单位领导职数 1 正 1 副。市场营销部、综合办公室、金融业务部领导职数均为 1 正。

【网点改造】　2017 年，分公司对青年、关坝、广场、万东北路等网点进行装修改造，改善群众用邮环境；完成 2016 年续建的黑山主题邮局项目。

【服务提升】　2017 年，分公司对县辖邮路进行调整，对万盛包裹投递进行外包，与第三方投递公司合作，加强旺季包裹的投递。

第二届重庆文化惠民消费季万盛分会场启动仪式

（中国邮政万盛分公司　供）

【社会活动】 11月24日，“第二届万盛文化惠民消费季”启动仪式在万盛老街举行，此次文化惠民活动由中国邮政万盛分公司承办。与此次启动仪式同步进行的还有“书香万盛·万盛书博会”、万盛经开区首届舞林争“坝”赛，以及“集藏文化之旅”产品巡展活动。

【项目合作】 2017年，中国邮政万盛分公司加强与政府部门合作，一是与区国税局合作，开通邮政网点代开税票，且邮政网点代开开办率100%。2017年邮政累计代开税票9283笔，实现收入59.5万元。二是与区文广新局、宣传部积极沟通合作，举办“文化惠民消费季”“舞林争坝”一系列重大活动。三是做好地方农村电商平台建设，加深与快递公司落地配项目合作。全年，分公司共配送其他快递企业包裹约7000件。四是邮政智能包裹柜的安装纳入经开区“智慧城市”建设项目，获得30台的安装指标，全年，安装并投入使用智能包裹柜16台，每个月投放包裹约1500件。五是，2017年新增12个“重庆一站”城市末端公共取送点，累计挂牌建成26个。

（唐小燕）

电信

【通信基础设施建设】 2017年，万盛经开区城市出口带宽100G，光缆总长13848皮长千米，城区、镇和行政村光纤通达率100%。宽带家庭普及率73%以上，城区、景区带宽接入能力100M，家庭用户带宽平均接入能力15 M以上。全区建成移动通信基站1782个，4G网络覆盖率95%以上。建成公共WiFi AP点位1300余个。

【智慧万盛建设】 2017年智慧万盛建设公共信息平台、五大应用系统。公共信息平台主要建设基础、专题数据库，数据交换平台、增值服务应用平台，信息安全平台以及运营中心。智慧旅游主要建设全域旅游应急指挥中心、旅游大数据平台、电子票务及门禁系统、票务数据统计分析系统、森林防火防汛防洪系统、全域旅游资讯网、旅游多媒体信息发布（查询）系统、VR虚拟旅游体验。智慧交通主要建设智能公交调度系统、交通综合管理平台、交通服务中心大屏投影显示系统、单兵和车载执法取证系统、公交客流计数系统、电子站牌、车载电视及道路监控系统。智慧教育主要建设教育管理公共服务平台、教育资源公共服务平台、翻转课堂、录播课堂、科学探究实验应用。智慧城管主要建设智慧城管综合管理平台、地下管网及化粪池危险源监控系统、窨井盖监控系统、特种车辆GPS定位系统、桥梁（边坡）监测系统等。网格化管理系统主要实现对网格基础数据、社会事件、日常工作的管理。

【联通公司】 中国联合网络通信有限公司万盛经开区分公司（以下简称万盛联通） 万盛联通下设万盛城区、关坝片区、建设维护中心、销售中心、大客户中心，共计2个片区，3个中心，员工35人，有各类业务代理网点60多个，开通24小时客户服务热线10010，形成从城区到乡镇较完善的服务体系。经营范围包括：移动业务、本地市话业务、长途业务、数据业务、互联网业务、固网业务和各类电信增值业务，其中移动业务和固网业务是万盛联通的主营业务。

【电信公司】 中国电信股份有限公司万盛分公司（以下简称中国电信万盛分公司） 是中国电信股份有限公司重庆公司所属的二级机构。分公司有从业人员112人，其中自有用工人员56人，装维、服务人员56人。年末，中国电信万盛分公司有固定资产2.1亿元，用户总量18.9万用户。服务网点52个，其中门店服务人员69人，装维技术人员26人。网络基本能力：管道108管程、千米计342孔千米；杆路长度681杆程千米；光缆长度3281皮长千米；互联网出口总带宽100G。中国电信万盛分公司FTTH光网覆盖住户14.42万户，其中城市11.5万户，农村2.88万户；城市区覆盖率100% ，农村覆盖率98%。所有行政村通达光纤，覆盖率100%。全区建有2G/3G/4G基站376个，实现城市、镇1.8G全覆盖，农村800M全覆盖。2017年投资2300万元，重点用于区域内环形网络建设、骨干波分网络建设、光网城市、乡村建设、旅游相关项目建设和4G无线网络建设。

【移动公司】　中国移动通信集团重庆有限公司万盛分公司（以下简称中国移动万盛分公司）是中国移动通信集团重庆有限公司的分支机构，成立于2017年5月，有员工49人，下设综合支撑室，建设维护中心，销售中心3个部门，有渠道网点43家。2017年末，万盛经开区城区道路4G覆盖率99.05%，57个行政村宽带覆盖率50%。

（刘　露）

城 乡 建 设

城 乡 规 划

【概况】 2017年，万盛经开区规划局有内设科室4个，即办公室、规划编制科、规划管理科（挂行政审批服务科牌子）、综合科；有下属事业单位1个，即万盛经开区规划监察执法支队（挂万盛经开区规划信息服务中心牌子）；全局有在编职工23人。

（杨 娟）

【城市规划】 全年开展城区六井坝组团、鱼田堡组团、平山南桐组团3大组团约16平方千米的控规修编及城区控规整合工作。完成全区23个专业专项规划编制，涉及综合交通、海绵城市、美丽山水、综合管廊等空间规划。

【村镇规划】 启动6个镇（纳入主城区的万东镇、南桐镇除外）的镇域总规及镇区控规修编工作。完成13个村域现状分析及规划指引的编制及审批，实现村规划编制全覆盖，完成全区10个村建设规划编制及审批。

（张 荣）

【测绘编制】 完成测绘单位年度注册、资质审查申报等行业管理工作，规范测绘地理信息行业监管；开展“8·29”测绘法宣传日、“进学校、进社区、进学校”等系列活动以及全覆盖排查整治“问题地图”专项行动，强化地图监管和测绘知识宣传；推进地理国情、地下管线、城市建筑物信息更新以及遥感解译、基础测绘等工作，夯实测绘基础数据保障；初步建成综合区情、地下管线管理、地理国情普查等信息管理系统，规划局信息服务中心成功申报测绘丁级资质。

（甄玉君）

【城乡规划管理】 全年组织召开内审会议28次，内审项目82个，组织召开专委会9次，评审4个规划、2个城市设计和34个建设项目设计方案，组织召开3次规委会主任办公会议，审议和通报3个规划、2个城市设计、20个建设项目设计方案和10个规划调整议题。贯彻落实《首席规划师咨询意见采纳工作机制》的相关要求，首席规划师通过现场、电话、网络等方式咨询，对万盛4个规划、2个城市设计和34个建设项目设计方案做咨询意见。全年核发规划许可176件。其中建设用地规划条件函17件，总建设用地面积84.86万平方米；建设工程选址意见书19件，总建设用地面积15.57万平方米；建设用地规划许可证21件，总建设用地面积85.49万平方米；建设工程规划设计方案审查意见函32件，方案总建筑面积197.74万平方米；建设工程规划许可证35件，许可总建筑面积62.85万平方米；危房改造1户，总建筑面积1520.77平方米，竣工规划核实43件，竣工面积133.79万平方米。逐栋挂牌保护第一批优秀历史建筑（晋林厂学校、招待所和厂房），并进行定点定位入库和紫线划定，纳入规划管理。开展第二批历史文化街区划定和历史建筑确定工作，完成2个历史文化街区和66个历史建筑申报工作。

（刘晓冬）

【规划执法】 对擅自改变“建筑工程规划许可

证”及附件、附图的许可内容进行建设的3家单位进行行政处罚，共计罚款13.84万元；全年对已建成的违法建筑发出《限期拆除违法建筑决定书》45份，对在建违法建筑发出《责令停止违法建设通知书》13份，全年拆除存量违法建筑3.15万平方米，完成年度任务110.76%，拆除新增违法建筑1.1万平方米，新增违法建筑发现及处置率100%。

（李　勇）

【万盛规划展览馆】　万盛规划展览馆与万盛博物馆共建，地处万盛西城大道414号，2017年1月20日试开馆运行，2017年5月18日正式开馆运行。布展面积约2900平方米，分为三层。一层有沙盘主展厅、公共休息区、综合控制室、办公室等；二层有沙盘观展台，墙面布置有万盛概况和建设成就板块2块；三层设有万盛区位、“十三五”规划、城乡总体规划、城市总体规划、城市六组团控规、生态文明建设、旅游全域化建设、工业集群化建设、城乡一体化建设、全民健身战略等板块10块，有城市变迁专栏，以及旅游互动体验区、虚拟拍照、互动擦图、3D影院及9D互动体验馆等。展览馆是集中展现万盛经济社会发展成就的重要载体，是万盛对外宣传的城市窗口。它全方位、多角度、深层次展现万盛旅游、经济、文化的特色、内涵和发展前景，反映万盛悠远的文化底蕴及历史风貌，体现旅游城市发展的历程，彰显城市魅力。

（张永宁）

城市建设

【城市棚户区改造】　2013年11月15日，重庆市政府常务会研究确定将小坡脚等8个地块作为万盛经开区在2013－2017年急需改造的城市棚户区，拆迁改造2585户、22.27万平方米，主要分布在万盛、东林片区。2016年，将急需实施排危改造的城市C、D级危房和万东镇城中村纳入城市棚户区改造范围。2018年前万盛急需改造的城市棚户区3654户、27.62万立方米。2015年，改造城市棚户区1559户、10.47万平方米。2016年成立城市棚改指挥部，并在重庆市内率先使用房票补偿安置（房票补偿安置，是指在被拆除人自愿的前提下，将应安置的房屋转化为货币，以房票形式出具给被拆除人，由被拆除人自行向参与房票安置补偿的房地产开发企业购买商品房。房票是补偿安置的资金凭证，房票的使用范围为经城市棚改指挥部确认纳入房票补偿安置房源的万盛范围内的商品房），改造棚户区912户、5.2万平方米，2017年改造完成1183户、11.95万平方米。未新建安置房，通过实施房票安置，城市棚户区拆迁货币化安置比例100%，拆迁群众全部通过购买存量商品房实现安置。整合腾挪土地资源新建停车场4个、车位968个，新建公园5个1.3万平方米。

【商品房建设】　2017年，全区完成房地产开发投资约9.05亿元，新开工商品房面积33.15万平方米，竣工商品房面积78.29万平方米，销售商品房面积63.78万平方米，其中城市地产47.25万平方米，旅游地产16.53万平方米。

【城市重点项目建设】　推进城市棚户区改造，签订城市棚户区房屋拆除协议11.8万立方米，完成楼宇灯饰等亮化工程，六井坝运动公园建成投用，建成区绿地率43%。实施城市智慧智能攻坚行动，投资约2亿元，“两平台两中心”和智慧交通、智慧旅游、智慧城管、网格化管理服务系统基本建成。建成鱼子新区12.5千米城市道路系统、22.5千米市政管网系统、73.33公顷核心区景观工程；完善城市基础设施，西货场至303省道跨孝子河桥梁等建成投用，鱼田堡至万东南路立交桥启动建设；43.6万平方米的城市核心商圈商业综合体奥特莱斯建成投用。

（区建设局办公室）

村镇建设

【农村危房改造】　组织区扶贫办、民政局、残联和8个乡镇召开“十三五”期间4类重点对象存量危房台账建立工作研讨会，并开展调查核实工作，将各镇报送的4类重点对象存量危房情况会同扶贫、民政、残联部门通过大数据平台进行比对核实，确保数据的真实、准确并建立台账。推进农村建卡贫困户危房改造工作，2017 年实施农村危房改造 97 户，其中 C 级危房 57 户，D 级危房 40 户。

青年镇吴家坝社张隆林 D 级危房改造

（区建设局　供）

【特色小镇建设】 指导青年镇以培育特色鲜明、产镇融合、人文厚重、富有活力、美丽宜居的中国特色小镇为目标，按照“城乡一体、产城融合”总体要求，重点围绕保护“千年溱州”、打造“乐水板辽”、建设青年新型工业园区，推进新型城镇化建设。全年投资 2000 万元的青年镇集镇环境整治工程项目，完成绿化面积约 9000 平方米，完成场镇内部 5 条主要街道的花箱绿化，新增移动花箱 75 个；完成步行街摊位综合整治工程，新增售货亭 49 个；完成后河坝片区人行路板提升改造约 10000 平方米；完成场镇交通系统导视标牌设立；新建公共停车场 3 个，面积约 4000 平方米；新建日处理 312 吨垃圾中转站 1 座；完成新场茶巷施工改造，铺设雨污管网 2 千米，实施道路路板与人行道板改造 1100 平方米。

万盛经开区特色小镇——青年镇

（区建设局　供）

青年镇堡堂铜匠湾农村人居环境

（区建设局　供）

【农村基础设施建设】 投资 868.08 万元，完成丛林水厂、青年镇供水站、观音寺供水站、新田皂角供水站等 4 个供水工程的巩固提升，确保 2.95 万人的饮水安全，项目区农村集中供水率 88.3% 以上，农村自来水普及率 88% 以上。建设完成农村公路 55.91 千米、村社便道 10.5 千米。升级改造农村电网，改造 110 千伏变压器 1 台，10 千伏变配 47 台、线路 31 千米，低压项目线路 74 千米。加快农村信息化建设，推进光纤到户和宽带乡村工程，完成农村光纤到户工程 2 万户。

【农村环境综合整治】 一是规范农村垃圾治理，建立规范的保洁队伍，配备专兼职管理人员 78 人、保洁人员 586 人，通过政府购买服务的方式培育市场化公司 11 个，完善垃圾桶、垃圾箱、转运车、中转站、沤粪池等设施；采取“户集、村收、镇转运、区处理”收运模式，转运生活垃圾 2234 吨，实现农村生活垃圾日产日清，有效治

黑山家园改善农村人居环境示范片

（区建设局　供）

理行政村比例100%，有效治理覆盖人口比例97.14%，基本实现农村垃圾治理全覆盖。9月，万盛经开区成为全市第一批农村生活垃圾治理通过市级验收的区县。二是实施农村污水治理工程，建成小型污水处理设施60套，配套污水收集管网77.8千米，日处理能力1245吨，覆盖8个镇、30个村，服务人口1.13万人。三是农村畜禽养殖污染防治，关闭养殖场9家，完成0.41万头生猪当量的治理。四是农村改厕，实施无害化卫生改厕2403户，全区累计实施无害化卫生改厕29925户，无害化卫生厕所覆盖率76.86%；新建村卫生室15个，完成12个。五是农村清洁能源建设，全区8个场镇区域全部通气，开通天然气行政村39个。六是公路沿线环境整治，投资3000万元，完成轮子坡至关坝煤电化园区环境综合整治，安装路灯945盏，铺设人行道17.5千米，规范路边汽车修理厂14处、拆迁废品收购站7处、绿化荒地6处、拆除乱搭乱建违法建筑物13处，种植花草1.39公顷，移栽树木600棵。

【黑山家园农村人居环境示范片】　完成农房院落整治436个，卫生改厕300户，建设垃圾中转站1个，购置垃圾收运车5辆，购买垃圾箱、垃圾桶2100个，设置果皮箱100个，建设污水处理设施21套，建设污水管网35千米，水利整治整治沟渠46千米、水池1个，扩建公路26千米，修建骑行步道约12千米，硬化道路22千米，铺设人行便道15千米，扩建天星健身活动广场、天星村会议室，装修医务室4个，安装路灯230盏，建设公厕3座，小广场3个（1200平方米），增加停车场1200个，设置标志标牌、观景亭8个，完成投资12111万元。

【美丽宜居示范村庄建设】　建设美丽宜居示范村庄2个。天星村桐梓园美丽宜居示范村庄整治庭院17户、改厕卫生17户、改建公路1千米、安装路灯6台、扩建小广场1个、增加污水处理设施2套、建设污水管网1.9千米、建设生产生活便道建设4千米、车载垃圾箱2个、微菜园1.67公顷，完成投资424万元。鱼子村大铺子美丽宜居示范村庄完成院落整治75户，农户改厕75户，改扩建公路2.5千米，安装路灯11台，铺设污水管网3千米，建生产生活便道4千米，完成投资687万元。

【绿色村庄创建】　全年创建绿色村庄2个，其中黑山镇天星村绿色示范村庄完成投资1100万元，万东镇五和村绿色村庄完成投资659.3万元。全年创建整洁庭院200个，亮化示范村庄8个。投资1600万元，完成对更鼓庙村村委会周边房屋外立面改造，修建停车场和绿化景观提升，青山湖五家湾、老马冲39户农房外立面改造和周边环境提升完成。

（区建设局办公室）

市　政　管　理

【智慧城管建设】　2017年万盛经开区城市管理局实施城市智慧智能攻坚行动。智慧城市建设、棚户区改造、城乡一体化建设等46项建设类任务、11项综合治理类任务有序推进。智慧城管建设完成顶层设计编制，建成智慧城管指挥中心，窨井盖监控系统、特种车辆GPS定位系统、边坡监测系统；完成366个地下管网及化粪池危险源监控系统；城区主干道路内停车位基本实现智能化收费管理，完成“任我泊”智能停车APP软件开发并投用。

【国卫复审】 实施创卫复审市容环境卫生专项整治，组建市容环卫督查组，建立日排查、日整改、日督查制度，实施“清单式”限时交办销号联动处理，探索实施网格化巡查管理、派驻执法队员协助城区“两街两镇”开展城市管理等工作模式。

【奥林匹克公园建设】 全年投资2450万元，完成奥林匹克广场、奥运之路、嗨摩尔、智道系统、公园导视系统、山体灯饰、公厕改造等11个子项目建设。

【城市绿地景观建设】 提升城市绿地景观品质。10平方米以下绿地实施绿化覆盖，添补栽大小苗木200万余株；100平方米以下绿地实施景观打造，绕城路、西城大道、鱼田堡大道等道路沿线节点绿化和城区5个转盘节点绿化改造完成；对1000平方米以上绿地实施城市公园建设，建成桂园、福耀小游园、三角小游园等城市公园建成，新增绿地面积62.27万平方米；城区裸土、菜地实施改造，完成国能天街小区周边、东城大道变电站旁等区域裸土整治约1万平方米，整治万盛奥林匹克公园周边菜地约20余公顷。马鞍山骑行公园二期骑行道、观景平台、游步道及观景亭等休闲设施建设完成，以及福耀河滨公园游步道及景观绿化建设。全年修剪城区行道树6000余株、绿篱5万平方米、草坪1万平方米，整改树圈2200余个，各个重要节点栽植草花150万余盆。植物养护管理技术档案建立，130株名树古木逐一登记挂牌，实施重点保护。完善公园窗口公共服务功能，万盛公园新增观光车3辆，并加强监管，整修、更换城区各公园健身器材、步道、观光车等设施，增配公园防火队员和消防设施，增加巡查班次及时间。

【城市灯饰照明建设与管理】 投资510余万元，实施“无灯区”改造和照明设施节能化改造，新田路、红枫路、滨江路等路段及社区新安装路灯150余盏，万东南路、万新路、塔山路等路段新增LED绿色照明灯1395盏。全年累计投资3649余万元，完成2018年迎春灯饰、万盛公园山体亮化和灯塔亮化，完成司法局与旅游局、展览馆及行政服服中心等部分楼宇灯饰安装，浸水垭公园、西城大道、黑山谷大道等重要路段和节点实施灯饰亮化。坚持路灯巡检和24小时值班制度，对城区管护范围内9125盏功能型照明设施、8.77万套灯具、6332米灯饰带、144.48平方米霓虹灯饰及电力电缆、附属控制箱等做好日常维护，并加强配电设施及控制设施保养。全年维修路灯2364余盏，更换各类光源电器1524余套、线路约1350米、路灯井盖280余套，城市亮灯率及设施完好率保持在98%以上。

【城市道路桥梁建设与维护】 实施导视系统标准化建设，完成主城区及主城区交通副标、49中新校区和除石林镇、金桥镇、关坝镇以外其他场镇标准化标牌的制作及安装。实施城区公交车站台改造，完成75个站点的土建工作、广告招租、站棚和站牌安装及智能交通系统安装并投入使用。启动市政设施零星维修工程，建立常态化巡查整治机制。全年维修车行道2000平方米、人行道8000平方米、护栏余50米，透水混凝土700平方米，防撞护栏100米。对管护的11座桥梁进行桥体观察约400余次，三元桥、孝慈桥等7座桥梁定期检测，完成约3500平方米的城区车行道防撞护栏和桥梁护栏刷漆。

【城市排水排污设施建设与管理】 实施万东北路、东岳庙、二郎峡等二、三级管网疏浚工程共计12个，保障管网设施正常运行。投资286万元，完成清溪河、孝子河、城区六条防洪沟清淤工程，以及孝子河1号、2号闸坝维修维护工程。保障排水设施安全运行。提升管网排洪防汛能力，对塔山社区翠屏路、光明隧道、老新华书店、万东北路等4个片区排水管网实施应急抢修约150米。建立常态化巡查机制，全年清掏排水管网60余千米，维护、更换水篦子240余个、雨污水井盖155套，清除垃圾45余吨。日常清漂孝子河城区段河面垃圾138吨。执行闸坝24小时值守制度，确保孝子河汛期行洪安全。

【垃圾收运处置】 启动环卫基地建设，年末完成前期手续。开展垃圾处置场渗滤液处理设施建设，获得立项批复，并完成项目招标工作。推进公厕建设，配合区城建公司实施溱洲大道、福耀路等公厕建设；完成万新、红枫、塔山、东林、支路鸿丰5个农贸市场公厕改造并投用。推进清扫保洁全覆盖。强化环卫精细化管护，调整重点区域、路段、时段的清扫保洁频次，实行早夜班巡查制度。道路冲洗全覆盖，城区所有主干道实行每日冲洗，次干道和背街小巷等区域每周轮流冲洗。全年投入40余万元添置环卫设施，强化环卫设施维护，环卫设施设备完好率98%以上。推进城区垃圾收运体系建设，改建、增设垃圾集中收运点19个。全年，整治卫生死角、垃圾堆积、青苔等138处，清运生活垃圾约6.07万吨、餐厨垃圾约2025吨，清除淤泥1500吨，清洗烧烤摊油污和机车修理店油污3000平方米，化粪池清掏率100%。

【户外广告规划与整治】 全年下达《责令限期改正通知书》等文书50余份，拆除违规条幅、横幅260余条。结合城市风貌，重新规划、设置、改造城区报刊亭14个。

【市政管理执法】 全年发放《市政管理服务手册》《告市民的一封信》4.2万余份，清理流动摊贩占道经营6.12万余件次、店外经营2.68万余件次，规范各类餐饮食店占道经营时限400余户。按照“十分钟生活服务圈”理念，指导两街两镇在背街小巷选址设立临时便民服务点11处，可容纳摊位110余个，安装“门前新三包”责任牌1898个。牵头开展为期3个月的城区交通秩序综合整治，并联合交巡警等部门开展常态化整治。完善停车基础设施，新增路内停车位1300余个，新建停车场8处、停车位2644个，新增摩托车、自行车停车位360个，对隔离柱进行增设200余根、维修更换400余根。全年规范和查处机动车、非机动车乱停乱放3.85万余起，开具责令限期改正通知书350份、限期接受处理通知书500余份，张贴温馨提示3650余份，说服教育8000余次，锁定乱停放机动车500余辆。全年查处损毁园林绿化、损坏园林设施案件30件，赔偿2.49万元，整改恢复被破坏绿地面积1000余平方米。实施扬尘综合管控。全年下达限期处理通知书97份，实施行政处罚61件，处罚金额1.35万元。清理排查城区违法建筑约3万平方米，现场调查房屋交易245处，查处并拆除违建行为38处。对海棠晓月、永利豪庭、国能天街及南桐花园等建成楼盘的违法建筑进行摸排取证，处理各类投诉59起，下达限期拆除决定书24份、责令停止违法建设通知书29份。全年城区拆除违法建筑51处、面积1300平方米。强化城区“十乱”行为的劝导工作，新增子如广场绿化带、天梯广场、旅游文化街、体育馆、宏恩财富广场、东林片区、天和百货路段等劝导点9个。劝导不文明行为9.21万起，劝导人数2.75万人次。

【城市管理执法体制改革】 2017年末，万盛经开区城市工作会暨城市管理局完成揭牌仪式，万盛经开区市政园林局更名为万盛经开区城市管理局（城市管理综合行政执法局），相关职能科室调整到位。推进综合执法。市政公用设施运行管理、市容环境卫生管理、园林绿化管理等方面的全部行政处罚权集中行使，违法建筑拆除、殡葬管理、建筑施工扬尘及文明施工等职能划归原单位履行，环境保护、工商、交通、水务、食品药品监管等其他领域方面需划转的行政处罚权梳理完成。确定执法人员配备比例。万盛经开区执法人员（正式编制）配备比例为城镇人口的万分之六。万盛城市管理综合行政执法支队行政执法专项编制按102名进行总量控制，目前暂定25人，剩余编制按照“有一补一”的原则，从万盛经开区行政执法专项编制控制数量中逐年解决。推进城市管理市场化，通过政府和社会资本合作等方式，鼓励社会资本参与城市管理。逐步将环卫保洁、城市园林、路灯、雨污管网、道路配套设施等市政公用设施、市政公共服务事项推入市场化运营。拟定万盛经开区市政公共服务、市政设施管护等全口径市场化方案，启动环卫市场化改革，从2018年开始，环卫作业全面实行市场化运作；加强网格化管理，将万盛城区划分为4个网格区域，16个网格片组，77个责任网格，整合城管执法人员和志愿者力量，以网格为单位开展日常巡查管理工作。建立城市管理执法工作协调机构。成立万盛经开区城市管理和执法工作协调领导小组，领导小组由管委会主要领导任组长，管委会分管城市管理工作的副主任任副组长，全区28个部门及镇街纳入领导小组成员单位。领导小组下设办公室在城市管理局，由城市管理局主要负责人兼任办公室主任，区编办、区法制办相关负责人兼任办公室副主任，负责领导小组日常工作。

（王浩蕴）

环境保护

【概况】 万盛经开区环保局有内设机构6个，即办公室、生态环境保护科、污防科、建管科、行政审批服务科、法制与宣教科；有下属事业单位3个，即环境行政执法支队、生态环境监测站、环境保护信息中心；有在职职工55人，其中机关人员10人，参公事业人员16人，全额拨款事业人员29人。

【环境质量状况】 2017年，万盛城区空气质量良好，满足优良以上天数为298天，其中可吸入颗粒物（PM10）、细颗粒物（PM2.5）、二氧化硫（SO_2）、二氧化氮（NO_2）年日均浓度分别为74微克/立方米、53微克/立方米、34微克/立方米、33微克/立方米，一氧化碳（CO）24小时平均浓度为1.1毫克/立方米，臭氧（O_3）日最大8小时平均浓度为67微克/立方米。按照《环境空气质量标准》（GB3095－2012）二级标准衡量：可吸入颗粒物（PM10）、二氧化硫（SO_2）、二氧化氮（NO_2）、一氧化碳（CO）、臭氧（O_3）浓度均达标，细颗粒物（PM2.5）超标。水环境质量较好，孝子河温塘断面水质为Ⅲ类，扶欢河扶欢断面水质为Ⅲ类，鲤鱼河下猪喉断面水质为Ⅱ类，汤家沟水库城市集中式饮用水源地水质达标率100%，建制镇集中式饮用水源地水质达标率100%，比上年同期明显好转。声环境质量较好且基本稳定，区域噪声53.8分贝、交通噪声65.8分贝、功能区噪声53.3分贝，与上年同期相当。

【生态文明建设】 推进“三湖一岗”生态文明示范建设。三湖景区功能配套、景区品质、景区参与性、体验性得到提升。青山湖尚古村、从林菌谷蘑菇总动员、板辽金沙滩景区相继开园，2017年，青山湖被命名为国家湿地公园。

【农村生活污水治理】 全区2012年后建成的90套农村小型污水处理设施全部委托给第三方专业化运行维护。投入资金3800余万元，新建有动力小型污水处理设施60套，治理覆盖范围惠及7500户居民；完成2016年全区农村环境连片整治项目；建成更古村、堡堂村等污水处理站4座。

【两河四岸污染治理】 完善城市建成区二三级管网，推进旅游文化街、红枫片区等重点区域污水管网改造。加强散排点整治，完成润州江山城等5个散排点整治，推进万新农贸市场等散排点整治，尽可能减少污水进河。推进实施《万盛经开区孝子河水体达标方案（2016—2020年）》，加强城区餐饮店、洗车场、施工工地的监管，完善其污染防治设施，杜绝废水直接入河。强化孝子河跨区域联防联控，贯彻落实孝子河红岩入境断面联合执法机制。至年末，万盛经开区执法人员出动现场巡查15次，其中与南川区环保局联合巡查3次。

【蓝天行动】 是年，南桐电厂和方盛电厂关停，完成恒泰电厂1#机组超低排放改造主体工程完成，督促南桐特种水泥落实错峰生产制度，万盛浮法玻璃完成清洁生产工作，治砖瓦窑企业停产整2家。全年完成机动车路检2094辆，淘汰黄标车2826辆。执行施工工地控尘八项规定，创建扬尘示范控制工地5个。落实道路清扫保洁五项规定，完成巩固扬尘示范道路5条。开展生活污染控制，禁燃区面积扩大至22.56平方千米，海棠晓月小区集中开展餐饮油烟整治，万盛区客悦面食店、八方面舍等6家餐饮油烟治理完成。

【碧水行动】 区、镇街、村（社区）三级河长体系建立，党工委书记、管委会主任共同担任同级河流总河长，实现区域河（库）长全覆盖。城乡饮用水水源地治理、城镇生活污水治理、工业企业污水处理、次级河流水环境整治，全区11个镇级污水处理站（含景区）和79套村级污水处理设施实现专业化运维。20个镇域河湖溪流监测断面、15个集中式饮用水源地监测断面水质纳入监测，汤家沟城市饮用水源地规范化建设完成，润州江山城等5个散排点整治完成。完成14个乡镇集中式饮用水源地隔离网建设，完善污水管网约10千米，南桐污水处理厂、平山园区污水处理厂、煤电化园区污水处理厂建成投用，完成红岩、东林煤矿矿井废水处理设施扩建工程。

【宁静行动】 强化噪声污染治理，创建噪声达标区1平方千米，创建市级安静居住小区1个，复查市级安静居住小区2个。集中开展高中考期间环境噪声专项整治，其间出动执法人员200余人次，开展联合执法检查6次。

【绿地行动】 推进辖区“全域生态空间管控”、生态红线划定和黑山县级自然保护区调规工作，明确黑山县级自然保护区主管部门。启动土壤污染状况详查，确定详查单元24个、农用地详查点位205个。完成畜禽养殖“三区”划定方案，制定实施《万盛经开区土壤污染防治行动计划实施方案》。

【田园行动】 投资300余万元，完成4100头生猪当量污染治理，完成率137%；投资650余万元，关闭禁养区养殖场9家，清理畜禽（折算成生猪当量）1767头，关闭圈舍及辅助用房总面积6300平方米。

【项目建设管理】 2017年，全区审批建设项目64个，环评审批36个，登记表备案20个，豁免8个；审批建设项目临时排污许可证11个、辐射安全许可证2个、固体废物转移许可（跨省转移）2个、建筑工程夜间施工审核72个、竣工环保验收41个；办理同意项目开展前期工作的审查意见函27个，环准通文件24个。

【环境监管】 全年检查企业1024家次，出动执法人员2571人次，下达责令改正违法行为决定书54份，立案查处环境违法行为55件，其中移交公安机关行政拘留1件、实施查封1件、限产停产4件，罚款102.1万元，无一起行政复议和行政诉讼案件。联合公安、发改、水务等部门，立案查处破坏生态环境行为7件。全年受理环境信访案件368件，处理办结率100%，市12369中心回访群众满意率100%。全年征收排污费1699万元。

【环境风险防范】 《2017年环境应急管理工作计划》和《2017年环境应急演练工作计划》，修订完成区级、局级应急预案。组织34家环境风险源企业参加环境安全和应急管理工作培训，组织煤电化园区和平山产业园区到长寿化工园区学习经验。万盛经开区2017年柴油罐车交通事故次生突发环境事件综合应急演练。26单位编制突发环境事件风险评估和应急预案并备案。“两会一节”“汛期”环境安全隐患排查整治专项行动。全年排查一般隐患31条，全部整改完毕。

【环保宣传】 万盛网、万盛电视台、《万盛日报》等媒体开展环境保护宣传。做客万盛旅游交通广播FM92.2“万盛龙门阵”节目，组织开展“六·五”环境日宣传咨询活动，赠送多肉植物100盆，发放宣传资料10000余份、环保纪念品400余份。开展“绿水青山就是金山银山”为主题的征文和摄影比赛活动，征集征文46篇、摄影作品42幅；12月1日至12月5日，环保公众开放周活动，鼓励市民主动参与环境保护。全年《万盛日报》、万盛电视台播报环保新闻80余条，新浪、腾讯微博发布信息3500余条，其中原创1500余条，政务微信发布信息560余条。

【环境监测监察执法体制改革】 2017年3月，环保机构垂直管理制度改革在万盛落地，区环保局按新体制入轨运行。

（谭　茜）

商贸流通

综　述

【概况】　万盛经开区商务局内设职能科室 11 个，即办公室、财务科、综合科、规划发展科、供销经济管理科、电商科、招商科、商贸流通科、外经外贸科、安监科、粮食综合管理科等，有下属事业单位 2 个，即农村合作经济服务中心和商贸发展服务中心。2017 年，全区社会消费品零售总额 40.38 亿元，比上年增长 14.1%；批发零售业商品销售总额 122.3 亿元，增长 22.4%；住宿餐饮业营业收入 12.65 亿元，增长 22.7%；进出口总额 1.88 亿元；实际利用区外资金 6.25 亿元。完成固定资产投资 6.1 亿元，在地建筑业产值 3.72 亿元；争取上级资金到位 900 万元。

2017 年，全区完成进出口总额 1.88 亿元。开展中新（重庆）战略性互联互通示范项目对接工作，推介万盛，在旅游、体育、养老等方面寻求合作商机。推进 20 届渝洽会相关工作，宣传万盛经开区投资环境和招商引资项目。渝洽会期间签约项目 18 个，投资总额 60 亿元，涉及煤化工、旅游、装备制造、智能终端、新型材料、体育、通用航空等产业。全年争取市商务委扶持资金 225 万元。培育壮大开放型经济主体，新引进外资企业 1 家，外贸企业 8 家。扩大对外开放，鼓励博奥镁铝、浮法玻璃等企业不断扩大产品出口规模；指导培育耀皮工程玻璃有限公司开展外贸业务，实现产品出口。

（张　琴）

【城乡商贸网络体系建设】　南桐镇创建为重庆市乡镇商贸综合服务中心；关坝镇、青年镇获批商贸强镇，商业总建筑面积约 1 万平方米的青年财富广场完成前期招商工作；黑山旅游度假区内建有农贸市场 5 个、主力超市 3 个和便民店 25 个；关坝渝黔边城农产品交易中心项目稳步推进。全区范围内投用末端公共智能取送点 13 个、智能配送柜 14 个，城乡一体的共同配送体系基本建成，城市末端公共取送点基本实现全覆盖。

【重点项目建设】　12 月 3 日，全区首个大型商业综合体——城市核心商圈商业综合体（国能奥特莱斯）建成投用，总投资 20 亿元、总面积

国能奥特莱斯主馆

（区商务局　供）

43.6万平方米，拥有12万平方米的主题特色商业，是集购物、休闲、文体娱乐、餐饮体验、旅游购物为一体的“名品+折扣+全时间+全渠道”的城市标杆购物场所。项目分为奥莱主馆和奥莱天街，签约商铺129个，招商率92.1%，引入古驰、巴宝莉、越界影城、新世纪超市等国内外知名品牌，国际商贸物流园项目全面复工建设，项目由重庆三维建设集团有限公司垫资建设，至年末，投入资金约2.2亿元，完成建筑面积12.1万平方米，一期主体工程封顶。关坝渝黔边城农产品交易中心项目总投资4000余万元，完成可行性论证、新公司注册、资本金筹措、项目网上备案和概念性方案设计等工作，投资协议书签订，启动征地拆迁工作。

【电子商务】 全年全区550家电子商务企业和电商（微商）交易额17.3亿元，网络零售额1.42亿元。区级农村淘宝配送中心、运营中心建成投用。全区有20家村淘电商服务站点、51个“邮乐购”村级电商服务站点。引进菜鸟物流，构建区、镇、村三级配送体系，实现“农产品进城”和“网货品下乡”的双向流通。电商扶贫试点，五和、庙坝贫困村推行“订单式”种养殖。镇村干部、城市待业青年、返乡创业农民工电商知识技能培训，培养农村电商带头人，组织开展电子商务专题培训4期，“启航班”人才培训4期，跨境电子商务培训1期。

农村淘宝配送中心

（区商务局　供）

【商旅融合发展】 完善城区景区商业配套设施建设，2017年，黑山旅游度假区建成农贸市场5个、主力超市3个和便民店25家，在黑山谷风景区南门、1098酒店、子如广场、丛林高速路口、文化馆广场等地建成5个总面积约4000平方米的旅游商品卖场，展示推广旅游商品110余种。组织企业参加重庆市火锅经营行为规范培训会、星级农家乐业务培训会等，推动餐饮住宿业提档升级，引导乡村旅游快速健康发展。打造特色旅游商品品牌，续展“滴翠剑名”“盛鼎玉露”重庆市著名商标2个，重庆市万盛经开区范家山蔬菜种植专业合作社获市级以上无公害农产品系列认证2个。全区200余家酒店、公寓、农家乐、度假房、民宿等信息接入携程、去哪儿网等电商平台，推广黑山老腊肉、黑山方竹笋等一大批本地特色旅游商品，开通黑山度假景区蔬菜生鲜、网上超市、外卖专线配送业务，实现同城配送和黑山景区专送。

（范文卓）

零　售　业

【概况】 2017年，全区社会消费品零售总额40.38亿元，比上年增长14.1%。新培重庆盛意欧进出口贸易有限公司、重庆耀伦餐饮有限公司等限上商贸企业18家，是年，限上商贸企业115家。全区初步形成以1个核心商圈，5个主力商圈为依托的消费布局，总投资20亿元、总面积43.6万平方米的城市核心商圈商业综合体建成投用，孝子河创业型夜市街区、万盛场民俗旅游商业街、润州江山城、永利欧街、财富广场等商圈初具规模。投入1300万元，组织实施国能奥特莱斯智慧商圈建设，加强与电商、物流、金融、电信、市政等对接，构建万盛智慧型商业。

（范文卓）

特种商品流通

【概况】 2017 年，全区有成品油库 1 个、加油站 15 个，全年成品油销售 4.36 万吨，其中汽油 2.07 万吨、柴油 2.29 万吨。液化石油气充装站 1 个、液化石油气经营网点 11 个，液化石油气销售 2044 吨。2017 年撤解企业撤解报废汽车、机动车 179 台。全区有典当公司 1 个，有酒类备案登记 767 户，其中新增酒类备案登记 4 户。再生资源备案登记 17 户，其中新增备案登记 7 户。

【成品油】 2017 年，在原有 15 座加油站基础上，石桥加油站、青山湖加油站规划选址，取消浸水垭加油站网点布局。扩建鱼田堡加油站，排除鱼田堡加油站出入口大车加油转弯半径不够存在的安全隐患问题。对全区 15 座加油站和大丘油库开展油品质量升级专项检查 32 次，抽检 6 个加油站站点车用燃油，确保销售的车用燃油符合国五标准，供应的普通柴油硫含量少于 50PPM。

【液化石油气】 2017 年，全区 11 个液化石油气经营部完成年检。加强全员安全生产责任制落实，开展全区 1 个液化石油气充装站、11 个液化石油气经营网点的安全生产执法检查。

【再生资源回收及旧货流通】 全年出动执法检查 16 次，检查全区再生资源回收经营场所，规范再生资源回收利用市场秩序。全区备案登记有资质的再生资源回收经营场所 17 户，其中 2017 年新增备案登记 7 户，全区年回收再生资源 9186 吨、从事回收再生资源人员 60 人，年回收再生资源规模上 1000 吨的有 3 户。2017 年，全区无大型再生资源回收分拣中心，现有的 17 户回收再生资源户均是直接从市场回收后在自有的场地内分类再销售到区外。

【酒类】 全区有酒类经营备案登记经营户 767 户，2017 年，新增酒类备案登记经营 4 户，销售酒类随附单 20 本（500 份）。

【药品】 全年全区有药品批发企业 3 家，分别是重庆多普泰医药销售有限公司、重庆鑫盛医药有限公司、重庆医药集团万盛医药有限公司，从业人数 63 人，重庆鑫盛医药有限公司为市直报企业。

（张栌引）

供销经济合作

【概况】 万盛经开区供销联社与万盛经开区商务局合署办公。全年供销社系统完成商品销售总额 10.86 亿元，比上年增长 22%，其中全年农产品经营额 9.40 亿元，增长 26%；农业生产资料销售额 2012.58 万元，减少 24.61%。完成化肥储备 6407 吨，销售各类化肥 5599.5 吨。全系统汇总实现利润 1176 万元，资产总额 2.25 亿元，所有者权益 10.92 亿元，分别增长 17.3%、15.01% 和 15.02%。2010 年至 2017 年，万盛经开区供销联社连续 8 年获得重庆市区县供销联社年度综合业绩考核“特等奖”。

【基层合作社管理】 青隆、关坝供销社打造为重庆市基层社示范社，青灵供销社青山经营网点改造。重庆市万盛区青隆供销社保持国家级基层社标杆社荣誉称号，2 家综合服务中心保持“五星级”农村综合服务社荣誉称号。新建“绿优鲜”连锁超市 3 个，新建关坝镇凉风“梦乡村”综合服务中心，牵头组建各类专业（股份）合作社 11 个。开展职业农民培训。加强对利民农资公司等合作经济组织购销业务指导和日常经营管理工作，保障春节烟花爆竹货源供应及安全燃放，强化春耕化肥储备及农资商品质量管理，挥供销社农资销售主渠道作用。获市级凉风村“梦乡村”农旅产业融合农业综合开发项目资金和服务中心资金 490 万元，区级供销发展资金 83 万元。

【供销事业改革发展】 制定出台全区供销社改革意见、全区供销社改革方案。规范财务代账工作，20 余家合作经济组织纳入服务中心代账。推进农村合作金融服务，帮助农合经济组织融资贷款。开展基层供销社承接政府社会化服务集中采购项目探索，关坝镇供销社和利民农资公司分别中标政府农业综合开发项目，开展农药、种子、化肥供应和统防统治服务工作。各基层社粮油经营网点确定为地方粮食应急供应网点。

（樊丽芬）

粮油经营管理

【概况】 全区从事粮食经营规模以上企业2家，其中1家为国有企业，1家为非国有粮食加工企业，均取得粮食收购资格。重庆粮食集团万盛粮食公司负责全区区级储备粮储备任务，有员工31人，其中保管员6人，检验员3人，2017年销售（主要是外采外卖）粮油量3.11万吨。全公司库存粮油0.88万吨，其中食用油0.009万吨，实现“四无”（无害虫、无变质、无鼠雀、无事故粮仓）粮油3.99万吨，占总库存粮油100%；年末公司库存粮油0.88万吨，公司仓库实际容量0.44万吨，检查库点3个，仓间14间。

【粮油仓储】 2015年年末，完成全区地方储备粮6000吨储备，2017年，大部份储备粮进入静态管理，实现“库存真实、质量优良、储存安全、管理规范”的储粮管理目标。提前轮换五零八库储存的小麦1735吨，委托重庆市永川区储备粮有限公司代储。重庆粮食集团万盛粮食公司计划投资1586万元，在丛林镇拟建粮食储存规模1万吨，配套设施为一体的现代化中心粮库，开展政策性粮食储备和其他仓储服务，至年末，完成立项、土地评估、土地置换收购等前期工作。

【粮油宏观调控】 2017年，区商务局修订完成全区《粮食应急预案》《生活物资应急预案》编制；在全区建立粮食应急供应网点13个，确立粮食应急加工企业1个和粮食应急配送中心2个，与17户重点商贸企业签订《保供责任书》，完成1017.3万元的粮油、农资、蔬菜、成品油等生活必需品和应急物资储备。定期组织粮食储存、加工、销售单位开展粮食应急演练，提升粮食企业应对突发事件反应能力。2017年，区编委会增设商务局粮食综合管理科，由专人负责粮食工作，明确粮食安全工作职责；区级财政每年预算20万元的粮食流通安全、监督、应急管理专项经费。

【粮油质量检测】 全年开展全区粮食行业各项监督检查12次，开展粮食安全隐患大排查、快整治、严执法集中行动，发现问题2个，提出整改意见1个，无违法经营粮食的举报，重庆粮食集团万盛粮食公司具有检验设备30台（套），具备全项目检化验能力，仓储专职从业人员7人，专职粮油保管员7人，粮油质检员3人，粮食检测基本满足企业需求。

（张祊引）

服务业

餐饮业

【概况】 2017年，万盛老街夜市创建为市级夜市街区，并荣获“十大特色重庆夜市文化名街”称号；全区2个乡镇评出10户三星级农家乐；在市农家乐产业协会组织开展的“第二届中国农家乐产业发展论坛暨第七届重庆农家乐旅游休闲节”活动上，万盛经开区参赛农家乐获得金牌；万盛国际酒店、耀程酒店参加市总工会举办的餐饮厨艺、技能大赛获第二名；宏恩财富广场开街盛典暨2017首届旅游美食文化节、帝宇豪都渝南片区首届美食旅游文化交流活动。黑山1098假日酒店、耀程大酒店分别申报国家级五钻、四钻酒家，通过专家组评定。全年住宿餐饮营业收入12.65亿元，比上年增长22.7%。

2017年星级农家乐授牌暨业务培训

（区商务局　供）

【万盛特色菜品简介】 黑山香笋腊肉、万盛特色包浆豆腐（邻家厨房）；万年福凤凰卷、银丝蛋蒸虾（万年福宾馆）；国庆鱼（国庆鱼庄）；黄金蒜焖长江鱼、古法番茄鱼（顾长柜长江鱼）、药王夜珍焗腊肉、港式香捞壮丹鱼（同福酒楼）；猕猴桃靓鲜虾、云汤浸什锦（黑山谷响水村精品酒店）；黑山黄焖鸡（黑山全意特色黄焖鸡）；红枣百合蒸南瓜、灯影牛蛙（万福楼）；失恋鱼、豆花牛肉（谭厨私房菜）；水晶的泪、厨娘桃园三义（厨娘私房菜）；果蔬捞明虾、太姿石榴包（樱花温泉）；八戒献身、草船借箭（其味齐家）；聚丰招财、发财竹蒸丸（聚丰园）；鲍汁扣阿魏菇、珍菌煎黄金翅（丛林菌谷）；黄金满天下、孔雀开展笋、豪华龙虾宴（帝宇豪都美食城）；香酥排骨、宝塔肉（筷上菜）；法式低温蛋烤黑虎虾、水晶风味猪蹄（明珠大酒店）。

（药红伟）

2017年重庆渝南片区首届美食文化交流会

（区商务局　供）

住宿业

【概况】 2017 年，万盛经开区创建三星级农家乐 10 家，黑山 1098 假日酒店、耀程大酒店分别创建为国家四叶级绿色饭店。2017 年年末，全区有星级农家乐 48 家，国家三叶、四叶级绿色饭店 4 家。

（苟红伟）

广告业

【概况】 全年新增专业广告公司 11 家，比上年增长 21.2%，2017 年年末，辖区累计有专业广告公司 63 家。建立广告企业走访联系制度，深入广告企业调查研究，帮助企业及时解决经营困难，2017 年辖区内各类广告经营主体广告经营额 968.4 万元，比上年增长 154.9%。

（朱笑雪）

旅 游 业

旅 游 接 待

【概况】 2017年年末，全区有A级景区2个，即黑山谷景区（AAAAA）、龙鳞石海景区（AAAAA）。有国家地质公园1个、国家森林公园1个、国家湿地公园1个、市级旅游度假区1个、省级森林公园1个、省级风景名胜区1个。2017年，星评员完成全区5家三星级及以下星级饭店的年度复核工作，对检查过程中发现的硬件设施破损、服务人员未到岗到位等问题进行限时整改。与全区所有旅行社签订“品质旅游·诚信经营”旅行社承诺书，加强诚信经营宣传力度。2017年，全区接待游客1805.64万人次，比上年增长41.8%，其中接待国内游客1798.46万人次，增长42.0%；接待海外游客7.18万人次，增长8.1%；旅游总收入91.19亿元，增长41.9%；黑山谷接待151.41万人次，增长62.9%，门票收入1.29亿元，增长77.9%；龙鳞石海接待77.42万人次，增长31.2%，门票收入3243.36万元，增长29.4%。

【假日旅游】 元旦、春节、清明、“五一”、端午、国庆、中秋等节假日期间，游客接待量和旅游总收入增长率均列全市第一。元旦期间，接待游客13.56万人次，比上年增长203.46%，旅游总收入0.69亿元，增长257.51%；春节期间，接待游客37.6万人次，增长211%，旅游总收入1.9亿元，增长208.9%；清明期间，接待游客25.37万人次，增长206.31%，实现旅游总收入1.30亿元，增长208.42%；五一期间，接待游客53.25万人次，增长77.91%，旅游总收入2.66亿元，增长76.33%；端午节期间，接待游客46.4万人次，增长384.13%，旅游总收入2.09亿元，增长333.03%；国庆中秋期间，接待游客176.61万人次，增长216.96%；实现旅游总收入7.76亿元，增长178.16%。

（张孝富）

旅游客源市场

【国际旅游客源市场】 参加2017杭州世界休闲博览会、中国国际旅游交易会等国际旅游推介会。利用全域旅游宣传公共服务平台资源对重庆万盛国际跑步节暨CCTV体坛风云人物公益跑、中国重庆万盛石林拳力联盟WBO职业拳击系列赛等赛事宣传，全年吸引美国、加拿大、俄罗斯、韩国及中国香港地区等境外游客7.18万人次。

【国内旅游客源市场】 一是国内旅游展会。参加第五届中国西部旅游产业博览会暨中国西部旅游互联网营销大会（简称西旅会），精心设计展厅，准备5000张景区门票参与到西旅会旅游惠民活动中，在万盛旅游微信公众号举办有奖答题活动，全方位展示万盛全域旅游形象。《中国旅游报》《重庆日报》等多家媒体刊登西旅会万盛专题专版。举办“中国旅游日”重庆分会场启动仪式暨万盛全域旅游活动月系列活动，参加国家旅游局及市旅游局组织的第二十一届重庆都市旅游节暨城际旅游交易会、渝西旅游经济带协作区域区“贯彻十九大·跨入新时代”旅游精准营销活动、华蓥山旅游文化节等国内旅游推介活动。二是拓展客源市场。挖掘活动内涵，推出全域旅游线路产品，在兰州、西安等地的各旅行社开展四天三夜全域旅游产品营销，开拓贵州、西安、遵义市场，成都及周边绵阳、德阳市场，川南片区自贡、内江、宜宾、泸州等市场，川东片区遂宁、南充、达州等市场，均向景区发送游客团队。针对学生节假日、寒暑假，根据其人群的特殊性制定高校优惠政策，推出校园类落地活动。针对活动节点，与各区县、重庆各汽车品牌车友会、各大型企业联动组织自驾游活动，对接四川、西安、兰州等地的各大小旅行社组织高校、企业、自驾团体来区体验全域旅游产品。三是完善全域旅游线路，以黑山谷、龙鳞石海、九锅箐、奥陶纪、丛林菌谷、凉风梦乡村等景区为核心，推出一日游、二日游、三日游等精品旅游线路10条；结合赏花、采摘、垂钓、采茶、戏水等参与性体验产品为卖点，打造季节性乡村旅游线路8条；以“万盛场”老街、奥林匹克公园、奥特莱斯等为城市旅游景点，推出城市旅游线路2条；将体育类项目与各景区景点及村镇特色相结合，凸显参与性、体验感，适度加入竞赛标准，打造体育旅游线路9条；以黑山谷杯羽毛球挑战赛、黑山谷高山国际巨型气球节、苗族踩山会、南天门冰雪节等活动串联各大景区及互动体验性项目打造节会活动线路5条；以学生、老人、邻里、家庭，户外及体育，自驾车及露营爱好者为基础订制的特定群体线路5条。

【旅游宣传】 2017年，投入2000万元用于全域旅游宣传公共服务平台媒体采购，包含：重庆卫视、《重庆日报》《重庆晚报》《重庆晨报》《重庆商报》《都市热报》、重庆交通广播、成都交通广播、重庆楼宇框架、成都楼宇框架、今日头条、腾讯朋友圈、重庆青年报微信、大渝网、腾讯智汇推、成都大成网、华龙网、新华网、渝黔及渝湘高速大牌、城际公交车、江北机场公交车、解放碑LED屏、四大公交车站联播、龙头寺灯箱、永辉超市E频道、乡村基餐盘纸、《万盛日报》、万盛交通广播、万盛电视台等媒体资源。并运用以上资源为南天门冰雪世界开园、中国·凉风“梦乡村杯”第一届国际钓鱼大赛、手工制茶大赛、2016—2017中国·重庆万盛“黑山谷杯”国际羽毛球挑战赛总决赛暨中国羽毛球协会积分赛、2017年中国旅游日重庆分会场启动仪式暨万盛“全域旅游活动月”启动仪式、青年汇巅峰乐园开园活动、丛林菌谷·蘑菇总动员开园活动、板辽金沙滩开园活动、第二届黑山谷高山国际巨型气球节、中央电视台少儿频道《大手牵小手》录制活动、CCTV－7《乡约》2017中国十大爱情故事、重庆市体育旅游产业发展大会、“重庆万盛国际跑步节暨CCTV体坛风云人物公益跑”活动、奥特莱斯幸福开街活动等节会活动预热宣传。万盛旅游微信公众号全年发布推文527条，阅读量83.5万，粉丝量增长9632人；全年在国家级、市级主流媒体上发布新闻稿件2249条，全方位宣传万盛旅游。

【旅游招商】 全年策划包装招商引资项目107个，其中景区景点类57个、接待设施类33个、旅游商品类17个，总投资184.7亿元。与首旅集团、东方园林环境股份有限公司、北京琨山资本、上海中金国泰、恒大集团、开东云图酒店管理有限公司、华为公司、中兴恒和卫星应用科技股份有限公司、北斗创研文化发展有限公司、重庆高速集团、华西希望集团、懒人山谷旅游开发有限公司等50余家优质企业对接，推介万盛旅游项目，累计接待600余人次。成功引进北京首都旅游集团有限责任公司、北京琨山资本管理有限公司、北京东方园林环境股份有限公司和上海中金国泰文化发展集团有限公司等企业并签订《万盛经开区全域旅游投资合作协议》《三方战略合作协议》。

（张孝富）

旅游景区与设施建设

【旅游规划】 一是结合国家全域旅游示范区的创建，完成《万盛经开区全域旅游发展规划》《万盛经开区“十三五”旅游产业发展规划》的调整和修编工作。二是协助奥陶纪景区调整完善《奥陶纪主题公园修建性详细规划》的相关工作，丰富体验性旅游项目。三是支持矩阵公司修改完善《黑山谷步天歌星途度假公园设计方案》并完成方案专委会评审。

【景区改造】 一是黑山谷景区提升改造。完成黑山谷景区15座厕所提升改造；完成黑山谷景区凌波台、掬翠阁、卧龙岗三个服务点、黑山谷度假区“3中心1室”装修；完成黑山谷漂流景区提升改造。二是龙鳞石海景区提升改造。完成龙鳞石海景区地质博物馆装修，景区南门厕所、石鼓广场厕所、桃花坞及石扇厕所改造，芦花湖库尾治理，景区桃花坞植物栽植，景区北门厕所维修，天门洞出口清淤及砌筑排水沟；南门至椅子台公路沿线景观打造。三是奥陶纪景区提升改造。完成奥陶纪景区西门停车场、七彩滑草场、天空悬廊、露营基地、滑雪场、高空速滑、丛林飞跃等项目。四是青山湖国家湿地公园建设。由区水建公司牵头打造青山湖国家湿地公园，完成风雨廊桥、游客接待中心、七匠古艺、母子楼、湿地宣教中心、三塘鱼歌、水中泽林、浮桥、海绵家园、渔猎部落、房车营地等项目建设，并于4月28日开园营业。五是板辽湖景区建设。完成垂钓中心、荷塘湿地、旅游接待中心、金沙滩、浮桥、多功能道路等项目建设，并于6月17日开园营业。六是丛林菌谷景区建设。完成建设以蓝精灵、熊出没、超级玛丽、爱丽丝梦游仙境等为主题的蘑菇公园，以及蘑菇碰碰乐、欢乐蘑菇转转杯等设施和配套广场、停车场项目建设，并于5月28日开园营业。七是尚古村落景区建设。完成花海种植、民宿改造、接待中心、停车场、污水处理厂、供水排污系统、道路系统、供电系统、环保设施系统、动物观赏园、导识系统、景观小品、景区厕所等旅游配套设施，并于4月28日开园营业。八是凉风梦乡村建设。完成入口雕塑、莲花洞湿地、桃花苑、观鱼池、杨梅苑等景观工程，建设创业服务中心、幼儿园、民宿改造、建设信息化平台，采购市政设施、绿化植物等，并于3月11日开园营业。

【旅游规范秩序攻坚年】 旅游规范秩序攻坚年行动的总体思路是以转型升级、提质增效为主题，以推动全域旅游发展为主线，突出旅游接待人次、游客满意度两个核心指标，提升万盛旅游美誉度、游客满意度，全面加强旅游管理服务、全力开展旅游宣传营销、全域布局景区景点、全面完善基础配套，将管理服务打造为万盛旅游核心竞争力，推动全域旅游战略向内涵发展。至2017年年末，114项重点任务全面完成60项，长期持续开展24项，党工委、管委会决定调整2项，其余28项按项目总体进度推进。全年接待旅游游客1805.64万人次，旅游综合收入91.19亿元，旅游业增加值占地区GDP比重20.2%，旅游从业人数占本地总就业人数37.6%，农民旅游收入占纯收入比重24.4%，旅游税收收入占地方财政收入比重26.2%。实施黑山谷、龙鳞石海管理服务提升，黑山谷、龙鳞石海顺利通过国家AAAAA级景区评定性复核验收。全市旅游服务综合满意度测评平均得分92.7分、列全市区县第一。

（张孝富）

旅游行业

【旅行社】 2017年年末，全区有国内旅行社3家，分别是众慧旅行社、黑山谷旅行社、小漾旅行社。旅行社服务网点14个。有导游人员4人。

【旅游饭店】 2017年，黑山谷·1098假日酒店成功创建为四星级旅游饭店。全区有星级饭店7家，分别是万盛国际大酒店（4星）、黑山谷·1098假日酒店（4星）、汇鑫假日酒店（3星）、黑山谷度假酒店（3星）、九锅箐宾馆（3星）、万盛宾馆（2星）、樱花温泉度假酒店（2星）。

【旅游商品】 2017年，结合地方自然、文化、农业等资源特点，培育了菜背篼、盛泉、荣懿堂等旅游商品生产企业，打造出黑山谷、九锅箐、老黑山等旅游商品品牌。万盛黑山老腊肉、方竹笋、苗族蜡染、烙画、根雕等旅游商品通过各类平台销售到全国各地。全区旅游商品销售收入占到旅游总收入15%以上。

【旅游市场管理】 2017年，全年执法检查172次，出动检查人员667人次，立案9件，处罚违规企业3家，处罚金3000元。新增旅游服务质量监督员43人，开展旅游服务质量暗访12次，发现问题164件，整改落实156件，整改率95.1%；受理旅游投诉133件，涉及游客542人次，办结133件，结案率100%。全年接听咨询维权投诉电话623个，前台接待来访635批次、1545人次。

（张孝富）

旅游节庆活动

【南天门冰雪世界开园活动】 1月1日，南天门冰雪开园，中国首个冬奥会花样滑冰双人滑冠军赵宏博率领国家队花滑队员到场助阵。人民网、搜狐、网易、《中国旅游报》等9家国级媒体和23家市级媒体记者到现场采访，重庆卫视新闻联播连续两天播放万盛旅游消息。

【中国·凉风“梦乡村杯”第一届国际钓鱼大赛】 3月11日，关坝凉风“梦乡村”正式开园，开园首日接待游客3.5万人。活动当日推出可观赏游玩项目27个，包括入口鱼雕塑、追梦迷宫、生态鱼塘、童心鱼趣、“飞鸟与鱼”婚纱拍摄基地等。开园当日举办中国·凉风“梦乡村杯”第一届国际钓鱼比赛，吸引240名具有CAA会员资格的钓鱼爱好者报名参加，另外还邀请来自俄罗斯、肯尼亚等国家的10名国外选手参赛。

手工制茶大赛现场

（区旅发委　供）

【手工制茶大赛】 4月12日，重庆茶叶制作技能大赛在青年镇板辽湖举行，13个区县的茶艺大师参赛近千名游客参观。《重庆日报》、重庆卫视等多家媒体进行现场报道。

【“黑山谷杯”国际羽毛球挑战赛总决赛暨中国羽毛球协会积分赛】 4月21日至23日，2016—2017中国·重庆万盛“黑山谷杯”国际羽毛球挑战赛总决赛暨中国羽毛球协会积分赛在万盛文体中心体育馆开幕，28支业余羽毛球队角逐5万元大奖的年度总冠军。国际羽联李宗伟、万盛籍羽毛球世界冠军张亚雯、央视主持人洪刚、童可欣等到万盛，为赛事加油助威。

2016—2017中国·重庆万盛“黑山谷杯”国际羽毛球挑战赛总决赛暨中国羽毛球协会积分赛现场

（区旅发委　供）

【中国旅游日重庆分会场启动仪式】 5月18日

2017年中国旅游日重庆分会场启动仪式暨万盛“全域旅游活动月”启动仪式现场

（区旅发委　供）

至19日，2017年“中国旅游日”重庆分会场暨万盛“全域旅游活动月”启动仪式在万盛经开区黑山谷旅游度假区举办。活动有万盛全域旅游座谈会、“巅峰歌王·唱响万盛”音乐会、活动启动仪式、旅游展销会、全域旅游现场体验等，重庆市政府副市长谭家玲、国家旅游局港澳台司司长李亚莹、市级有关部门、区县政府分管领导及旅游局负责人、匈牙利政府代表团、专家学者、旅游企业、媒体记者，重庆主城环卫工人代表、游客等参加活动。

【青年汇巅峰乐园开园活动】 5月19日，青年汇巅峰乐园试开业，各项目陆续向游客开放，其中极速赛车、高空热气球等娱乐项目，吸引媒体关注及大量游客参与。露天电影、50顶帐篷等露营项目，摩天轮、海洋球、碰碰车、嘉年华等成人儿童项目，蹦床、攻防箭等户外项目也深受游客欢迎。

【丛林菌谷蘑菇总动员开园活动】 5月28日，丛林菌谷·蘑菇总动员欢乐开园。开园活动特别邀请央视著名儿童节目主持人鞠萍姐姐现场助阵并主持。

【板辽金沙滩华彩开园活动】 6月17日至18日，板辽金沙滩开园并举行金沙滩举办首届苗乡印象沙雕艺术展、万人沙滩舞、水上体育特技表演等活动；6月18日，著名节目主持人孟非到板辽金沙滩会场，主持情定板辽金沙滩活动，开园活动吸引近3万人参加。

【第二届黑山谷高山国际巨型气球节】 8月5日至20日，第二届黑山谷高山国际巨型气球节在黑山谷广场举办，整个气球节活动为期三周。气球明星角色更多、造型更大更突出；活动内容更新颖、更独特，新增的创意集市、音乐会等，给游客带来不一样的震撼。

【中央电视台少儿频道《大手牵小手》录制活动】 9月16日，中央电视台少儿频道《大手牵小手》栏目在万盛丛林菌谷·蘑菇总动员现场录制，活动主持人有央视著名主持人鞠萍姐姐、红

第二届黑山谷高山国际巨型气球节开幕仪式现场

（区旅发委　供）

果果和绿泡泡等。节目录制现场当天，鞠萍姐姐和绿泡泡参观特色亲子厨房。

【CCTV－7《乡约》2017中国十大爱情故事揭晓】 10月29日，CCTV－7《乡约》2017中国十大爱情故事在重庆万盛石林景区揭晓。央视主持人敬一丹、肖东坡、黄薇、迪里拜尔·尤努斯、塔斯肯、吉祥三宝参加活动。

CCTV－7《乡约》2017中国十大爱情故事节目现场

（区旅发委　供）

【重庆市体育旅游产业发展大会】 11月2日，重庆市体育旅游产业发展大会暨“运动健康之城、幸福和谐万盛”推介会在万盛经开区召开，300余名业界权威人士参会。国家体育局等相关部门负责人出席大会，重庆市政府副市长屈谦出席大会并致辞，市政府副秘书长王余果主持会

议，市体育局局长丁洪、市旅游局局长刘旗讲话。会上签约13个投资项目，签约总金额161.6亿元。与会嘉宾考察青年汇巅峰乐园、奥陶纪主题公园等体育旅游景区的建设情况。

重庆市体育旅游产业发展大会现场

（区旅发委　供）

【“重庆万盛国际跑步节暨CCTV体坛风云人物公益跑”活动】　11月4日，“重庆万盛国际跑步节暨CCTV体坛风云人物公益跑”活动在万盛青山湖国家湿地公园举行。央视著名主持人白岩松、奥运跳水冠军高敏、奥运竞走冠军王丽萍以及著名演员计春华到现场为参赛选手加油助威。跑步节主题为“全民健身、全民健康”，赛事共设三个项目：半程马拉松、CCTV体坛风云人物10千米公益跑、5千米全民健身跑，比赛总奖金46.56万元，国内外2000余名跑步爱好者到青山湖参赛。

“重庆万盛国际跑步节暨CCTV体坛风云人物公益跑”活动现场

（区旅发委　供）

【万盛国能奥特莱斯开街】　12月3日，万盛国能奥特莱斯开街。万盛经开区党工委副书记、管委会主任袁光灿，党工委副书记、政法委书记李川，管委会副主任李华全等领导出席开街仪式。开街当天举办舞狮表演、小丑互动、大型玩偶展、Cosplay表演等活动，吸引众多市民、游客前来参与合照。晚上林依轮、海鸣威、外籍乐队、黑鸭子组合、汪晨蕊等人气明星亲情助阵，为游客带来视听盛宴。

（张孝富）

主要旅游景区

【黑山谷景区】　黑山谷景区位于重庆市万盛经开区黑山镇境内，属峡谷型自然风景区。景区距万盛城区20千米，距重庆市外环公路里程95千米，2008年入选“新巴渝十二景”，2012年被评定为国家AAAAA级旅游景区。黑山谷全长13千米，集山、水、泉、林、洞于一谷，融奇、险、峻、秀、幽于一体，主要景点涵盖“五峡、七区、十二峰、三十六桥、七十二瀑、一百零八潭”。峡谷顶底高差多为400米~600米，最大值近1200米左右。河谷两岸谷坡陡直，坡度一般在70~80度，部分岸坡为90度，壁立千仞，峻峭无比。其中的锦鸡峡、黑猴峡、鱼跳峡、蝉鸣峡、神龙峡等5大峡谷，最宽约10米，最窄处仅两三米，采取浮桥、吊桥方式通行，极富情趣和挑战性。景区森林覆盖率高97%，古树古藤、奇花异草遍布峡谷之中，四季花开不断，终年绿海茫茫。谷中负氧离子浓度最高达100000个/立方厘米以上，超过国家一级标准，如同一个天然大氧吧。这里动植物种类繁多，有国家一级保护植物银杉、珙桐、桫椤，有国家一级保护动物黑叶猴、云豹等。黑山谷被专家誉为“渝黔生物基因库”。

【龙鳞石海景区】　龙鳞石海景区位于石林镇境内，距离重庆主城约90千米。景区成岩年代距今约4.65亿至6亿年，是中国最古老的石林。景区有“龙鳞奇观探秘、地质公园科普、浪漫风情演绎、红苗文化展示、运动竞技体验、原生态石林保护”六大功能区，形成了“石扇、石鼓、石龟”奇石三绝；“水石林、雾石林、洞石林”林石三奇；“中华震旦角石谷、化石长廊、地质公园”科普三篇；“桃花坞、龙鳞花海、苗王宫”苗家三弄等十二大核心景点。2012年10月29日获国家AAAAA级旅游景区。这里古生物化石个体硕大，轮廓、色彩分明，最多的是形成于寒武纪的角石，大多呈黄褐色，有的露在石头的表面，有的镶嵌于石头中，对研究云贵高原及四川盆地东南部盆边山区的地质演变、海生物演变，有着很高的科学考察和观赏价值。这里世代生活着一支被称作“红头苗”的苗族同胞，他们能歌善舞，苗族踩山会、若琐节、芦笙舞、木鼓舞等传统节日和民族歌舞久负盛名，特别是每年五月举行的苗族踩山会，享誉渝黔一带。

龙鳞石海景区

（区旅发委　供）

【奥陶纪景区】　全国首家体验式地质主题公园，公园是一个以旅游为基础、以度假为配套的全能旅游综合体。景区内有儿童欢乐谷、科幻梦工厂、五亿年地质奇观、高空挑战项目等景点景观。身处景区不仅可以领略到景区内的绝美风光，还能体验天空悬廊、悬崖秋千等八大高空刺激项目和高空速滑、丛林飞跃等刺激项目。天空悬廊项目全由透明玻璃铺设而成，凌空数百米，向外悬挑近70米，全长近200米，顶端有强烈的抖动感，被吉尼斯世界纪录认证为“最长的悬挑空中玻璃走廊”。

梦幻奥陶纪景区天空悬廊

（区旅发委　供）

【九锅箐森林公园】　九锅箐森林公园因形似九口锅而得名。其山势起伏，海拔最高处1413.6米，最低处620米，总占地面积645.67公顷。由于海拔落差大，立体气候明显，全年雨量充沛，年平均气温14.2℃，九锅箐森林公园植被茂密、林木葱笼、云烟雾绕、空气清新，环境优美，大千林间鸟语花香、十里茶海郁郁葱葱，素有“天然氧吧”“山城绿珠”之称。景区内开展有拓展训练、真人CS、森林探险、实弹打靶等旅游客活动，是理想的青少年科学考察、教育实践基地。

九锅箐森林公园

（区旅发委　供）

【青山湖国家湿地公园】　位于金桥镇，湖区四面青山环抱，延绵起伏，苍翠浓密，湖区面积173.33公顷，水域辽阔，碧波荡漾。10多个半岛和岛屿星罗棋布，港湾交错纵横，气候宜人，平均气温20℃。在公园里100余里长的环湖健身步道上，欣赏美丽风景，锻炼体魄强身，可尽享体旅结合带来的快乐。位于青山湖畔的滴水岩瀑布，流水从数十米的山头直挂而下，气势壮观。瀑布旁的亭阁长廊，为游客提供栖息场所，游至其间，似入梦境。

青山湖国家湿地公园

（区旅发委　供）

【丛林菌谷蘑菇总动员】　位于丛林镇，是中国第一个蘑菇主题乐园。蘑菇总动员是以儿童亲子游乐为核心，以体验为灵魂的乐园。主要分为五大区域，分别是儿童亲子游乐区（菌菇主题游乐区）、菌林采菇体验区、荷塘湿地产业景观区、亲水休闲区和蘑菇主题景观探秘区。园区内蘑菇雕塑林立，栩栩如生，各类娱乐体验项目新奇刺激。

丛林菌谷蘑菇总动员

（区旅发委　供）

【板辽金沙滩】　位于板辽湖景区东南部，紧邻溱溪桥，总面积9万平方米，是融生态休闲、时尚运动、激情游乐、滨湖度假四大功能于一体的乐水休闲基地。金色沙滩，蓝色游泳池，热带植被的交错搭配，呈现不一样的海岛风情。

【凉风梦乡渔村】　位于关坝镇境内，背靠九锅

板辽金沙滩

（区旅发委　供）

箐森林公园，地处渝黔复线高速和大黑山旅游环线，距重庆主城约80千米，距万盛城区约25千米，面积8.25平方千米。是“渝南黔北”乡村旅游重要节点。凉风村作为昔日的国家级贫困村依托良好的区位优势，精准扶贫、精准施策打造农旅、体旅、商旅融合发展的乡村旅游品牌助力脱贫。凉风梦乡渔村有丰富的生态流水资源，游客可在此垂钓、休闲、观光、度假，感受休闲的渔家生活。

凉风梦乡渔村

（区旅发委　供）

【尚古村落】　位于重庆市万盛经开区青山湖大坝右岸，占地53.33公顷，距万盛城区8千米。青山湖尚古村落致力于以“留住青山，记住乡愁”的建设理念，以“旅游观光、养生度假、文化展示、农耕体验、运动休闲”为功能定位打造的原生态景区。有孔雀观赏园、粉黛云烟、浣溪叠石、青莲叠翠、五彩滑草场、紫藤长廊、杉语

间、樱花漫、三重崖等景点20余处。

尚古村落

（区旅发委　供）

【南天门风雪世界】　位于石林镇，以风、雪、夜为主题，打造如风般飘逸，如雪般纯净，如夜般烂漫，如画般唯美的四季度假生活。项目包括“一廊四区”，即风车世界景观廊、冰雪世界游玩区、南天啸月观赏区、南天雪乡度假区、龙门传说体验区。有冰上碰碰车、滑雪、溜冰、雪上飞碟、雪地摩托等冬季运动项目。

南天门风雪世界

（区旅发委　供）

【青年汇巅峰乐园】　位于黑山谷北门入口，是以陆上运动、水中运动、空中运动三维一体的理念打造的高端运动主题乐园，是集时尚、休闲、极限拓展、竞速赛事、户外演艺等为一体的综合型教学、体验旅游景区。拥有F3级赛道、极速卡丁车、越野车、户外攀岩、迷宫、摩天轮、碰碰车等刺激体验娱乐项目。

【万盛场老街】　位于万盛城市核心区，起始于

青年汇巅峰乐园

（区旅发委　供）

清咸丰元年，兴盛于19世纪中叶。老街四周毗临万东北路、勤俭路和万新路，街区由香炉巷、荣懿巷、炭花巷、万寿巷、石缸巷交错排列组成，是万盛经开区历史络脉的核心起源，更是一个以城市传统文化为核心的休闲体验型老街夜市。万盛老街作为体现老街新貌的文化聚集地，以街市旅游为主题，主要针对城市怀旧客群，打造以特色购物美食街、特色非遗展示店、特色休闲老茶馆、老街特色博物馆等为主题的情景式文化体验区。

万盛老街

（区旅发委　供）

【百花谷】　位于万盛经开区黑山谷景区北门，占地面积20公顷。度假区由休闲度假区、百花园、玫瑰园三大部分组成，涵盖吃、住、游、购、娱、养六大要素。玫瑰园内，可观赏到250

余种玫瑰。景区规划建设星空咖啡、无边际游泳池、垂钓池、房车露营基地、音乐烧烤吧、玫瑰坊、园艺农场、家庭农场、儿童乐园、渔廬餐厅、淋浴房等休闲度假设施。

百花谷

（区旅发委　供）

【金蝶湖文化公园】　金蝶湖位于金桥镇北部，湖区距离金桥场镇500米，库区面积14公顷，湖周建设有金蝶湖文化公园。金蝶湖以优美的自然风光为依托，陆续推出徒步健身、垂钓、皮划艇等特色项目。这里低山浅丘，三面环山，水源充足，常年气温在15℃~22℃。

金蝶湖文化公园

（区旅发委　供）

【五和梨园】　位于万东镇五和村，距万盛城区6千米，平均海拔550米，属于青山湖现代农业园核心区域，种植梨树等果品533余公顷，是全国“美丽乡村”建设试点。每年3月，各界戏曲艺术家梨园唱戏，传统国粹与乡村美景交相辉映、绽放异彩。

五和梨园

（区旅发委　供）

【鲤鱼河漂流】　位于黑山谷鲤鱼河上游，漂流全长3.8千米，总落差170米，河水亦急亦缓、亦曲亦直，水流丰富，游程约1.5小时。

（张孝富）

房 地 产 业

房地产开发

【概况】　全区有房地产企业45家，2017年，竣工楼盘4个，面积8.12万平方米，全年建成旅游地产商品房18006套，面积累计85.88万平方米。全年全区通过团购、回购、举办房展会，出台优惠政策等方式消化存量房3494套，总建筑面积15.65万平方米。

（梅　兵）

房地产市场

【概况】　全年备案登记房地产企业和中介机构43家。开展法律政策宣传咨询、房地产企业执法检查，查处违法行为21起。出台房地产优惠政策，并及时兑现2775户购房者1283万元奖励资金，其中城区地产1051户、525万元，旅游地产1724户、758万元。

【房地产交易】　2017年，全区办理商品房预售许可43件，总套数6433套，总建筑面积43.78万平方米；其中商品住房3350套、27.04万平方米，商服用房236套、3.02万平方米，其他2847套、13.71万平方米。二手房住宅成交3033件，比上年增长14.07%；成交面积22.14万平方米，增长14.57%；成交金额6.01亿元，增长35.83%。二手房非住宅成交96件，增长41.18%；成交面积4.00万平方米，增长54.46%；成交金额9780.3万元，减少62.16%。

2017年，全区上市商品房6352套，上市面积47.56万平方米，成交商品房8229套、成交面积54.90万平方米，比上年增长1倍多。其中旅游地产销售4106套、19.68万平方米，城区地产销售4123套、35.22万平方米。库存商品房7792套，库存面积50.96万平方米，库存量比上年同期减少30%。库存商业用房39.20万平方米。

（梅　兵）

房地产管理

【公房管理】　2017年，全区探索公房管理模式，实行公开招租，21队、老街G2栋、万新菜市5间长期闲置门面成功招租。全年租金收入548.05万元。直管公房中城市棚改。完成莲池村1户、万东北路1户、东林腰子街11户、新胜街220号11户棚改签订工作，取得房票、购房补助等合计约433万元。2017年，全区签订白蚁防治合同25份，合同金额71.35万元，合同防治面积约45.84万平方米，全年收取白蚁防治费154.2万元（含历年欠款86.55万元），19个项目实施白蚁现场施药防治，全年无白蚁事故发生。

【房地产权属登记管理】　12月，万盛经开区不动产登记档案自助查询系统上线。全年完成土地房屋初始登记402件，转移登记11074件（其中安置房759件），变更登记503件，抵押登记2673件（其中城市房抵押2599件，农村房抵押74件），解除抵押登记2234件（其中城市房解押2146件，农村房解押88件），商品房合同备案登记4679件，预告及预告抵押登记3460件，司法查封和解除查封登记341件，预售许可登记42件，集体土地房屋登记526件，全年完成不动产登记2.59万件，发放不动产权利证书1.12万本，发放不动产登记证明7385份。档案查询2.11万余次，出具无房证明约16300份。

万盛经开区不动产登记档案自助查询系统上线后，市民在系统上查询相关信息

（区国土房管局　供）

【物业管理】　2017年，国土房管局监督“润洲·江山城二期B、C组团”“首邦风情街”等2个地产项目的前期物业招投标工作。完成南桐矿务局、成都铁路局、盐业公司和粮食公司的物业移交工作。协调处理永利豪庭等17起群众性信访事件，排查整改安全隐患4处，清理整治违规搭棚130个、占道4起、其他33起。全年归集物业专项维修资金4204余万元，监督审核动用物业专项维修资金申请报告99份，列支动用物业专项维修资金479万余元。完成全区房屋住用安全的大排查大整治工作，排查存在安全隐患的房屋229栋、1253户，排查面积7万余平方米。

9月12日，万盛经开区物业服务企业用工管理培训会

（区国土房管局　供）

【住房档案电子化管理】　全面扫描土地房屋权属档案34.66万宗，并归入档案查询信息库，扫描纸质档案780万页。不动产数据修改、清理16.92万条，装订登记档案2.71万卷。通过档案查询系统，提供档案查询2.11万余次，出具无房证明约1.63万份。

（梅　兵）

金 融 业

综 述

【概况】 重庆市万盛经济技术开发区金融工作办公室（以下简称万盛经开区金融办）为重庆市万盛经开区党工委、管委会的内设机构。有内设科室3个，即金融工作科、金融监管科、金融稳定科。2017年年末，全区有金融机构23家，其中银行机构9家，保险机构6家，证券机构1家，担保公司3家，小额贷款公司3家，基金公司1家。

【银行业】 2017年年末，全区有银行业机构9家，即：中国工商银行股份有限公司重庆万盛支行、中国农业银行股份有限公司重庆万盛支行、中国银行重庆万盛支行、中国建设银行股份有限公司万盛支行、中国邮政储蓄银行股份有限公司重庆万盛经开区支行、重庆农村商业银行股份有限公司万盛支行、重庆银行股份有限公司万盛支行、綦江民生村镇银行股份有限公司万盛支行、重庆三峡银行万盛支行。有营业网点54个，其中城区26个；从业人员人数278人。全年全区银行业存款余额167.03亿元，其中居民储蓄存款余额100.54亿元，单位存款余额66.48亿元；贷款余额105.96亿元，其中单位贷款70.55亿元，个人贷款34.84亿元；存贷比63.44%，不良贷款占比0.32%。

【保险业】 2017年年末，全区有保险机构6家，其中财产保险机构3家，寿险保险机构3家，分别是中国人民财产保险股份有限公司重庆市万盛支公司、中国平安财产保险股份有限公司万盛支公司、阳光财产保险股份有限公司万盛支公司、中国人寿保险股份有限公司重庆市万盛支公司、中国太平洋人寿保险股份有限公司重庆市万盛支公司、泰康人寿万盛支公司。有营业网点13个，其中城区11个；从业人员人数372人（含代理人员）。是年全区保费收入1.95亿元，理赔支出3911万元。

【证券业】 2017年年末，全区有证券机构1家，即西南证券重庆万盛大道证券营业部。有营业网点数1个，从业人员4人，开户数349人，股票交易金额162400万元。

（区金融办）

银 行

中国工商银行股份有限公司重庆万盛支行

【概况】 2017年，中国工商银行股份有限公司重庆万盛支行（以下简称中国工商银行万盛支行）有内设部门3个，即金融业务部、个人金融业务部、综合部，有在岗员工61人，下辖支行营业部、万东支行、万北支行、聚鑫缘支行4个网点，有离行式自助银行（万盛大道自助银行、鱼田堡自助银行、万盛汽车站自助银行、南桐幸福广场自助银行）4个，离行取款机（分别设立在万盛国际大酒店、黑山谷北门游客接待中心）2个，有ATM自助设备25台。

【存款业务】 2017年年末，中国工商银行万盛支行本外币各项存款余额 20.58 亿元，比年初增加 1.82 亿元，增长 9.69%。其中对公存款余额 7.30 亿元，比年初增加 1.20 亿元，增长 19.7%；储蓄存款余额 13.28 亿元，比年初增加 6176 万元，增长 4.88%。

【贷款业务】 2017 年年末，中国工商银行万盛支行各项贷款余额 15.04 亿元，比年初减少 5896 万元，降低 3.8%。其中公司贷款余额 10.18 亿元（不含表外融资 7 亿元），比年初减少 1.03 亿元，降低 9.2%；个人贷款余额 4.86 亿元，比年初增加 4368 万元，增长 19.71%。

【中间业务】 2017 年，中国工商银行万盛支行累计实现中间业务收入 2246 万元，比上年增加 915 万元，增长 68.75%。

【资产质量】 2017 年，中国工商银行万盛支行不良贷款余额 144 万元，不良贷款率 0.097%，违约贷款余额 581 万，违约贷款占比 0.39%。

（中国工商银行股份有限公司重庆万盛支行办公室）

中国农业银行股份有限公司重庆万盛支行

【概况】 2017 年，中国农业银行股份有限公司重庆万盛支行（以下简称中国农业银行万盛支行）有内设机构 2 个，即综合管理部、客户部；下辖营业机构 5 个，即支行营业部、万东分理处、龙凤自助银行、子如自助银行、城市之光自助银行，在职员工 47 人。全年实现拨备后利润 6214 万元，经济增加值 1325 万元。

【存款业务】 2017 年年末，中国农业银行万盛支行本外币各项存款余额 23.85 亿元，增加 5426 万元；其中储蓄存款余额 7.13 亿元，增加 4549 万元；对公存款余额 16.72 亿元，比年初增加 877 万元。

【贷款业务】 2017 年年末，中国农业银行万盛支行本外币各项贷款余额 27.11 亿元，增加 8.48 亿元；其中法人贷款余额 22.48 亿万元，增加 8.21 亿元；个人贷款余额 4.63 亿元，比年初增加 2758 万元。年末各项不良贷款余额 464 万元（含信用卡不良 321 万元），增加 226 万元，全行不良占比 0.17%（含信用卡不良）。

【中间业务】 全年实现中间业务收入 1541 万元。

【金融服务】 2017 年，中国农业银行万盛支行在万盛经开区 7 个贫困村设立惠农服务点，上线投产运行“惠农 e 通‘四融’平台。发放惠农通卡 1084 张，为当地农户的金融需求提供便利服务。开展“3.15”金融知识宣传、金融知识进社区、反假货币宣传月等金融知识宣传活动。

（梁　睿）

中国银行股份有限公司重庆万盛支行

【概况】 中国银行股份有限公司重庆万盛支行（以下简称中国银行万盛支行）设在万盛区万盛大道 21 号（海棠晓月旁），有在岗员工 7 人。

【存款业务】 2017 年年底，中国银行股份有限公司重庆万盛支行各项时点存款余额 2.90 亿元，比年初增加 1.60 亿元；

【贷款业务】 2017 年年底，中国银行股份有限公司重庆万盛支行各项贷款余额 1.37 亿元，比年初增加 664 万元；其中零售贷款 1.29 亿元。

（陈　艳）

中国建设银行股份有限公司重庆万盛支行

【概况】 中国建设银行股份有限公司重庆万盛支行（以下简称中国建设银行万盛支行）有下辖营业网点 2 个，即万盛支行、万盛海棠晓月分理处；有离行式自助银行 2 个、离行式 ATM 机 1 台，辖区自助设备总量 15 台，有在职员工 16 人。

【存款业务】 2017年年末，中国建设银行万盛支行各项存款余额9.88亿元，增长1.91亿元。其中对公存款余额3.45亿元，增长1.14亿元，增长49%；储蓄存款余额6.43亿元，比年初增加7685万元，增长13.58%；理财产品余额1.45亿元。

【贷款业务】 2017年年末，中国建设银行万盛支行各项贷款余额7.06亿元，其中公司贷款余额3.38亿元，个人贷款余额3.68亿元，比年初增加2474万元。

【中间业务】 全年中国建设银行万盛支行累计实现中间业务收入791万元，比年初增加106万元。

【资产质量】 2017年，中国建设银行万盛支行不良贷款余额93万元，不良贷款率0.001%，违约贷款余额210万。

（中国建设银行万盛支行办公室）

重庆农村商业银行股份有限公司万盛支行

【概况】 重庆农村商业银行股份有限公司万盛支行（以下简称重庆农商行万盛支行）有下辖营业网点13个，自动存取款设备30台，在职员工138人，存、贷款余额分别为50.88亿元、30亿元，上缴税金3293.49万元。

【存款业务】 2017年年末，重庆农商行万盛支行存款余额50.88亿元，各项存款比年初增加6亿元，增长10.89%。其中对公存款余额25.77亿元，比年初增加3.45亿元，增长15.46%；储蓄存款余额35.98亿元，比年初增加2.61亿元，增长7.83%。

【贷款业务】 2017年年末，重庆农商行成盛支行贷款余额30亿元，其中个人贷款余额7.16亿元，比年初增加4948.92万元，增长7.43%；3000万元以下小微企业贷款余额3.68亿元，比年初增加2009.9万元，增长5.78%。

【中间业务】 2017年，累计代发城乡居民养老保险金20.5万笔，金额1.63亿元；代发财政涉农补贴资金6.64万笔，金额3823.80万元。

（印　堂）

重庆银行万盛支行

【概况】 重庆银行万盛支行有内设部门7个，即公司业务部、小微业务部、零售业务部、营业部、风险部、保卫部、综合部，有员工22人。物理网点位于万盛大道23号附1号（渝南明珠钟楼旁），下设离行式自助银行1个，位于万新路永辉超市旁。

【存款业务】 2017年年末，重庆银行万盛支行存款时点余额14.36亿元，其中公营存款余额8.52亿元，个人储蓄存款余额5.84亿元。互联网消费贷款发放额8.18亿元，余额1.46亿元。

【贷款业务】 2017年，重庆银行万盛支行推动万盛经开区管委会与总行签订《互联网金融战略合作项目框架协议》。2017年年末，贷款余额19.02亿元，比上年末增加12.09亿元。

【中间业务】 2017年，重庆银行万盛支行中间业务交易4118笔，销售理财4.93亿元，理财存量1.72亿元。

（重庆银行万盛支行办公室）

中国邮政储蓄银行股份有限公司万盛支行

【概况】 中国邮政储蓄银行股份有限公司重庆万盛经开区支行（以下简称中国邮储万盛支行）有内设部门5个，即综合管理部、综合业务部、支行营业部、东林支行、观景湾支行。有二级支行及邮政代理网点17个，其中二级支行（自营）3个，邮政代理储蓄所14个。分布于城区街道网点9个，即万盛经开区支行营业部、观景湾支行、东林支行、广场营业所、火车站营业所、大道营业所、万东北路支行、万新路支行、清溪桥营业所；分布于各乡镇网点8个，即塔山营业所、鱼田堡营业所、桃子营业所、支路营业所、南桐营业所、青年镇支行、关坝镇支行、丛林镇支行。年末，有在职人员49人，辖区内配置自动存取款机23台。

【存款业务】 2017年年末，中国邮储万盛支行全辖各类个人存款余额25.3亿元，其中定期存款17.01亿元，活期存款8.29亿元，全年新增个人存款1.83亿。二级支行（自营）个人存款余额6.89亿元，全年新增个人存款余额－1163.55元，比上年减少1.66%；全年开立活期账户157户。公司存款余额1.05亿元，比上年增加0.35亿元，增长48.97%。

【贷款业务】 2017年年末，各类贷款当期余额6.21亿元。全年个人零售业务贷款累计发放774笔，发放金额1.55亿元；小企业贷款累计发放7笔，发放金额5400万元，较上年增加2950万元。

【中间业务】 全年代收付业务量83.47万笔，新增签约客户294户，结存签约客户21.29万户；汇兑业务全年全辖网点累计收汇4470笔，金额524.36万元；理财类业务全年全辖累计销售理财产品2.53亿元，其中自营网点累计销售理财产品1.36万元；基金业务全年累计销售5139.86万元，其中自营网点销售1708.2万元；国债业务本年累计销售3232.96万元，其中自营网点本年累计销售1646.03万元。

（郭遥遥）

重庆三峡银行股份有限公司万盛支行

【概况】 重庆三峡银行股份有限公司万盛支行（以下简称重庆三峡银行万盛支行）有内设部门3个，即综合部（保卫部）、业务部、营业部，有员工16人。

【存款业务】 2017年，重庆三峡银行万盛支行各项存款余额17.99亿元，其中对公存款余额12.20亿元，储蓄存款余额5.79亿元（不含理财产品）。

【贷款业务】 2017年，重庆三峡银行万盛支行各项贷款余额32.2亿元，其中表内贷款余额0.85亿元（小企业贷款3623.08万元、个人贷款4872.19万元），私募3.8亿元，投融通21.62亿元，债务融资工具2亿元，公司债2亿元，委托贷款1.93亿元。

【资产质量】 2017年，万盛支行无不良贷款，资产质量较好。

（重庆三峡银行股份有限公司万盛支行办公室）

綦江民生村镇银行万盛支行

【概况】 2017年年末，綦江民生村镇银行万盛支行有在职员工15人。存款余额8621万元，贷款余额1.41亿元。是年，开展反假货币宣传、打击非法集资、金融知识进万家、金融知识普及月、零钞兑换等多项社会公益活动。

（綦江民生村镇银行万盛支行办公室）

保　　险

中国人寿保险股份有限公司万盛支公司

【概况】 中国人寿保险股份有限公司重庆市万盛支公司（以下简称中国人寿万盛支公司）有内设机构5个，即综合管理部、团险销售部、个险销售部、客户服务部、银行保险部，营业网点，有在岗人员19人，代理人160人。

【保费收入与理赔】 2017年，全年中国人寿万盛支公司营业收入5538万元。全年营业支出6188万元，其中支付死亡给付129万元，医疗给付35万元，满期给付2635万元，赔款支出372万元，保单红利支出355万元。

（陈忠妮）

中国太平洋人寿保险股份有限公司万盛支公司

【概况】 中国太平洋人寿保险股份有限公司重庆市万盛支公司（以下简称太平洋保险万盛支公司）有下辖业务部分5个，即个人业务部、综合内勤部、续期服务部、团体保险部、交叉销售部。2017年年末，公司有在册人员651人，其中60%为企业下岗工人。全年太平洋保险万盛支公司累计承担学校、医院和建筑行业等85个单位2000万元的保障，个人保险累计实现年度保费期缴3500万元，比上年增长21.6%。

【保费理赔】 全年支公司赔付金额430万元，全年开办险种包括人生险，意外险，养老保险等产品。

（太平洋保险万盛支公司办公室）

中国平安财产保险股份有限公司万盛支公司

【概况】 中国平安财产保险股份有限公司万盛支公司（以下简称中国平安万盛支公司）有内设部门7个，即经理室、综合管理部、业务管理部、客户服务部、电销团队、直销团队、车商团队，有员工12人。

【保费收入与理赔】 公司全年保费收入2300万元，其中车险收入2206万元，财产险39万元，意健险55万元。公司全年保险赔款808万元，赔款与保费比35%。

（中国平安万盛支公司办公室）

阳光财产保险股份有限公司万盛支公司

【概况】 阳光财产保险股份有限公司重庆市万盛支公司（以下简称阳光产险万盛支公司）有内设机构6个，即经理室、客户服务部、综合管理部、车商部、银保部、综合开拓部，有员工18人，代理25人。

【保费收入与理赔】 2017年，阳光产险万盛支公司完成营业额438.42万元，比上年增长13.94%。全年，阳光产险万盛支公司赔款支出126万元。

（余　婷）

证　　券

西南证券股份有限公司重庆万盛大道证券营业部

【概况】 西南证券股份有限公司重庆万盛大道证券营业部（以下简称西南证券万盛大道营业部）位于万盛大道21号6幢负1－14号。有在职职工6人。

【经营情况】 全年，西南证券万盛大道营业部业务收入224.06万元，金融产品销售1605.8万元。新增普通客户352户，新增客户资产1842.3万元，客户累计成交金额为16.24亿元。成功承揽万盛地区首只具有政府背景的专注于万盛地区产业导入和发展的基金，即重庆万盛产业发展股权投资基金有限公司，规模总计5亿元。推荐挂牌重庆OTC科创板企业2家，即重庆市万盛区顺达粉末冶金有限公司和重庆市九瑞粉末冶金有限公司。签约重庆OTC成长板挂牌财务顾问协议1家，即重庆市天冲商贸有限责任公司，该项目也是万盛地区首家OTC成长板挂牌项目。

（欧晓娟）

财政税务

财　政

【概况】　万盛经开区财政局（含金融办有内设科室13个，即办公室、预算科、国库科、行财科、经济建设管理科、企业国资管理科、农业科（挂基层财政科牌子）、教科文卫科（挂社会保障科牌子）、会计监督科、采购办、金融工作科、金融稳定科、金融监管科。有下属事业单位3个，即重庆市万盛经济技术开发区国库集中收付中心、中华会计函授学校万盛分校、重庆市万盛经济技术开发区财政投资评审中心。2017年年末，有职工52人。

【一般公共预算】　全年全区一般公共预算收入12.53亿元，为调整预算的100.3%，同口径增长3.7%。其中税收收入8.04亿元，为调整预算100.5%，同口径增长7.8%，加上级转移支付收入16.71亿元，地方政府债券转贷收入9.78亿元，上年结转结余收入4326万元，调入资金1.03亿元，调入预算稳定调节基金782万元，收入总计40.56亿元。全区一般公共预算支出28.50亿元，为调整预算102.6%，比上年增长7.6%，加上解支出8954万元，地方债券还本支出9.28亿元，安排预算稳定调节基金346万元，结转下年支出1.85亿元，支出总计40.56亿元。

【政府性基金预算】　全区政府性基金预算收入2.39亿元，为调整预算79.6%，比上年降低65.9%，加上级转移支付收入4878万元，上年结转结余收入602万元，收入总计2.94亿元。全区政府性基金支出2.32亿元，为调整预算88.3%，比上年降低81.1%，加上解支出496万元，调出资金5312万元，结转下年支出350万元，支出总计2.94亿元。

【国有资本经营预算】　全区国有资本经营预算收入2亿元，加上级补助收入0.65亿元，上年结转收入1.53亿元，收入总计4.19亿元。全区国有资本经营预算支出1.81亿元，加调出资金5000万元，结转下年支出1.87亿元，支出总计4.18亿元。

【收入结构优化】　全年辖区税收收入15.71亿元，比上年增长13.4%。2017年税收收入占一般公共预算收入比重64.2%，比上年增加4个百分点。新材料、医药等产业税收稳步提升，煤炭行业税收占比下降，税收收入对煤炭行业依赖度从高峰期超过80%下降到不足20%。

【财政资金支撑转型发展】　一是服务工业强区。统筹资金2.70亿元，培育扶持新兴产业，促进工业实现增资扩产。二是支持全域旅游、全民健身。统筹资金2.16亿元，提速城市公园和景观设施建设，不断完善全境旅游基础设施，持续完善体育场馆等体育场地设施体系，支持“黑山谷杯”羽毛球挑战赛等大型体育赛事和各类群众性体育活动开展，培育运动健康城市文化。三是助力金融驱动。促成安产基金战略重组，完善拟上市企业储备库运行机制，实现汇畅钢管OTC科创板挂牌，牧同电商等2家企业OTC孵化板挂牌。

【财政保障民生】　全年投入民生资金15.52亿

元，占一般公共预算支出54.4%。一是教育事业。统筹资金4.44亿元，保障贫困学生营养改善和学生资助，重点推进学校基础设施建设，不断提升教育设施软硬件水平。二是医疗卫生。统筹资金2.73亿元，助力公立医院改革顺利推进，推进家庭医生签约服务，实施分级诊疗，支持医疗机构改扩建，提高基本公共卫生标准。三是社会保障。统筹资金3.76亿元，保障优抚对象、城市“三无”人员、农村“五保”人员基本生活，兑现各类惠民保障政策。四是就业支持。实施就业再就业贷款补贴政策，惠及2558人，“民生创业贷”累计放款2.30亿元。五是巩固脱贫攻坚成果。统筹资金1612万元用于支持脱贫攻坚行动。建立“扶贫济困医疗基金”，实施电商扶贫试点项目，启动贫困户产业发展贴息贷款试点，继续巩固扶贫产业。六是实施乡村振兴。统筹资金6693万元，推进“一事一议”项目建设，实施农业综合开发项目，足额兑现惠农政策，持续推进农业供给侧结构性改革。

【财政改革】 一是制定区级部门“预算零结转”“公开评审”“信息公开”管理办法。通过实施零基预算，先公开评审，后安排预算，提升预算资金使用效益；通过存量资金收回和预决算公开，增强财政资金调控效能和资金使用透明度。二是推进国库集中支付改革。所有预算单位全部纳入国库集中支付，集中支付数量比上年增长5%，财政资金使用更加快捷高效。三是全面推进财税体制改革。全面落实增值税收入划分过渡方案，加强地方税种的研究分析；及时跟进市与区县财政事权与支出责任划分改革，认真摸清万盛各块支出责任的内容、规模、范围等。四出台新一轮财政体制，凡超基数税收全部留成镇街，区级不予分享，激活镇街发展经济积极性。

【金融风险防范】 区财政局出台政府性债务风险应急处置预案，健全政府性债务风险应急处置防控体系，形成响应快速、分类施策、各司其职、协同联动、稳妥处置的工作机制。充分发挥政府债券资金效益，在科学控债的同时，争取置换债券偿还利息较高债务，缓解债务偿还压力；合理使用新增债券，支持重点民生项目建设，缓解财政支出压力。强化金融风险监控。开展防范和打击非法集资宣传教育活动，清查涉嫌非法集资广告资讯信息，对P2P网络借贷信息中介机构进行风险排查，摸排农民专业合作社、养老机构、房地产等非法集资案件高发领域情况，推动互联网金融风险专项整治。

【财政监管】 全面清理规范奖励津补贴。全面清查现行各类岗位津贴的标准和发放人员，确保津补贴政策规范执行。加大财政监督检查。开展行政事业单位会计信息质量检查、“一事一议”资金执行情况专项检查，切实推进依法理财，严肃财经纪律。全面监管预算执行。全区公务卡报销比例达85.6%，“三公经费”比上年下降19.9%，及时预警并纠正不规范支出104笔。推进投资评审和政府采购管理。完成391个项目投资评审，审减金额3.09亿元，综合审减率13.3%；完成政府采购项目160宗，成交金额1.29亿元，节约资金1693万元，节支率11.6%。加强预算绩效管理。通过自评或第三方中介评价等方式，对50万元以上的项目实施预算绩效评价，提高资金使用效益。

（区财政局办公室）

国家税务

【概况】 万盛经济技术开发区国家税务局（以下简称万盛经开区国税局）于2016年12月搬迁至重庆市万盛经开区塔山路3号。2017年，有内设科室8个，即办公室、税政法规科、收入核算科、征管和纳税服务科、财务管理科、人事教育科、监察室、机关党委办公室，有直属单位1个，即万盛经开区国家税务稽查局，有派出机构4个，即办税服务厅、第一税务所、第二税务所，第三税务所，有事业单位2个，即信息中心、机关服务中心，在职干部职工72人。

【国税收入】 2017年，区国税局组织税收收入9.64亿元，比上年自然增长37.16%，同口径增长22.76%，增收2.61亿元；区级完成3.0亿元，增长34.1%，增收8874万元。从税种上看，增值税完成税收7.47亿元，企业所得税1.43亿元，消费税3639万元，车辆购置税3739万元。从行业看，煤炭业完成税收9417万元，制造业完成2.91亿元，电力行业税收4104万元，建筑业税收1.14亿元，商业税收1.16亿元，交通运输业税收5285万元；金融业税收5454万元；房地产税收1.07亿元；生活服务业税收924万元。从税收结构看，煤炭行业实现三年来首次增长，完成税收9417万元，比上年增长114.7%，增收5031万元，电力行业完成4104万元，比上年降低49.9%，减少4089万元。

【税收征管】 成立建安房地产、交通运输和企业所得税管理3个税收管理团队，开展清理巡查，挖掘税源潜力，全年落实各项征管措施增收3930万元。推进风险管理，全年扫描风险5499户次，发现风险点529个，评估补税930万元，弥补亏损1135万元，纠正错误信息869条。开展失控发票、开具不规范发票清理核查力度，确保进项税额及时转出，查补税款及时入库，全面防范发票风险。全年核查失控发票464份，进项转出47.05万元，补缴税款223.06万元，加收滞纳金17.21万元，罚款52.30万元；处理开具不规范发票846份，进项转出1197.62万元，补缴税款18.64万元。

【纳税服务】 落实国地税合作规范3.0版，深化联合办税服务厅共建共管，纳税人获得感和满意度不断提升，全年联合办理登记3976户次，代开代征税款839万元，联合开展干部培训90人次。推进网上办税，电子税务局累计实名绑定7228户，票种核定、升级版、新办纳税人绑定率100%，非接触式服务占比90%。全年发送各类消息1.25万条。实现全区邮政发票代开网点乡镇全覆盖，委托代开发票10758笔。

【依法治税】 全年开展行政处罚1017件次，罚款1995.08万元，审理重大税务案件6件。全面规范稽查工作，全年对28户实施检查，查补税款、滞纳金、罚款549.87万元。创新税警协作模式，成立打击涉税违法犯罪办公室，作为打击涉税违法犯罪工作的常设机构，负责组织开展全区打击涉税违法犯罪日常工作。

（张欣星）

地方税务

【概况】 重庆市万盛经济技术开发区地方税务局（以下简称万盛经开区地税局）有内设科室5个，即办公室、政策法规监督科、税收政策与征收管理科、收入规划核算科、人事监察科；下设稽查局、纳税服务中心、税收风险监控中心；有派出机构2个，即万盛税务所、东林税务所。有干部职工58人。万盛经开区国税局主要负责全区范围内的企业所得税、个人所得税、资源税、土地增值税、房产税、城市维护建设税、车船税、城镇土地使用税、印花税、烟叶税、耕地占用税、契税12个税种以及文化事业建设费、教育费附加、地方教育附加的征管和社会保险费5大险种及残疾人保障金、工会经费等规费的征收工作。

【地税收入】 全年组织税费收入15.71亿元，比上年增长13.4%。其中区级税收收入8.04亿元，增长5.2%（同口径增长7.8%）。

【税收征管】 8月，万盛经开区地税局实施税收征管改革。转变征管方式，加强事中事后监管，对备案减免、外来户注销、股权转让等重要事项及时纳入监控；加强分类分级管理，按照纳税人规模、行业，兼顾特定业务，对税源进行科学分类。加强税收数据管理，重新采集校正重点税源企业基础信息，开展数据集成试点；加强综合治税，落实税收征管保障办法，依托政府数据交换平台开展三方数据交换工作，通过税收共治增加税收收入8500余万元。

【纳税服务】 落实“放管服”改革工作要求，开展“便民办税春风行动”，前移办税事项，简化办税流程，扩展网上办税，提升纳税服务质效。深化国地税合作，在国地税共建办税服务厅的基础上，坚持国地税联席会议制度，在税收宣传、政策执行、信息传递等方面建立长效的合作机制。借助税法宣传月、青年文明号开放周等活动，全面开展税收政策宣传。全面落实各项税收优惠政策，重点做好国务院6项减税政策、促进就业、小微企业、支持实体经济等政策的落实，全年共减免各类税款1.4亿元，小型微利企业所得税受惠100%。

【地税稽查】 落实“双随机、一公开”监管，科学开展随机抽查和定向精准稽查，实现风险管理与稽查选案的精准对接。全年查补入库税款3100余万元。

（尤　睿）

经济合作

【概况】 2016年12月，万盛经济技术开发区招商局与万盛经济技术开发区发展与改革局分设，由万盛经济技术开发区发改局的挂牌机构变为独立运行机构。2017年11月16日，万盛经济技术开发区招商局更名为万盛经济技术开发区投资促进中心。有内设部门5个，即综合服务部、招商一部、招商二部、招商三部、招商四部；有全额拨款事业单位1个，即外来投资企业服务中心。2017年年末，有在编在岗工作人员17人。

【招商活动】 2017年，全区累计签约招商引资项目78个，计划总投资130.4亿元。其中工业项目38个，计划总投资119.8亿元，占91.9%；体育和旅游项目9个，计划总投资9.3亿元，占7.1%；现代服务业项目31个，计划总投资1.3亿元，占1%。成功签约高世代液晶面板生产线、三锋汽车饰件高端制造与轻量化、年产100万套天窗总成、年产10万吨非光气法生产聚碳酸酯、年产5万台（套）新能源汽车生产、必扬星环无人直升机和多旋翼无人机制造等万盛经开区主导产业集群关键节点项目；成功签约“记忆157”主题文化旅游区、中金国泰文化旅游产业、万盛嗨摩尔等项目。全年对接世界500强企业或知名企业30余家，组织招商团队参加各类展会10余次，发放招商宣传资料5000余份，组织全区11户电子信息企业参加“重庆·国际手机展”。

（桂焕然）

【区外资金利用】 2017年，全区实际利用区外资金项目125个，累计利用区外资金74.8亿元，比上年减少17.5%。其中19个基础设施建设项目完成约18.2亿元，占总额24.3%；53个工业项目完成约30.7亿元，占总额41.1%；12个农业项目完成约2.2亿元，占总额2.9%；20个旅游及体育项目完成约8.8亿元，占总额11.8%；11个房地产项目完成约8.1亿元，占总额10.8%；10个商贸物流项目完成约6.8亿元，占总额9.1%。

（张　余）

【内资利用】 2017年，全区实际利用内资项目237个，累计利用内资31.3亿元，比上年增长36.6%。其中总投资5000万元以上项目22个，实际利用内资23.2亿元，占74.2%；总投资5000万元以下项目215个，实际利用内资8.1亿元，占25.8%。

（桂焕然）

经济监督管理

国有资产管理

【区属国有企业】 2017年年末，全区有区属国有企业83家，其中独资控股62家，注册资本89.68亿元，其中国有资本75.45亿元，占总资本的84.13%；其他资本14.23亿元，占15.87%；国资参股公司21家。区属国有重点企业10家，即万盛经开区开发投资集团公司，万盛经开区城投公司，万盛经开区交建公司，万盛经开区水建公司，万盛经开区采沉治理公司，万盛经开区旅投公司，万盛经开区鱼子岗公司，万盛经开区体育产业公司，万盛经开区江南机场公司，万盛经开区工建公司。

【国有资产运营】 2017年纳入国资快报统计的46户区属国有企业资产总额612.53亿元，比上年增长44.5%；营业收入5亿元，增长10.4%。11户规模以上国有企业营业收入2.24亿元，增长36.10%。全年企业上缴国有资本经营收益2亿元。整合资源，实现国有资产保值增值。一是将区机关事务局管理的20户经营性房产划转给开投集团下属的盛欣公司。二是指导企业采取公开拍卖方式处置老旧车辆7台，公开招标整体出租板辽湖垂钓中心，出租国能天街S2、S3商业楼精装物业资产以及新台广场2号楼，挂牌出让黑山镇南门村江流坝的4套康居房以及“黑山谷假日国际”项目部分商业住宅和停车位等。三是审核指导开投集团、水建公司、交建公司、鱼子岗公司、体育产业公司采用股权投资、股权收购、投资合作、直接投资等多种方式开展自主性投资，共42笔，投资金额6.7亿元；区属国有重点企业全年完成投资30.9亿。

【国有企业改革】 推进区属国有企业混合所有制改革。2017年，全区新设立区属国有企业11家，其中混合所有制企业4家。制定监管机构职能转变方案。加快剥离市属国有重点企业社会职能。全区涉及驻区市属国有企业办社会职能的有11家。至2017年年末，签订“三供一业”、南桐技工学校、退休人员实行社会化管理服务、市政设施及社区管理剥离移交协议。完成2.3万户供电网络改造可研报告编制及审核工作；推进1500户的天然气改造工程；完成新田湾煤矿家属区269户的供水移交，完成南桐矿业公司等3家驻区市属国有企业及中央企业成都铁路局职工住房2.3万余户物业管理现场查验工作；完成各镇街对南桐矿业公司、万盛粮食公司等11家驻区市属国有企业19086名退休人员的接收工作，并实现社会化管理服务，推进4328名退休党员的网上平台转接工作；完成区城市管理局、区交通局及相关镇街与南桐矿业公司、万南铁路有限公司、重庆高速集团南方营运分公司移交公路、桥梁及附属设施的现场交接工作。

【国有资产监督】 建立健全企业分类管理模式。万盛经开区管委会直接管理万盛经开区开投集团，区国资局受委托全面履行日常监管职责。区国资局直接管理9家区属国有重点企业，并依据相关法律法规全面履行监督管理职责。其他非重点企业由国资局和行业主管部门分解职责、共同管理。镇属国有企业以镇管理为主，国资局履行指导职能。出台一系列监督管理办法，规范区属国有企业投资项目的资金支付管理。加强经营行为日常监管。通过对区属国有企业开展统计监测、财务预决算、审核审批重大事项、人员总额控制、经营业绩考核、薪酬分配、企业负责人任免等工作，逐步规范企业经营管理行为。加强企业从严治党和安全监管。重点检查各企业安全生产、支付农民工工资、全面落实从严治党述职述责述廉制度以及遵守八项规定精神等方面的情况进行全面监督检查。开展财务大检查。由区国资局牵头，会同区财政局、审计局开展国有企业财务大检查。重点对企业国资监管制度落实情况、内部财务管理制度的落实情况、重大事项报批报备情况、“三重一大”决策制度贯彻落实情况、违反中央八项规定精神和“四风”问题等13个方面情况进行检查。完善法人治理结构。全区现有的10家重点企业全部建立健全公司董事会、经理层、监事会，公司法人治理结构健全。

（罗　颖）

国土资源管理

【土地规划管理】　2017年，万盛经开区获得298公顷的规划空间。全年完成江南机场、板辽水库二期工程、渝黔高速公路扩能改造项目先行用地等10个项目调规工作，落实规划布局316.73公顷。

【耕地保护与整治】　2017年完成全区全域永久性基本农田划定工作，共计划定永久基本农田面积9360公顷。市政府2017年下达万盛经开区耕地保有量11293.33公顷，永久基本农田划定9360公顷，占补平衡新增耕地46.67公顷，高标准基本农田建设566.67公顷。实际耕地保有量12626.67公顷，永久基本农田9360公顷，完成占补平衡新增耕地87.05公顷（其中土地整改36.05公顷，复垦51.00公顷），完成高标准农田建设580.4公顷。全区17个土地复垦项目通过市级验收，取得地票面积34.87公顷，完成关坝、青年、黑山镇3个土地开发整理项目的入库备案，新增耕地89.59公顷。取得金桥镇新木村土地开发整理项目耕地占补平衡合格证，新增耕地36.05公顷。完成8个农村建设用地项目复垦的交易工作，复垦面积16.86公顷，地票交易成交价4702.99万元。

【建设用地管理】　2017年，丛林食用菌、鱼田堡高新技术产业园区、川东化工搬迁等30个项目征地获批，批准面积163.74公顷。取得重庆江南机场、丛林1000万棒食用菌、煤电化园区化工二路、鱼子岗入口服务中心等7个项目新增建设用地指标批文，取得新增建设用地计划指标109公顷。完成板辽水库二期工程、松涛湾水库工程项目等14个市、区两级建设项目用地预审，面积87.8公顷。完成全区“符合两规”333.33公顷可报批土地全面清理工作。

【矿产资源管理】　矿山执法查处7起，收缴行政处罚罚款54.57万元。现场巡查非煤矿山146次，煤矿20次，下发临界通知7份，停止违法行为通知27份。

【地质灾害防治】　全年拨付补助资金397.9万元，完成307人的搬迁避让工作。投入280万元，

第27个全国“土地日”宣传活动

（区国土房管局　供）

重庆市委、市政府防汛抗旱督促组到万盛经开区指导检查地质灾害防治工作

（区国土房管局 供）

开展全区地质灾害隐患点的倾斜摄影三维可视化项目。地灾治理项目投入2600余万元，完成三所一队滑坡、青年九锅箐旅游环线滑坡、大坪滑坡等11处地质灾害治理工程。组织指导各镇街近3000人次，对全区144处地灾隐患点开展单点简易应急避险演练。全年无地灾伤亡事故发生。

【廉租房建设与管理】 全年筹措建设资金7800万元用于老街以南项目建设，完成老街以南项目建筑面积15.34万平方米、绿化及设施4350平方米、810个车库的建设。2017年年末，有6栋高层、7栋多层全面竣工并交付使用，协调老街拆迁安置394户，棚改安置501户。完成莲池路3744平方米的道路及市政设施建设工作和老街以北D1栋10户商业门面历史遗留问题。2017年安置原老街住户394户、棚改501户。公租房续签180户，廉租房续签386户，全年收保证金2.95万元，租金85万元。对2016年安居工程审计出的问题进行整改，收回保障住房2套，追回违规享受租金15.3万元。启动对浸水垭廉租房全部天然气安装工作，并全部完成2016年度103套廉租房分配工作。

【执法监察】 全年执法巡查313次，查处违法违章建设行为为84起，参与拆违30起，送达责停书225份，拆除面积1.5万余平方米。矿山执法查处9起，收缴罚款54.57万元。对国土资源部下达2015年图斑中282个违法图斑进行审查，现土地矿山违法比例由原72.98%下降至9.46%，执法工作通过市级验收。

【地籍管理】 完成农村建设用地现状调查核实工作，完成2016年度土地利用变更调查，并通过国土资源部对281个变更调查图斑一次性检查验收，调解土地权属纠纷5宗。启动全国第三次土地调查前期准备工作。

【土地利用】 全年出让国有建设用地14宗，出让土地面积91.39公顷，土地出让价款1.91亿元，其中，工业用地出让12宗，面积87.94公顷，土地出让价款1.54亿元；商住用地出让2宗，面积3.45公顷，土地出让价款3614万元。完成采沉公司青年项目、司法用房项目等2个项目划转出工作，划转出面积2.64公顷，土地价款1845.86万元。完成1宗闲置土地处置工作（开投公司收购曦圆黑山地块），涉及土地面积1.51公顷，土地价款1930万元。追缴欠缴土地出让价款4733万元（重庆禧德房地开发有限公司200万元，重庆国能投资开发有限公司3438万元，重庆市磊砼房地产开发有限公司641万元，重庆奥山房地产开发有限公司454万元）。

【土地征收】 全年完成征地项目6个，征收土地38.48公顷，其中南桐大道项目13.73公顷、关坝小学扩建项目0.36公顷、丛林食用菌工厂化生产项目18.96公顷、川东化工宿舍项目0.13公顷、南桐镇污水处理工程项目0.47公顷、青年镇城镇规划建设项目4.84公顷。征地农转非511人，其中鱼子岗旅游基础设施项目368人，关坝污水处理厂项目115人，关坝小学扩建项目28

人；征地农转非参保662人。2017年完成城房拆迁104户，面积8600平方米，农房拆迁137户，拆迁房屋面积3.87万平方米。2017年完成南桐大道、鱼田堡高新技术产业园、渔清公路、棚改（万盛、东林片区）、丛林粮食储备库、关坝小学、进盛中学等项目的房屋拆除工作，拆除约6.30万平方米。万盛老街、万东南桐采煤沉陷安置房、财富广场、西城花园等拆迁安置房分房工作完成，分配安置房765套。

【采煤沉陷区治理】 2017年完成175户A、B级采沉区受损农房的维修加固工作，建成统建房34万平方米，完成分房1901户、3028套，其中万东镇分房710户、847套，青年镇分房24户、33套，丛林镇分房60户、82套，南桐镇1107户、2066套。完成五镇1945户农户房屋受采动影响致害责任认定工作，复核各镇上报的350余户房屋等级鉴定。2011—2012年度采沉区植被恢复项目万东、南桐、青年标段均进入管护阶段。实施采矿损毁土地修复示范区项目，种植福建琯溪蜜柚233.33公顷，完成采沉区道路改造项目110余千米的道路新建及修复，并完成竣工验收。

（梅　兵）

4月26日，国土资源部党组成员、副部长凌月明（右二）率队到万盛经开区调研地质灾害防治、采煤沉陷区综合治理和煤矿超层越界开采专项整治工作

（区国土房管局 供）

审　计

【概况】 万盛经开区审计局有内设科室6个，即办公室（电子数据审计科）、法规审理科、整改督查与内审管理科、财政审计科（重大政策跟踪审计科）、投资审计科、经济责任审计科（经济责任审计工作联席会议办公室）；有下属参公事业单位1个，即重庆市万盛经济技术开发区审计中心；有在职职工34人。2017年度，万盛经开区审计局完成审计项目60个其中完成财政、税收，部门预算执行审计项目3个，企业审计项目10个，政策措施落实情况跟踪审计项目1个，专项资金审计项目4个，经济责任审计项目9个，工程竣工结（决）算审计项目32个。全年查出违规资金25843万元，管理不规范金额45.33亿元，发现收支不实金额2758万元；审计处理应上缴财政金额2.58亿元，减少财政拨款或补贴51.31万元；移送处理审计案件3起，有处理结果的1起；审减工程结算金额1.14亿元，综合审减率9.17%；领导肯定性批示51篇，各级各类信息被采用43篇，其中被《中国审计报》采用1篇。

【财政审计】 在2016年度市及区县财政预算执行和决算（草案）审计和2016年全市地方税收收入暨非税收入征管、区级部门2016年度预算执行和其他财政收支情况审计中，采取全面审计与重点抽查相结合的方式，审计覆盖一二级预算单位25家。运用大数据筛查疑点、比对分析等手段，发现“预算台账与支付系统预算数据不符”“虚列支出3.13亿元”“存量资金3.43亿元处置不及时”“非税收入未及时入库1.33亿元”“欠缴耕地开垦费3358.90万元”等32个问题，提出整改意见12条，在审计期间，促进1.81亿元上交财政。

【经济责任审计】 全年完成经济责任审计项目9个，查出应承担领导责任问题34个，提出审计建议18条。

【公共投资审计】 全年完成公共投资审计项目61个，按照审计组织方式分类：备案审计18个，审计机关直接组织审计43个，审计投资11.06亿元，审减1.06亿元，工程结算审减率9.61%，发现问题31个，提出审计建议22条，督促被审计单位在工程款支付中扣回应由承建方承担的审计费，节约财政资金支出13.31万元。

【专项资金审计与国企审计】 重点实施重大政策措施贯彻落实情况跟踪审计、城镇保障性安居工程跟踪审计、教育专项资金审计、关坝镇2012年9月至2016年12月涉及煤电化园区建设工作财务情况审计等项目。查出管理不规范资金499.55万元，发现“财政资金拨付不到位”“公用经费支出结构不合理”等问题8个，移送处理漏税案件1起，提出审计建议13条。采取统一组织、集中分析、同步实施、购买社会中介机构服务方式集中开展10家国企审计。审计发现“确认营业外收入依据不充分，多计收入24279万元”“往来款项管理不规范，内部往来款不一致39012万元” “长期待摊费用应分摊而未分摊14752万元”“未执行内部集体决议857万元”“大额资金支出未严格执行审批268576万元”“少计收入、成本24625万元”等问题。

【内部审计】 按照一体化推进内部审计工作的思路，推动万盛街道等10个镇街、国土房管局等23个区级部门、平山园区管委会等3个园区管委会、开投集团等10个国有平台公司和重点企业成立内审机构，配备专、兼职内审人员46人。组织全区内审人员参加素质业务培训，强调内部审计的重要意义、工作规范和操作流程。全年完成内部审计项目32个，审计金额1.32亿元，发现管理不规范资金12.92万元，工程审减结算金额47万元，发现问题63个，提出建议意见75条。对4家中介机构出具的咨询报告完成核查，其中概算审核报告2个，预算评审报告1个，结算审核报告1个。发现问题13个，对发现问题的机构进行降低考评等级的处理，并对由于中介机构工作失误造成的工程结算虚增金额2.6万元向承办中介机构进行追索。

（蓝代艳）

统　计

【概况】 重庆市万盛经济技术开发区统计局（以下简称万盛经开区统计局）有内设科室5个，即办公室、综合考评科、教育法规科、工业投资科、服务业贸易科；有核定机关行政编制5人，行政执法专项编制3人。下属事业单位2个，即重庆市万盛经济技术开发区社会经济调查队（核定财政全额拨款参会事业编制10人）、重庆市万盛经济技术开发区社情民意调查中心（核定财政全额拨款事业编制5人）

【农业普查】 从1月1日至1月20日，全区组织普查员600余人，摸底登记农户3.77万户、规模户128户、农业经营单位1244家、70个村和10个涉农乡镇街道。实施农业普查报表的录入、审核、改错、验收等相关工作，完成农业普查。

【住户调查样本轮换】 住户调查是一项重要的国计民生调查，可提供多项全面建成小康社会考核指标数据，能全面、准确、及时地反映和监测各地区城乡居民收入、消费及其他生活状况。8月起，组织实施5年一次住户调查样本轮换工作，调查村社区19个，调查点20个，摸底调查家庭3000户，206户家庭将自2017年12月起退出当前住户调查样本，由新抽选的200户家庭接替继续记账。

【统计数据服务】 开展游客满意度调查、群众安全感调查和2016年1%人口抽样调查后续工作，做好妇女儿童发展规划“两纲”监测和全面小康监测统计监测。全年，撰写统计分析4篇，上报统计月报12期。更新统计数据库、微博微信、信息网等平台信息，向市统计局行业、专业处室报送万盛经开区的行业发展动态、发展信息。9月份，打造统计数据移动终端查询平台，可通过手机 APP 解统计数据情况。

【统计执法】 一是贯彻落实党中央国务院和市委、市政府领导同志关于防范和惩治统计造假、弄虚作假重要指示批示精神，把坚持实事求是、反对弄虚作假作为首要政治任务来抓。9 月份，市局对万盛经开区 7 家四上企业数据质量现场抽查，结果良好。二是将依法治统作为维护统计工作的重要手段，继续深化统计法制宣传及业务人员培训工作。全年组织开展区范围内各报表企业、单位统计业务人员业务及法律法规知识培训会议 10 余次。三是开展新形势下《中华人民共和国统计法》的学习。邀请市统计局黄可副局长到万盛经开区开展统计法律法规专题讲座；订购《中华人民共和国统计法实施条例》100 余册，发至全区党政主要部门、相关行业主管部门以及镇街、园区、四上企业统计人员。在局官网、微博等网络平台显著位置，公布统计违法行为的举报电话和电子邮箱，畅通案件处理渠道。借助培训会以及各类普查、调查等，对全区统计业务人员进行了统计法律知识的宣传和培训。四是加大统计违法违纪案件的查处和惩戒。健全完善“双随机”抽查制度，制定统计执法工作计划，开展常态化的统计执法检查。

（侯　栋）

工商行政管理

【概况】 重庆市工商行政管理局万盛经济技术开发区分局（以下简称万盛经开区工商分局）是重庆市工商行政管理局正处级派出机构，有内设机构 10 个，即办公室、法规科、财务装备科、非公有制经济组织党建工作科、企业注册登记科、商标和广告监督管理科、微型企业发展监督管理科、市场监督和消费者权益保护科、企业信用体系建设管理科、监察室。有直属机构 1 个，即经济检查执法支队，下设执法 1 科、2 科。有派出机构 6 个，万盛、东林、黑山、南桐、青年、关坝等 6 个工商所，部分派出机构采取合署办公。年末，全局有行政编制 55 人，在编在岗 48 人。

【市场主体发展】 全年，新增市场主体 3524 家（内资企业新增 735 家，微企 520 家，个体工商户 2269 户），完成年度目标的 181%，年增长率 21%，辖区市场主体累计 20114 家，首次突破 2 万家。

【企业登记管理】 全年累计发出“一照一码”企业执照 6287 张，发出个体“两证整合”执照 3207 张。推进企业名称登记自查自择改革，引导注册企业使用名称自查自择系统。全年吊销“僵尸”企业 145 家，简易注销企业 81 家、个体工商户 1323 户。登记数据准确率高于 99%。

【微型企业】 全年全区新增微企 520 家，累计 4293 家，新增就业 3531 人，发放各类补助资金 1018.39 万元（含存量创业补助 647.09 万元、233 户）。作为全市三个微型企业创业“梦基地”之一的重庆市精准扶贫微企梦乡村——凉风微企梦乡村于 2017 年 3 月 11 日开村，全村累计培育微企 172 家，占该村农户 40%，带动吸纳下岗煤矿工人、返乡农民工、建档建卡贫困群众就业 1200 余人。全年该村累计接待游客 38 万人，旅游综合收入 4150 万元，村民人均可支配收入由建设前 2420 元，增加至 5992 元左右，全年接待全国各级考察学习团队 179 批次。全面落实管委会《关于助推城市转型发展扶持下岗矿工创办微型企业的实施意见》11 条举措。与涉煤镇街、南桐矿业公司开展战略合作，开展微企政策“进煤矿、进班组、进家庭”的“三进”宣传服务活动 23 场次，至年末，全区有 106 户下岗煤矿工人或配偶通过扶持走上微企创业道路，带动就业 700 人。

【市场监督管理】 推进商事登记制度改革，强化事中事后监管。推进年报和即时信息公示工作，综合年报率排名全市各区县第 17 位；辖区部门建立健全“先照后证”数据交换互联互通机制。完成市工商局“双随机、一公开”抽查任务，抽查户数 512 户。强化企业信用监管，贯彻《重庆市企业信用信息管理办法》，依托公示系统，实现企业信息共享和失信行为联合惩戒，推行失信企业“黑名单”制度，年内归集有效企业信用信息 8991 条，为国家级/市级评优评强、“两代表一委员”选举等，提供信用信息支持 156 次。加强广告监管，巡查房地产、医疗、商业促销等户外广告 650 余幅，违法广告处置率 100%；监测各类媒体新闻广告 1800 余条。加强合同监管，对汽车维修、公用事业、美容行业等 12 个重点、热点领域，开展合同格式条款整治，规范网络交易合同格式条款。加强对公共服务行业和领域的监管执法，加大金融消费、建筑招投标、电子商务等领域监管执法力度，严厉查处传销、假冒伪劣、虚假广告宣传、公用企业垄断等违法行为。年内开展打击侵犯知识产权和制售假冒伪劣商品促进大众创业、万众创新专项执法行动。

【商标发展管理】 实施商标品牌战略，提升地区及产品的知名度和美誉度。强化注册引导，构建梯次渐进的商标培育体系，全年新增注册商标 489 件，累计拥有注册商标 1600 余件，增长率 41%；“多泰 Duotai 及图”被认定为全国驰名商标，实现万盛驰名商标零突破；新增“金灵青山萝卜”地理标志 1 件，地理标志累计达到 8 件，地理标志拥有量位居全市区县前列；兑现 2016 年商标补助资金 111 余万元；举办“把十九大精神落实到万盛大地上 商标兴区 工业强区”大型专场文艺演出。

【广告管理】 加强对区内各大旅游景区及周边户外广告以及涉旅广告的监管，累计检查广告 650 余幅，责令改正轻微、一般违法广告 16 件，立案查处 2 件，违法广告处置率 100%；加强对房地产等重点领域广告和低俗不良内容的监管和整治；持续加强对重点监管事项的监管，坚持监管信息日报制度，向市工商局报告广告监测监管数据。加强对新闻媒体广告的监测，累计监测各类广告 1800 余条，在对“中国最忙虚假医药广告代言人”及类似广告的排查中，辖区电视台未发现该广告及类似广告。

【合同监管】 开展合同格式条款专项整治，开展美容行业、汽车维修领域格式合同专项整治工作，收集合同文本 10 份，经发现上报问题条款 6 条，涉及经营主体 5 家；开展供水、供电、电信行业格式条款专项整治回头看，发出修改建议书 5 份，责改通知书 7 份；立案调查合同违法案件 2 件；调解电信合同消费纠纷 1 件。做好动产抵押登记管理，按照新《动产抵押登记办法》，共办理动产抵押登记 13 件，金额 5315.71 万元，办理动产抵押注销登记 7 件，金额 4553.6 万元。做好合同备案，按照《重庆市合同格式条款监督条例》，对房屋买卖合同、房屋中介合同、住宅装修装饰合同、物业服务合同、旅游合同、运输合同等 6 类格式合同进行排查，办理格式合同备案登记 4 件，其中房地产买卖合同 3 件，装饰装修合同 1 件。

【消费者权益保护】 围绕 3.15“网络诚信 消费无忧”年主题，开展万盛电商消费者体验、电商诚信经营承诺等活动。到万盛街道万北社区、南桐幸福广场、进盛中学等地，开展“3.15 课堂”“五走进”工作。组织“梦乡凉风、乡村维权”咨询服务活动。联合多部门开展烟花爆竹、旅游市场专项整治。针对会销陷阱，开展老年消费主题教育活动。全年处理消费者投诉举报 307 件，比上年增长 11%，为消费者挽回经济损失 55 万余元，12315 投诉举报及时、正确处理率高于 99%。设立旅游工商局和工商所，探索净化景区消费环境的新举措，出台全域旅游放心消费景区创建实施方案，推进景区景点消费维权规范化建设，包括规范设立联络服务站、规范亮证亮照、规范开展维权处置、规范建立快速赔付机制等，组织景区经营户开展诚信经营承诺、党员经营户等活动；开通万盛旅游工商微信公众号，新增微信投诉功能，年内受理旅游消费投诉举报 34 件。年内旅游市场管理局及五个旅游工商所正式挂牌运行，景区 12315 指挥中心投用，全面启动放心消费景区创建活动。“旅游工商”监管体制及放心景区创建工作，被中国旅游报、重庆日报等 12 家重要媒体专题报道，全年接待市内外考察学习团队 126 批次。

（朱笑雪）

物 价 管 理

【物价态势】 每日进行市场巡查，及时掌握价格信息变动；开展经常性市场调查巡查，掌握价格信息动态情况，重大疫情、灾情期间价格监测，提高应对突发性价格波动的能力。2017 年市场物价基本保持相对稳定。

【价格管理】 推进万盛经开区民用天然气阶梯价格制度，制定阶梯价格方案，开展风险评估、召开价格听证会，实施阶梯价格制度；规范全区民用天然气安装费，为适应农村天然气发展需求，加快实施天然气进村工程，重新确定民用天然气安装服务收费标准。开展物业服务收费成本监审，拟定物业服务收费方案。做好公立医院医疗服务价格改革工作，把取消公立医院药品加成调整医疗服务价格工作落到实处。降低非居民用天然气价格，把降价红利让给终端工商用户。落实收费目录清单制度，按照市物价局统一部署，统计、汇总、分析落实行政事业性收费目录清单制度，开展涉企收费清理，落实企业减负政策，减轻企业负担。加强机动车停放服务收费管理，做好万盛城市和景区停车收费的备案，缓解城市停车难问题。加强教育收费管理，做好幼儿园保教收费备案。

（罗玉林）

就 业 管 理

【概况】 重庆市万盛经济技术开发区创业就业和人才服务局有内设科室 6 个，即综合科、城乡就业统筹科、创业服务科、人力资源服务科、失业保险科、档案管理科。有在编在岗人员 17 人。2017 年，全区实现城镇新增就业 8904 人，城镇登记失业率 4.43%，低于市下目标 4.5%；新增创业 3524 人；发放创业担保贷款 2803 万元、创业扶持信用贷款 5159 万元；开发公益性岗位新安置就业困难人员 341 人，公益性岗位年末结存人数 1232 人；为 90 名离校未就业高校毕业生进行实名登记和定制服务计划。各项就业创业目标均达 100% 以上。举办以“体旅融合、共创辉煌”为主题的经开区第二届创业大赛，收到市内外创业项目 149 个，评选出 14 个优质创业项目，设置奖补资金 50 万元，单项最高奖补 10 万元。

【就业政策保障】 落实就业创业各项惠民政策，发挥政策帮扶效应。全年新开发公益性岗位 600 个，托底安置就业困难人员 1232 人，落实公益性岗位补贴 324.6 万元。落实社会保险补贴 657.8 万元，惠及 2229 名就业困难人员。为 197 家企业发放稳岗补贴 455.94 万元，稳定岗位 1.61 万个。为 4376 名失业人员发放失业保险待遇 1852.45 万元、代缴医疗保险费 560.18 万元。发放各类创业贷款 7962 万元，落实创业贷款贴息 427.5 万元。落实税收扶持政策、租金补贴、代账补贴等 211.8 万元。推进订单式培训模式，落实培训补贴 109.42 万元，完成各类培训 3690 人。贯彻落实经开区促进关闭煤矿失业人员就业创业 1+2 扶持政策措施。建立关闭煤矿失业人员创业就业区级联动机制，动态管理煤矿 21 个、职工 6700 余人；举办去产能职工专场招聘会及其他专场招聘会 7 场次。帮扶关闭煤矿失业人员就业 2218 人，自主创业 108 人。做好贫困人员就业创业工作，2151 户贫困家庭实现就业 1757 人，其中托底安置贫困劳动力就业 109 人，政策帮扶 52 人自主创业。2018 年新认定区级创业孵化基地（园区）5 个，1 个创业孵化基地（园区）成功申报为市级创业孵化基地。规范流动人才档案管理。组织启动档案信息化工作，对库存 2.23 万册流动人员人事档案进行规范化、信息化处理；推进流动人员党员信息清理排查，排查出正式党员信息 346 人，预备党员信息 37 人。成立流动人才党支部，建立组织管理平台。

【就业服务】 投资 100 余万元新建区人力资源市场，开发智能化求职招聘信息平台，实现求职招聘服务线上线下对接，求职招聘信息与短信通讯平台互联。多渠道发布招聘信息 2564 条次，开展春风行动、去产能专场招聘会等各类招聘活动 50 余场次，提供就业岗位 1.8 万余个，帮助 2000 余人成功就业。深化与市重点产业人力资源公司合作模式，对接市级大型用工企业到区招聘。强化区级人力资源企业联盟制度，49 家成员单位加入联盟。落实信产重点企业招工补贴 17.86 万元，向市重点企业输送用工 1440 人。

（吴贵玲）

劳 动 管 理

【概况】 万盛经开区人社局局下设政策法规科（挂信访室牌子）、劳动关系综合科（挂重庆市万盛经济技术开发区劳动能力鉴定委员会办公室牌子），有在编人员 5 人。重庆市万盛经济技术开发区劳动保障监察大队有在编人员 5 人，

【劳动保障监察执法】 各镇街及村（社区）落实劳动保障监察协管员，配备设施设备。万盛经开区被纳入全市首批创建市级劳动保障监察综合执法示范区县。开发并使用“万盛经开区保障农民工工资支付信息管理系统”，加强工程建设领域在建项目农民工工资支付过程监管，在全区范围内推进落实“两金三制”（即工资保证金、应急周转金、农民工实名制管理、银行卡代发工资制、工资专用账户管理制）。督促主管部门落实应急周转金 1000 万元。全年全区各部门开展农民工工资清欠专项检查 40 余次，检查建设项目 78 个次。2017 年建设项目使用工资专户为 11421 人次发放工资 2.06 亿元，开展保障农民工工资支付工作业务培训 8 次，培训各类人员 758 人次。接待农民工各类投诉 4360 人次，会同相关部门为农民工追讨被拖欠工资 7372 万元。全年未发生大规模农民工集访、堵工堵路等过激事件。

【劳动关系管理】 完善协调劳动关系三方组织建设，基层劳动关系三方协调机制实现镇街全覆盖。推进劳动合同制度，指导企业订立集体劳动合同和工资专项集体合同，全区国有企业职工劳动合同签订率 98%，建会企业集体劳动合同签订率 85%。完成 18 户企业职工薪酬调查。受理工伤认定申请 618 件，认定完毕 584 件，结案率 94%。组织工伤职工劳动能力鉴定 12 次，鉴定工伤职工 620 人次。落实联系群众工作，接待来访群众 400 余人次，承办信访案件 89 件次，均按期办结。解决群众反映强烈的历史遗留问题，调查认定成户下乡 25 人、黑山公路和 7818 部队 508 库建设民工 236 人、南桐矿业公司 1982 年以后的五七工 330 人，审定平山、晋林机械厂轮换工档案资料 63 人，特定历史时期用工的群体性诉求得以化解。做好全区 33 名企业军转干部解困维稳工作，未出现到市进京等非访行为。

（吴贵玲）

质量技术监管

【概况】 重庆市质量技术监督局万盛经济技术开发区分局（以下简称重庆市质监局万盛经开区分局）有内设机构 5 个，即办公室（挂监察室、法制科、行政许可管理科牌子）、质量科（标准化管理科、认证认可监督管理科）、计量科、特种设备安全监察科和重庆市万盛经济技术开发区质量技术监督执法大队；有工作人员 14 人，其中行政编制 9 人，行政执法专项编制 3 人，机关后勤服务人员事业编制 2 人。

【质量监督检查】 全年完成定期监督抽查 28 批次，开展行政执法专项抽查 25 批次，无不合格批次；加强对机动车安检机构的监督管理，确保每月巡查 1 次，确保车检机构保持获证条件，持续规范检测行为。

工作人员开展行政执法检查

（区质监分局 供）

【特种设备安全监管】 开展电梯安全监管大会战、油气压力管道安全隐患整治攻坚战和燃煤锅炉节能减排攻坚战“三大战役”。推行电梯安全分类监管和网格化监管，组织检查人员595人次，检查各类特种设备单位238个，排查安全隐患289起，下达特种设备安全监察指令书57份，立案查处特种设备违法行为6件，罚款22.8万元，一般事故隐患和重大事故隐患整治率均达100%；对辖区锅炉使用单位开展锅炉系统安全节能标准化培训，新增1家安全节能标准化管理达标示范锅炉系统。

工作人员开展特种设备安全检查

（区质监分局　供）

【乡村社区医用计量设备检定】 全年巡查基层医疗卫生机构66家，免费检定的乡村医疗计量器具473台，检定合格469台、不合格4台，对于不合格计量器具进行报废处理。

【认证认可监管】 推进万盛经开区管委会与市计量质量检测研究院合作，重庆市玻璃检测中心开工建设，发挥检测认证对地方产业的促进作用；开展检验检测机构提升公信力和贡献率“双提升”活动，结合实验室能力验证、日常巡查、资质评审等工作，对区内7家检验检测机构进行定期监督检查，巡查覆盖率100%；组织区内4家检验检测机构开展参数为蛋白质、镉和总汞、硫酸盐的能力观察验证活动；对辖区内2家CCC产品认证获证企业进行巡查，未发现违法行为；强化有机产品认证，对3家获得有机产品认证的企业进行检查，未发现违法行为；帮助指导22家企业实施ISO9000、ISO14000等自愿性认证活动。

（瞿　进）

食品药品监督管理

【概况】 万盛经开区食品药品监管分局有内设机构7个，即办公室、综合科、法制监督科、行政审批科、食品监管一科、食品监管二科、药品监管科；有干部职工27人，其中公务员26人，工勤人员1人。设万盛街道、东林街道、万东镇、南桐镇设立直属食药监所4个，有6个镇设立食药监办，加挂食药监所牌子，由各镇内部调剂人员。机构改革后主要负责辖区内食品（含食品添加剂、保健食品）安全、药品（含中药、民族药）、医疗器械、化妆品监督监管。

【食品安全监管】 开展白酒专项整治、食品生产环节“两超一非”等专项整治4个，实现辖区19家食品生产企业每季度监督检查全覆盖。开展景区食品安全、食用油脂及火锅行业等专项整治近10次，完成8家学校食堂明厨亮灶改造，创建示范食堂5家，完成20次重大活动食品安保任务。开展食盐市场和禽肉市场专项整治、H7N9联防联控、婴幼儿配方乳粉标签标志规范、春秋季学校开学校园及周边食品安全专项检查及儿童食品安全、节日期间食品安全、农村市场食品安全、畜禽水产品兽药残留超标、禁用化合物、“咔哇潮饮”问题饮料、日本核辐射食品专项清查等各类专项检查10余个，加强重点区域和重点场所、重点品种食品安全监管。推行网格化监管，统一制作发放信息公示栏，覆盖面98%以上。全年完成各类抽检（市抽、国抽）660批次，其中食品生产环节138批次、食品流通环节332批次、餐饮环节190批次。完成食品快检976批次。完成食品安全示范创建食品监督抽检612批次。

【药品、医疗器械、化妆品安全监管】 开展假药“骨肽注射液”专项排查、角膜塑形镜经营排查、医疗机构药品和医疗器械专项整治、保健食品专卖店专项整治、药店诊所药品质量安全集中整治、“两票制”联合巡查、打击非法医疗美容专项整治、食品保健食品欺诈和虚假宣传整治、医疗器械生产经营单位专项整治、中药提取物专项检查、互联网医疗器械经营监督排查整治、第二类医疗器械生产企业生产质量管理规范等专项整治及排查13个；对新开办和责令整改的9家企业企进行风险约谈；协查重庆多普泰制药股份有限公司“脉血康胶囊”真假。开展GSP跟踪检查9家，按要求完成药品及药物滥用监测报告、医疗器械不良事件报告、化妆品不良反应监测报告。药品不良反应报告完成率114.7%，药物滥用监测报告完成率268%，医疗器械不良事件报告完成率111.5%，化妆品不良反应监测报告完成率102.5%。全年完成各类抽检（市抽、国抽）156批次，其中药品82批次、化妆品26批次、医疗器械13批次、保健食品35批次。完成化妆品快检30批次。

【食品药品隐患排查与整治】 完成辖区食品药品医疗器械化妆品生产经营单位自查、排查工作，共排查单位4018家次，查出7大环节风险隐患1585个。其中食品生产环节144家次，发现隐患133个（重点隐患22个），立案查处2起；排查食品流通单位1621家次，发现隐患502个（重点隐患144个），立案查处19起；排查餐饮单位1739家次，发现隐患716个（重点隐患201个），立案查处6起；排查药品生产单位10家次，发现隐患18个（重点隐患5个）；药品流通单位146家次，发现隐患90个（重点隐患56个），立案查处7起；药品使用单位85家次，发现隐患32个（重点隐患14个）；医疗器械生产单位7家次，发现隐患30个（重点隐患18个）；医疗器械经营单位87家次，发现隐患13个（重点隐患1个）；医疗器械使用单位89家次，发现隐患23个（重点隐患8个）；化妆品经营单位90家次，发现隐患28个（重点隐患22个）。全年开展风险研判10次，梳理出食品药品安全风险196条，其中食品生产环节28条，食品流通环节34条，餐饮服务环节41条，药品生产环节20条，药品经营环节42条，医疗器械环节23条，化妆品环节7条。排查出行政审批、执法办案、内部安全隐患等29个（重点隐患16个），均一一罗列登记，对中高级风险隐患加以整改，力保各类安全。完成一般整改事项1093项，完成率100%；完成重点整改事项492项，完成率100%；纳入长期整改事项的有99项，占6%。下达执法监督意见书139个，责令整改通知书32个，警告处罚21起，立案查处32件，罚没款15万余元。

【行政许可审批】 全年受理新办食品生产企业4家，延续2家，变更2家；食品经营许可新办1753家，变更35家，不予许可12家，注销147家；新开办药店10家，变更32家；新办三类医疗器械10家，变更3家，新办、变更二类医疗器械备案50家；备案登记生产加工小作坊29家、食品摊贩230家、农村家宴服务者2家。辖区有食品药品生产经营持证单位3559家。

【基层食品药品监管】 一是全区基本完成规范化建设。10个镇街食品药品监管机构基本完成规范化建设工作，7月底区食药监分局向市局提交基层所规范化建设申请验收报告。二是保持验收标准。争取区财政专项经费20万元，进一步巩固提升，保持迎检状态。三是推进履职尽责。推行机关科室联系基层监管所制度，加大基层监管机构在日常监管、执法办案、行政许可等方面的监督指导。四是形成工作常态机制。出台进一步做好镇街食药监所规范化建设文件，形成监管所建设常态机制。

【食品安全示范城市创建】 9月，区食安办组成3个模拟评估组，对辖区10个镇街开展食品安全示范创建工作情况进行模拟评估并形成工作通报上报下发。10月，管委会召开食品药品工作调度会、食品安全示范城市创建工作推进会，区领导对有关工作提出重要要求。完成抽检目标任务。以实报实销方式保障示范创建食品抽检经费。通过询价，以32万元中标，实施外包抽检，完成示范创建食品监督抽检缺口任务612批次，完成万盛经开区1080份的食品监督抽检目标硬任务。实施“典型再造”工程。年末，全区有典型示范再造单位区级112个、镇（街）级250个。全年开展宣传活动57场次，发放宣传资料26173份，制作了62个户外专栏、662块户外广告、410条横幅、63 块户外大型广告、10 块展板；万盛手机报开辟“全力创建重庆市食品安全示范区”专栏；万盛日报开辟“重庆市创建国家食品安全示范城市万盛经开区创建食品安全示范区”专栏，专题报道示范创建工作30余条；万盛电视台专题报道重庆市创建国家食品安全示范城市万盛经开区创建食品安全示范区工作信息10余条；运用新闻中心电台直播间平台宣传食品安全示范城区创建工作。

（刘　荧）

安全生产监督管理

【概况】　万盛经开区机构编制委员会2016年12月26日批准，同意调整区安监局机构编制，2017年万盛经开区安监局内设办公室、综合安全监督管理科、职业健康监督管理科、煤炭行业监督管理科、非煤矿山安全监督管理科、政策法规科、危化烟爆安全监督管理科7个科室，设安全生产监察执法大队、煤矿安全监督管理站、安全生产应急救援中心、安全生产调度指挥中心、安全生产应急救援队、安全生产宣传教育培训中心6个下属事业单位。万盛经开区机构编制委员会2017年9月批准，政策法规科由独立设置调整到办公室挂牌，同时增设安全生产巡查办公室。2017年局机关事业单位有在编在岗人员59人。2017年，全区共发生各类生产安全事故7起、死亡10人，死亡人数占市下达控制指标的52.6%，比上年分别下降16.7%和23.1%，未发生较大事故。

【煤矿安全监管】　认真组织开展煤矿安全“体检”专项行动和煤矿安全生产大检查，严格煤矿监管人员24小时驻矿盯守制度，开展驻矿盯守608人次。严格落实国有煤矿属地监管责任，全年累计监管检查（督查、巡查）105矿次，出动人员424人次，排查隐患397条，限期整改45条，停头停工（停设备）17面（台）次，立案查处3矿次，积极引导煤矿关闭退出，2017年按期完成黄水凼煤矿、新田湾煤矿关闭退出工作，去产能36万吨。加强全区已关闭煤矿巡查检查，严防已关闭煤矿“死灰复燃”，确保关死关严。

【非煤矿山安全监管】　全面开展岗位危险因素辨识和控制，全面推进企业“日、周、月”隐患排查机制，认真开展企业风险分级；按照“勤查、严管、重罚”的要求，扎实开展安全生产“大排查、大整治、大执法”、“打非治违”和执法“三部曲”等专项整治。2017年，共开展非煤矿山安全检查执法共计91次，出动执法人员190余人次，制止违章行为和发现事故隐患230余条，立即整改50余条，限期整改180余条，到期整改率100%，下达行政执法文书210余份，限期整改43家次，停产1家次，立案处罚10家次，罚款17.28万元，比上年增加100%，进一步督促了企业主体责任的落实。严格行政许可，关闭资源枯竭矿山1家，换证2家，新取证1家。

【危险化学品和烟花爆竹安全监管】　全年检查危险化学品烟花爆竹企业250家次，发现各类安全隐患198条，立案处罚4起，全年实施行政处罚17.1万元。依法落实危化行政许可制度。全年累计受理危险化学品经营许可申请4家，受理危化票据经营单位注销申请2家；受理烟花爆竹经营申请7家，依法不予许可7家。全年核查烟花爆竹举报3条，捣毁窝点2个，收缴非法运输、经营和储存烟花爆竹933件，较上年同期增加近600件，依法取缔经营15家，加入“黑名单”5家，行政处罚6000元。出动执法检查人员48余人次，拦截检查可疑车辆130余辆，依法行政处罚7起违规行为，依法暂扣违规车辆3辆，对8名有轻微违规运输人员进行帮教。

【工贸和职业健康安全监管】　全区有正常生产存在职业病危害用人单位93家，申报91家，申报率97.85%，接触职业病危害职工2267人；启动企业职业卫生基础建设93家，91家达到合格以上标准；建立职业健康监护制度，落实从业人员岗前、岗中、离岗健康检查，建立职业健康档案；开展职业病专项整治活动，年末，累计检查企业61家，发现职业健康隐患242条。警示约谈企业3家，下达限期整改指令58份，暂停职业危害岗位作业5起，处罚金3.8万元，比上年增长110%。

【应急执法】 2017年，区安全生产应急救援中心执法检查指导企业36家次，下达执法文书11份，责改指令11份，立案调查3家次，行政罚款13900元。完善安全生产应急救援三支队伍建设。根据全市三支队伍建设和值班标准化建设要求，建立一支“一专多能”的应急队伍。

【安全生产监管体系建设】 建立完善权力清单、责任清单，并实行动态管理，适时对已公布的行政权力清单与责任清单等进行调整公示。规范行政执法行为，严格公正文明执法。推广“双随机”抽查机制和失信联合惩戒机制；建立制度细化执法流程，严格执法程序；严格立案调查审查、审批程序，确保案件程序合法和公正；规范行政处罚自由裁量权，确保行政处罚的合法、合理。牵头调查9起一般生产安全事故其中工矿商贸事故4起，道路交通事故5起。完成4起工矿商贸事故批复结案，依法实施行政处罚5起，处罚金额128.594万元。全年组织参加全国安全执法视频培训10期，累计培训人数195人次，组织参加市局执法资格培训20余人次，全国安全监管干部集中轮训学习43人次。集中培训全区非公有制生产经营单位主要负责人和安全管理人员6期、293人次，考试合格率98%；组织送培26名企业安全培训师；培训特种作业人员639人，考试合格478人，合格率80%。区安委办成立2个督查组对街镇和部门开展轮回巡查，开展解剖式督查。坚持《安全生产督查整改通知单》制度，向被督查对象反馈督查意见，指出问题和隐患，有针对性地提出整改意见并跟踪落实整改情况。定期工作通报，对督查中发现好的作法、经验予以通报表扬，对工作不重视、措施不落实、工作进展慢的单位给予通报批评。建立综合督查、专项督查、解剖式督查工作机制。至年末，完成全区安委会成员单位5轮督查，督查单位97家。

（邓　茜）

区内主要国有企业

重庆市万盛经开区开发投资集团有限公司

【概况】 重庆市万盛经济技术开发区开发投资集团有限公司（以下简称开投集团），负责万盛经开区范围内的基础设施建设、土地储备和整治、区域土地开发、房地产开发、现代产业体系构建和高新科技成果转化等进行投资、建设和资本运作，在授权范围内开展国有资产多种形式经营。开投集团由万盛经开区管委会全额出资，注册资本金20亿元，重庆市人民政府委托万盛经开区管委会管理。开投集团设董事会、监事会，公司高管人员由万盛经开区党工委、管委会任命，参照副厅级干部管理。开投集团内设行政部、人力资源部、战略投资部、财务融资部、审计监察部等部门5个，集团公司本部有员工52人。

【融资工作】 2017年，开投集团获批融资项目13个、获批资金77.8亿元，实际到位资金53.8亿元。探索尝试债权融资、基金融资等新型融资工具，在北京金融资产交易所成功注册发行全市首支债权融资计划，完成全市首单流动性债务全覆盖融资业务，通过基金模式成功融资9亿元双创基金。优化融资结构。错峰配置还款周期和偿还额度，分散集中还款压力，降低融资偿还风险。

【资金调度】 2017年，开投集团累计支付资金61.84亿元，其中，支付还本付息资金39.77亿元；支付产业发展资金11.58亿元，其中工业板块5.57亿元，旅游板块6.01亿元；支付社会民生资金9.82亿元，主要用于上缴财政2.86亿元、镇街基础设施1.11亿元、丛黑公路项目建设1.82亿元、城市棚户区改造1.01亿元。

【集团改革】 开投集团启动改革重组工作，重组后，将业务整合为服务、旅体、工业、金控、资管五大板块，初步形成“1+5+N”的组织构架。深化与联合资信、大公资信等评级公司的合作。组建并劲旅游公司转板工作团队，制定IPO上市工作方案。万盛产业发展股权投资基金公司通过市金融办核准，启动公司运营和项目储备工作。

【企业经营】 工业板块。万盛经开区工建公司全年完成固定资产投资23亿元，新增工业用地26.67公顷，建成投用标准厂房23万平方米。通过投、贷、补等方式，促成百康兴科技、杰威通信等10余个项目落地，园区新增税收2000余万元。旅体板块。万盛经开区旅投公司所辖景区全年入园游客90.15万人次，营业收入1.34亿元（含并劲公司收入及财政补助资金），实现营业利润1360.25万元。鱼子岗公司基本完成鱼子岗核心区一期占地约66.67公顷的道路、管网、景观等基础设施建设，宿境、雅苑等接待设施成功运营，鱼子新区35平方千米控制性详规完成初稿。体产公司全年完成投资1.45亿元，拉动全区体育产业完成直接投资3.7亿元，全年举办各类规模体育赛事23次、直接参赛选手2.2万人，完成青年汇巅峰乐园、万盛嗨摩尔等体旅重点项目建设，引进运动服装、羽毛球拍、羽毛球包和运动背包等体育用品生产项目。资管板块。盛欣公司全年处置变现闲置住房24套，收入300万元；新购置不动产近4万平方米，租金收入年化收益5.6%；全年实现主营业务收入1732万元，比上年增长131%。盛基公司全年累计销售住宅671套、商业门面43套，合同金额突破2亿元；全年收储土地0.92公顷，新增资产2476万元。

（区开发投资集团公司办公室）

重庆黑山谷旅游投资有限公司

【概况】 重庆黑山谷旅游投资有限公司（以下简称万盛经开区旅投公司）于2008年注册成立，系国有独资企业，注册资金2.142亿元。重庆市万盛经济技术开发区管委会按正处级国有重点企业直属管理。有内设部门6个，即综合部、财务资产部、规划建设部、市场营销部、安全质量部、市场战略策划部，有工作人员31人。万盛经开区旅投公司有下属全资子公司6家，即重庆万盛旅业（集团）有限公司、重庆黑山谷电子商务有限公司、重庆黑山谷旅游文化发展有限公司、重庆黑山谷酒店管理有限公司、重庆黑山谷旅行社有限公司和重庆百菇园农业科技发展有限公司；有控股子公司2家，即重庆市中金国泰旅游发展有限公司、重庆黑山旅游综合开发有限公司；全权代管上市公司重庆并劲旅游股份有限公司；员工编制总数645人。万盛经开区旅投公司主要经营范围包括旅游景区、宾馆、游乐、旅游商品及特色产品、旅游交通等项目的投资与开发。2017年年末，旅投公司资产总额约45亿元。

【经营情况】 2017年，万盛经开区旅投公司经营总额1.34亿、比上年增长140%。景区接待游客90.15万人次、环比增长60.7%、增长72.16%。

【宣传营销】 坚持全员营销，全年相继在兰州、包头、武汉、杭州、西安、广州、深圳、遵义等地开展旅游产品推介，西安游客组团已成行，香港、广州、深圳、兰州、杭州等地旅行供应商踩线团组团到区7批次。按照“季季有主题、月月有活动、周周有惊喜”宣传营销思路，通过体旅融合、农旅融合、文旅融合，成功冠名WBO拳击赛、策划实施“第19届重庆万盛石林苗族踩山会暨《最后夜郎王》实景演出”、录制央视《乡约·万盛》《乡约·中国最美爱情故事颁奖典礼》《文明密码》节目、研学旅行试运行等10余项活动，基本实现淡季不淡。挖掘发挥网络宣传营销作用，采用攻略体验、网红直播等多渠道投放宣传广告，与市内桃花源、五洲园等景区签订门票合作协议，拓宽游客购票渠道。整合全域涉旅资源塑造万盛旅游品牌，联合区内76家重点景区和涉旅行业，成立万盛旅游联盟。启动跨区域资源合作，在央视7套《乡约》栏目助推下，联合云南石林、天涯海角、宁波梁祝文化园等国内知名景区成立首个“中国爱情主题景区联盟”并担任首任执行盟主，7月在北京钓鱼台宾馆举行“2017中国最美爱情故事颁奖典礼”启动仪式暨爱情主题景区联盟成立新闻发布会。

【项目建设】 全年累计投入资金9500万元，推进黑山谷景区、石林景区、鲤鱼河漂流基础设施改造及提升工程，全面完成黑山谷景区服务点装修、黑山谷南门滑坡治理以及石林景区博物馆装修、环境打造和芦花湖治理。推进智慧景区升级工程，建成SOS微信应急救援平台并投入使用，人脸识别门禁系统作试运行，“无现金”消费景区项目进入实施阶段。实施景区“厕命”，完成新建及改建景区厕所21座，景区厕所均达到A级以上标准，实现景区游览线路全覆盖，黑山谷景区被国家旅游局评为全国厕所革命推进工作“人文关怀奖”。加强景区日常维护修缮工程、停车场智能化改造、黑山谷景区应急避险通道、人车分流项目等旅游基础配套设施项目建设、顺利通过AAAAA复核验收。是年，黑山谷旅游服务标准化项目获批为国家级示范项目，填补国内养生旅游服务标准空白。

【融资工作】 全年万盛经开区旅投公司融资总额11亿元。其中浙商银行贷款2亿元，平安国际融资租赁（天津）有限公司融资租赁款9亿元。

（区旅投公司办公室）

重庆市万盛经开区城市开发投资集团有限公司

【概况】 2017年11月1日，重庆市万盛经济技术开发区城市开发建设集团有限公司更名重庆市万盛经济技术开发区城市开发投资集团有限公司（以下简称万盛经开区城投公司），公司新增投资功能。是万盛经开区党工委、管委会确定的区属国有重点综合性公司。

【项目建设】 2017年，万盛经开区城投公司负责建设的政府性投资项目30个，其中重点项目15个。至年末，完成政府性投资项目15个，其中重点项目9个，累计完成投资7.14亿元。

【资产经营】 2017年，万盛经开区城投公司继续利用停车场债券资金，新建停车场6个、车位930个，收购民营企业停车位3371个，完成城区37个公交站台一期改造。与深圳市捷顺科技实业股份有限公司进行战略合作，实行“无感支付”付费停车功能。

【融资工作】 2017年，万盛经开区城投公司融资获批资金18.97亿元，到位资金17.43亿元，融资综合成本利率4.61%。

（冯　毅　陶　维）

重庆市万盛经开区交通开发建设集团有限公司

【概况】 重庆市万盛经开区交通开发建设集团有限公司（以下简称万盛经开区交建公司）是一家以道路交通建设为主营业务的区属国有重点企业，主要承担万盛经开区交通基础设施及其他基础设施开发、建设、养护及经营管理。有内设部门5个，即综合部（人力资源部）、审计监察部、财务部、工程部（安全部）和经营发展部；有下属子公司4个，即重庆市万盛区顺达公路开发有限责任公司、重庆佳升实业发展有限公司、重庆盛捷汽车服务有限公司、重庆晟安公路养护工程有限责任公司，有在职职工156人。

【资产经营】 2017年，万盛经开区交建公司融资到位资金8亿元，上缴国有资本经营预算收入1400万元，企业运行费用总额、营业收入、利润总额、当期债务本息偿债率、国有资产保值增值率等指标达标，完成年度经营发展目标任务。

【项目建设】 2017年，万盛经开区交建公司作为业主建设的项目47个，总投资13.16亿元。“三湖一岗一村”全域旅游重点交通设施建设完成。关坝—凉风—九锅箐等农村公路如期完工。城市综合管廊项目设计、招投标等前期工作完成，并开工建设；煤电化园区连接线等交通基础设施建设项目进展顺利；“万盛千里户外健身绿道”体系建设按序推进。

（魏　丹）

重庆市万盛经开区水务开发建设集团有限公司

【概况】 重庆市万盛经开区水务开发建设集团有限公司（以下简称万盛经开区水建公司）有内设机构5个，即综合部（挂人力资源部）、财务融资部、规划建设部、经营管理部、审计监察部。公司经营范围：水电、水源及水生态工程，水利旅游，水库除险加固，城市防洪，河道整治，水土保持，城乡供水，中小型灌区新建设和配套改造，污水处理以及与水利相关的土地资源综合利用开发，农业产业等各类水利工程相关的开发、建设及经营管理，城镇、乡村基础设施建设，旅游基础设施建设，旅游基础设施建设，农业、林业项目开发、建设及经营管理，体育项目开发，体育赛事组织运营及推广。公司有全资子公司2个，即重庆市万盛区利民水利电力有限责任公司、重庆三湖旅游开发有限公司，公司对重庆市万盛经开区水务资产经营管理有限公司、重庆黑山供排水经营管理有限责任公司进行日常管理。公司有在职员工153人，其中万盛经开区水建公司19人，子公司134人。至2017年年末，万盛经开区水建公司资产总额32.54亿元。

【项目建设】 2017年，万盛经开区水建公司作为业主的重点建设项目31个，投资目标为4.47亿元，完成投资约4.59亿元。实施项目6个，即凉风水库、松涛湾水库、鱼田堡河段综合治理工程、观音寺提水工程、煤电化园区污水处理工程、煤矿废水处理项目，完成投资约1.99亿元。2017年，凉风水库完成投资3000万元，工程于2017年9月底完成招投标工作，坝基土石方开挖；松涛湾水库总投资8295万元，2017年完成投资3795万元，该项目于9月完成大坝浇筑工作；鱼田堡河段综合治理工程2017年完成投资300万元。观音寺提水工程2017年完成投资5900万元，至年末，除丛黑工程路基影响部分未完成外，其余部分完工。煤电化园区污水处理工程2017年完成投资3430万元，至年末，污水处理厂厂区部分及收集管网完成建设，尾水管网由于入河排污口设置问题，未能启动工程建设。煤矿废水处理项目。南桐煤矿废水处理扩容工程2017年完成投资1200万元，年末，完成厂区主体工程。东林、红岩煤矿矿井废水处理工程总投资2437万元，2017年完成投资2297万元，全部完工。

建设完成的煤电化园区污水处理厂

（区水建公司　供）

【景区项目建设】 青山湖、丛林菌谷、板辽湖景区建设项目共计24个，计划总投资2.05亿元，实际完成投资2.60亿元。年末，三个景区一期建设项目及经营项目建成投运，分别在2017年4月29日、5月28日、6月17日开园。

青山湖国家湿地公园　总面积1009公顷，景区内自然景观、自然环境辉映，是丘区湖泊乡村型湿地旅游目的地，也是专题教育和素质拓展中小学社会实践基地。分别在三岛新建接待中心1栋、宣教中心1栋，青山、秀水两个观景塔楼，搭设浮桥5座，风雨廊桥2座。在青山湖岸周边修建七匠古艺、三塘渔歌、渔猎部落、房车营地、烧烤营地、鸟岛等旅游配套设施项目。

青山湖国家湿地公园

（区水建公司　供）

丛林菌谷景区　修建蘑菇主题亲子乐园1座，总面积14.13公顷，分为6个区域，即菌林采菇体验区、亲水休闲区（月亮湖）、儿童亲子游乐区、荷塘湿地产业景观区、菌菇雕塑科普区、亲子厨房体验区。

丛林菌谷景区

（区水建公司　供）

板辽湖景区　主要景观为板辽金沙滩、荷香蛙语和乡野垂钓、十七孔桥、多功能步道3.8千米，周边道路23千米，水上酒店套房12个，以及水上游乐项目。

板辽金沙滩

（区水建公司 供）

【经营管理】 2017年，万盛经开区水建公司主营业务收入1728万元，其中水建公司收入40万元，黑山供排水公司248万元、水务公司为646万元、利民公司为201万元、三湖公司593万元；营业外收入5493万元，其中水务公司3128万元、水建公司2365万元；利润总额4217.64万元。

（程 颖）

重庆市万盛采煤沉陷区综合治理有限公司

【概况】 重庆市万盛采煤沉陷区综合治理有限公司（以下简称万盛经开区采沉治理公司）是由万盛经开区国有资产管理局及中国农发重点建设基金有限公司共同出资组建的股份制有限责任公司，实行在区党工委、管委会领导下的董事长负责制。2017年年末，公司注册资本12.04亿元，出资方式为货币加实物出资，公司有员工39人。公司经营范围为道路、房屋、公共设施、市政设施建设、房地产开发、土地整治、植被恢复、园林绿化、养老管理经营。

【资产经营】 2017年末，万盛经开区采沉治理公司资产总额22.77亿元，获批融资资金3亿元，到位融资资金4.5亿元。南桐大道项目计划投资1.5亿元，实际完成投资1.65亿元；采煤沉陷区综合治理项目计划投资7000万元，实际完成投资7000万元；实现收入2110万元，公司运行费用约618万元，上交国有资本收益600万元，利润总额892万元；融资综合成本5.68%；到期债务本息偿还率100%；资产负债率38.38%；国有资产保值增值率100.59%。

【项目建设】 南桐花园项目建设 完成房屋建筑主体结构面积30.94万平方米。其中拆迁、采空安置房建筑面积20.65万平方米，3266套通过竣工备案验收，“两证一书”办理完善，安置户分房、选房、接房完毕。环境配套工程完工，水电气公配设施投入运行，永久性电力工程麒麟坝至开闭所10千伏安高压、开闭所、配电房及“一户一表”、自来水二次加压泵房及“一户一表”、天然气“一户一表”安装验收合格并正常投运，广电、通信驻地网络平台等弱电完成安装投运，市政设施配套完善并移交市政管理，教育配套设施（幼儿园）开园教学。

南桐大道项目建设 2017年6月中旬开工建设，至年末，完成土石方开挖约28万立方米，占总挖方量的66%。

项目库建设 至年末，完成万盛采煤沉陷区关坝片区受损农房避险安置项目，万盛采煤沉陷区青年、丛林片区受损农房避险安置项目，万盛采煤沉陷区综合治理植被恢复项目、万盛采煤沉陷区工矿废弃地复垦项目等4个项目的论证储备。

（陈 亭）

重庆江南机场有限公司

【概况】 江南机场场址位于金桥镇，距万盛城区直线距离约9千米，距江北国际机场直线距离79千米，海拔标高768米。项目总投资9.37亿元，拟用地95公顷，飞行区指标3B，新建两条长147米、宽15米的垂直联络滑行道，跑滑间距按168米设置；设20个B类机位和5个直升机机位，1500平方米的航管综合楼，以及空管、助航灯光、供电、供水、消防救援等相关配套设施。

【项目进展】 2013年成立低空飞行项目工作领

导小组，2014年成立通用航空项目指挥部和重庆江南机场有限公司，启动江南机场气象观测站建设和前期各项要件报批工作。2015年6月至9月，分别取得民航西南地区管理局、中国人民解放军总参谋部和成都军区空军司令部场址核准意见。2016年1月，市规划局批复同意江南机场项目选址，3月，机场建设用地通过市国土房管局预审；4月，机场项目核准所需的所有前置要件全部完成；11月，万盛经开区与海航通航投资管理股份有限公司签署江南机场建设项目《投资协议》，确定机场建设业主；12月，机场项目取得市发改委项目核准。至2017年年末，机场总体规划和初步设计通过评审，初设批复和飞行程序获批。机场土地征收报批资料涉及的用地预审、勘界报告、环评报告、项目核准（用地分期）、地灾报告、资源压覆报告、林地预审资料完成。2017年11月28日，举行江南机场奠基活动。海航海建工程公司组织开展土地清表工作，其用地采用流转方式解决，待征地批文获得后，再实施大规模平场工作。

（重庆江南机场有限公司办公室）

重庆万盛体育产业有限公司

【概况】 重庆万盛体育发展有限公司（以下简称体产公司）成立于2016年6月6日，是万盛经开区重点国有企业，有内设部门4个，即综合部、投资建设部、体育产业部、营运管理部，有在职员工18人，公司办公地点位于西城大道的科创大厦5楼。2017年年末，体产公司参股的公司有5个，即重庆万盛青年汇旅游管理有限公司、重庆南天门体育旅游有限公司、重庆万盛体育产业研究院有限公司、重庆康羽体育用品有限公司、重庆家有跑健身服务有限公司。公司主要职能职责：招商培育体育产业市场主体，建设体育产业项目，策划组织系列赛事活动，搭建体育产业发展平台载体，投资运营一批体育产业项目，协调解决体育产业发展的要素保障。

【项目建设】 2017年，体产公司投资建设的项目有5个，投资总额1.66亿元。青年汇巅峰乐园项目，2017完成投资1.02亿元，于5月18日试运营，青年汇市内形象店于7月15日开业。板辽湖水上运动基地，完成投资327万元，于6月17日开始营业。万盛奥林匹克公园项目完成概念性规划、总体规划和评审，奥林匹克文化墙、奥运之路、奥运广场、健身绿道、标志系统、山体灯饰等项目建成投用，完成投资2800万元。万盛嗨摩尔项目完成投资1500万元，于3月23日开业，24户商家入驻。南天门冰雪世界项目完成投资1820万元，于2017年1月1日开园。

【赛事活动】 举办斯诺克台球明星邀请赛，吸引全国110多名斯诺克台球选手报名参赛，并邀请国际知名选手马克·塞尔比和国内知名选手肖国栋在赛事活动中作表演赛。举办第二届“黑山谷杯”国际羽毛球挑战赛常规赛，吸引国内外2000余名选手参赛。举办中国重庆万盛石林2017年WBO拳力巅峰亚太区年度总决赛，吸引3500余名观众到场观看；协助举办重庆市体育旅游产业发展大会，邀请到国内知名院校、专家、企业代表300余名到区参会。5月18—20日举办为期三天的音乐节和电音派对，吸引1.2万人次到区观看。南天门冰雪世界开园运营。承办2017万盛板辽湖金沙滩·首届沙滩定向跑步节，吸引500余名选手参赛。开展健身、台球、射箭、击剑、搏击、跆拳道、拉丁舞、攀岩、皮划艇的长期招生培训，并举办各类中小型赛事，万盛嗨摩尔举办喜迎中秋欢度国庆抽奖和世界之巅拳击表演赛等活动，吸引4000余名消费者参与。分别在中盛小学、福耀实验学校开展常年的击剑、台球进校园活动。开展暑期体育主题夏令营活动，姚篮球夏令营、等你户外夏令营吸引全市5000多名中小学生参加。

【招商引资】 全年引进高悦荟体育、美瓷体育、场地宝宝体育、迈科体育等20家体育产业实体企业。体育产业众创空间创建为市级创业就业孵化基地，并获得60万元专项资金扶持。引进森秋鸿（香港）有限公司总投资5000万元的运动服装制造项目、厦门羽弘工贸公司总投资3000万元的羽毛球拍生产项目、石狮市华尔飞特体育用品公司总投资1500万元的羽毛球包和运动背包项目。与中国体育用品联合会、中国文教用品协会、索牌体育、体银商学院签订合作协议，依托协会和商会帮助万盛集聚体育产业资源，获得重庆市青年创新创业促进会二十四分会的授牌。帮助企业兑现专项补助资金618.5万元。

宿·境民宿客栈示范改造工程

（鱼子岗公司　供）

【资金管理】　体产公司全年发生运行费557.2万元，收入529.2万元，利润32.64万元。

（体产公司办公室）

重庆鱼子岗旅游开发有限责任公司

【概况】　2017年1月，鱼子岗旅游度假区管理委员会和重庆鱼子岗旅游开发有限责任公司（以下简称鱼子岗公司）合署办公，实行“两块牌子、一套班子”的管理制度。2月，鱼子岗旅游度假区管理委员会撤销。鱼子岗公司内设职能科室5个，即综合部、投资运营部、规划建设部、财务部、审计监察部，有核定编制数30人。

【鱼子岗度假区规划】　完成鱼子岗旅游度假区概规、城市设计与控制性详细规划，并通过评审；完成十里河滩项目鱼子水涧、鱼子水苑、鱼子林泽、鱼子水田四大区域景观施工图设计；完成垃圾放站、控制中心方案设计，完成阳春沟调节水库、况家咀拦渣坝、亭台楼阁、鱼子水田水车、桥梁、卫生间等施工图设计。

【基础设施建设】　全年完成固定资产投资1.83亿元。道路系统、十里河滩和鱼子水庄基本建成。白水路、景星大道、鱼子大道、梧桐路、石冥路、5座车行桥、雅苑停车场及分散停车场建成投用。十里河滩项目完成鱼子水涧、鱼子水苑、鱼子林泽和鱼子水田四大区域景石安装、亭台楼阁建设及景观绿化打造。

宿·境民宿客栈示范改造工程完工并运营。早安古悟民宿客栈改造，南楼完成墙面抹灰、墙砖砌筑和挡墙施工。服务中心实施室内装修。雅苑游客接待点完成儿童活动区施工，3号桥停车场、木栈道、滨水栈道和花架开工建设。村委会交通岛假山瀑布完成建设。迷你高尔夫建成。水庄岛屿部分区域、道路及景观绿化完成建设。

【征地拆迁】　至年末，鱼子岗旅游度假区一期征地拆迁完成，拆迁房屋53户，拆除房屋38幢，累计支付征地拆迁补偿金1.06亿元，办理农转非人员推选710人。2017年拟增建设用地项目及红线图，鱼子岗土地利用总体规划调整项目及支撑资料报送完成。入口服务中心项

鱼子水苑景观

（鱼子岗公司　供）

目征地件资料报送完成。完成入口停车场和况家咀山坪塘项目地灾报告编制并取得指标件完成。

（李　瑶）

重庆万盛工业园区开发建设有限公司

【概况】　重庆万盛工业园区开发建设有限公司（以下简称万盛经开区工建公司）成立于2017年1月20日，注册资金5亿元，公司有内设机构6个，即综合部（挂人力资源部）、审计监察部、财务投资部、规划设计部、造价合同部、工程管理部。公司从事园区范围内土地开发整治和经营管理，基础设施建设，从事建筑相关业务，工程项目管理，在政府授权范围内开展园区公共事业管理，房屋租赁，物业管理，仓储服务，道路货物运输，建筑材料采购销售。代管重庆市平山工业园区开发建设有限公司和重庆市煤电化园区建设管理有限公司，有在职员工43人。

【资产管理】　2017年，万盛经开区工建公司建成标准厂房19.35万平方米，购置标准厂房3.02万平方米，在建工程12.86万平方米，对外投资1500万元，向重庆力奥科技有限公司、重庆安连普电子有限公司等提供借款9500万元。2017年年末，公司资产总额31.86亿元，负债16.27亿元，所有者权益15.58亿元。

【项目建设】　全年实施工程建设项目41个，其中区级重点项目13个，平山园区水电气管网接入、西安高科场平及附属工程、平山园区孵化基地标准厂房工程、煤电化园区公共停车场及环境整治工程、煤电化园区中石线北部电缆沟通道等25个项目竣工投用。万盛高新技术产业园一期工程开工，其中鱼田堡河道污水管网改造、鱼田堡河道治理、建南一号道路工程等6个项目全部竣工投用。智能终端产业园通过竣工验收，10余家企业进场装修。全年公司完成固定资产投资23亿元，实现在地建筑业产值16.8亿元，新增工业用地26.67公顷，建成投用标准厂房23万平方米。

（唐　辉）

产 业 园 区

平 山 园 区

【概况】　万盛经济技术开发区平山产业园区（以下简称万盛经开区平山园区）位于万盛北部，距离重庆主城67千米。平山园区前身为万盛工业园区，2002年12月经市政府批准成立，是市政府首期批准成立的16个市级特色工业园区之一；2006年1月，经国家发改委和国土资源部审核通过，更名重庆万盛工业园区。2011年设立万盛经开区后，按照各组团产业规划布局，万盛工业园区划分为平山园区和关坝煤电化园区。园区被认定为国家镁合金高新技术产业化基地、全市玻璃新材料特色产业基地、全市首个消防安全装备建设基地和全市两车配套协作园区。园区由平山、建设、鱼田堡（高新技术产业园）和丛林等四个组团构成，总规划面积11平方千米（其中平山组团5平方千米，建设组团1平方千米，鱼田堡4平方千米，丛林组团1平方千米）。园区重点布局装备制造、新型材料、医药健康、电子信息、通用航空等五大主导产业。园区建成和在建面积5.3平方千米，入驻企业120多家（其中，规上企业55家），职工总人数8000余人。平山产业园区管委会为万盛开发区管理委员会的派出机构，内设综合部、招商部、规划发展部、企业发展部、安全生产监督管理部等5个部室（参公），企业服务中心1个（全额拔款事业单位）。有编制20人，其中参照公务员事业单位编制8人、全额拔款事业单位编制11人、机关工勤人员编制1人。

【园区规划】　2013年，园区制定近期和远期规划。近期规划为到2015年建成5.5平方千米，由平山－麒麟坝－石桥组团4平方千米和建设（鱼田堡）组团1.5平方千米组成；远期规划为到2020年建成8平方千米，由平山－麒麟坝－石桥组团6.5平方千米和建设（鱼田堡）组团1.5平方千米组成。2014年，园区建成4平方千米，修改完善园区控制性详细规划。编制完成装备制造产业、电子信息产业及生物医药产业发展规划。2015年，《万盛经开区平山、南桐控制性详细规划》明确平山组团规划范围西、南抵綦万高速，东至九龙村山体一带，北抵南桐镇与永城镇界与綦江区行政边界，规划面积330.52公顷；南桐组团规划范围西至孝子河，东至八面山，北至綦万高速，南至规划绕城路一带，规划面积624.60公顷。2016年—2017年，平山园区规划面积8平方千米，建成面积5平方千米，包括建设、鱼田堡、丛林、平山4个组团。

【园区招商引资】　2017年，万盛经开区平山园区共计入驻企业120家，其中投产企业64家，在建企业32家，商贸类企业24家。55家规上企业实现工业总产值净增20.6亿元，完成工业固定资产投资10.7亿元，在地建筑产值5.4亿元。全年接待到区客商及考察团队60余批次，到上海、福建、西安、江苏、北京、河北、重庆主城开展招商活动。盘活盛钢、方汀、佳劲等企业空置土地、厂房资源，推动恒能电力、肯爱机电、新能源车等项目落地，利用煌盛土地进一步完善园区配套功能。与招商团队一道成功促成福耀集团、三锋集团、爱优工业追加投资，吸引年产100万套天窗总成、三锋汽车饰件、圣天宇工装夹具等

30个项目签约落户，计划总投资90亿元，预计达产产值430亿元，达产税收20亿元；牵头19个实际使用区外资金项目完成投资12.3亿元，圆满完成全年招商引资目标任务。

【园区重点项目】 全年，园区牵头在建项目55个，其中福耀汽车玻璃（二期）、博奥镁铝（一期）、多普泰扩能等20个项目建成投产达产，铁锚玻璃、高科幕墙、顺安盛钛等13个项目加快推进建设。牵头设立智能终端产业园管理服务办公室，统筹推进产业园建设、服务、招商工作，着力解决项目审批手续办理，降低企业电价、物流成本，水电气等要素供给，规范物业管理，标志标牌建设等79个突出问题。

【园区安全环保监管】 开展博奥安全生产电气火灾事故应急演练、安全环保网络答题、安康杯知识答题、纪念建党96周年暨安全环保知识抢答赛、消防知识进园区等安全生产专题宣传10次等主题宣传活动。开展安全生产检查559次，排查整治安全生产隐患854条，落实整改805条，协同区安监局、经信局、建设局、环保等区级有关部门实施行政处罚15起，罚款1.4万元。协调解决200余名农民工工资160万元左右。园区安全环保、综治信访形势稳中向好，全年实现安全生产“零死亡”目标，未发生安全生产事故，未发生环保和职业卫生事件，无非访、集访、闹访和到市进京等情况发生。

【园区服务】 2017年，园区推行工业项目重大问题联席会议制度，开展干部职工联系服务企业工作制度，印制《平山产业园区招商服务指南》，协调相关职能部门单位解决签约、在建项目疑难问题80余件次，累计为园区55个项目完成各类行政审批手续200余项，先后协调解决工业垃圾处理、电路改造升级等困难和问题1000余件；协调兑现福耀玻璃、博奥镁铝、新能源汽车、智能终端产业园等项目优惠政策补助资金1.17亿元；建成市级院士专家工作站。

【园区重要活动】 2月10日，北京圣天宇工贸有限公司总经理张海泉一行到区考察，实地踏勘拟投资项目选址，就项目相关情况进行洽谈。

2月23日，西安高科幕墙门窗有限公司副总经理平秀林一行到区调研重庆基地建设项目前期工作推进情况，对接项目相关工作。

3月14日，重庆市万盛经济技术开发区管理委员会与重庆佳劲产业有限公司签订年产5万辆汽车生产项目投资协议。

3月16日，重庆盛钢实业有限公司总经理龚志伟、副总经理聂代群到区洽谈恒能新型电力设备项目投资协议相关事宜，双方达成共识。

3月21日，平山产业园区党工委书记、管委会主任王浩带队到江津双福工业园，考察学习区规划、建设、招商、服务等工作。

4月11日，东风江森汽车座椅有限公司总经理裘海俊一行到区考察投资环境，了解园区规划建设及汽车零部件产业配套情况。

4月19日，平山产业园区王浩带队考察西安高科幕墙门窗有限公司，对接年产50万套玻璃门

5月16日，万盛经开区第二届玻璃产业劳动技能竞赛开幕式

（平山园区　供）

窗项目具体事宜。

5月24日，重庆市万盛经济技术开发区管理委员会与重庆恒能电力设备有限公司签订新型电力设备产品生产项目投资协。

5月25日，西安高科幕墙门窗有限公司副总经理平秀林一行到园区现场查看年产130万平方米新型节能环保幕墙门窗项目进展情况，就项目情况进行对接会议。

7月1日，平山产业园区党群服务中心建成投用。

7月4日，市人民检察院检察长、党组书记贺恒扬一行，到玻璃产业园、万盛中心检察室，了解地区经济社会发展和检查工作等情况。

7月7日，綦江区委常委、工业园区党工委书记刘扬带领綦江区工业园区一行到区考察招商、工业、城市建设等情况。

7月21日，平山产业园区休闲健身公园建成并对外开放。该公园占地1.6万平方米，铺设有人行步道800米，修建休息点7个。

7月22日，杭州市重庆商会执行会长、海继集团董事长朱波带队，考察平山园区、青年工业园投资环境。

7月31日，万盛智能终端产业园管理服务办公室成立。

8月31日，平山产业园区运动中心建成投用。位于平山产业园区党群服务中心北部，占地面积1400余平方米，总投资约40万元，该运动中心建有标准篮球场1个、标准羽毛球场2个。

9月1日，平山园区首届全民健身运动会开幕。运动会设职工男子篮球、乒乓球、羽毛球、长跑、趣味运动等比赛项目。

9月17—19日，平山产业园区党工委书记、管委会主任王浩带队到秦皇岛招商兴龙轮毂有限公司招商考察。

9月27日，年产150万套成套汽车玻璃及天窗总成项目（重庆铁锚玻璃有限公司）开工建设，建设内容为生产厂房及办公、宿舍等配套设施7万平方米，建设10条汽车玻璃钢化、夹层生产线，2条天窗总成生产线，形成年产150万套成套汽车玻璃及天窗总成的生产能力。

10月9日，上海鸿元展印公司董事长魏鸿宾一行，到区洽谈投资建设柔性自动化高品质印刷生产线项目相关事项。

10月10日，年产400万套高档汽车玻璃生产线项目（重庆万盛福耀玻璃有限公司）搬迁并建成投产。该项目有17条生产线，产品涵盖轿车夹层前挡、钢化后挡/边窗、三角窗、天窗、大巴前挡、防弹玻璃等全车套汽车玻璃。

10月19日，市委组织部非公经济组织党建处处长祁洪平一行，到园区党群服务中心调研工作。

10月31日，上海中科浩飞科创文化集团有限公司投资总监冯小玉一行人到区考察投资环境。

11月8日，年产130万平方米新型节能环保幕墙门窗项目（重庆高科幕墙门窗有限公司）开工建设，建设内容为生产厂房、办公及宿舍等配套设施共计3万平方米，建设5条铝合金、7条塑钢、3条集成门窗、2条中空玻璃生产线及4条幕墙门窗生产线，形成年产130万平方米玻璃幕墙门窗生产能力。

12月29日，昆山嘉美兴业电子有限公司总经理万能廖一行，就其璧山厂房搬迁项目到区考察智能终端产业园厂房及电子信息产业相关情况。

（喻　竹）

煤电化园区

【概况】 重庆（万盛）煤电化园区是重庆市人民政府批准设立的全市唯一煤电化产业园区，是重庆市规划布局的重大产业基地之一，重点发展煤电、煤化工、化工新材料、化学原料等产业，2017年末，煤电化园区工业总产值18.62亿元，利润总额1.025亿元，税收2.07亿元，固定资产投资6.128亿元。重庆市万盛经济技术开发区煤电化产业园区管理委员会为园区管理服务机构，主要负责园区规划建设、项目招商、企业服务、安全监管、环境监督检查、科研合作等，内设6个职能部门，即综合部、招商部、规划发展部、企业运行部、安全生产监督管理部（环境保护办公室）、园区企业服务中心。有财政全额拨款事业编制8人（参照公务员法管理），核定事业编制10人。

【基础设施建设】　煤电化《园区控制性详细规划》北部片区通过经开区规委会审查，南部片区完成初稿。园区环境监测数据与规划环评跟踪评价启动编制工作。园区环境综合整治项目（南北干道整改）基本完成施工，园区污水处理厂完成厂区主体施工和设备安装，厂区部分与收集管网部分全面完工，基本完成建设，2017年完成投资3300万元；园区企业服务中心项目砌体部分完成90%，抹灰工程完成20%，防水工程完成10%，外墙保温完成10%。关（坝）赶（水）支线铁路项目受投资主体影响，2017年处于停建状态，完成投资450万元，累计完成投资5.3亿元；鲤鱼河引水工程项目提前完成年度目标，完成首次试通水，2017年完成投资4600万元，累计完成投资2.19亿元。

【招商引资】　2017年，园区先后引进东方希望集团10万吨/年非光气法聚碳酸酯、重庆双丰化工有限公司精细化工、重庆彩翔纸业年产20万吨瓦楞纸环保迁建、重庆丹涂涂料有限公司6000吨/年车用漆、1000吨/年树脂生产、重庆泓彬醇基燃料有限公司甲醇储存等项目5个，协议引资27.5亿元。参与渝陕两地第二批煤炭产能置换工作，陕煤集团山阳煤矿300万吨/年核准复建，陕煤集团500万吨/年入渝煤炭资源得到保障。围绕电厂蒸汽价廉质优的特点，结合工业气体、化工新材料等耗热、耗电载能产业新包装项目7个。建立健全招商引资项目全程代办和跟踪服务机制，为客商代为办理项目前期手续40余件次。2017年，累计外出招商20余批次，接待客商40余批次，100余人次。

【重点项目建设】　川东化工搬迁清洁生产及废水综合治理、神开气体标准物质生产项目年内建成投产，完成投资1.53亿元；神华国能重庆发电厂环保迁建项目受国家宏观经济调控等多方因素影响，建设进度低于预期，完成投资3亿元。东方希望10万吨/年非光气法聚碳酸酯一期项目（6万吨碳酸二甲酯项目）完成公司工商注册、项目备案、生产技术转让、集团投资审批等工作；新中天渝南循环经济一期项目完成项目可研报告编制、厂区水文地质调查、环境监测等前期工作。

【安全生产监管】　建立完善园区安全生产工作考核机制，完成安全监管能力建设达标创建，对园区生产经营单位、外包服务企业、在建项目建立基础信息台账，完成园区应急应战子平台建设，并组建园区应急救援队伍，组织园区企业开展应急演练22次。全年组织安全检查人员590人次，开展现场检查110次，完成全年监督检查计划175%，发现隐患264起，整改259起，整改率98%。配合市区两级环境主管部门对园区企业开展环境监察工作35次，出动检查人员153人次，查出环境问题29个，整改完成27个，整改率93.1%。

【服务与管理】　全年接待和处理群众来信来访20余件次，涉访人数160余人，涉及金额180余万元。全年园区未发生堵厂、堵路事件，园区重点建设项目未因厂地矛盾原因影响建设进度。落实“一对一”联系服务、“一企一档”“三清三进”“一园两镇”工作机制，精准服务园区企业，助推企业达产。帮助园区企业争取高级人才个税奖励、水价补贴，增值税和企业所得税返还、工业扶持资金和相关税费减免、土地使用税及滞纳金减免等工作，合计金额约1850万元；统筹协调，与綦江区交通局建立綦万两地跨区煤炭运输超限治理协调机制，与陕煤集团签订供煤长期战略合作协议，与万盛铁路货运站就园区企业煤炭卸载运输问题达成一致意见，缓解园区用煤困难；协助恒泰电厂开展配网建设论证，推动恒泰电厂与万盛煤化达成蒸汽利用协议，帮助企业申报2018年资源节约和环境保护中央预算内投资备选项目等，帮助解决园区企业遇到的各类问题困难63件次。

（罗　佳）

社会事业

科学技术

科　技

【概况】 万盛经济技术开发区科技局（以下简称万盛经开区科技局），挂万盛经济技术开发区地震局牌子。有内设职能科室3个，即办公室、创新促进科、科技发展科；有下属事业单位3个，即万盛经济技术开发区知识产权局、万盛经济技术开发区地震监测站、万盛经济技术开发区生产力促进中心。2017年年末，万盛经开区科技局有在岗公务员10人，事业编制人员11人。

【科技体制改革】 出台《万盛经开区研发机构认定管理办法》和《万盛经开区专利资助奖励办法》等扶持创新创业政策文件。探索军民发展战略，起草《关于推进军民融合创新发展的初步方案》，明确创新驱动发展指导思想、主要目标、重点工作和保障措施，创新政策环境逐步优化。申报认定市级小企业创业基地、楼宇产业园，区级创业孵化基地、星创天地等创新创业平台，创新创业硬件条件逐步完善。科技金融服务中心成立，为企业提供创业辅导、资本对接等服务，创业种子投资基金设立，以公益参股、免息信用贷款等方式支持创新创业。

【区级研发机构创建认定】 制定《万盛经开区研发机构认定管理办法》，于2017年12月启动区级研发机构创建认定工作。推进法人化研发机构，本贝得生物工程技术研究院公司、力奥智能汽车研究院有限公司被成功认定为市级新型法人化研发机构。推进新型高端研发平台建设，万盛煤化与天津大学共建煤化工产业技术研究院项目完成建设初步方案。至2017年年末，建成市级以上企业工程技术研究中心3个、市级以上工程技术中心2个，新型法人化研发机构3个。玻璃产业技术研究院建设、医药健康特色产业园区建设纳入市级立项支持。建成市级特色农业产学研协同创新中心、市级农业科技园区。建成有机茶叶、猕猴桃等5个市级农业科技专家大院。

【科技金融】 建立科技投融资服务体系，成立万盛经开区科技金融服务中心，汇聚西证渝富、黑马会、天使汇等创投机构为科技型企业提供上市辅导、资本对接服务。万盛创业种子投资基金的第二期500万元到账，对第二期遴选出的永润新材料等8个种子基金项目，发放免息贷款290万元。2017年举办第三期种子基金支持项目优选活动，遴选出慧瞳科技等拟支持项目7个，实际支持项目6个，发放免息贷款280万元。至年末，累计为16家科技企业提供三期共630万元的免息贷款扶助支持，投贷率达63%。

【校地合作】 促成西南大学与万盛经开区签订校地合作协议，与重庆工商大学、重科院、市中药研究院等高校院所建立战略合作关系。借助高校院所在教育、人才等方面优势，通过开展联合办学，为地区经济社会发展提供高技术人才培养、人才转化和产业技术工人等创业就业培训。通过合作共建大学生实习实训基地，免费为高校相关专业学生提供实习实践场所，鼓励扶持应届毕业生到区创业就业，帮助为万盛举荐产业发展紧缺人才。开展企业与高校科技资源精准对接，重庆大学、西南大学等8所高校近40名专家到区与新材料、医药健康等产业重点企业对接产学研合作。

【科技人才引进与培育】 引进中国工程院院士何季麟、潘复生等人才团队合作建成重庆市院士专家工作站。聘请王伯初等12名市内外医药健康、新材料、现代农业等领域专家组建成立专家顾问团。选派西南大学郑永华、唐洪玉教授等20名专家为科技特派员，对口帮扶区内产业创新发展。与市中药院、重科院、中科院、苏州大学等10多家市内外高校和科研机构建立新型产学研合作关系，建成大中专实训基地6个，引进硕士以上创新创业人才30余名、专业技术人才50余名。建立万盛科技人才信息库，入库科技人才150余人。

【知识产权保护】 开展知识产权试点示范建设，重庆市药研院制药有限公司、重庆市天泽钻井材料有限责任公司获重庆市企业技术创新专利导航项目立项支持，重庆万盛煤化有限责任公司获重庆市知识产权区域布局试点项目立项支持，重庆思御科技有限公司获重庆市专利风险防控示范项目立项支持，资金补助共计25万元。全年申请专利893件，其中，发明专利申请377件；获专利授权366件；万人发明专利拥有量5.71件，比上年增长73.96%。重庆欣润农业开发有限公司、重庆万盛福耀玻璃有限公司、重庆开奇科技发展有限公司、重庆市九瑞粉末冶金有限责任公司4家企业成功申报重庆市知识产权优势企业；市级知识产权试点企业数20家，市级知识产权优势企业6家。开展知识产权维权护航专项行动6次，检查专利产品600余件，查处假冒专利违法案件53件。修订《重庆市万盛经开区专利资助办法》。组织兑现2016年专利资助，资助专利申请977件，专利授权488件，发明专利维持费用、市级知识产权试点企业等兑现金额237.26万元。

【科技成果及应用】 2017年，万盛经开区有30项科技研发与应用完成国家科技成果登记，即温度精调式吊挂水包车、立式可翻转模具检验装置、口字型卡合式铝合金型材模具、日字形卡合式铝合金型材模具、田字型卡合式铝合金型材模具、平台式模具检验装置、日字型卡合式铝合金型材、输送带式磁力铁粉筛分机、瀑布式磁力铁粉颗粒分选装置、采血管生产线卷式转运装置、采血管单只流水旋转生产装置、采血管回缩式药剂喷雾装置、可倾斜溢出调整质量的铝锭生产线、适于单只采血管流水自动真空封盖装置、多刀梨品自动削条装置、带交错圆刀梨品自动削丝装置、带三角形刀头梨品削丝装置、羊防疫检查固定装置、扩展式梨品深加旋切工定位装置、一种茶叶分流除尘装置、离心式磁力铁粉筛分装置、带倾斜溢出流道可调重量的铝锭模具、一种茶叶烘干机、一种茶叶分级筛选装置、一种茶园喷药机、一种高效茶叶清洗装置、一种家禽自动供水装置、一种家禽饲养自动送食装置、一种汽车安全警示装置、一种汽车防火防盗报警装置。

【科创大厦孵化成效】 组织参加华创会、海外人才交流会、高交会，加强与沿海发达地区、高校院所等对接，引进"基于3D打印技术的科技教育系统开发与推广项目"、垲睿科技、新果园、科研医疗器械等10余个创业项目，至年末，科创大厦入驻企业41家，入住率90%以上。

【防震减灾】 全年监测到地震856余个，其中近震65个，地方震750个，远震50个，监测到本地区有感地震5次。抗震设防审批被纳入区行政审批大厅系统，开展"6万吨/年碳酸二甲酯项目"抗震设防审批。组建成立万盛经开区地震应急救援队，建立地震应急装备物资仓储库，新购置近4万元的地震应急救援装备和物资。组织开展防震减灾示范学校、地震安全示范社区创建，福耀实验学校市级防震减灾科普示范学校创建，海棠社区成功创建成区级地震安全示范社区。组织开展防震减灾活动周、防震减灾网络知识竞等宣传教育活动23场次，发放资料3万余份，惠及民众3万余人。

（李 雪）

气 象 事 业

【概况】 万盛经开区气象局内设科室4个，即办公室（法规科）、防灾减灾科（人工影响天气办公室）、气象台（地面气象观测站）、气象服务中心；有地方气象事业机构2个，即万盛经开区自然灾害预警预防办公室（突发事件预警信息发布中心）、万盛经开区防雷设施监测站；有职工13人。

【气象服务】 全年万盛经开区出现暴雨天气3次、连阴雨天气过程4次、强降温天气2次、大风天气3次。通过手机短信、电子显示屏、传真等方式，发布《重要天气服务快报》和《气象灾害预警信号》；遇重大天气过程及时发布山体滑坡气象等级预报、雨情通报等服务消息；在农作物生长季节发布水稻、玉米等作物的农用天气预报和病虫害防治气象预报；适时开展人工增雨天气作业。

【气象灾害预警信息及平台】 全年发布预警信号250期，其中大雾橙色预警信号164期，大风蓝色预警信号13期，暴雨蓝色预警信号5期，暴雨橙色预警信号3期，暴雨黄色预警信号1期，道路结冰黄色预警信号2期，高温橙色预警信号24期，高温红色预警信号4期，雷电橙色预警信号31期，森林火险红色预警信号3期。万盛经开区突发事件预警信息发布平台建有分中心及工作站共32个，2017年发布短信5153条，151万人次。

【气象防灾减灾宣传】 全年开展气象科普知识“进校园”“进社区”“进企业”等活动，围绕“3·23世界气象日”“5·12防灾减灾日”“安全生产月”“法治宣传日”及科技活动周等气象科普知识宣传活动，宣传普及气象防灾减灾科普知识，提升公众防灾减灾的意识和能力。

（周燕秋）

教　　育

综　述

【概况】　2017年，万盛经开区有各级各类学校105所（含民办教育），比上年减少4所，减少3.6%；有在校学生33769人，增加36人，增长0.1%；有在职教职工2876人，增加43人，增长1.5%。全区学校占地面积85.66万平方米，增加0.11万平方米，增长0.12%；校舍建筑面积43.45万平方米，增加0.39万平方米，增长0.9%。全年教育经费总收入60931万元，增加26.15万元，增长0.04%；总支出60951万元，减少5080万元，降低7.69%。

【学校基础设施建设】　全年争取上级资金1.43亿元。新建校舍36780平方米，维修校舍17332平方米，维修改建塑胶运动场10片。关坝小学教学综合楼面积6084平方米、投入资金2200万元、征地22311平方米；中盛小学扩建工程面积17323平方米、投入资金8400万元、征地31660平方米；青年小学幼儿园教学楼及教师周转房工程面积5896平方米、投入资金1700万元、征地5472平方米；进盛中学体艺楼面积7477平方米、征地31533平方米、投入资金11500万元。

【智慧教育建设】　完成教育城域网升级改造，500人以上学校宽带升级为万兆，300人左右的学校升级为千兆，实现宽带网络校校通100%。建成智慧教育平台，包括教育资源公共服务平台、教育信息化管理平台，集成录播直播系统、资源共建共享系统、人人通系统、仿真实验系统，新建录播教室14间、云教室19间，录播教室总数达到22间，300人以上学校有录播教室和云教室，实现优质资源班班通、网络学习空间人人通100%。投入资金3573万元，更新多媒体班班通181套、计算机551台、高清安全视频监控摄像头919个。2016—2017年度“一师一优课”活动网上晒课2493节，推送优课98节，获部优7节；举办经开区第一届教师教育信息化大奖赛，收到作品860余件、272件获奖，选送全国第二十一届全国教育教学信息化大奖赛作品30件，获市级奖23件，其中市一等奖4件；参加全市2017年教育技术征文比赛送评征文71篇，35篇获奖，其中一等奖3篇，并获优秀组织奖；参加第十四届全国中小学校园影视评选活动报送作品22件，全部获奖，其中全国一等奖3件，市级一等奖2件，并获优秀组织奖。

【教育改革】　全年开展集中研修培训2次，课改基地学校和项目学校“三模”建设初具模型、各具特色。《中小学党组织管理体制及作用发挥机制创新改革试点》《中小学生综合素质督导评价试点》《深化产教融合校企合作改革试点》《新常态下实施区域精致教育改革试点》四个市级教育改革试点项目取得进展，《新常态下实施区域精致教育改革试点》《中小学党组织管理体制及作用发挥机制创新改革试点》在全市深化教育领域综合改革试点项目成果评审中分获二、三等奖。

【教育教学质量管理】　成立以局长为组长的教育教学质量管理领导小组，定期研究教育教学管理工作，及时调整管理措施。下发教学质量目标考核方案，落实任务到校到人，形成教育教学质量保证体系。落实中小学教学管理常规，深化高效课堂改革，完善《万盛经开区课堂教学改革督导评估方案及指标体系》，课堂教学改革纳入综合督导、专项督导、日常督导，推动“精致教育”策略的实施。建立教学质量激励机制，促进教育教学质量提升。

【师资队伍建设】 全年公开招聘和考核招聘教师3次，招聘教师113人（含学前教育53人），全部充实到各中小学（含村小和幼儿园）。组织教师参加3个国培项目（示范性、中西部、幼儿教师）培训，送培教师45人，合格率100%；市级培训项目8个，送培教师60人，合格率100%；区级培训项目10个，培训教师1733人次，校本培训4500多人次；继续教育验证审核2340人，合格率100%。各类优秀教师开展教育教学研究51次，送课下乡105节。新增正高级职称2人，副高级职称70人，一级职称111人。375名教师年度考核获“优秀”等次。校级领导干部交流2人，占符合交流人数的100%。中小学教师轮岗交流256人，占符合交流教师的比例37.7%，优秀教师交流比例35.2%。其中到西藏自治区昌都市援藏教师1人，到石柱县支教教师3人。按19800元/人·年标准落实全区中小学教师绩效工资外高出部分考核。按200～600元/人·月标准发放乡村教师岗位生活补助，惠及117名乡村教师。按300元/人·月标准，发放乡镇学校教师工作补贴，惠及1756名乡镇中小学教师。

【教育民生保障资金】 全年资助困难学前儿童1349人次，发放保教费和生活补助145.69万元。发放困难寄宿生生活补助费132万元，受惠学生2284人次。开展普通高中困难学生资助工作，全年为城乡低保家庭和农村建卡贫困户普高学生免学费65.07万元，受惠学生833人次。发放普通高中困难学生国家助学金258.9万元，受惠学生2435人次。落实资金4.68万元，为234名普高和中职建卡户学生提供免费教科书。落实资金341.1万元实施中职免学费，受惠学生3411人次。发放中职家庭经济困难学生住宿费补助23.26万元，受惠学生930人次；发放中职家庭经济困难学生生活费补助84.72万元，受惠学生770人次。发放高校困难学生助学贷款2173.87万元，受益大学生2852人。区财政承担贴息和风险补偿金59.29万元。实施“你上学，我送行”资助困难大学新生路费活动，发放路费2.15万元，受益学生34人。实施“泛海助学”活动，资助困难高校本科新生62名，发放资助金31万元。

【教育系统安全稳定】 完善学校安全隐患排查治理、学生管理、门卫值班、巡逻值守、防火防灾、食品卫生管理、建筑安全管理、体育器材检查、健康体检等规章制度，加强学校安全工作的监管。组织101名新教师参加“岗前安全培训”、274名校园保安参加“校园安全”专项培训、30名安保主任参加保卫干部校园安全专题培训，100余名中小学卫生管理人员参加“卫生安全”专项培训。各中小学校聘请法制副校长，开设法制教育课，全学年不少于12课时。开展“开学第一堂法制课”系列活动和“打非治违、大排查大整治”专项行动。每校每期开展1次以上应急疏散救援等演练，实现应急预案简明化、图表化、程序化。推进安全宣传教育活动，每月举行1次安全主题教育。利用每周1节安全教育课、班会课、朝会、集会及学科教学、报刊、专栏等多种形式，开展交通、消防、防盗、防暴、防传染病、食品安全卫生等安全宣传教育。设置安全橱窗84块，更换安全宣传展板168块，发送安全信息6万余条，发放安全宣传资料6万余份。开展“安全在我心中”美术书法大赛，推进安全宣传教育，弘扬安全文化。联合辖区各职能部门对全区中小学开展“地毯式”环境整治和隐患排查4次，发现一般安全隐患100处，整改100处，整治率达到100%。开展“平安校园”工作，“平安校园”复审达标率100%。党的十九大召开期间维稳安保工作获集体三等功。

（丁庭军）

基础教育

【概况】 2017年，全区基础教育阶段在校生

31818人，其中学前在园幼儿8005人，小学生13201人，初中生6108人，普通高中生4504人。推进公办幼儿园镇街全覆盖工作，小学生综合素质测查工作，深化课程改革和“一校一品”特色建设，推进教育优质均衡发展。

【学前教育】 2017年，全区有公办幼儿园1所，公办性质幼儿园18所，民办幼儿园37所。开设教学班245个，在园幼儿8005人，全区3～6岁幼儿毛入园率90.1%。普惠性幼儿园45所，惠及幼儿6903人，普惠率86.2%。有教职工649人，专任教师378人。

【九年义务教育】 全区小学生综合素质测查，合格率100%。初中毕业生参加中考，平均分536分，总分650分以上120人，联招上线人数691人。28所公办中小学为外来务工人员子女就读学校，占全区公办中小学的96.60%，全年解决962名农民工子女和127名残障儿童入学问题，入学率100%。

【普通高中教育】 全区有普通高中2所，普高招生1470人，参加高考2008人。高考上线1975人（重点本科上线241人），上线率98%，比上年提高1个百分点。结合地域文化特色、开发校本课程，两所普高学校校本课程的开放性和选择性增强，特色性初显。优化高中教育资源配置，推进教材应用研究和教学方法改革，主动与高考制度改革接轨，立足“高效课堂”，打造“卓越课堂”。注重教育科研工作，推进教学研讨常态化、学科建设内涵化、教师成长专业化。健全普通高中办学水平和质量评估制度，实行动态化管理，优化教学评价方式。深化四十九中学与重庆一中、进盛实验中学与成都七中开展帮扶合作，加强干部互动、优化教师互动、强化学生交流、增进教研交流、促进科研带动、拓展资源共享、升级智慧教育交流、密切招生工作。

【民族教育】 将民族团结教育纳入课程，各校利用教师政治学习、集体朝会、班团队会课等时间，对师生进行民族团结教育，少数民族学生较多的青年、关坝、黑山、石林等学校，经常性地开展“民族团结教育”活动，石林中小学将苗族文化作为学校的特色之一纳入乡村学校少年宫安排。

【中小学德育】 制发《万盛经开区2017年学校德育工作考核方案》，将10所村校德育工作纳入学校办学评估考核体系。全年各中小学校组织开展“学雷锋·树新风”主题活动30场次，开展“我们的节日”系列活动216场次，举办班主任基本功、心中的质量、学宪法、儿童消防作文绘画、低碳环保等征文、演讲、绘画、安全知识网络赛等系列比赛。每月坚持开展“三爱三节”教育活动（爱学习、爱劳动、爱祖国，节粮、节水、节电）。结合革命传统教育、爱国主义、热爱家乡、文明旅游、爱护环境等内容，编写德育校本教材，提高德育教学水平和质量。注重学校特色与中华优秀传统文化教育、家国情怀教育、社会关爱教育、孝善美德教育深度融合，多维度打造校园文化，多形式建设班级文化，全面营造立德树人良好氛围。在各校“一校一品”的基础上，区教育局印发《深入开展学校特色与文化建设的通知》，推进“一校一品”“一校多品”“多校一品”建设，2017年年末，全区有国家级特色学校2所，市级10所，区级21所。全年教师获国家级奖励16人次，市级表彰奖励64人次；学生获国家级奖励20人次，市级表彰奖励40人次；集体获市级以上表彰奖励17次，19个学校评为区级文明校园。

（丁庭军）

职 业 教 育

【概况】 2017年，全区有职业高中学校2所，即重庆市万盛职业教育中心、重庆市南桐矿业公司技工学校，在校学生1986人，占高中阶段在校学生30.6%。全年职业高中招生757人，职业高中招生占高中阶段招生比例34%。

【万盛职业教育中心】 2017年，重庆市万盛职业教育中心有全日制在校学生1951人，招生757人，毕业912人，学生巩固率93.7%。开设航空服务、计算机应用、机电技术应用、汽车运用与维修、旅游服务与管理、电子商务、学前教育（保育员方向）、烹饪等专业8个。有市级重点特色专业2个，市级示范专业2个。全年开展各类培训1000余人，其中特种作业人员、安全管理人员853人，安全新训429人，复训241人；其他社会培训183人。拥有专业技能训练场室32个，实习实训基地6个；台式计算机460台，教师用笔记本计算机150台，“班班通”多媒体教学设备46套。建成教学辅助平台5个，涵盖评价、管理、资源系统和电子商务课程资源和机电一体化教学资源库6个。校内实习实训设备总价值2472万元。市区获奖教师140余人次、学生100余人次。重庆市中等职业技能大赛中，获各类奖项11个，其中导游讲解获一等奖；3D打印、学前教育获二等奖。2017年，参加高考179人，上线176人，上线率98.3%，其中本科上线21人，专科上线155人。271名学生参加职业技能鉴定，合格率96.7%；912名毕业生，双证率100%，就业率97.2%。

【南桐矿业公司技工学校】 南桐矿业公司技工学校始建于1966年，由南桐矿务局开办。2017年12月，学校由重庆南桐矿业有限责任公司剥离移交给万盛经开区管委会管理。学校占地面积21050平方米，建筑面积9467平方米，有教职工25人。技工教育教学班4个（含技工分校教学班），开设矿山机电、机电运输和煤矿开采技术专业3个，在校生224人，其中分校220人，全日制学生4人；成人高等函授学历教育学员38人。学校先后开办过综合机械化采煤、掘进、通风与安全、井下电钳工、机运、洗选、机电一体化、护士、旅游、机械加工等15余个专业，累计为企业、地区各行业培养输送12500余人技能人才。2017年被重庆煤矿安全监察局评为安全培训先进单位。

（丁庭军）

成 人 教 育

【概况】 2017年，全区有366人报名参加各类成人高校招生统一考试，其中高中起点升本、专科283人、专升本83人，本、专科录取256人，录取率70%。高等教育自学考试本科段开设专业23个，专科段开考专业20个，组织自考2次，报考人数397人次，总科次767科次，办理自考毕业证7人（本科6人，专科1人）。2017年，电大春、秋两季共新招收本专科学生236人，其中成人教育专科招生132人，奥鹏远程网络教育招生105人。成人教育专科开设工商企业管理、法律事务、学前教育、药学4个专业，在籍学员299人。奥鹏远程网络教育与北京外国语大学、华中师范大学、东北大学联办，开设金融学、会计学、土木工程、建筑工程技术、法学、行政管理、工商管理、教育管理、汉语言文学、学前教育、人力资源管理、社会工作（社区管理）、旅游管理等专业，在籍学员239人。是年，成人本专科学历教育累计在籍学员538人。

（丁庭军）

文 化

文化艺术

【概况】 万盛经济技术开发区文化广播电视新闻出版局（以下简称万盛经开区文广新局）有职能科室4个，即办公室、文化科、广播电视科、市场科（挂新闻出版科牌子）；有下属事业单位5个，即万盛经济技术开发区文物管理所（以下简称万盛经开区文管所）、万盛经济技术开发区文化市场行政执法大队（以下简称万盛经开区文化执法大队）、万盛经济技术开发区文化馆（以下简称万盛经开区文化馆）、万盛经济技术开发区图书馆（以下简称万盛经开区图书馆）、万盛经济技术开发区博物馆（以下简称万盛经开区博物馆），其中万盛经开区文管所、万盛经开区文化执法大队与万盛经开区文广新局合署办公。万盛经开区文广新局机关有编制16人，在职职工12人；万盛经开区文化馆有编制13人，在职职工11人；万盛经开区图书馆有编制11人，在职职工8人；万盛经开区博物馆有编制5人，在职职工4人。2017年末，万盛经开区有文化馆1个、图书馆1个、博物馆1个、影剧院1个、镇街基层综合性公共文化服务中心10个、文化馆分馆10个、图书馆分馆20个、农家书屋57个；有线电视户数6万户，电视差转站1座，电视人口覆盖率98.5%，广播覆盖率98.5%。

（陈业伟）

【群众文化活动】 2017年，全区开展“三节”系列群众文化活动，组织大型公益性文化活动12场，公益性展览11次，惠及群众15余万人次。全年为镇（街）送演出40场，镇（街）为村（社区）送演出280场，文化馆、图书馆完成“文化赶场、图书下乡”活动39场，“渝州大舞台”城乡文化互动工程送戏20场，文化科技卫生三下乡活动文艺演出10场。各镇街文化站组建群众文艺队伍，定期组织培训、表演活动，推动流动文化服务下基层。全民阅读系列活动，大型图书巡展活动20次，开展农家书屋暑期农村儿童阅读活动、“我的书屋我的梦”优秀征文比赛、全民阅读等不同形式的阅读活动108场次，连续举办三届“读山水·看万盛”阅读活动。全年全区文艺作品获重庆市二等奖3项，三等奖2项，优秀组织工作奖1项。

（罗晓利）

【万盛图书馆】 万盛图书馆位于万盛文体中心，建筑面积4200平方米，免费开放面积2880平方米，馆藏文献33.45万余册（件），数字资源35TB。其中纸质文献17.9万余册，电子文献12.7万余册。设有读者阅览座席715个，有服务器6台、供读者使用的计算机终端77台、有流动图书车1辆、博看朗读亭1台、24小时自助图书馆1个、《重庆日报》阅读机1台、自助借还书机2台、期刊触摸屏阅读机4台、歌德电子书借阅机5台，有可存储200TB数字资源的磁盘阵列、70兆光纤和无线WiFi全覆盖双网服务。开设有书刊外借室、报刊阅览室、老年阅览区、政府公报阅读专区、十九大读物专架、少儿借阅室、公共电子阅览室、残障阅览室、廉政书屋、地方文献工具书查询室、读者自修室、多媒体视听室、学术报告厅、培训室、多功能室和咨询服务台等16个免费开放服务空间；内设采编部、辅导宣传部、培训活动部、借阅部、自动化信息部、综合办公室等部室6个。提供目录检索区、读者自修区、展览区、读者休息区、免费存包、饮水等22个辅助服务项目，全年365天对读者免费开放，每周开放71.5小时。建有全国文化信息资源共享工程重庆市万盛支中心和重庆市万盛经开区古籍保护中心。20个分馆完成建设，实现一卡通借阅。全年接待到馆读者32.41万人次。读者外借6.03万次、28.07万册次。其中街镇分馆外借3.10万人次，外借10.66万册次。全年开展各类全民阅读推广活动161次，接待14.26万人次。其中讲座培训48次、接待3319人次。展览27次，接待98561人次。先后获全国文明单位、全国少儿书法大赛优秀组织奖、电子绘本优秀组织奖、亲子阅读全国二等奖、红岩少年系列活动优秀组织奖、寻找最美朗诵者优秀组织奖、“读山水·看万盛”——创新阅读、美丽万盛全国阅读推广优秀项目奖、知网杯网络知识竞赛优秀组织奖等荣誉。

（朱　霞）

【万盛文化馆】　万盛文化馆位于万盛经开区文体中心，有馆舍建筑面积3200平方米，其中免费开放面积近3000平方米。该馆有文化艺术展厅、成人舞蹈排练室、少儿舞蹈排练室、综合艺术培训室、合唱（声乐）排练室、器乐排练室、戏曲活动室、美术书法教学室、美术书法工作室、摄影工作室、非物质文化遗产陈列室、数字文化中心、音乐制作录音室、琴房等20余个文化活动功能厅室。配有各类文化艺术培训、教学、排练器具，多种乐器、服装道具，多套舞台演出灯光、音响系统等先进文化活动设施设备。全年开展群众文化演出共80余场，惠及全区民众25余万人次。举办“万盛文化大讲堂”以及“梦想课堂”10期；开展上期、暑期、下期共3期免费培训班，涉及专业项目10余个，开展免费培训班次50余个，免费培训1800余名学员；接待到馆群众、社会团体、合唱排练单位以及专场演出排练单位1700余次，到馆人数23万余人次，全年免费开放时间4000小时以上，到馆群众24万余人次。

（傅　奇）

【万盛博物馆】　万盛博物馆位于万盛西区展示中心，西城大道414号。总面积约2603平方米，含陈列展示区、临时展出区、办公区、文物库房、文物修复区、影像资料室、安全监控区。万盛博物馆于2017年5月正式对外开放。万盛博物馆分为山川风物、地质奇观，巴僚开疆、溱州烟云，乡贤先烈、光耀桑梓，文化溢彩、泽润古今，乌金之乡、煤都圣火，军工岁月、铿锵盾牌，转型发展、蝶变之城7个展区。全年累计接待区内外团队200余支，接待观众近7万余人次，免费讲解280余场次。万盛博物馆内“宋‘湖州真石家念二叔照子’款带柄铜镜”和“清同治十二年禁煤外运石‘示碑’”2件文物入选重庆市馆藏文物“镇馆之宝”。2017年，万盛博物馆举办“我是小小考古家之恐龙探秘亲子体验活动”“我眼中的博物馆绘画活动”“万盛博物馆送展览进社区、进学校、进乡镇活动”“让文物活起来——万盛经开区文物图片展”等活动，获第十二届中国国际建筑装饰及设计艺术博览会“设计影响中国2016—2017年度十佳精品案例”“重庆市公共文化设施开展志愿服务首批示范单位”荣誉称号，经中国博物馆协会第六届第九次理事长会议通过，成为中国博物馆协会团体会员。

（余显杰）

【文物普查与保护】　2017年年末，万盛经开区有不可移动文物145处。其中全国重点文物保护单位1处，省市级文物保护单位2处，区县级文物保护单位36处，文物点119处。全年征集藏品20件，其中从部门接收文物4件，征集其他藏品16件。通过第一次可移动文物普查验收，验收合格。经重庆市文化遗产研究院完成44件（套）青铜器藏品修复，5月10日，重庆市文物局专家组验收合格。是年11月24日，组织“让文物活起来”万盛经开区文物图片展，对板辽水库扩建工程涉及的区域实地踏勘，确保地面文物不受工程影响；同年对万东镇永利豪庭小区周边建筑工地发现的清墓进行抢救性清理，采集清代三彩蝴蝶陶枕1个，开展全区三线建设遗址调查，对7处三线遗址的产权、保存现状等进行调查记录。与区内36家区级及以上文物保护单位签订2017年《重庆市文物保护单位安全目标责任书》。（沈　玥）

【非物质文化遗产保护】 万盛经开区有国家级非物文化遗产保护项目1项，即金桥吹打；市级非物质文化遗产保护项目12项，即金桥吹打、万盛苗族踩山会、唢呐制作、道竹芦笙制作、后坝狮舞、黑山水龙请水习俗、祝家山苗族服饰、川剧、关坝苗族砍火星节、黑山谷传统生态茶叶栽培与制作技艺、更鼓红苗“绷鼓”仪式、王家坝红苗秋坡会，区级非物质文化遗产项目30项。有国家级非遗传承人1人，即张登洋；省级非遗项目传承人10人，即徐才林、刘大碧、尚仕全、熊昌贵、杨银华、张晓玲、陈代科、杨银委、向仕林。张登洋从2006年起在金桥中心校开展传承人授课每周两节，每年授徒24人。在南川、綦江、彭水、武隆、贵州、四川广元均有授徒，并为其他有兴趣学习吹打人员提供授课共计200人以上。4名市级金桥吹打项目传承人授徒人数近200人。

（徐　婷）

【镇街文化服务中心建设】 黑山镇、万东镇、南桐镇、万盛街道4个综合性文化服务中心改造升级。启动“总分馆制”建设，文化馆在全区镇（街）以业务为纽带实施全覆盖，图书馆在全区各镇（街）、社区等建立图书馆分馆20个，并开通一卡通服务，实现全区图书的通借通还。文化馆完成公共文化物联网网站平台建设，全区各镇（街）文化站覆盖率100%，开展配送活动863次、服务11.59万人次。乡镇综合文化站通过基本公共文化服务率绩效考核评价。全年万盛经开区50个文化中心户建设工作完成。

（罗晓利）

【文化市场管理】 2017年全区有文化经营单位110家，其中网吧21家，歌舞娱乐场所20家，电影院2家，艺术表演团体9家，印刷厂5家，打字复印店30家，音像制品店13家，出版物零售店8家。全年开展“净网”“清源”“秋风”等扫黄打非专项行动。全年出动执法人员400余人次，车辆100余车次，检查经营场所500余家，开展行业场所消防安全演练2次，文化经营者法制培训2期。查处案件16件，处罚违法违规经营单位16家，罚款3.424万元，开具安全事故限期整改通知书34份，全部完成整改，现场督促整改安全隐患115处。

（方　堃）

新　闻　传　媒

【概况】 万盛经开区新闻中心由万盛电视台和万盛报社整合组建，挂万盛电视台、《万盛日报》、万盛广播电台、万盛网络广播电视台、万盛手机报、万盛手机台牌子，是万盛经开区管委会直属事业单位。有内设机构13个，即办公室、总编室、技术播出部、经宣部、电视新闻部、电视专题部、电视制作部、报刊记者部、报刊编辑部、报刊通联发行部、新媒体编辑部、外宣部、广播部。有在编人员48人、聘用人员43人，2017年，万盛经开区新闻中心获国家级奖项1个，重庆市奖项24个。《万盛日报》被重庆市文化委评为2017年度优秀区县报。

【万盛电视台】 2017年，万盛电视台开设有《万盛新闻》《我运动我健康》《印象万盛》《万盛味道》《万盛赛场》等电视栏目。《万盛新闻》开设专栏42个，制播新闻336期、17500余条次，推出专题栏目《我运动我健康》52期、《行者脚步》28期、《万盛味道》26期、《印象万盛》8期。是年万盛电视台在中央电视台播出4条，重庆电视台播出125条。

【万盛日报】 2017年，《万盛日报》出版发行327期756万份，开设《实施创新驱动发展战略》《行进中国·精彩故事》《全面深化改革进行时》《抓好重点项目·推进资源型城市转型》等新闻专栏136个，刊发图文稿件7200余篇（幅），撰发评论文章41篇。《重庆日报》《重庆晨报》等媒体采用刊出稿件196篇（幅），华龙网、光明网等主流媒体采用稿件1200篇（幅）。全区免费赠阅点增至322个，实现景区农家乐、酒店和住宅小区以及全区行政村和社区报纸免费赠阅全覆盖。

【万盛手机报】 2017年，《万盛手机报》编辑发行249期，刊发新闻6500余条，图片800余幅；开展区内重大活动直播22次，总浏览量突破180万次，月均浏览量跃居全市前3位。

【万盛广播电台】 2017年，万盛人民广播电台播出本土新闻节目《整点播报》3200余期，开展直播连线180余次。黑山八角、天籁谷、南门，石林百花4个同频广播补点站建设完成。大黑山旅游景区、旅游环线和主要旅游地产小区无线广播信号实现全覆盖。

（区新闻中心办公室）

档　案

【概况】 重庆市万盛经济技术开区档案局（以下简称万盛经开区档案局）是万盛经济技术开发区管理委员会办公室管理的正处级财政全额拨款事业单位，履行全区档案、档案馆、地方志管理职能。万盛经济技术开发区档案馆、万盛经济技术开发区地方志办公室与其合署办公。万盛经开区档案局有职能科室1个，即档案业务科（挂地方志编辑部、年鉴编辑部牌子），在职人员8人。

【档案管理】 2017年，区档案局举办文书档案、会计档案、音像档案、精准扶贫等专项档案业务培训共4期、200余人次参加培训。指导全区机关团体、乡镇（街道）、行政村（社区）2017年的档案整理归档。贯彻落实档案管理业务性文件，规范全区档案。联合区扶贫办印发《关于做好全区精准扶贫档案工作的实施意见》（万盛经开档发〔2017〕12号）、联合区发改局联合转发《建设项目电子文件归档和电子档案管理暂行办法》（万盛经开档发〔2017〕13号），切实履行档案业务监督指导职能。加强档案安全体系建设，确保纸质档案数字档案安全。做好汛期档案安全工作，排查全区档案安全隐患。开展全区机关单位档案数字化外包摸底调查，督促相关单位按照《档案数字化外包安全管理规范》规范档案数字化工作，确保档案数字化过程中档案实体和信息安全。深入南桐矿业有限责任公司档案室实地调研档案现状，加强沟通协调，积极协调档案移交事项，并现场指导档案管理人员整理档案；多次会同区社保局、国资局等多家单位与南桐矿业有限责任公司研究商讨档案移交事项；积极开展万盛经开区南桐矿业有限责任公司等市属国有企业退休人员档案移交工作。2017年开展档案移交进馆工作，接收文书档案12216件，项目档案428盒。2017年年末，万盛经开区档案馆馆藏档案54228卷（按卷管理）、54185件（按件管理）。

【档案服务】 2017年，万盛经开区档案馆公休日提供档案预约查询服务被列为常规性工作，全年免费提供档案查询服务的同时开展公休日档案预约查询服务。服务对象涉及机关事业单位、社会团体、企业和个人。在档案查阅中，新档案管理软件实现查阅登记和效果记载，改善了以往纸质填写不完善，流程不规范的问题，提升了档案查阅利用工作效率，全年接待群众档案查询4431人，复印档案1460份、3581页，涉及土地承包、知青、城户下乡、婚姻、招工等多个方面，接待群众零投诉。馆藏档案开放鉴定扎实有序，完成馆藏档案鉴定20367件。

【档案馆智能信息化建设】 档案馆智能信息化集成系统项目11个，全部项目投资200余万元，2017年1月公开招标并确定施工单位，3月进场施工，10月完成施工，11月7日组目验收。

（区档案局办公室）

地　方　志

【《重庆市万盛区志（1986—2011）》编修】 《重庆市万盛区志（1986—2011）》初稿完成，全书共32篇，涉及图片、凡例、大事记、概述和正文5部分，约140余万字、178张图片。通过资料提供单位审核、区内专业人员审读等形式，志稿完成初审。至年末，志稿的凡例、概述、大事记和正文21篇完成总纂。

【地方文史资料收集和研究】 全年编辑地方史料汇编2本，即《万盛经开区档案工作适用文件选编》《万盛经开区精准扶贫档案工作文件汇编》。在《万盛史苑》上发表地方史文章近10篇（《我区省级以上非物质文化遗产概况》《书山有路——浅谈如何查找资料》《万盛玻璃产业发展大事记》《五十五年前的高中录取通知书》等），《重庆地方志》杂志上发表2篇。

【协办第二期全市地方志系统“两全目标”攻坚业务培训会议】 9月13日，第二期全市地方志系统“两全目标”（到2020年，实现省、市、县三级地方志书全部出版；实现省、市、县三级综合年鉴一年一鉴、公开出版全覆盖）攻坚业务培训会议在万盛国际大酒店举办。重庆市地方志办公室主任姚红出席会议并作动员讲话，万盛经开区党工委委员、管委会副主任胡俊出席会议并讲话，21个区县地方志机构的有关主编、主创、主审等工作人员，以及万盛经开区镇街负责地方志工作的人员110余人参加培训。

【年鉴编辑】 2月，《万盛经济技术开发区年鉴（2016）》出版发行。全书分特载、大事记、政治、经济、社会事业、街道·乡镇、光荣榜、文献、统计资料、附录等共41万字，有分目153个、条目778个、卷首彩图28张、正文插图136张。年末《万盛经济技术开发区年鉴（2017）》完成资料的收集、整理和核对，报重庆市地志办审核。

【《万盛大事》编辑】 《万盛大事》是反映万盛经开区经济建设、政治建设、文化建设、社会建设、生态文明建设等方面重大成就、重大活动和重大事件的地情资料。全年编辑《万盛大事》12辑，约4.56万余字。

（区档案局办公室）

体　育

综　述

【概况】　万盛经开区体育局有内设科室4个，即办公室、群众体育科、竞技体育科，宣传科。有下属事业单位3个，即重庆市万盛经开区青少年体育运动学校、重庆市万盛羽毛球训练中心、重庆市万盛经开区体育场馆管理中心。有干部职工30人，其中在编人员19人，临聘人员11人。

【全民健身战略实践】　1月25日，万盛经开区申报为全国体育产业示范基地。6月28日，中国·重庆万盛“黑山谷杯”国际羽毛球挑战赛成为重庆市唯一一个国家体育旅游精品赛事。8月10日，关坝凉风村被列入全国首批运动休闲特色小镇名单。10月9日，国家体育总局副局长赵勇对万盛实施全民健身国家战略工作作出“思路很好，抓得很好，总局全力支持，择机去学习”的重要批示。11月2日，成功承办重庆市首届体育旅游产业发展大会暨“运动健康之城·幸福和谐万盛”推介会。11月10日，市体育局与万盛经开区签订《关于支持万盛发展体育事业和体育产业的合作协议》。12月14日，国家体育总局社会体育指导中心、市体育局与万盛经开区签定《共建国家轮滑（滑板）集训队、训练基地合作协议》，国家轮滑全项目赛训基地落户万盛。12月28日，重庆万盛“体育+”融合发展模式被中国民生发展论坛组委会授予“2017年民生示范工程”。万盛经开区《加快发展体育产业，推动经济转型升级》《以人为本、大胆创新，全力推进体育设施建设攻坚行动》入选2017年全市区县体育亮点工作。万盛经开区黑山谷旅游投资有限公司在重庆市体育总会第三届五次全委会上作“实践体旅融合 助推体产发展”的交流发言。万盛创新落实全民健身国家战略实践在全市和全国成为典型示范。

（何利文）

竞　技　体　育

【竞赛成绩】　全年参加国家级体育比赛获第一名3项次，参加市级体育比赛获第一名13项次，第二名12项次，第三名8项次，四至八名13项次。一是重点打造羽毛球项目。加强国家羽毛球后备人才基地、市残疾人羽毛球训练基地建设，强化重庆羽毛球二队（重庆万盛羽毛球队）、市残疾人羽毛球队的训练管理。3月11—12日，举办中国凉风“梦乡村杯”第一届国际钓鱼比赛。4月4—9日，圆满承办全国东西南北中羽毛球大赛万盛站。4月10—11日，承办全国羽毛球业余俱乐部比赛万盛站。4月23日—11月16日，组织参加重庆市第七届全民健身运动会登山、羽毛球、桥牌等比赛，获金牌2枚、铜牌1枚。5月9—11日，举办第二届“兴盛杯”职工乒乓球比赛。5月24—26日，承办全国煤科系统职工羽毛球比赛。6月10—11日，组队参加全国羽毛球业余俱乐部赛荣获团体第一名；8月10—14日，参加全国羽毛球后备人才基地羽毛球比赛（东北赛区）获第三名1个、第四名1个、四至八名4个；11月5—9日，参加全国羽毛球后备人才基地羽毛球比赛（西南赛区）获第一名1个、第三名1个、第四名1个、第六名1个；7月9—16日，参加全国残疾人羽毛球锦标赛获第一名1个、第二名5个、第三名2个、第四名3个，有4名队员取得入选国家队的资格；3月10—14日，参加重庆市青少年羽毛球锦标赛获第一名8个，第二名7个，第三名1个，四至八名12个；9月16—17日，参加重庆市青少年羽毛球单打精英赛获第一名2个，第二名3个，3个第三名；7月8—9日，参加重庆市青少年羽毛球双打精英赛获第一名3个。二是大力发展定向运动。8月26日，首次参加国际性比赛第二届亚洲青少年定向锦标赛获第二名1个、第三名1个、第四名1个、第五名2个、第六名1个的成绩。三是推进其他项目协调发展。1月13—15日，参加重庆市青少年武术散打锦标赛获第二名2个、第三名4个。9月12日，青少年体育运动学校被重庆市体育局命名为跆拳道项目单项训练基地。

【重庆万盛羽毛球队建设】 重庆万盛羽毛球队主要依托万盛经开区羽毛球训练中心组建队伍，有羽毛球专职教练员5人，全部在国家体育总局乒羽中心注册，并取得参加全国羽毛球比赛教练员任职资格。羽毛球队有梯队式运动员队伍97人，其中一线运动员15人，二线运动员34人，三线运动员48人。一线运动员采用吃、住、训为一体的训练模式，每天训练时间达6小时。

【后备人才基地建设】 加强体校业余训练管理，改革训练体制和创新训练模式，全力推进“体教结合”。与区中小学校签订合作协议，联合组建了羽毛球、定向、田径、跆拳道、游泳、足球、篮球、武术等训练队伍，常年在训人数200余人。

【2016—2017“黑山谷杯”羽毛球挑战赛】 挑战赛设置24周周赛及总决赛，新增4周复活赛。赛事采用男女混合团体赛赛制，每场比赛由男单、第一男双、第二男双（45岁及以上）、女双、混双组成，小组赛必须打满5局，淘汰赛采用5局3胜制，获各周赛冠军的队伍将晋级最后的总决赛。复活赛是由24周赛参赛获得二、三名的运动队参加，复活参赛队伍将按二名、三名均衡分配原则进行一次性抽签，决定参加1～4周复活赛各周的比赛队伍，分别参加1～4周各周的复活赛。最终四支复活赛冠军队伍晋级总决赛。在奖金方面，分别为周赛冠军3万元，周赛亚军2万元，周赛季军1万元，总决赛冠军25万元，总决赛亚军15万元，总决赛季军10万元，第四名5万元，第五名4万元，第六名3万元，总奖金230万元。2016年7月16日上午，2016－2017年度中国·重庆万盛“黑山谷杯”国际羽毛球挑战赛暨中国羽毛球协会积分赛启动仪式在黑山谷运动中心举行。2017年4月22—24日在万盛文体中心体育馆举行总决赛暨中国羽毛球协会积分赛。马来西亚国手李宗伟、万盛籍羽毛球世界冠军张亚雯、中央电视台CCTV5著名主持人洪刚、童可欣、中国羽毛球著名解说余鉴彤、余嘉欣助阵总决赛。总决赛参赛队伍共28支，400余名运动员参赛，其中外籍运动员62人，分别来自马来西亚，新加坡，印度尼西亚，泰国，加拿大，韩国，老挝，芬兰。CCTV－5中央电视台体育频道、《中国体育报》《体坛周报》、人民网、新华网、《光明日报》《香港商报》《重庆日报》等100余家境内外媒体报道赛事。

【2017重庆万盛青山湖国际跑步节暨CCTV体坛风云人物公益跑】 11月4日，重庆万盛青山湖国际跑步节暨CCTV体坛风云人物公益跑在万盛青山湖国家湿地公园举行。比赛设有男、女子半程马拉松（21.0975千米），男、女子10千米CCTV体坛风云人物公益跑和男、女子5千米全民健身跑3个项目。央视主持人白岩松、巴塞罗那奥运会跳水冠军高敏、悉尼奥运会竞走冠军王丽萍、演艺名人计春华向万盛经开区青山湖实验学校进行公益捐赠，1876名运动员参加比赛，其中外籍运动员39人，外籍选手参赛人数相比上年增长255.4%。CCTV5、中视体育、搜狐体育、网易、新浪、重庆晨报、重庆都市网、重庆时报网、华龙网等80余家境内外媒体进行赛事报道。

（何利文）

群 众 体 育

【全民健身活动】 全年组织开展群众体育活动50余项次，500人以上的群众体育活动18次。承办全国东西南北中羽毛球大赛等共计3项国家级体育赛事，举办中华体育总会全民健身挑战日等重大体育赛事活动40余次。4月29—30日，举办青山湖跑者世界彩妆漫跑赛·COS秀。5月7日，举办“万盛黑山·魅力彩跑”活动。5月28日—11月25日，举办5场中国体育彩票健康大赛暨重庆万盛·凉风梦乡村钓鱼大赛。11月1日，举办中华体育总会全民健身挑战日“健康万盛动起来”。11月3日，举办关坝凉风村“体彩杯”钓鱼邀请赛。2016年12月26日—2017年2月11日，举办2017“三节”系列全民健身活动等40余项重大体育赛事活动。6月9日，举办“全民健身 健康同行”纪念毛泽东“6·10”题词65周年“好体育人”志愿服务集中展示活动，组织开展市民体质测试、健康咨询以及太极、柔力球等项目培训。

【体育基础设施建设】 全年投入资金10亿余元，建设体育基础设施。推进1个全民健身中心、10个全民健身基地、100个全民健身公园、千里健身绿道建设。万盛奥林匹克公园、马鞍山公园、方家山公园、羽毛球文化陈列馆等项目建设有序实施；万盛市民大健康服务中心、国民体质监测中心、全民健身活动中心、全市首条黑山谷荧光步道、青山湖环湖“百里彩色健身绿道”、关坝全民健身中心建成投用；丛林河骑行步道完成建设。千里健身绿道完成规划建设，全区新建健身绿道100余千米，新建9个市级社区健身点和40个区级健身点，安装健身器材465件、室外乒乓球台31个，全区羽毛球场地680多片。全区人均体育场地面积增加至2.19平方米。建设区、镇街、村社三级全民健身服务中心，“好体育人”队伍78支，会员注册500余人，健身指导服务点128个，开展全民健身指导服务。新培训社会体育指导员100余人，全年开展各类健身指导培训活动80余次，服务群众近9.5万人。

【体育设施免费开放】 全区所有公共体育设施实行免费、低收费开放，文体中心体育场2017年累计服务健身人数138.2万人次，羽毛球公园免费服务健身群众108万人次，学校体育设施课余时间对外免费开放，让群众就近享受健身服务，全面推行医保健身一卡通，市民用医保卡在体育场馆购买服务达38.2万元，景区实行“健身卡”制度，累计办理健身卡7000多张，免门票80余万元。

（何利文）

体育产业

【体育产业发展】 2017年万盛经开区体育产业完成直接投资3.7亿元，举办各类规模体育赛事23次，直接参赛选手2.2万人。体育组织管理、体育健身活动、体育场馆服务、体育中介服务、体育培训等体育产业的直接从业人数2200人，全区体育产业产值7.5亿元，增加值占GDP的比3%。全年先后接待全国各省市地区共计35批次党政代表团到区考察体育产业。一是全力申报国家级的基地牌子，争取国家对万盛发展体育产业的政策和项目支持。完成万盛国家体育产业示范基地、关坝凉风村国家运动休闲特色小镇、羽毛球挑战赛国家体育旅游精品赛事的申报工作。二是开展体育产业招商引资。5月28日组织参加由商务部和北京市政府联合举办的2017北京国际服务贸易交易会国际体育服务贸易发展大会和上海国家体育博览大会，推荐万盛经开区全民健身和体育产业。2017年引进高悦荟体育、美瓷体育、场地宝宝体育、迈科体育等20家体育产业实体企业。体育产业众创空间创建为市级创业就业孵化基地，并获60万元专项资金扶持。引进森秋鸿（香港）有限公司总投资5000万元的运动服装制造项目、厦门羽弘工贸公司总投资3000万元的羽毛球拍生产项目、石狮市华尔飞特体育用品公司总投资1500万元的羽毛球包和运动背包3个项目。与中国体育用品联合会、中国文教用品协会、索牌体育、体银商学院签订合作协议，依托协会和商会帮助万盛集聚体育产业资源，获得重庆市青年创新创业促进会二十四分会的授牌。全年帮助企业兑现专项补助资金618.5万元，建立万盛体育产业发展良好的营商环境。三是争取上级体育专项资金达到了1371万元，国家体育总局把南天门冰雪项目纳入中央体彩资金转移支付扶持项目。四是开展体育培训业。以民办公补的方式，创新举办斯诺克台球明星邀请赛，吸引全国110多名斯诺克台球选手报名参赛，并邀请到世界排名第一的马克·塞尔比和国内知名选手肖国栋在赛事活动中作表演赛。引导和扶持区内体育企业开展健身、台球、射箭、击剑、搏击、跆拳道、拉丁舞、攀岩、皮划艇项目培训，举办各类中小型赛事，万盛嗨摩尔举办了喜迎中秋欢度国庆抽奖和世界之巅拳击表演赛等活动，吸引4000余名消费者参与。在学校开展击剑、台球、太极拳等项目进校园活动，开展暑期体育主题夏令营活动，姚篮球夏令营、等你户外夏令营吸引全市5000余名中小学生参加。

【重点体育产业项目】 一是青年汇巅峰乐园。2017年完成投资1.02亿元，5月18日试运营，青年汇市内形象店于7月15日开业。全年举办电音节、大众凌度试乘试驾、“速度与爱，一路飞驰”卡丁车大赛、3V3篮球赛、欢乐嘉年华游园等系列活动。二是板辽湖水上运动基地。完成投资327万元，于6月17日开始营业，开放摩托艇、快艇、桨板、透明皮划艇、水上沙发、帆船等参与体验项目。三是万盛奥林匹克公园。完成概念性规划、总体规划和评审，奥林匹克文化墙、奥运之路、奥运广场、健身绿道、标志系统、山体灯饰等项目建成投用，完成投资2800万元。四是万盛嗨摩尔。投资1500万元，于3月23日开业，完成招租90%，吸引运动主题酒吧、维维儿童乐园、西南台球训练基地、盛玺射击体验咖、万盛跑团、艾晖击剑馆等24户商家入驻。五是南天门冰雪世界。完成投资1820万元，于1月1日开园，补齐万盛冬季旅游的短板。六是万盛奥陶纪公园2017年新增“恐龙冰雪世界”滑雪场项目，累计吸引游客120万人次。

【体育彩票】 2017年，万盛经开区体彩销售1.58亿元，比上年增长8147万元，增长率51.6%，销量列全市第八名。全区体育彩票销售网点33家，新增体彩销售网点6家，其中优质销售网点1家。

【重庆市体育旅游产业大会】 2017年11月2日，重庆市体育旅游产业发展大会暨“运动健康之城·幸福和谐万盛”推介会。国家体育总局群众体育司副司长李正宁、国家体育总局体育经济司副司长彭维勇等国家体育总局领导，重庆市人民政府副市长屈谦、重庆市人民政府副秘书长王余果等市政府领导出席大会。全国5名知名体育旅游专家学者针对体育旅游开展主旨研讨发言。市内外体育院校和来自全市各区县分管体育的领导以及体育旅游部门负责人、知名体育旅游企业等300余名参会代表参会并实地考察青年汇巅峰乐园、奥陶纪天空悬廊、板辽金沙滩、关坝凉风梦乡村等体育旅游产业发展情况。

（何利文）

医疗卫生·计划生育

综　　述

【概况】 2017 年，万盛经开区有卫生机构 140 家，其中公立医疗机构 91 家，民营医疗机构 49 家；有编制床位 1220 张，每千人口拥有床位数 4.51 张；卫生技术人员 1579 人，其中执业医生 372 人、助理医师 60 人、注册护师 320 人、护士 530 人、医技人员 217 人。按 27 万人口算，每千人口拥有卫生技术人员 5.84 人，其中每千人口医生数 1.84 人，每千人口护师、护士数 3.2 人。镇卫生院标准化建设率 87.5%。行政村卫生室覆盖率 100%，社区卫生服务中心覆盖率 100%。

2017 年，全区总诊疗人次数 75.38 万人，比上年增长 2.74%。其中区级医院总诊疗人次数 51.95 万人，减少 9.35%；镇卫生院（社区卫生服务中心）总诊疗人次数 16.13 万人，增长 0.81%；全区公立医院每门急诊人次平均费用 247.86 元，增长 27.2%；镇卫生院（社区卫生服务中心）每门急诊人次平均费用 96.29 元，增长 1.57%。全区公立医院人均住院费用 5975.24 元，增长 3.96%；镇卫生院（社区卫生服务中心）人均住院费用 2098.3 元，增长 3.06%。

2017 年区财政为区人民医院偿还建设性投入 8500 万元，为妇幼保健院拨付 300 万元设备购置金。是年，新晋正高级职称 3 人，副高级职称 29 人，引进研究生或高级职称人才 2 人，考核招聘卫生专业技术人员 21 人。

【公立医院改革】 9 月 9 日，万盛经开区人民医院、区中医院、南桐总医院、区妇幼保健院 4 所公立医院实施综合改革，全部取消药品加成（中药饮片除外），并开始执行 439 项新的医疗服务项目价格。药品取消 15% 的加成，药事服务费也不再收取；诊察费、床位费、诊疗、手术、护理、中医等六类共 258 项体现医务人员技术劳务价值的项目价格上调；CT、核磁共振、派特 CT 等三类共 181 项大型设备检查项目价格降低。

【基本药物制度和供应保障体系】 6 月 1 日起，开始实施药品采购“两票制”。建立高价药品监控制度，对高价药品、器械实施红黄牌制度，采取基药联合体二次议价工作，降低药价，所有医疗机构统一在药交所平台上进行备案采购药品，2017 年卫生计生系统无线下采购药品现象。区人民医院基本药物使用占比 52%，中医院基本药物使用占比 63%，其他基层医疗机构基本药物使用占比均在 90% 以上。

【现代医院管理制度】 按照“总量控制、结构调整、有升有将、逐步到位”的原则，降低药品、医用耗材、大型设备检查、检验等价格，通过提高服务性收费提升医务人员劳动价值。区人民医院、中医院引进第三方考核评价机制，突出岗位工作量、服务质量、行为规范、技术难度、风险程度和服务对象满意等考核指标。

【医联体建设】 推行市、区、镇医疗机构医联体建设全覆盖。万盛经开区人民医院、区中医院分别与重医附一院、重庆市人民医院建立医联体。区人民医院创建全市唯一国家级基层胸痛中心，构建城乡一体的胸痛患者急救网络体系；万盛经开区人民医院、中医院分别与 8 家镇卫生院、

1个街道社区卫生服务中心建立中西医医联体，实现中、西医医联体全覆盖；区人民医院与毗邻的贵州省桐梓县坡渡镇、羊蹬镇等乡镇的卫生院签订医联体合作协议，在双向转诊、进修培训、宣传咨询等方面深入开展合作。2017年，市级、区级专家到基层开展坐诊、技术指导、查房324人次，诊疗2004人次。

（刘　燕　刘茂雪）

医　政　管　理

【医疗服务提升】　9月，区卫生计生局印发《万盛经开区医疗服务月活动实施方案》，组建区级专家组，对3家二级医院、4家民营医院、39家个体诊所、69家村卫生室的血液透析、内镜室、急诊室、手术室、抗菌药物、医疗废物的处理督导检查，并对存在的问题进行及时整改。区人民医院人民医院创建国家基层胸痛中心。

【中医药事业发展】　2017年万盛经开区中医院针灸科成功创建“重庆市中医重点专科”、骨伤科成功创建“重庆市中医特色专科”。至年末，万盛经开区基层中医药适宜技术项目增至46项，中医药适宜技术应用3.6万人次，中医药服务占比32.4%。

【健康扶贫】　开通全国健康扶贫管理系统，将二级医疗机构、社区卫生服务中心、镇卫生院纳入区健康扶贫医疗机构，按照属地管理原则进家入户逐一核实贫困患者身份。实施贫困患者家庭医生签约服务全覆盖，为贫困患者宣传扶贫政策及提供基本公卫和基本医疗服务。对本辖区贫困户本辖区开设就医绿色通道，实施先诊疗、后付费及一站式结算。全面推开公立医院综合改革工作实施以来，对新入院患者各医疗机构实行先医保查证再住院，对于没有办理医保的贫困人员帮助办理医保，解决贫困人员的医保报销问题。

【医德医风建设】　2017年，完成对医务人员医德医风培训5478人次。开展抗菌药物临床应用专项整治活动，开展医疗机构抗菌药物拉网式检查，全区140家医疗机构抗菌药物使用均执行备案管理，对检查中发现的2家不合理使用抗菌药物的医疗机构均予以行政处罚并责令整改。落实政务信息公开，各医疗机构对本单位基本信息、人员资质、收费标准、收费项目、药品价格、报账流程公开公示。

【乡村医生管理】　2017年，开展在岗乡村医生及个体诊所的培训，200余人参加培训，主要涉及的培训内容有内科呼吸道疾病、外科常见的包扎以及中医适宜技术等。完成275名离岗乡村医生身份和服务年限认定，审定万盛经开区符合享受重庆市离岗乡村医生补助人员191人，不符合重庆市离岗乡村医生补助政策人员84人（无证明材料人员）。

【卫生法制】　全年开展各类卫生监督检查1050余户次，监督覆盖率99.56%；处理投诉举报9件，调查处理率100%；立案查处各类违法违规行为39起，罚没金额10.06万元，人均办案数6.5件，实行执法全过程记录，处罚对象囊括公立医院、民营医院、个体诊所、村卫生室。其中，全年交叉检查各类单位87家次，双随机抽检43家次。从8月初至10月底，开展为期3个月的医疗机构专项检查，对全区所有医疗机构的医疗卫生、传染病防治、放射职业卫生、计划生育等专业进行全面检查。出台《关于在卫生计生领域实施综合执法的意见》，推进卫生计生监督执法的属地化管理。

【医养结合】　万盛经开区8个镇卫生院与8个镇养老院签订医疗服务合作协议，免费为老年人提供20余项常规健康体检、医疗巡诊和随访服务，开通就诊绿色通道。万盛街道松林社区、万东镇新房社区新建社区卫生服务站，在民政日间照料、分时段养老等服务基础上，为辖区老年人提供中医药、适宜技术、康复训练等医疗服务。利用黑山谷景区的海拔优势和天然资源优势，打造医体养游四位一体的医养结合中心——黑山谷国际运动医院。

【卫生计生宣传】　万盛经开区将卫生计生理论

和健康教育纳入党校干部培训内容。开辟健康教育宣传栏、阳光计生公开栏、基本公卫宣传栏等宣传专栏300余处，打造健康主题公园3个，人口文化健康长廊4处。开展"卫生计生赶场""你健康我服务""我与家庭医生有个约定""婚育新风进万家"等品牌宣传服务活动以及重大节日纪念日社会宣传活动120余场次，服务群众3万余人次。全年新闻信息被上级采用80余篇，其中《中国人口报》《健康报》等国家级报刊采用7篇，市级采用32篇。报纸、电视台开设卫生计生专题栏目85期，移动客户端发送卫生与健康短信30万余条，全区128辆公交车车载视频滚动播出健康科普知识和基本公共卫生服务等公益广告。全年开展健康巡讲活动440场次，印制发放各类健康教育宣传资料60余万份（册）。

（刘　燕　刘茂雪）

公　共　卫　生

【基层卫生人员培训】　2017年，区卫生计生局派送10余名基层医务人员参加重庆市全科医师转岗学习。全区开展疾病预防、妇幼保健、卫生监督等方面的知识培训600余人次。

【家庭医生签约服务】　2017年，以高血压、糖尿病、肺结核、严重精神障碍患者家庭、计划生育特殊家庭和建卡贫困户作为重点人群为突破口，累计签约城乡居民8.71万户、签约23.54万人，签约覆盖率88%。其中农村居民签约56205人，签约覆盖率99%；城镇居民签约17915人，签约覆盖率85%；重点人群签约7.1万人，签约覆盖率94.6%，其中建卡贫困户和计划生育特殊家庭签约覆盖率100%。

【公共卫生服务】　建立城乡居民健康档案26.57万份，建档率99%。举办健康教育讲座150余场次，接受健康宣传咨询人数达16.5万人，发放健康教育处方及有关宣传资料近18万份。"八苗"（指甲肝疫苗、乙肝疫苗、流脑疫苗、乙脑疫苗、麻风腮疫苗、脊灰疫苗、百白破疫苗、卡介苗）接种率98.09%。无甲类传染病及重大突发传染病公共卫生事件发生。高血压患者健康管理1.53万人，规范管理1.19万人，规范管理率78%；糖尿病患者健康管理4400人，规范管理人数3408人，规范管理率77.45%。全区登记在册重性精神疾病患者1120人，患者检出率4.11‰；规范管理严重精神障碍患者976人，规范管理率87.07%。0~3岁儿童中医药健康管理6767人，健康管理率88%。65岁及以上老年人健康管理和中医药健康管理2.56万人，健康管理率70%。全年开展卫生监督巡查741户次，巡查覆盖率100；发现并报告事件和线索291次，信息报告率100%。

（刘　燕　刘茂雪）

妇　幼　保　健

【概况】　2017年万盛经开区初级卫生保健覆盖率100%，孕产妇死亡率0，婴儿死亡率3.82%；有产妇2605人，活产2600人，建册2597人，建册率99.69%，系统管理2446人，系统管理率93.36%，住院分娩活产数2616人，住院分娩率99.08%，产后访视2479人，产后访视率94.62%。2017年新生儿访视2483人，新生儿访视率94.77%；7岁以下儿童15887人，健康管理14253人，7岁以下健康管理率89.71%；3岁以下儿童7666人，系统管理6782人，3岁以下儿童系统管理率88.47%；5岁以下儿童死亡13人，5岁以下儿童死亡率4.96‰，婴儿死亡10人，婴儿死亡率3.82‰。完成宫颈癌筛查7055人，发现疑似阳性病例249人，确诊宫颈癌5例；完成"乳腺癌"筛查4023人，确诊乳腺癌3例。完成孕前优生健康检查465对，检查915人，目标人群覆盖率100%。完成孕期免费唐氏筛查1581人，其中孕早期筛查1102人，孕中期筛查291人，孕期B超免费筛查188人。筛查出高风险孕妇19例。

（刘　燕　刘茂雪）

疾病预防与控制

【传染病防治】 万盛经开区10个接种门诊的功能布局、冷链管理、疫苗出入库记录全部实行规范管理。对26所小学和47所幼儿园的5441名适龄儿童进行入学入托接种证查验。传染病防控及突发事件处置14种、894例，报告发病率331.6/10万，比上年降低17.45%；传染病死亡3例，死亡率1.11/10万，比上年降低50%。全年调查处理手足口病、甲型H1N1流感、风疹、腹泻和食物中毒等突发公共卫生事件10起，达到标准并网络报告的突发事件2起。

【卫生应急】 2017年，区卫生计生局处置“5·26”重庆市第49中学A区风疹聚集、“8·4”黑山丽景小区生活饮用水污染事件、“12·7”青山湖实验学校流感聚集和“3·21”南川石莲乡房屋栏杆倒塌9人受伤事件，处置救援及时、有效，未发生扩大升级。全年未发生因突发事件卫生应急处置失职或不利造成严重后果或恶劣影响的情况。万盛经开区代表队获2017年重庆市卫生应急技能竞赛“突发事件紧急医学救援”项目一等奖和“优秀组织奖”。

（刘 燕 刘茂雪）

爱国卫生

【概况】 2017年，万盛经开区持续巩固国家卫生区创建成果，一次性通过国家卫生区复审。2017年末，全区有5个市级优秀卫生单位，22个市级卫生单位，96个区级卫生单位。科学指导城区公共外环境和农贸市场等重点场所“四害”防制，“四害”密度控制在国家B级标准。将辖区全部市政供水和各镇的集中式供水纳入监测范围，按季度在政府门户网站上公示城区龙头水监测结果，全年公示龙头水合格率100%。辖区农村改厕情况调查完成，持续开展农村改厕。年末，全区有农户3.26万户，实施改厕农户2403户，累计改厕2.31万户，卫生厕所覆盖率70.82%。

（刘 燕 刘茂雪）

计划生育

【出生人口性别比治理】 2017年，区卫生计生局联合区公安分局、食药监分局、工商分局、区妇联等职能部门开展查处“两非”（指利用超声技术和其他技术手段进行非医学需要的胎儿性别鉴定以及非医学需要的选择性别的人工终止妊娠）联合执法专项行动，集中专项督查2次，督查医疗机构17家。督查中未发现“两非”违法行为，全区出生人口性别比在正常范围内。

【计划生育奖励扶助】 2017年，万盛经开区新增各类计划生育扶助对象461人，累计扶助对象3736人，兑现扶助资金761.63万元，及时率92.33%；按80%和100%补贴标准为2222名奖特扶人员购买城乡居民合作医疗保险，补助资金25.65万元；为675名计划生育特殊家庭成员购买住院护理保险，参保金额11.98万元；落实特殊家庭联系人制度，实行一户一档、家庭信息核实记录分类管理和家庭医生签约服务。

【生育审批】 推动计划生育服务管理改革，2017年，实现网上办证率100%，2017年1月至12月18日，办理便民系统登记生育2124个，独生子女父母光荣证218个。再生育审批115对，证件办理实现零投诉。

【生育关怀行动】 全年开展孕优检查465对、915人；评估465对，完成率100%；完成早孕随访116例，妊娠结局随访114例，正常分娩人数94例，完成优生健康教育4期。

（刘 燕 刘茂雪）

万盛经开区主要医院简介

【万盛经开区人民医院】 位于万盛经开区中心城区，占地1.47公顷，业务用房面积约3.5万平方米，是一所集医疗、教学、科研、预防、急救于一体的综合性国家二级甲等医院、国家“爱婴医院”、国家基层胸痛中心、交通事故“绿色救助定点医院”、城镇职工医疗保险、工伤保险、城乡合作医疗定点医院，承担着全区27万人口和毗邻区县部分人口常见病、多发病、疑难病、急危重症的诊治任务以及一、二级医院的转诊任务，也是万盛经开区各乡镇卫生院的进修基地。2017年末，全院有编制床位500张，开放病床476张，职工640人，其中正高职称4人、副高职称56人（含返聘4人）。2017年2月，区人民医院胸痛中心（挂牌万盛经开区胸痛中心）一次性通过中国基层胸痛中心认证；年内组建并运行重症医学科、中医·康复科。全年，区人民医院门急诊人数18.14万人，比上年增长7.57%；出院人数1.60万人次，降低0.64%。全年业务收入1.55亿元，比上年增长7.19%，达到医疗费用增长幅度不高于10%的指标，药占比（不含中药饮片）31.43%，卫生材料收入占医疗收入（不含药品收入）19.08%，资产负债率从上年的70.32%下降到37.13%，法定传染病报告率、重大医疗过失行为和医疗事故报告率、入出院诊断符合率等指标均达到要求。

【万盛经开区中医院】 位于万盛城区东北万新路101号，是一所集医疗、教学、科研、预防、急救于一体的综合性国家二级乙等中医院，是万盛经开区医保、工伤、城合、商业保险定点医疗单位，是万盛街道社区卫生服务中心所在地，履行“医疗、预防、保健、康复、健康教育、计划生育技术指导”等服务功能。医院占地面积0.47公顷，建筑面积1.24万平方米，业务用房面积1.05万平方米。编制床位120张，实际开放床位256张，有固定资产3128万元。有职工247人，其中执业医师55人（主任医师1人，副主任医师9人），助理医师6人；护士94人（副主任护师1人，主管护师19人，护士74人）。设有院本部和百花门诊部；院本部门诊开设名医馆、内科、外科、精神科、中风专科、口腔科、针灸科、皮肤美容科等科室，住院部开设外科、骨科、内一科、内二科、急诊医学科、针灸科等科室，其中中风病专科和中医骨科是重庆市特色专科 。

【万盛经开区妇幼保健院】 2017年，万盛经开区妇幼保健院职工总数50人，在编职工26人，聘用职工24人。其中专业技术人员45人，占职工总数90%；高级职称3人，中级6人，初级2人。承担计划生育宣传教育、技术服务、优生指导、药具发放、信息咨询、随访服务、生殖保健、人员培训八项任务。医院有彩超、阴道镜、胎儿监护仪、全自动生化仪、微量元素检测仪、LEEP刀及AFP无痛治疗仪、视力筛查仪、骨密度仪等一批先进医疗检查设备。

【南桐矿业公司总医院】 是国家二级甲等医院，占地面积5.78万平方米（含分院、点、所），建筑面积4.81万平方米（含分院、点、所）。开设有临床学科18个，医技科室7个，辅助科室4个。塔山分院为万盛精神病传染病专科医院。2017年末，南桐总医院有在职医务员工710人，其中在职职工634人，返聘职工53人，临聘职工23人；634名在职职工中医疗岗位138人，护理岗位288人，医技岗位103人，后勤及管理岗位82人，其他岗位23人。在岗人员中，有高级职称36人，中级职称116人，初级职称316人，有本科及以上学历210人，有大专学历288人，大专以下学历136人。全院有1万元以上设备709件，10万元以上设备179件，100万元以上13件；其中分期付款与市级招标配套设备44台套。全院设备总价值1.14亿元。疼痛康复科获重庆市卫计委“特色专科”授牌；64排128层CT获重庆市卫计委颁发的配置许可。全年门诊诊疗总量16.40万人次，比上年减少4311人次；出院人数1.94万人次，增加309人次；患者平均住院日12.3天。

（刘　燕　刘茂雪）

社会保障

社会保险

【社会保险参保征缴】 2017年，万盛经开区养老保险参保16.62万人（不含南桐矿业公司等行统单位约2.71万人），其中城镇企业职工基本养老保险参保9.82万人，城乡居民基本养老保险参保5.84万人、机关事业单位养老保险参保9548人、村干部养老保险参保148人；医疗保险参保26.07万人，其中城镇企业职工医疗保险参保6.86万人、城乡居民合作医疗保险参保19.20万人；生育保险参保3.41万人；工伤保险参保4.71万人；失业保险参保3.44万人。全区养老、医疗保险参保覆盖率分别达95%、96%以上。全年征收社会保险费10.69亿万元，其中养老保险费7.39亿元（含机关事业单位职业年金5018万元）、医疗保险费2.83亿元（含生育保险）、工伤保险费3246万元、失业保险费1484万元。继续落实社会保险降费等优惠政策，为企业减负1.24亿元。

【社会保险待遇支出】 2017年，万盛经开区社会保险待遇水平持续提升。完成养老保险待遇调整，全区5.6万名企业人员、征地人员、超龄人员、村干部和机关事业单位养老保险待遇领取人员受益。维护经济建设民工工龄待遇1206人次。提高贫困人员医保待遇，参加居民医保的贫困人员在区内公立二级医院住院起付线降低50%、报销比例提高10个百分点，统筹报销460.26万元，惠及2424人次。全年支出待遇16.95亿元。支付养老保险待遇12.68亿元（5.68万人，不含南桐矿业公司等行统单位），其中城镇企业职工养老保险7.42亿（3.40万人）、城乡居民基本养老保险2987万元（1.95万人）、机关事业单位养老保险4.96亿元（3193人，是年1.65亿元、历年3.31亿元）、村干部养老保险25万元（23人）；支出医疗保险待遇3.25亿元，其中城镇职工医疗保险2.07亿元、城乡居民合作医疗保险1.18亿元；支出工伤保险待遇7789万元；支出失业保险待遇2476万元。基本做到老有所养、病有所医、伤有所治、失业有补助。

【社会保险改革】 推进公立医院综合改革。全面推开以取消药品加成、破除以药补医机制，调整医疗服务价格为重点的公立医院改革。2017年9月完成区人民医院、区中医院、南桐矿业公司总医院、区妇幼保健院4家公立医院业务培训、系统改造、价格测算、医保信息系统切换等工作，确保医疗服务项目价格调整顺利实施、改革落地。完成生育保险与职工医保合并工作，生育保险于2017年9月并入职工医保统一参保登记和基金征缴。全面启动机关事业单位养老保险改革实收实支工作，全区312个单位9142人（含部分市管单位）纳入机关事业单位养老保险范围，全面完成2014年10月至2016年12月的基金清算。完成全区11家市属国有企业1.91万名退休人员社会化管理移交工作（其中南桐矿业公司退休人员1.87万人），实现社会化管理服务。接收南桐矿业公司退休人员办公活动用房4256平方米、5个室外门球场；万盛街道润洲江山城社区成功创建市级退休人员社会化管理服务示范社区。

【社会保险基金监管】 开展城乡居民养老保险

内部控制专项检查和治理冒领城乡居民养老金专项行动；建立跨部门数据比对机制，查处违规领取养老金2人，收回多拨养老金4.41万元；开展养老保险重点指标专项检查，收回多拨社会保险待遇8.6万元；开展社会保险稽核，实地稽核参保单位35家，稽核查出违规单位9家，补缴社会保险费28.87万元；开展“医保监管强化年”活动，出具违规处理书29份，约谈15家次，暂停结算7家，审核拒付不合理费用82.92万元，追回违规费用22.79万元，处违约金49.32万元，确保基金安全。

（李顺琼）

社 会 救 助

【城乡低保】 从2017年4月起城市居民最低生活保障线标准提高到每人每月500元，农村居民最低生活保障线标准提高到每人每月350元。全年累计发放城乡低保91260户次、138309人次、5107万元。落实节日慰问长效机制，为3.5万人次城乡低保对象发放节日慰问金150.05万元。开展低保信息核查1500户次、2980人次，核查出问题线索306人次；因信访举报等因素抽查社会救助对象53户，查实11户，停发低保金额1.2万元。

【医疗救助服务体系建设】 与全区16个定点医疗机构签订医疗救助服务协议。全年共救助各类困难群众5.48万人次，支出医疗救助资金2261.26万元。出台万盛经开区《扶贫济困医疗基金管理办法》，设立“扶贫济困医疗基金”，对困难群众发生医疗保险目录外医疗费用实施分类分段分档救助，扶贫济困医疗基金共救助困难群众910人次，支出救助金228余万元。

【临时困难救助】 全年筹集区镇两级临时救助资金216万元，累计救助各类困难群众1245户、2917人、支出救助金369.6万元。

（金宗雯　梁　艳）

社 会 抚 恤

【概况】 2017年，全区有在乡重点优抚对象851人，其中在乡老复员军人85人；“三属”39人；残疾军人（含伤残人民警察、伤残国家机关工作人员）114人；带病回乡退伍军人50人，参战参核退役人员351人；享受60周岁以上农村籍退役士兵老年生活补助人员212人。全年对851名重点优抚对象发放定期抚恤生活补助735.8万元（含死亡抚恤14.5万元），在烈士纪念日为26名烈属发放慰问金0.52万元，“9·30”发放9名一至四级残疾军人护理费22.9万元。落实767名优抚对象解困资金32.9万余元，“六大”节日和“八一建军节”走访慰问868名重点优抚对象，送慰问金80.7万元。发放132户义务兵家庭优待金124万元，发放光荣烈军属牌匾80块，全年发放750名在乡重点优抚对象门诊定额医疗补助76.3万元，落实129名重点优抚对象住院医疗补助6.3万元，为777名重点优抚对象办理两年一次520元/人的体检卡。10月底前，完成133名重点优抚对象数据核查工作任务，完成率100%。

【双拥工作】 在春节和“八一”建军节，区主要领导带队慰问驻区部队；支持驻区消防大队、武警中队建设电脑室、图书室、学习室；组织相关单位、社区为部队官兵送元宵、饺子、粽子、月饼等活动；全年为80户军属悬挂光荣牌匾。

【退伍军人接收安置】 全年接收2016年秋冬季退役士兵72人，发放71名退役士兵自主就业一次性经济补助244.8万元，1人安置到机关事业单位，年度安置率100%。组织43名城乡退役士兵参加职业教育和技能培训，推荐20名城乡退役士兵就业，2名退役士兵申报创办微型企业。为失业退役士兵开展就业知识和专业技能教育培训。

（金宗雯　梁　艳）

社 会 事 务

老 龄 工 作

【敬老院规范化管理】 黑山敬老院新建完成，关坝敬老院完成主体工程。筹资40万元，对丛林和石林镇敬老院进行安全整改。投入资金40余万元在全区养老机构安装高清视频监控系统，实现与全市特困人员供养服务机构的高清视频监控系统联网应用。集中对乡镇敬老院开展房屋安全鉴定，办理法人登记。开展全市养老服务标准化规范化示范创建工作，金桥镇敬老院被列为示范创建单位。全区敬老院全年未发生责任事故。

【惠老政策】 全年发放特困人员基本生活费和节日慰问费736.25万元，发放特困人员照料护理补贴50.68万元，发放养老服务补贴227.32万元，发放贫困残疾人生活补贴157.18万元，重度残疾人护理补贴109.51万元，发放高龄营养补贴491.82万元。落实做好“五保”“三无”人员基本医疗保障，农村“五保”对象、城镇“三无”人员生病在定点医院住院产生的费用，经城乡居民合作医疗保险报销、民政医疗救助后，个人自付费用由各街镇负责全额报销。

（金宗雯　梁　艳）

基层政权自治组织建设

【村民委员会】 全区有行政村57个，确定农村社区试点村6个。村（居）务公开率100%。开展新任村（居）委会书记、主任培训。落实离任村干部补贴，全年发放补贴176余万元。

【社区居民委员会】 新设立南桐镇“后湾社区”，2017年年末，全区有城市社区42个。安排215万区级资金对5个城市社区进行规范化建设，争取到市级城乡社区便民服务中心补助项目2个，资金40万元。

（金宗雯　梁　艳）

社会行政事务管理

【婚姻登记】 全年办理结婚登记2839对，离婚登记1774对，补发婚姻证件1030对，办理收养登记4宗。无一例差错，无有效投诉，合格率100%。

【殡葬管理服务】 按行政审批程序完成重庆五零一殡仪服务有限公司、万盛龙凤陵园、万盛龙源殡仪服务中心经营许可的上报审批工作。开展万盛新公墓选址工作。万盛龙凤陵园全年销售墓穴234穴，安葬骨灰259位。全区全年火化遗体500具。全年审核审批基本丧葬费补助27名困难居民和人体器官捐献者，补助金额为3.8万元。

【社会组织管理】 全面完成行业协会商会与行政机关脱钩工作，组织开展社会组织年检工作，社会组织年检率80%以上。全年完成社会组织登记150家，其中社团78家，民办非企业72家。全面排查社会组织党建工作，完成92个社会组织的党员组织关系排查工作。

【地名管理】　推进第二次全国地名普查，修改完善《万盛经开区中华人民共和国标准地名词典目录》，并根据目录撰写释文，出版《万盛经开区地图》，更换道路标志牌170余块。对全区地名信息开展自查，对已建未命名的15条道路进行命名。

【流浪救助】　成立区、镇街、村（社区）“三级”救助咨询服务站，开展救助巡逻163次，主动救助生活无着人员232人。开展《冬季送温暖》《夏季送清凉》《极端天气专项救助》《送流浪孩子回校园》等专项救助行动。全年救助流浪人员535人，救助费用106.28万元。

【福彩和慈善】　建成福彩民心亭3个，新增投注站3个。开展福彩爱心圆梦助学活动，资助46名贫困大学生圆大学梦。2017年全区福彩销售6328万元，筹集福彩公益金500万元以上。争取永辉爱心卡6万元；开展“感恩万盛三走进”公益捐赠活动，筹集资金60万元；策划“为困境高中生起航”募捐项目，筹集善款7.9万余元，解决30名贫困高中生1年的生活困难问题。成立多普泰爱心基金，该公司每年注入资金20余万元爱心基金，帮助35名重病、重残等困难人员，资助金额达6.8万余元。

【农村留守儿童关爱】　2017年年末，全区有农村留守儿童493人，无人监护的0人，监护差的0人，未登记户口0人，失学辍学0人。民政、公安等八部门联合出台《关于开展“合力监护，相伴成长”专项行动实施方案》，研究制定《加强农村留守儿童关爱保护工作实施方案》，印发《关于做好农村留守儿童重点对象干预帮扶工作的通知》，建立农村留守儿童关爱保护工作联席会议制度。指导农村留守儿童父母签订《农村留守儿童委托监护协议书》，指导受委托监护人签订《农村留守儿童委托监护责任确认书》。全区签订受委托监护协议书354份，委托监护确认书341份，签订率约100%，两清单送达率100%。实现两清单送达和委托协议书、确认书签订双百目标。2名无户籍儿童全部入户，3辍学儿童2名返校，1名送教上门，入户率和复学率100%。对农村留守儿童因残疾、患病导致家庭经济困难且符合有关社会救助、社会福利政策的8名残疾和3名患病儿童，给予干预帮扶。残疾患病儿童的帮扶率100%。安排春节慰问经费9.8万元，对部分困难留守儿童进行走访慰问。

（金宗雯　梁　艳）

救　灾

【防灾减灾】　全年争取防灾减灾能力建设中央预算内投资资金273万元，筹备新建区级救灾物资储备库。通过电视台、报纸、网络、手机等平台宣传防灾减灾知识技能。开展应急演练。及时收集、整理、汇总、分析、上报灾情，准确、客观、全面的反应自然灾害情况和救灾工作开展情况。

【灾害救助】　做好因灾倒损房恢复重建工作，实施因灾倒损农房重建14户，补助资金64.5万元。完成2016—2017年冬春生活救助工作，安排冬春救助款80万元，发放大米58.7吨、棉被2400床、棉大衣1000件、防寒服1000套，救助因灾生活困难需救助的困难户5966户，13628人。

（金宗雯　梁　艳）

街道·乡镇

街　　道

万 盛 街 道

【概况】 万盛街道地处万盛经开区政治、经济、文化中心，是万盛经开区党工委、管委会及党政群机关所在地。辖区面积2.5平方千米，其中陆地面积2.2平方千米，水域面积0.3平方千米，人口密度16289/平方千米。下辖8个社区，即万北一社区、万北二社区、新田社区、万新社区、建设社区、松林社区、砚石台社区、江山城社区，101个居民小组，辖区主要有万东北路、万盛大道、旅游文化街、新田路、滨江路、松林路、勤俭路、兴盛路、莲池2路、荣懿路等街（路）10条。有城市广场2个，即文化广场、安全文化广场。2017年年末，辖区户籍人口3.79万人，常住人口3.84万人。人口中以汉族为主，汉族人口3.82万人，占总人口99.4%；另有苗族、土家族、布依族等16个少数民族，共223人，占总人口0.6%。其中苗族人口76人，占少数民族人口34%；土家族73人，占少数民族人口32.7%；布依族11人，占少数民族人口4.9%。人口出生率7.26‰，死亡率6.52‰，人口自然增长率0.74‰。

【经济发展】 2017年，万盛街道地区生产总值16.75亿元，比上年增长6.1%，批发零售额42.37亿元、增长26.7%，社会消费品零售总额21.01亿元、增长13%，住宿餐饮额4.54亿元、增长21.1%，规模以上工业总产值9.85亿元、增长11.9%；在地建筑业总产值1184万元，完成目标任务101.9%。重庆耀伦餐饮有限公司、重庆盛意欧进出口有限公司（国能天街）升级为限额以上企业，市场主体新增702家。老街商圈引进商业零售、商务办公、酒店餐饮、综合娱乐等行业企业20余家，完成招商1100余万元。全年完成体制内税收310.58万元，物流企业税收800万元。

【社会事务】 全年城镇常住居民人均可支配收入2.60万元，比上年增长8.8%；低保救助金发放863万元、2万人次，比上年减少22.96万元、2400人次；高龄老人营养补贴、计生奖励扶助金、临时困难救助金、贫困慰问金及无专厂退休困难职工慰问金等发放约330余万元、惠及2万余人次。900余人参加“春风行动”招聘会，公益性岗位开发40个，为煤矿下岗人员提供再就业信息和服务；小额贷款发放288万元，直接带动就业60余人；城镇新增就业870人、再就业481人。全面完成“符合政策生育率”“全员人口信息准确率及覆盖率”等各类人口计生指标任务；开展“灭四害”及控烟等爱国卫生运动，多形式开展健康教育宣传活动50余场。建成投用6个社区卫生服务站及松林社区、江山城社区养老服务中心，累计服务居民5000余人次。“邻里一家亲百姓大舞台”等文化进社区活动50余场次，辖区“五老”志愿者开展青少年学业辅导、道德教育、兴趣培训等服务活动100余场次；17余万元支持辖区学校改善办学条件，金秋助学、福彩助学、教师节慰问等活动；新田社区投入3万余元增添1000册青少年读物。居民小区健身设施实现全覆盖，形成居民5分钟健身圈，辖区健身路径覆盖及免费开放率100%；万丽花园小区成功申报为重庆市全民健身示范点；举办万盛街道2017

年全民健身运动会暨全民健身挑战日活动及“展风采，激活力，齐运动，共健康”商会运动会，开展各类群众性体育健身活动100余场次。党政主要领导研究部署安全生产工作6次，组织召开安全工作专题会议5次，执行企业领导现场带班和“日周月”隐患排查治理及全员安全培训和持证上岗等制度。深化公共安全、消防安全、建筑施工等9大重点行业领域及重要时段节点安全生产“大排查大整治大执法”，排查隐患490项，整改485项，整改率达99%，安全隐患排查整治形成闭环管理。开展联合执法检查21次，执行消防委托执法行政警告8起、罚款3起、责令停产停业2家；整改国务院安委会安全生产大巡查、大检查督导反馈问题。推进消防安全项目，完成万新菜市场及周边“九小场所”和老旧居住建筑消防设施改造，启动63栋居住建筑消防设施市场化维保，引导商业门店安装火灾探测报警器266个；推动新田社区成功创建全区消防安全示范社区、消防安全宣传教育示范社区，全年无安全事故发生。落实信访稳定责任方面。成立维稳工作领导小组，与8个社区签订《2017年度深化平安建设暨综治工作责任书》，明确工作目标和要求，确保平安建设责任制落到实处。推进网格化管理，完善网格化服务管理系统，组织开展业务培训25场520人次。深化干部下访群众工作机制，接访下访群众388件次，解决群众诉求384件次，办结率98.9%；网上信访代理79件次，网上信访满意率100%；矛盾化解率97%。推进社区戒毒康复工作，涉毒人员管控率达93.5%；全面评估177名精神病人，有序推进重性精神病人鉴定；社区矫正，帮教率100%，安置率100%，无一人重新犯罪。强化社会治安防控，充实治安防控工作力量，择优招录13名应急巡逻队员；严格执行24小时巡防制度，组织辖区30家单位落实“群防群治”夜间巡逻工作机制；开展法治安全进社区活动50余场，到市进京上访、集访、群访和其他恶性事件保持零纪录，辖区八类刑事案件发案率与上年持平，可防性案件发案比上年降低48.75%　。

【城市建设】 项目建设投资1400余万元，完成老旧小区改造、基层阵地建设、社区文化提质、社区养老、社区卫生等28个项目。无专大厦剩余17户门面协议签订征收及拆除协议。完成应氏滨江壹号项目涉及的安监局地块84户房屋收购工作。推进万北一城中村、区公安局地块和建设段150号、木器厂和道班家属房城市棚户区改造，完成协议签订760户、约7.8万平方米。完成电信家属院等7个老旧小区改造，松林、万丽花园片区240余家店招门头提质改造及菱角片区、重百135片区等10个区域综合环境改造；投入110余万元，建成城市花园垃圾中转站，改造工程公司及老君坝2座老旧公厕；投入150余万元，改造新田社区、万丽花园、康隆盛等片区路面、化粪池及污水管网100处，更换、增配垃圾桶、休闲椅等市政设施250余件；成功试点打造万盛小学屋顶绿化示范点。

（万盛街道办公室）

东林街道

【概况】 东林街道地处重庆市万盛经济技术开发区南部，与万东镇接壤。辖区东起黑山公路二号桥，西至两河口，面积1.48平方千米，清溪河从境内穿过，黑山谷大道从辖区南北贯通。辖腰子口、铁路村、和平村、清溪桥、观井湾、鱼田堡等社区6个，居民小组98个。户籍总人口2.80万人，有直属基层党组织10个，党员377人。街道办事处内设二级科室5个，事业单位4个，在编人员52人。

【经济发展】 2017年，东林街道实现地区生产总值11.29亿元，完成全年目标任务106.5%；固定资产投资1940万元，完成全年目标任务104.9%；建筑业总产值1037万元，完成全年目标任务108.6%；规上工业总产值15.01亿元，完成全年目标任务139.1%；社会消费品零售总额3.90亿元，完成全年目标任务101.3%；批发零售总额完成8.46亿元，完成全年目标任务101.3%；住宿餐饮总额完成10367万元，完成全年目标任务105.2%；城镇居民人均可支配收入2.53亿元；分成税收收入226万元，完成全年目标任务100%。

【社会事务】 实施全民创业就业行动，实现城镇新增就业933人，完成全年目标任务121.1%，新增创业234人，完成全年目标任务130%，失业人员免费培训264人，完成全年目标任务110%，做好辖区860名关闭煤矿失业人员跟踪服务和动态管理；居民医保参保1.17万人，完成全年目标任务101.2%，居民养老保险基金征收47万元，完成目标任务213.6%；全年发放低保金8017人次、339.4万元，高龄老人营养补贴1038人次、64.4万元，报批重度残疾人护理补贴199人、6.3万元、贫困残疾人生活补贴154人、4.6万元，申报奖特扶122人、65.2万元，其他类困难救助、慰问1300人次、67.2万元；组织老年人体检2079人，家庭医生签约12324户、3.04万人，献血3.26万毫升，孕前优生检查41对；建成社区卫生服务站3个。贯彻落实全域旅游、全民健身决策部署。推进东林城市建设“一轴五环十景”布局，主动对接旅发委、全域旅游研究院，对腰子口片区进行整体规划；在“五一”节举办东林首届“百姓美食节”，提升旅游配套服务水平；围绕全民健身“双十”目标，建成和平台和东林公园2个运动主题公园、干堰沟—重客隆超市、进盛中学至和平一村2条3千米健身步道，新增室外健身路径150件，乒乓球台32张，羽毛球场9片，打造居民“10分钟健身圈”；开展群众体育活动17场，举办东林街道第三届全民健身运动会；参加区级体育赛事36项次，取得乒乓球团体赛第一名、协作投篮第三名、“篮板王”第一名等成绩。科技文化事业。腰子口社区创建市级科普示范社区，申报创建全国科普示范社区，作为基层示范点接受国家科委考察；开展文化进社区和传统节日特色文化活动80场次；自编自导廉政小品《此路不通》在区“姹紫嫣红总是春”精品节目展演中获好评；以棚改为主题的原创方言话剧《安得广厦千万间》成功首演，并作为重庆市第四个“中国文艺志愿者服务日”系列活动开幕剧目，在市文联剧场成功上演，被中央人民广播电台、重庆日报等多家媒体宣传报道。做好矿业公司社会职能移交工作。开展前期调研，到沙坪坝区石井坡街道团结坝社区学习先进经验。

【城市建设】 城市棚改完成11个片区、971户、5.74万平方米协议签订，申报兑付资金2.06亿元，安全拆除棚改房屋613户，利用铁路一村、清溪桥川煤九处、东林二村等拆除地块修建停车场3个，增加停车位500余个，上报2018年至2020年棚改计划1456户。改善市容环境。完成矿工广场提升改造、清溪桥文化长廊灯饰美化靓化、主干道沿线店招店牌改造、城市增绿补绿、道路综合整治等18个重点项目建设，整治矿业公司机关驻地和重客隆周边环境；全面落实河长制，对3.8千米河道进行常态化保洁，助推清溪河一二三级污水管网建设，确保辖区内河道干净整洁；推进两河口片区农贸市场、水果批发市场综合改造，规范和改善周边环境面貌；升级改造辖区8座公厕，新建社区公厕2座，建成投用矿工广场旅游厕所；改造老旧小区10个；全力抓好辖区日常清扫保洁，新增保洁面积4.7万平方米，确保全覆盖、常态化。三是通过“国卫复审”。办理“国卫”复审督办事项464个，开展“国卫”联合执法3755人次，整治占道经营、骑门摊676处，乱搭乱建295平方米，车辆乱停乱放1231台，扬尘、脏车188台，完成500多个居民小区单元楼道刷白；添置完善垃圾桶、垃圾箱、休闲桌椅等市政设施306个；拆除违建1978平方米，处理环境投诉5起；开展文明劝导志愿服务，累计劝导不文明交通行为4.2万余次。四是推进智慧城市建设。拓展公共WiFi覆盖范围，推进智慧家居、智慧小区试点。

（刘　烨）

乡　　镇

万东镇

【概况】　万东镇位于万盛经开区中心区域，镇政府驻地万东北路46号。镇东、南与黑山镇、石林镇和丛林镇接壤，西、北边缘与南桐镇、金桥镇和丛林镇临界；地东西长约9千米，南北长约11.25千米，面积63.25平方千米。耕地面积600公顷，林业用地面积2686.67公顷，森林覆盖率37%。全镇辖红枫、莲池苑、建新、莲池、海棠、塔山、新房、天池、永利、花卉园等社区10个，五里、榜上、新华、箐溪、团结、新田、五和、六井、建设等行政村9个，有村民小组61个，社区居民小组106个。2017年年末，全镇户籍人口5.52万人，常住人口9.87万人。

【经济发展】　2017年，地区生产总值完成23亿元，比上年增长10%；固定资产投资2600万元，增长5%；规模以上企业工业总产值完成49亿元，增长28.9%；一般公共预算收入965万元；城乡居民人均可支配收入分别为28039元、17064元，分别增长9%、11%，限上商贸企业完成社零总额6.7亿元，增长11.5%，批发零售额18.7亿元，住餐2.01亿元，增长18%。引进盛诚供应链公司、高泽建筑劳务公司、崇鼎建筑工程有限公司等5家总部经济企业，实际利用区外资金超过1000万元。新增个体工商户400余家、占全区增量30%，新办微型企业137家。推进高新技术产业园一期、六井坝马嘶坝公园、人民医院改扩建、刑侦中心等38个项目的拆迁工作。2017年新增入库项目3个、总投资近2亿元。农业生产发展提速：推进基层农业技术推广体系改革与建设，全镇累计发展农业产业龙头企业、农民专业合作社、家庭农场、专业种养殖大户100等余家。投入资金476万元，打造1.33公顷葡萄种植钢架大棚，新建13.33公顷生态鱼养殖基地，启动五和村梨园改种。投入资金110万元，支持牡丹园完善基础设施，扩大种植面积达33.33公顷。投入资金300万元，推进伍家湾民宿改造和农家乐提档升级，完成五和旅游接待中心及广场观光设施建设。落实耕地保护政策，发放2017年近万亩耕地地力保护补贴65万元。推进农村小型水利改革，完成全镇人饮工程、蓄水池、泵站、水电站等确权工作。启动实施400公顷高效节水灌溉项目，基本解决五里、箐溪、五和、建设等村农业产业灌溉问题。推进宏恩财富广场、盛世华城、和盛中央广场等项目建设，商业集聚初显规模。依托宏恩财富广场、永利商街等核心商圈，培育餐饮、住宿、文化、体育等市场主体，引进天和百货、DAV影城等。举办宏恩财富广场旅游美食文化节，推进电子商务、现代物流等新兴产业发展。

【社会事务】　精准扶贫精准脱贫。投入资金996万元，推动五和村整村脱贫。落实产业扶持资金114万元，帮助160户贫困户发展扶贫产业。投入资金38万元，完成10户贫困户CD级危房改造。开发公益性岗位帮助33人解决就业问题。发放各类扶贫慰问金近20万元，大病医疗补充保险续保、“精准脱贫保”参保1233人次、5.6万元。2017年，全镇正常脱贫45户、138人，稳定脱贫清退26户、84人。社会保障。组织开展创业就业培训，城镇新增就业、公益性岗位安置、回引民工等近2000人。投资353万元，安置241名困难对象就近就业。办理小额贷款65户、650万元。落实计生奖励优待政策，发放特扶资金约82万元。集中开展家庭医生签约，签约4.41万户，建立健康档案6.08万份。落实城乡低保、大病救助、临困救助等社会保障政策，发放城乡低保金近1100万元，各类救助金373万元。全力做好优抚工作，真心关爱老人、残疾人等弱势群体，发放优抚金约75万元，为残疾人办理生活、护理补贴近23万元。全年城乡居民养老保险征收145万元，城乡居民医疗保险参保超过4万人。社会事业全面发展。投入资金150万元，建成全区首个为老服务中心。国有企业社会职能移交有序推进，接收退休人员5130人，其中党员1273人。投入资金365万元，建成榜上村（天池社区）、红枫社区、莲池苑社区等便民服务中心。投入资金约200万元，建成8个村（居）标准卫生室。推进全民健身，投入资金近270万元，添置健身器材250余件、休闲座椅300余把，完成榜上村（天池社区）、团结村、红枫社区、莲池苑社区等6个文体广场建设，建成全区第一块气排球场，播州界健身休闲公园建成投用。组建健身队伍及“好体育人”志愿者队伍30余支，储备体育后备人才300余人。举办万东镇第29届全民健身运动会、万东镇全民健身挑战日系列活动，组织参加区三节系列活动、全民健身日系列活动黑山谷穿越赛等赛事，各项活动参与者近7万人次。举办第四届“青山湖·五和”梨花文化旅游节，并被评为重庆十大最具影响力节会。投入资金100万元，提升改造镇综合文化站，培育6户文化中心户，举办“春满梨园万花开”专场文艺演出及其他文化下乡演出40余场次，送电影下乡119场次。协调推进新华小学学校建设，推动辖区教育事业发展。

【城市建设】 拓展城市规模，推进建设组团、鱼田堡组团城市发展，西城花园、兰乔圣菲、盛世华城等楼盘建设。加快城中村改造，全年累计拆除房屋161户、面积3万平方米。推动国能奥特莱斯停车场项目建设，拆除房屋、企业面积3000平方米。利用国卫复审契机，投入资金约1300万元，新增停车位3000个，完成新田团结片区、红枫莲池苑片区、塔山新房片区内100余处、1.55万平方米坑洼路面的修复整治，完成辖区市政设施的安装维修、绕城公路节点打造。建成播州界、红星等星级旅游公厕4个。推进人居环境“旧貌换新颜”，提升全覆盖精细化保洁水平，对辖区50万平方米沿街路面、背街小巷等大扫除大清运大清洗，完成对龙景苑、污水处理厂片区存在长达十余年的近1000平方米违法建筑的拆除、改造，完成2.20万平方米背街小巷的综合整治，辖区龙景苑、西货场、污水处理厂等一改旧貌、提档升级。集中整治莲池红枫海棠核心片区、塔山新房片区、城乡接合部等区域“十乱”现象，查处占道经营、乱停乱放2000余起。全年拆除违法建筑2.19万平方米，恢复小区绿化面积近2000平方米，城市人居环境大幅改善。阳光国际小区、永利豪庭小区成功创建为市级安静居住小区，海棠晓月小区、聚鑫缘小区通过市级安静居住小区复查。

【乡村建设】 推进垃圾、污水、厕所治理，环境美化工程，对农家院坝、河道、铁路沿线等区域开展“体检式”整治。投入资金约700万元，建设完成五里、箐溪、六井等村10套农村生活污水处理设施，全镇累计建成22套，日处理农村生活污水470立方米。推进厕所革命，投入资金近171万元，完成农户厕所改造679户，新（改）建村级卫生公厕6座。完成46户C、D级受损农房、8户连体房的测绘工作，签订货币补偿协议47户。完成五和村、榜上村村域规划及现状分析编制工作，全镇村域现状分析编制覆盖率100%。推进采煤沉陷区植被恢复，启动266.67公顷中幼林抚育工程，完成五里村27.07公顷核桃、杨梅及新华村180余公顷春芽抚育管护和苗木补植，完成22.67公顷巩固退耕还林成果后续产业项目及箐溪村73.33公顷麻竹栽植中期项目验收。推动城周森林屏障保护工作，启动防火通道等防火体系建设。推动“两河四岸”养殖环境污染整治，投入资金750万元，启动畜禽养殖场环保整治，拆除圈舍21户、3976平方米。开展环境保护“四大行动”，巩固3.4平方千米高污染燃料禁燃区成果。实施农村公路通达通畅工程，投入资金6800万元，完成腰子口—楠竹山公路、丛黑公路（万东段）等16条、29.2千米公路改扩建油化工程，硬化人行便道20千米。投入资金190万元，建设全镇公交线路停车站点，其中80个站点建成投用。争取到位资金500万元，实施2017年农村饮水安全巩固提升工程皂角供水站、汤家沟西干渠管道更换工程，安装丛黑公路隧道至箐溪村梨子榜、大坡社水池管道2500米，协调推进观音寺提水工程二级提灌站建设。220千伏夜黄线17个塔基、110千伏浮法线8个塔基建成并投入运行。

（杨　婷）

南　桐　镇

【概况】 南桐镇位于万盛经开区东部，距重庆主城区80千米。镇辖区东与万东镇相邻，南接石林镇、青年镇，西邻石角镇、永城镇，北连金桥镇。辖区建置10个行政村、93个村民组，8个社区。镇政府所在地在湘渝公路与石林公路交汇处的南桐支路陈家湾。全镇面积64.4平方千米，其中耕地面积1787公顷，林地面积3400公顷，森林覆盖率42%。全镇户籍人口4.7万，非农业人口2.9万。常住人口5.3万，人口密度762人/平方千米，人口自然增长率0.2‰。南桐镇矿产资源富集，有煤炭、石灰石、白云石、煤矸石、硫铁矿等矿产资源20多种。储量较大、开发前景较好的有煤、硫铁矿、石灰石、热矿水等。其中煤炭保有储量6500万吨，有中型煤田2处，有50多年的开采历史；石灰石储量4亿立方米。自然文化遗产及旅游资源丰富，主要有原乡温泉村、田园金兰坝、特色白沙洞、美丽金鸡沟、生态洗布河等旅游资源和人文景观，还有金兰坝东汉岩墓群、岽老山宋代石室墓以及温塘代家沟清代铸钱遗址等一批文物保护点。南桐镇公路通车里程170千米，由綦万高速路、川湘、桃青、岩石公路、乡村公路和三万铁路构成交通网络。全镇电视、电话覆盖率100%。有山平塘、提水灌站、引水渠等水利设施100余处。有110万千伏变电站1座，年发电量2.2亿千瓦时。

【经济发展】 2017年，全镇地区生产总值29.26亿元，比上年增长9.6%；规模以上工业企业总产值83.68亿元，增长13.8%；社会消费品零售额3.83亿元，增长12.9%；批发和零售业商品销售总额17.51亿元，增长30.8%；住宿和餐饮业营业收入1.47亿元，增长20.4%；固定资产投资6339万元，完成目标进度218.6%；在地建筑业产值3159万元，完成目标进度173%。农业增加值11986万元，增长3%；城镇常住居民人均可支配收入24400元，增长8.2%；农村常住居民人均可支配收入14132元，增长8.8%。工业企业升为规模以上企业2家，商贸企业升限2家，被重庆市商务委员会命名为“乡镇商贸综合服务中心”。全镇规模以上的工业企业46家，占全区44.2%，其中年产值上亿元的36家，占全区34.6%。农业总产值增长5.28%，农村居民人均可支配收入增长9.01%。

【社会事务】 扶贫攻坚工作。全年新建产业便道20.8千米、蓄水池2口；完成贫困村主导产业发展规划，引导贫困户巩固蜜柚产业，发展蟠桃、优质柑橘等特色优势产业；成立南桐镇贫困救助基金，开展临时救助；实施“农民工职业技能提升计划”，98名贫困人员成功就业。区、镇两级干部255人，持续帮扶2015年度已脱贫户207户、651人，帮助2016年度贫困户成功脱贫21户、50人。2017年年末，全镇有贫困户5户、21人，扶贫工作通过市级检查验收。民生工作。推进创业就业工，全年新增就业1448人、创业411人，审签小额贷款40起、600万元。提升社会保障水平，城乡居民养老保险累计参保9305人，居民医保累计参保33348人，基本实现社会保险全覆盖。全年发放低保金1313.8万元，涉及3226人；发放各类补贴及救助金565.9万元，涉及特困、临困、高龄、优抚、残疾人群体4354人；兑现计生奖扶、特扶资金156.4万元，涉及706人。推进采煤沉陷区受损农房治理，签订货币补偿协议105户，完成维修加固373户，支付过渡费41.58万元。文体事业。举办南桐镇专场文艺演出、全民健身运动会、文化下乡等文体活动40场次，获得“中国梦·劳动美——唱响万盛”职工歌咏比赛二等奖。新建全民健身广场2个，新增健身器材40套，启动全民健身中心规划及选址工作。基础设施建设。全年新建农村公路27.5千米。新建、整治山坪塘4口、农村污水处理设施5套。新增公共停车场3个、增划停车位478个。完成桐梓沟供水站扩能改造。完成青山湖右渠、张三塘大堰水毁维修项目。南桐花园垃圾中转站建成投用。改造村卫生室8个、社区卫生服务中心6个。完成石桥村、王家坝村、麒麟村便民服务中心建设，启动支路社区、后湾社区便民服务中心建设。平安稳定。全年安全生产实现“零死亡”目标，安全生产工作名列镇街首位，并在全国“安全生产月”“安全生产万里行”活动座谈会上交流发言。立案数比上年降低37.71%，可防性案件降低51.22%，群众安全感指数达95%以上，镇综治委被党工委、管委会记集体三等功。

【城市建设】 生态文明建。投入资金99万元，实现农村生活垃圾日产日清，并打造农村生活垃圾分类收集示范点1个。全面推行“河长制”，清理河道78次、清运垃圾25吨。投入300余万元，整治畜禽养殖污染，8家禁养区养殖场全部关闭。评选“美丽庭院”30家。改（新）建公厕13座，实施农户改厕134户。为10个村安装天然气2408户，实现天然气进村全覆盖。开展市容环境综合整治攻坚行动，规范占道经营837起，纠正交通违规行为1931起，清理户外广告牌496块、游摊713起，查处扬尘污染941起，拆除城区违章建筑42处，新增城区绿化2.67公顷。完成矿山植被恢复管护180公顷、人工造林80公顷。投入30万元，补植补栽点兵山公园、美化绿化王家坝机焦厂至民权公路、温塘村委会周边公路。征地拆迁工作。全年完成土地丈量0.73公顷、房屋丈量11户、支付征地补偿资金340万元；完成渝黔扩能项目土地丈量60.53公顷、房屋丈量121户、签订流转协议445户；完成南桐大道征地13.58公顷、房屋拆迁115户、安置人员686人。采沉优惠购房分房工作。按照“公开、公平、公正”的原则，历时11天，完成1189户、2048套房屋分房工作。国卫复审一次性通过国家验收。投入人力2500余人次，投入资金400余万元，开展搬家式大扫除，清除卫生死角1756处，清理河道4条，清运存量垃圾432吨，完成鸿丰农贸市场扩容改造，封闭老旧小区垃圾坑902个，安装老旧小区路灯171盏，更换破损人行道板2500平方米，修复背街小巷陈旧设施234处、4200平方米，通过国卫复审验收。南桐电厂、方盛电厂如期关闭。

（王　琳）

关　坝　镇

【概况】 关坝镇位于万盛经开区西南部，距万盛城区26千米，面积78.75平方千米，辖8村、2社区，户籍人口2.68万人，非农业人口0.62万人，常住人口2.19万人。镇内有重庆市唯一煤电化工产业园区，园区内有国电重庆恒泰电厂、万盛煤化、川东化工等企业。有九锅箐森林公园、生态凉风·梦乡渔村等一批自然人文景观。

【经济发展】 全年地区生产总值11.59亿元，完成目标任务97.3%。规上工业总产值24.7亿元，完成目标任务88%。固定资产投资5.44亿元，完成目标任务494%。批发零售额17.8亿元，完成目标任务134%。社会消费品零售额1.43亿元，完成目标任务104%。住餐营业收入1.17亿元，完成目标任务的101%。农村常住居民人均可支配收入1.33万元，增长9.1%。工业集群建设。实施工业投产达产攻坚行动，川东化工试车点火，神开气体建成具备试生产条件，神华电厂稳步推进，东方希望碳酸二甲酯项目、新中天渝南循环经济项目、一般工业固废项目前期工作进展顺利。完成204省道关坝—煤电化园区段综合整治路面大修工程，园区污水处理厂、公共停车场、公共厕所均已竣工，园区企业服务中心、化工二路、南北干道路面整治工程加快推进。启动西侧南北干道征地拆迁摸底调查工作，完成园区规划区内征地拆迁成本测算。商贸流通。发展总部经济，引进华耀集团、陕煤运销集团等企业，协议引资2000万元。培育市场主体159家，发展微企76家，个体工商户57户，其他企业26家，培育星级农家乐3家，限上商贸企业1家。发展阿里巴巴·农村淘宝村物流配送点1个。现代农业发展。全年新增种养大户5户、家庭农场3户。发展壮大特色效益农业，累计发展伏淡季水果200公顷，生态鱼养殖40公顷。

【社会事务】 扶贫攻坚工作。全镇有建卡贫困户433户1379人，脱贫422户1348人，未脱贫11户31人。社会事业发展。成立镇科学技术协会，建成万盛首个村级科技活动中心。关坝小学综合楼主体工程完成封顶，凉风幼儿园建成投用。镇文图分馆、村（居）“农家书屋”免费开放，边城龙凤舞成功入选全区特色文化品牌。新建村卫生室2个，改造光明、双坝等村卫生室5个，改造镇卫生院、兴隆街社区健康小屋，实现村（居）卫生室全覆盖。完成敬老院新建工程、兴隆街社区养老服务中心建设。社会保障。城镇新增就业674人，关闭煤矿登记失业人员就业542人，扶贫对象新增就业140人，公益性岗位安置煤矿下岗职工和贫困户49人，成功申报区级充分就业镇，凉风村创建为区级创业孵化基地。举办关坝凉风“梦乡村杯”第一届国际钓鱼比赛、重庆“体彩杯”钓鱼大赛、重庆高校教职工钓鱼比赛、区老年人钓鱼比赛；举办迷你马拉松、乒乓球、羽毛球、象棋、篮球、拔河等镇级全民健身活动及10场村居全民健身运动会，经常性参加体育锻炼的人数占57.8%。征收城乡居民基本养老保险费115万元，完成率113%；参加城乡居民医疗保险23234人，完成率100%。通过城乡低保、临时救助、稻草援助等途径发放补助资金200万元，发放节日慰问金21.5万元，受惠群众600余人；办理特殊困难群众建档人员资料411人。安全稳定工作。持续开展各类安全生产专项整治，全镇所有行业均实现安全生产“零死亡”目标。严格落实镇、村（居）、社（居民小组）三级矛盾纠纷排查制度和领导包案制度，发挥“四员一队一长”作用，解决重点信访案件6件，处置23名重点人员以及涉军、煤矿关闭等重点群体。全年群众到镇、到区来信来访184件次，比上年降低25%，无到市进京非访，全镇无“民转刑”案件发生。

【城镇建设】 完成镇域总规编制，实现村域规划全覆盖。新建雨水管网3.04千米、污水管网3千米、污水生化池8座。完成廉租房消防设施、天然气管道安装。开展集镇美化靓化行动，新建生态停车场5个，拆除乱搭乱建建筑900平方米，万梨路沿线安装路灯350盏，新增绿化面积7万平方米。开展农村环境综合整治，推行农村生活垃圾分类，行政村生活垃圾有效治理率达100%。新建小型污水处理设施14套，农村改厕512座。完成兴文、林地管网设计，启动田坝、光明管道安装。改造CD级危旧房48户，评选整洁庭院50户，亮化村庄1个，完成地质灾害搬迁4户。渝黔高速扩能项目完成红线内土地附构筑物摸底调查，房屋丈量150户，11个合作社签订流转协议，互通、隧道等多个重要工程节点开工建设。完成关坝至凉风至九锅箐、石虎头至兴文至光明等5条重点公路，硬化油化25千米；建设公交站点55座，行政村通公交率达100%。完成双龙井水库渠道整治2千米，整治山坪塘11口，厢子厂山坪塘建成投用，凉风水库开工建设。打造“生态凉风·梦乡渔村”乡村旅游品牌，荣获“重庆市乡村垂钓基地”称号，关坝凉风运动休闲特色小镇试点项目启动建设。开通旅游公交1条，安装旅游标志标牌80余块、监控系统点位36个，建成A级公共卫生间5个，完成渔家乐庭院改造20户，“凉风11居”民宿正式营业；推进智慧旅游建设，实现公共区域免费WiFi全覆盖。全年接待市内外考察团队130余个，接待游客38万人次，实现旅游综合收入4560万元。建成关坝11人制标准足球场、8跑道标准田径场，实现镇、村（居）全民健身广场全覆盖，人均体育场地面积2.5平方米，建成集镇和居民聚居点10分钟健身圈。

（李俊强）

青 年 镇

【概况】 青年镇位于万盛经开区西南部，距万盛经开区城区18千米，是重庆市市级特色小镇。镇辖区西与关坝镇、扶欢镇接壤，南与关坝镇、贵州省桐梓县相交，东与石林镇相邻，北与南桐镇、石角镇交界。全镇面积55.5平方千米，其中耕地面积4777.8公顷，森林面积2027.7公顷。下辖6个行政村、1个社区，41个合作社，其中苗族合作社1个。2017年年末，全镇有人口2.5万人，其中少数民族87户、428人，少数民族中苗族人口364人。镇内有基层党组织20个、党员616人。青年镇地处交通要道，省线公路在镇域内构成“丁”字骨架，是万盛经开区旅游环线公路内环、外环线的必经之地，是重要物资集散地。境内主要矿产资源有煤炭、白云石。镇内文物古迹有10余处，包括建于光绪六年的飞龙塔，弥陀寺、张氏祖墓、肖家大院等等。

【经济发展】 全年实现地区生产总值6.83亿元，比上年增长12.7%；全社会固定资产投入2950万元，完成目标任务186.7%；工业总产值10.74亿元，增长22.5%，其中规模以上工业总产值9.86亿元，增长25.3%；建筑业总产值1978万元；商品房销售面积1.59万平方米，增长0.4%；批发和零售业商品销售总额12.04亿元，增长24%；住宿和餐饮营业收入3660万元，增长28.5%；农业增加值11502万元，增长3%；农村居民人均可支配收入12457元，增长8.6%。公共预算收入1973万元。

青年镇工业园区

（青年镇　供）

【社会事务】 全年累计发放城乡低保金224.4万元、临时困难救助金24.1万元、各类定补金189.1万元。全镇居民养老保险参保1.06万人，养老保险完成征收131.18余万元。城乡医保完成参保2.13万人。全年新增就业800余人，新增创业人数265人；技能培训102人，新市民培训52人，组织创业大赛27人次。申报灵活就业社保补贴金额14.07万元；发放创业担保贷款70万元。关闭煤矿失业职工再就业314人，完成全年目标考核116.3%。提供公益性岗位32个，解决23名建卡贫困户、4名两年内未就业的高校毕业生、5名关闭煤矿登记失业人员就业。全年新申请办理残疾证60人，全镇有持证残疾人776人。资助698名残疾人参加城乡医保，资助金额14.5万元。帮助8户残疾人实施C、D级危房改造，发放残疾人各类补助金24万元。镇残联完成换届工作，选举产生新一届残疾人联合会第六次代表大会主席、理事、委员。清理拖欠农民工工资事件5起，涉及金额58万元，解决劳务纠纷36件，受益农民工38人。全年开展文化惠民下乡活动20余场次，送惠民电影活动78场，全民阅读宣传活动2次，全民阅读活动10余次，免费送书150余册。开展“好人在身边”微访谈活动2次，开展梦想课堂12次。文化站藏书2900余册，2017年新增图书100本余本，订阅各类报纸期刊12种。金福洞农村体验园入选首批乡村文化乐园名单，争取文化中心落户名额5个。投资80余万元新建笼式足球场1个，并免费向市民开放；申报堡堂健身点社1处，争取健身器材1批，新增青羊广场健身点1处。举办第四届全民健身运动会暨全民健身挑战日选拔赛活动。召开文联第一次代表大会，选举文联班子成员。全镇人口信息统计准确率100%，完成家庭医生签约20814人，累计发放各类计生奖扶资金112.5万元，组织123人参加义务献血活动。开展卫生基层标准化建设，投入专项资金400万元对辖区内行政村卫生室及青年中心卫生院实施标准化建设和改造，配置医疗设备设施。开展农村环境整治，实现集镇和农村保洁全覆盖。打造堡堂村铜匠湾生活垃圾治理示范点，实行农村垃圾收费制度，评比“美丽家庭户”等举措，接待市内区县、镇村等到镇交流学习16批次、270余人。实施“厕所革命”，投入专项资金61.85万元，对234户农户进行无害化卫生厕所改造。落实“党政同责、一岗双责”的安全生产责任制，制发各类安全管理文件33个，累计检查企业单位638家次，检查机动车辆3400余辆，出动检查人员2774人次，排查出安全生产隐患204条，整改隐患204条，下达责令整改书30份，整改率达100%，隐患排查治理信息统计按期上报率达100%。立案查处8起，行政处罚7.4万元，打击非法储存烟花爆竹窝点

全国文明村——堡堂村

（青年镇　供）

5个，查处烟花爆竹896件。建立健全辖区18个重点企业“一企一策一档”工作。

【城镇建设】　渝黔高速公路扩能项目完成占地和房屋测量工作，完成环城东线项目初步施工设计，完成猪行—板辽湖公路建设，完成板辽湖二期水源工程前期规划申报和实地调查工作，完成青年新建水厂工程建设。推进“河长制”，加强板辽水库、大槽水库、毛里水库、溱溪河、洗布河水生态环境保护和水污染治理。实施万梨路沿线及城镇美化绿化亮化工程，新建停车场6个，车位400余个；安装人行道板13.5千米，路灯426盏，装饰陶瓷罐、花箱40余个，步行街移动摊位40组，植物11万余株；启动雨污管网分流、2000立方米/天的污水处理站及配套管网、日处理100吨的垃圾处理中转站建设。强化城镇市政管理。成立综合执法大队，按照执法程序疏导流动摊点160余处，规范店外经营行为86家，取缔违章流动经营摊点45处，规范修车、洗车场9家，废品回收点2家，拆除违章建筑40处；购买清扫车一辆，实现集镇主次干道、商业步行街等重点区域常态化清理保洁。

【乡村建设】　全年青年镇投入2.15亿元，实施板辽坡足至石林猪行公路、板辽湖环湖公路、猪行至九锅箐旅游环线公路、关坝凉风至板辽公路、青年至燕石公路、安乐至毛里公路等乡村交通项目建设，建设总里程为60千米，至年末完成85%。完成5000立方米的青年水厂一标段建设，实施青年水厂二标段输水管道安装工程，至年末完成95%。帮助翠信茶业、晟鑫农业、金梯田农业、泽丰农业申报2017年特色效益农业发展项目，启动翠信茶业、金梯田农业、泽丰农业特色效益农业发展项目建设。加快青年工业园区建设。支持红槽房酒厂等投产企业做大做强；重庆六丰农业开发有限公司完成一期建设并投产；引进航玖铝业公司等企业20家，新注册交通运输物流企业11家；完成对接耀皮集团对青年镇水、电、气、路等要素保障的调研，完成耀皮玻璃伏法线用地摸排工作；建立以新型材料、先进制造业为基础的重大项目数据库。完成“金沙滩”“荷乡蛙语”等核心景点建设，板辽湖体育旅游示范基地和旅游目的地按期开放迎客。扶持微型企业、星级农家乐、家庭农场等经营主体，支持板辽湖和更古苗湾周边发展特色农家乐、苗家乐、渔家乐；培育

更鼓苗湾

（青年镇　供）

发展板辽湖鱼、苗家牛羊肉等特色餐饮品牌，完成“溱州美食街”基础设施建设。完成标准化茶叶种植示范区、手工制茶非遗体验中心建设；推进“溱州蜜柚园”游览步道、观光亭、采摘点建设。

（谭　超）

丛　林　镇

【概况】　丛林镇位于万盛经开区东北部，东面和北面与南川区接壤，南与万东镇、黑山镇连界，西与金桥镇相邻。镇人民政府驻地丛林街，距万盛城区 12 千米。镇域面积 53.77 平方千米，集镇建成区面积 1 平方千米。辖 6 个行政村，2 个社区。2017 年，全镇户籍人口 1.13 万人，常住人口 0.68 万人，其中非农业人口 0.43 万人。丛林镇耕地面积 1391.34 公顷，其中平地面积 32.77 公顷，梯田面积 397.21 公顷，坡地面积 961.36 公顷。全镇林地面积 3178.67 公顷，森林覆盖率 57%，树种以松、杉为主，树龄在 150 年以上的丁香、麻柳、枫香、香樟等古树 11 棵。丛林镇矿产资源丰富，且储量大、品位高，主要有煤、硫铁矿、萤石、白云石、高岭土等。境内有誉为“万盛生命工程”的白龙湖（汤家沟）水库和大型溶洞磨子洞，洞内面积约 8 万平方米；有万盛首个国家级重点文物保护单位“海孔洞”和 7.9 万平方米保存完整的“三线建设”遗址群。

【经济发展】　2017 年，全镇地区生产总值完成 4.8 亿元，比上年增长 28.4%；规模以上工业总产值 10.73 亿元，增长 18.5%；社会消费品零售额 3759 万元，增长 13.7%；批发和零售业商品销售额 1.87 亿元，增长 9.7%；住宿和餐饮业营业收入 3878 万元，增长 21.6%；农村经济总收入完成 6.9 亿元，增长 6.5%；农村常住居民人均可支配收入 1.33 万元，增长 9.95%。工业方面。全年，全镇发展规模以上企业 4 家。重庆万创无缝钢管制造有限公司年产钢管 4 万吨，产值近 5.4 亿元；重庆玉囤矿业有限公司年产钙化物 6 万吨，产值近 2.4 亿元；重庆永润矿业有限公司年产硫精砂 28 万吨、低热值煤 65 万吨、铝精粉 9 万吨，产值近 1.6 亿元；中色年产 3000 吨永磁材料项目一期厂房建设完成，项目全面投产后，产值约 10 亿元。农业方面。华绿食用菌工厂化项目工厂钢架结构完成 80%；菌棒厂完成生活用房建设，生产用房建设完成 70%。蜜柚产业。全镇发展蜜柚 133.33 公顷，其中 53.33 公顷实现挂果，年产蜜柚 400 吨，实现产值 320 万元。旅游业方面。丛林菌谷景区建成投用，带动观音寺农民新村、绿水村果园山等乡村旅游快速发展。全年乡村旅游承接游客 15.3 万人次，旅游收入 1586 万元。

【社会事务】　扶贫攻坚工作。针对全镇 235 户、668 人扶贫对象制定帮扶措施和帮扶计划，完成 120 户、451 人的巩固脱贫任务，完成 93 户、174 人脱贫任务。累计投入资金 785 万元，对国家级贫困村实施食用菌、蜜柚两大主导产业的扶持。民生保障。实现城镇新增就业 718 人，新增创业主体 74 户，分别完成区下达目标任务 247%、106%。开发公益性岗位 110 个，帮扶就业困难人员、关闭煤矿失业人员实现就业 168 人。城镇登记失业率 1.65%。城乡居民养老保险参保和城乡居民医疗保险参保分别为 4126 人、9537 人，基本实现全覆盖。开展贫困人员社会救助工作，发放各类民政救助资金 443 万元，涉及 16983 人次，投入 25 万元，改造镇敬老院。开通集镇—黑山八角、集镇—绿水—白龙湖公交车。教育文化体育事业方面。全年资助家庭贫困大学生 19 人，发放资助金 3.10 万元。完善综合文化站免费开放运行机制，完成万盛经开区文化馆、图书馆丛林镇分馆和海孔村分馆建设。组织文体活动 48 场次，举办丛林镇第三届全民健身运动会；新增健身广场 3000 平方米，投放健身器材 100 余件。九一一社区健身点申报为市级社区健身点，丛林镇市民公园、丛林河亲水步道、绿水—晋林登山步道建成投用。采煤沉陷治理。投资 1.3 亿元，完成采煤沉陷区受损农房货币安置 423 户，安置受损农房 63 户，完成 A、B 级房屋维修加固治理 532 户，拆除 C、D 级危房 472 户。地质灾害防控。落实地灾防治工作责任，签订目标责任书，明确地质灾害专管员，配齐配强监测工具，建立信息预警平台，夯实群测群防机制，开展地质灾害应急演练，确保群众生命财产安全。医疗卫生工作。投入资金300万元，对全镇6个村（社区）医疗卫生服务室（服务站）及镇卫生院进行标准化建设。建立居民健康档案1.14万份，免费体检1459人次，家庭医生签约8991人。

【城镇建设】 道路交通。从黑公路丛林段全面建成通车。“一环三纵四横”丛林菌谷旅游交通网络基本建成，新建3条旅游环线配套公路9千米，扩宽6条镇内主要通道21千米，油化公路30千米，新建桥梁4座。完成3条农村公路硬化8千米。启动一批重点项目配套公路建设，其中，“记忆157”项目新建2条公路3.8千米，顺安爆破项目改扩建2条公路7.9千米，华绿项目新建2条公路2.2千米。基础设施建设。投资442万元，开展农村保洁，聘请87名专职环卫人员定人定岗定时巡逻保洁。投资65万元，新添置垃圾箱3200个、垃圾转运车1辆，更换人行道板500米。投资602万元，新建市民公园1个、公厕5座、停车位35个，对2万多平方米集镇房屋外立面进行清洗，统一规范店招店牌900平方米，新增集镇绿化面积4000平方米。投资400万元，打造绿水长五间、水井湾和小竹林乡村环境美化示范点；完成农村卫生厕所改造214户。

（王　涵）

【丛林鲜菇】 丛林鲜菇生长在丛林镇平均海拔600米~650米，植被茂盛，气候温润地带，产出的鲜菇外观饱满，肉质肥厚，香味浓郁，富含氨基酸和维生素。20世纪90年代丛林镇开始种植鲜菇，经过近30年的发展，现有鲜菇种植大户16家，年产鲜菇3000吨。种类涵盖金针菇、香菇、海鲜菇、平菇、袖珍菇、姬菇、榆黄菇、灵芝等7个品种。2016年重庆鲜菇坊生物科技有限公司和西南地区最大的金针菇工厂化生产企业重庆华绿生物公司启动建设，2017年完成厂房建设，形成年产金针菇5万吨、年产菌棒1000万棒的产业集群，鲜菇产品远销至江苏、湖南、湖北、云南、贵州等地，年产值达6亿元。

重庆华绿生物有限公司厂房

（丛林镇　供）

金　桥　镇

【概况】 金桥镇位于万盛经开区北部，东与南川区石莲乡和丛林镇相邻，南与万东镇、南桐镇交界，西与永城镇接壤，北与隆盛镇相连，距万盛城区约18千米。全镇面积65.22平方千米，耕地面积2773.93公顷，林地面积2541.33公顷。金桥镇下辖金堰、星河、新木、马头桥、青山、三台6个行政村和金灵1个社区，含47个村民小组、5个居民小组。2017年年末，全镇有户籍人口1.79万人，常住人口1.12万人，全年出生婴儿188人，符合政策生育率98.9%。全镇有基层党组织18个、党员557人。镇境探明矿产资源有烟煤、沙石、水泥黏土、耐火黏土等；土壤以紫色土为主，土壤肥力高；水资源丰富，有孝子河、养生河、五布河、楠木河4条河流，有水库7座，其中青山湖水库为中型水库，金桥水库为小（一）型水库，大堰、大炉井、河扁、丰岩沟、仙桃湾水库为小（二）型水库，青山湖湿地公园为国家级湿地公园；乡村旅游资源有流水岩瀑布、崖墓、子如陵园等。金桥镇是全国造林绿化百佳乡镇、中国民间文化艺术之乡。

【经济发展】 2017年，全镇地区生产总值4.3亿元，比上年增长13.08%；规模以上工业总产值3.65亿元，增长10.8%；全社会固定资产投资2.98亿元，增长92.26%；在地建筑业总产值7000万元，增长582.93%；社会消费品零售总额5500万元，增长32.75%；批发和零售业商品销售额 2.83 亿元，增长 34.99%；住宿和餐饮业零售额 1440 万元；农村居民人均可支配收入 1.51 万元，增长 11%。新培育和引进企业 96 家，总注册资金 2.98 亿元，增长 9.96%，其中吸引镇外投资企业 37 家，注册资金 2.84 亿元；培育发展镇内个体工商户和企业 59 家，注册资金 1400 万元。

三台村公路

（金桥镇　供）

【社会事务】　全年开展扶贫宣传活动 30 余场次，印发扶贫宣传资料 3000 余份，募集扶贫资金 1.2 万余元，走访、慰问、帮扶困难群众 1000 余户次、发放慰问金 23 万元；推进三台村整村脱贫，建设完成扶贫公路 7.9 千米，修建经果林生产便道 5.8 千米、红岩社人行便道 3.5 千米，全年巩固脱贫 360 户 1412 人，全年为 22 户创业实体提供创业担保贷款 220 万元，实现创收 85 余万元；为 71 名就业困难人员参加灵活就业社保，补贴 20 余万元；为 42 人申办公益性岗位社保补贴 12.8 万元、岗位补贴 21.2 万元；全年实现新增创业人员 84 人、就业人员 556 人，其中建卡贫困户创业就业人数达 342 人。全年新增城乡居民养老保险 109 人，完成指纹信息验证 3340 人，征缴社会养老保险 121 万元，全年参加城乡居民医疗保险 1.53 万人、参保率 98.3%，全年发放各类惠民资金 547.89 万元，惠及全镇 970 户、1800 人次；救助各类弱势群体 597 户、1395 人，发放困难群体慰问金 10.72 万元、残疾人生活护理补贴 8.6 万元、高龄老人补贴 67.43 万元、救灾衣被 396 件、大米 6 吨，救助困难学生 21 人，发放助学资金 5.6 万元；救助因灾倒房群众 9 户，发放恢复重建资金 43.6 万元；全年新增农村部分计划生育奖励扶助对象 36 人，新增特别扶助对象 3 人，开展育龄妇女“两癌”筛查 600 余人、孕前优生健康检查 33 对、健康体检 1837 人，完成家庭医生签约 2897 户、9397 人，发放各类奖励优待及补助资金 65.5 万元。辖区内有中小学校 3 所，在校教师 93 人、中小学生 433 人。全年开展各类培训活动和讲座 20 余场次，开办暑期关爱班 3 期，关爱中小学生 400 余人次。安全工作。全年调解处理矛盾纠纷 368 件，调解成功率 98.6%；信访受理办结 184 人（件）次、办结率 100%。开展治安巡逻 1269 人次，治安隐患排查整改率达 94.4%。全镇群众安全感指数达到 98%、满意度达到 99.2%。开展森林防火巡查 2000 余次，全年开展安全检查 1164 人次，隐患排查整改率达 100%，荣获全区“安全生产万里行”优秀组织单位称号。全镇实现安全生产“零死亡”目标。

交通安全检查

（金桥镇　供）

【城镇建设】　全年新建通达公路 5.5 千米，建成通畅公路 25 千米，新安装公路防护栏 6 千米，养护公路 70 千米，增设公交站点 76 个，新修生产便道 18.45 千米、人行便道 28.5 千米。完成金子山应急供水工程建设和青山湖水厂前期征地工作，于 2018 年 1 月开工建设。全线接通万盛至金桥天然气进村工程主管道，至年末，实现青山片区天然气入户 92 户。完成青山湖张三塘人行天桥架设、仙桃湾水库整治和除险加固工程。对金桥农贸市场摊位、地面实施靓化，新安装青山场镇护栏50米、路灯20盏。

金桥市场摊位靓化

（金桥镇　供）

尚古村落开园

（金桥镇　供）

【乡村建设】　全年落实保洁清扫人员和垃圾回收人员37人，购置分类回收垃圾桶900个、垃圾袋7万个、常用保洁工具150套，配套完善垃圾中转站2个，增设村级废旧物资回收点3个，出动清运车辆2000余车次，转运垃圾1200余吨，实现农村垃圾“社收集、村集中、镇转运、区处理”新模式。完成青山老马冲民俗风貌改造和青山湖周边30余户农家乐环境靓化改造，安装太阳能路灯176盏。全年新建旅游公厕10座，完成农村改厕340座。全年完成C、D级危房改造15户，评选挂牌美丽庭院56户，规范农房建设85户，审批农房建筑面积1.7万平方米。新增场镇污水管网1.2千米，建成一体化污水处理设施15套，日处理污水280吨。整合资金6000余万元成功打造青山湖尚古村落景区，建成孔雀观赏园、重庆最美紫色花海、农耕文化展览园、黄家大院等景观景点20余处，自5月28日开园到年末，累计接待游客27万余人次。协助承办青山湖国际跑步节、自行车环湖骑行赛等大型赛事活动，吸引国内外3000余名选手参赛，带动4万余名游客观赛、休闲、游玩。引进重庆著名民宿“11居”，新培育发展特色农家乐34家，全年实现民宿旅游收入200万元。全年全镇景区景点接待游客130万人次，比上年增长26.21%；旅游综合收入1.35亿元，增长31.09%；带动周边农民就近就业100余人，农户月均增收2000余元。完善青山名优蔬菜基地配套设施，孔雀、生态鱼、淡水虾等养殖产业和优质水稻、生态蔬菜、特色经果等种植产业不断壮大，“金灵青山萝卜”荣获国家地理商标认证，“夜郎贡米”通过国家有机米认证。全年新发展专业合作社种植户和农技推广指导科技示范户64户，种植优质水稻666.67余公顷，种植樱桃、脆红李、蜜柚等特色经果林333.33余公顷，规模化种植食用菌13.33余公顷，养殖孔雀1000余只，发展生态鱼、淡水虾养殖30余公顷，全年特色种植、养殖产业6000余万元。

（周　宇）

夜郎贡米生产基地

（金桥镇　供）

石 林 镇

【概况】　石林镇地处万盛经开区东南部，距万盛城区 17 千米，距重庆主城区 97 千米。全镇南北长 15 千米，东西宽 9 千米，东与贵州省桐梓县羊磴镇毗邻，西与青年镇、南桐镇相连，北与万东镇、黑山镇相接。面积 93.77 平方千米，其中耕地面积 18.6 平方千米，林地面积 66.53 平方千米，镇建成区面积 1.7 平方千米。全镇户籍人口 1.15 万人，其中农业人口 1.07 万人、非农业人口 812 人，人口密度为 122 人/平方千米；常住人口 8309 人、流动人口 5291 人，全镇辖 2 个社区、8 个村和 7 个居民小组、49 个村民小组，政府驻地在两河口社区。辖区内有中国最古老的石林——国家 AAAAA 级旅游景区龙鳞石海和奥陶纪公园旅游景区，建有“百花美丽山乡”旅游休闲度假基地和南天门旅游度假区，以及南天门“冰雪世界”等景点。

石林场镇全景鸟瞰图

（石林镇　供）

【经济发展】　2017 年，石林镇总值 3.19 亿元，比上年降低 15.2%。其中第一、二、三产业增加值分别是 9040 万元、12897 万元、9977 万元，第一、三产业分别增长 3%、9.5%，第二产业比上年降低 34.5%。全年农林牧渔业总产值 9040 万元，比上年增长 3%。农业收入 4173 万元，增长 4.9%。林业收入 497 万元，增长 1.02%；牧业收入 2472 万元，增长 2.79%；渔业收入 134 万元。粮食产量 5295 吨，其中水稻产量 2239 吨，增长 9.2%；蔬菜产量 17404 吨，增长 15%；油料产量 21 吨，增长 22%；茶叶 85 吨，增长 0%；水产品 42 吨；肉类产量 1428.62 吨；禽蛋产量 25 吨；生猪出栏 13124 头，增长 1.07%。全年工业总产值 9416 万元，比上年降低 53.5%。全年完成社会固定资产投资 3282 万元；社会消费品零售总额情况；全年社会消费品零售额 98554 万元，比上年增长 18%。石林镇有城乡集市数 1 个；集市贸易额 3778 万元，比上年张张 6.7%。批发零售贸易业 21355 万元，增长 118.5%；住宿餐饮业 4290 万元，增长 25.2%。全年引进异地企业 42 家，利用区外资金 2025 万元。全镇外出劳动力 3064 人，比上年减少 1.22%。2017 年全镇农村居民人均可支配收入 11533 元，比上年增长 8.9%。中小企业完成总收入 5.61 亿元，增长 10.65%，利润总额 3389 万元，增加 3.85%，财政收入 1762 万元。

【社会事务】　教育工作。全年投入资金 30 万元，配齐中小学音、体、美、卫、综合实践、科技活动等六大功能室，中小学生入学率 100%，义务教育巩固率 100%；建设 2 个关爱平台，促进学生健康成长；妥善解决石林镇中小学教师失业保险欠缴问题。文体工作。建成 1500 平方米红苗文化广场和综合文化服务中心，完善文体服务设施，各类文体设施均免费开放；举办“魅力石林·醉美家乡”石林镇专场文艺演出等 18 场；组织文化上山服务，推进“文旅融合”；举办石林镇第三届全民健身运动会，组织参加区、镇两级体育赛事 22 次；新增公共体育场地 4000 平方米，新建健身步道 8000 米，安装健身器材 40 套，人均体育场地面积 2.94 平方米。卫生工作。推动家庭医生签约服务，完成签约 7149 人，建立城乡居民健康档案 9850 余份，建档率 100%；改造和完善 8 个村卫生室；投入资金 295 万元，启动石林卫生院改扩建。安全生产工作。全年开展安全集中宣传 13 次，发放安全常识手册 6400 余份，组织开展各类安全执法检查 70 余次，派出检查人员 1972 人次，检查生产经营单位、场所 1430 个次；累计排查各类安全隐患 701 条，投入治理资金 800 余万元，隐患治理率达 100%；加强“一村一室”消防建设，创建两河口社区、白花社区微型消防站。全镇未发生较大以上安全事故。社会保障。落实资金 490 万元，保障 615 名城乡困

群众在新建的红苗文化广场上载歌载舞

（石林镇　供）

难群众基本生活，帮扶520名城乡困难群众度过难关。居民养老保险参保5379人，居民医疗保险参保9535人，参保覆盖率分别为98.5%、96.7%。组织创业就业培训250人次，实现城镇新增就业496人，劳动力转移就业343人，新增创业120人，成功创建区级充分就业镇。

【城镇建设】　重点项目。总投资2115万元，完成龙涎瀑布、两河口社区便民服务中心、红苗文化广场、场镇生态停车场和绕场镇公路油化、白花度假区和南天雪乡基础设施提升改造等13个重点项目建设。保障鲤鱼河引水、观音寺提水、旅游环线公路扩建、龙鳞石海景区和奥陶纪公园提升改造等区级重点项目的实施；启动石林卫生院提升改造，老年养护中心建设、刘家河治理及刘家河水库建设前期准备工作。基础设施。投资2.6亿元，新建和扩宽公路干线53千米。投资330万元加快水利设施建设，新建蓄水池6口，整治修复山坪塘2口；白花片区铺设应急供水管网5000米，安装应急供水消防栓10个；启动茶园水厂提升改造；加快通信设施建设，各村（社区）光纤通达率100%。启动“天然气进村”工程，铺设天然气管道6.6千米，集镇及周边226户群众用上天然气。完成轮子坡—猪行、猪行—黄家田、猪行—板辽、猪行—九锅箐4条旅游公路扩宽改造，景区景点通公交率达100%。完善景区配套功能，修复白花度假区老旧污水管网1500米，新建了一批农贸市场、停车场、公交停车港，安装路灯、休闲座椅等；扎实推进“厕所革命”，投入188万元新建旅游厕所5座。建成中高端民宿1个，新增农家乐30户。完成家庭医生工作室升级改造，提高度假区公共卫生服务水平。

【乡村建设】　开展农村环境综合整治，新建6个有动力污水处理设施；全年农村生活垃圾日常清运处理总量达1300余吨，农村生活垃圾有效治理率达100%，农村生活垃圾分类率达70%。投资33.8万元完成卫生改厕169户，农村卫生厕所普及率达76.9%。改善农村居住条件，落实经费195.6万元，完成农户因灾倒房重建40户；发放地灾搬迁补助190万元，完成地灾搬迁117人。新建“一事一议”人行便道5300米，引水渠

公路建设

（石林镇　供）

1550米，入户便道678米。投入资金180万元，完成新一轮退耕还林建设任务，新造林217.13公顷。

（李　桃　刘　琴）

黑　山　镇

【概况】　黑山镇地处大娄山余脉，四川盆地边缘，位于万盛经开区东南部，与贵州省桐梓县狮溪镇、羊磴镇和南川区南坪镇、金山镇接壤，全镇面积98平方千米，辖4个行政村，2个社区，25个村民小组，户籍人口1.02万人，常住人口1.2万余人。境内属亚热带湿润季风气候区，气候温和、降雨充沛，常年平均气温14.5℃，夏季平均气温22.1℃。镇域森林覆盖率83.3%，繁衍着银杉、珙桐、红豆杉等国家一、二级保护植物在内的1800多种植物；有黑叶猴、红腹锦鸡、穿山甲、玉锦蛇等珍稀动物330余种，被誉为“渝黔生物基因库”。境内旅游公路24条，总里程逾100千米，交通内联外畅。镇域内有黑山谷AAAAA级景区、青年汇巅峰乐园和百花谷等景区景点20余处、公园10座、健身骑行步道40余千米。黑山旅游度假区内水、电、气、通信等基础配套功能完善。黑山镇创建全国重点镇、全国特色景观旅游名镇、全国休闲农业与乡村旅游示范点，被评为重庆市最佳休闲小城镇。黑山谷景区连续多年荣登“巴渝十二景”。

【经济发展】　黑山镇全年地区生产总值5.1亿元，比上年增长10.8%；完成规模以上工业总产值3.7亿元，增长18.5%；社会固定资产投资9.8亿元，增长18.3%；农民人均纯收入11977元，增长9.1%；建筑业产值3021万元，完目标任务的180.7%；社会消费品零售总额8011万元，增长12.1%；批发零售总额5981万元，增长28.3%；住宿餐饮营业收入1.04亿元，增长22.1%。镇公共财政预算收入184.9万元。实际利用区外资金1600万，引进能婴书院改造新场小学为半山雅集高端民宿、引进重庆思善源农业有限公司养殖三文鱼；引进重庆立晶商贸有限公司投资约300万元，打造林口高端民宿；引进重庆谷中明商贸有限公司、重庆宜莱酒店经营管理有限公司、重庆耀莱酒店管理有限公司、淘电子商务有限公司等4家商贸企业。完成R&D（指科学技术领域，为增加知识总量（包括人类文化和社会知识的总量），以及运用这些知识去创造新的应用进行的系统的创造性的活动，包括基础研究、应用研究、试验发展三类活动）规上企业投入150万元；完成R&D规下科技型企业投入200万元；2017年末，全区有科技型企业有5家，发明专利10件。

【社会事务】　提升改造运动医院，打造鱼子村便民服务中心、天星村便民服务中心；公共体育设施免费开放率100%。开展服务进景区、进小区、进村社活动，开展宪法宣传、计划生育、医疗服务、社会保障宣讲等服务活动30余场次。开展道路交通、食品药品、非煤矿山、危化品安全等重点领域和行业的安全生产大排查、大整治、大执法专项行动，检查企业和单位174家次，查出安全隐患问题274条，完成整改273条；加大公路巡查力度，扣押“无牌无证”摩托车87辆，并处罚金5.3万元；常态化开展村社、社区日常治安巡逻，畅通群众信访渠道，办理群众信访事项34件，信访事项受理办结率100%。全年安全指数全区第二。新建镇综合文化站1个，改建镇敬老院，设立公立幼儿园2个。完成辖区136户、516人贫困人口的建档立卡，并制定有效帮扶措施。设置公益性岗位20个，新增创业就业人员561人；完成小额贷款初审38人、380万元。发放各类救助和补贴累计210万元。医保缴费9128人、122.34万元；养老保险缴费3587人、35.7万元；完成8018人家庭医生签约服务，民生福祉得到全面保障。

【城镇建设】　辖区社会秩序规范。对管理区域内店外经营、乱堆乱放、乱牵乱挂等违规行为进行整治，清理违章占道经营700余起，乱堆、乱放杂物300余起，清理整改户外店招店牌80余个；拆除清理违建工棚、猕猴桃管理棚108个、1500平方米，拆除小区违法建筑36户、1748平方米；查处扬尘污染、乱倾乱倒违法行为20余起，道路扬尘污染得到有效整治；开展联合执法

60余次，整改不诚信经营、欺客宰客30余户。交通安全劝导站4处，路检路查80余次，检查车辆2000余台。夏、秋旺季每天3次，春、冬淡季每天2次对黑山谷旅游度假区内道路、人行道、骑行步道、停车场和边沟等39.2万平方米范围进行冲洗，清理火尖山公园土石方600立方；更换市政管网井盖348个、排水水篦子172块，消防栓刷漆64个，安装垃圾桶120个，清扫保洁面积达到76.86万平方米。

黑山镇与黑山旅游度假区管委会合署办公，黑山旅游度假区管委会职能职责进一步明确，区相关部门管理权限下放得到有效承接。投资6752万元，实施老黑山至狮子槽等6条公路建设。投资727万元，完成车行系统标准化建设，安装红绿灯系统、电子警察抓拍器等设施。投资166万元，完成人行导视标准化建设，安装精神堡垒3块、人行导向牌42块。投资102万元，完成标准化厕所革命，新建3座，改建2座，均具备第三卫生间及热水服务功能。建成全市首条荧光健身步道，建成八角小城环线8千米健身绿道，辖区慢行系统逐步完善。投资1323万元，新增草坪、街头绿地18万平方米，管护绿化37.6万平方米。投资566万元，在南门、北门、1098美食天地建成78个风情小木屋，业主经营场所得到规范和美化，度假区商业氛围日益浓厚。投资490万元，完成9个重要节点灯饰装配，安装路灯414套，度假区夜间照明及夜景亮化效果显著。实现黑山谷旅游度假区核心区域免费WiFi全覆盖，整改WiFi盲点23个；完成八角智慧小镇69套路灯WiFi验收和交接；完成度假区内通信线路杆线搬迁和规范。建成停车位2522个，其中生态停车位1077个。打造星级农家乐、主题酒店、特色民宿、低碳环保度假酒店180家，形成多层次接待服务体系。

《黑山镇总体规划》编制初步完成，启动《鱼子村、天星村村域现状分析及规划指引》。按照北欧风情小镇理念，启动《八角小城城市设计》等规划设计，完善黑山旅游度假区总体规划、控制性规划，为黑山谷旅游度假区建设、优化现代农业园区、建设旅游交通网络、推动城乡统筹等提供重要基础和依据，形成“一心两廊三区四组团”空间发展格局。建成青年汇巅峰乐园、黑山谷露营基地、百花谷、黑山菜园、灵官殿等全域旅游观景点和乡村旅游接待点20余处。鱼子岗旅游度假区征地69公顷，拆除房屋69户；助推鱼子水庄项目民宿改造、服务中心建设；协助完成鱼子村委会瀑布及石塑造型；完成野猫沟栈道、银昌沟栈道等体验项目混凝土浇筑；协助推进十里河滩的鱼子水涧、鱼子水苑、鱼子林泽、鱼子水田等工程项目建设；景星大道、鱼子大道、梧桐路、石冥路等道路建设有序推进。天星民宿村打造、农户前庭后院院落整治、入户便道、公路硬化等全面完成。

【乡村建设】 建成投用10套污水处理设施（累计建成27套），累计建成集污管网60千米，示范区农户生产生活污水基本实现统一集中处理；完成农村户改厕132户。打造“开心农场”微菜园70亩，成功申报创建改善农村人居环境市级示范片项目，美丽宜居示范村庄项目2个、绿色村庄项目1个。投入资金700万元，在南门新建水肥一体化微喷灌猕猴桃基地23.33公顷。新建路带沟、水沟6.1千米。恢复引水渠3.4千米，新铺设饮水管网5.4千米。投入60万元，对鱼子村5个村民组、417户管网延伸21.4千米；天星供水站引水工程新铺设管网3千米。投入资金460万元，完成黑山现代农业园区景观建设项目，新建景观亭、观景平台8处。完成“一事一议”财政奖补项目资金140万元，修建健身步道15千米。投入资金20.8万元，完成14户、D级危房改造，基本消除存量农村D级危房。全镇森林覆盖率稳定在83.3%，黑山谷景区及旅游度假区森林覆盖率高达97%。封山育林86.67公顷通过阶段性验收，抚育笋山1333.33公顷；设立森林防火检查哨卡14处，森林防火巡逻执法检查200余次，查处制止野外违规用火10次，对一公司违规用火处以罚金5000元。

（黑山镇办公室）

青年镇湛家村

（区新闻中心　供）

光荣榜

光荣榜

2017年先进集体名录

一、国家级表彰

表5－1－1

获奖单位	获奖名称	授奖单位	获奖时间
万盛经开区	国家体育产业示范基地	国家体育总局	2017年1月
万盛区顺达公路开发有限责任公司工程部	全国工人先锋号	全国总工会	2017年4月
万盛经开区	国家体育旅游精品赛事	国家旅游局、国家体育总局	2017年6月
重庆市第四十九中学校	全国中华魂（遵纪守法 从我做起）主题教育活动先进集体奖	中国关心下一代工作委员会 教育部关心下一代工作委员会 全国中华魂主题教育活动组织委员会	2017年7月
重庆市第四十九中学校	第三届关爱明天、普法先行——青少年普法教育活动中获零犯罪学校	中国关心下一代工作委员会 中华人民共和国司法部 中央社会治安综合治理委员会办公室	2017年8月
黑山谷观光车队	全国工人先锋号	全国总工会	2017年8月
万盛经开区安监局	2017年全国安全生产月和安全生产万里行活动先进单位	国务院安委会办公室	2017年10月
万盛经开区图书馆	2017年全国少年儿童阅读年系列活动——全国亲子绘本阅读推广月二等奖	中国图书馆学会	2017年11月
万盛经开区图书馆	2017年全国少年儿童阅读年系列活动——全国少年儿童电子绘本创作大赛优秀组织奖	中国图书馆学会	2017年11月
青年镇堡堂村	第五届全国文明村镇	中央文明办	2017年11月

续表 5－1－2

获奖单位	获奖名称	授奖单位	获奖时间
万盛经开区地税局	全国文明单位（复查合格）	中央精神文明建设指导委员会	2017 年 11 月
万盛经开区图书馆	2017 年全国少年儿童阅读年活动优秀组织奖优秀组织奖	中国图书馆学会	2017 年 12 月
重庆万盛“体育＋”整合发展模式	2017 年民生示范工程	中国民生发展论坛组委会	2017 年 12 月
万盛经开区图书馆	全国文明单位	中央精神文明建设指导委员会	2017 年

二、重庆市表彰

表 5－2－1

获奖单位	获奖名称	授奖单位	获奖时间
九一一社区	重庆市优秀妇女之家	重庆市妇女联合会	2017 年 3 月
万盛经开区办税服务厅	重庆五一巾帼标兵岗	重庆市总工会	2017 年 3 月
重庆万盛旅业（集团）有限公司	重庆市先进女职工组织	重庆市总工会	2017 年 3 月
万盛经开区平山产业园区	重庆市特色产业（消防安全装备）建设基地	重庆市经济和信息化委员会	2017 年 3 月
万盛经开区信访办	全市信访工作先进集体	重庆市委市政府	2017 年 5 月
万盛经开区博物馆	重庆市公共文化设施开展志愿服务首批示范单位	重庆市文明办	2017 年 5 月
重庆市质监局万盛经开区分局党支部	全市质监系统先进基层党组织	中共重庆市质量技术监督局党组	2017 年 6 月
重庆市质监局万盛经开区分局质量科（标准化科）	全市质监系统党员示范岗	中共重庆市质量技术监督局党组	2017 年 6 月
万盛经开区商务局	2017 年重庆夜市文化节组织奖	重庆市商务委员会	2017 年 9 月
万盛经开区图书馆	重庆市第九届红岩少年读书活动优秀组织奖	重庆市全民阅读活动办公室	2017 年 10 月
万盛经开区交通局	优秀通联站	重庆市公路局	2017 年 11 月
万盛经开区教育局	《新常态下实施区域精致教育改革试点》项目获重庆市教育改革试点成果二等奖	重庆市教委	2017 年 11 月
万盛经开区教育局	《中小学党组织管理体制及作用发挥机制创新改革试点》项目获重庆市教育改革试点成果三等奖	重庆市教委	2017 年 11 月
丛林镇	重庆市最美风情小镇	重庆市广播电视集团	2017 年 11 月

续表 5－2－2

获奖单位	获奖名称	授奖单位	获奖时间
东林税务所	市级青年文明号（新创建）	重庆市地方税务局 共青团重庆市委	2017 年 11 月
万盛经开区地税局	市级卫生单位	重庆市爱国卫生运动委员会	2017 年 11 月
万盛经开区党工委政法委	全市维稳安保工作先进集体	重庆市人社局	2017 年 12 月
万盛经开区规划局	重庆市区县优秀规划设计及实施项目（规划设计类）二等奖	重庆市规划局	2017 年 12 月
万盛经开区规划局	重庆市区县优秀规划设计及实施项目（规划实施类）二等奖	重庆市规划局	2017 年 12 月
万盛经开区农林局	重庆五一劳动奖状	重庆市总工会	2017 年 12 月
万盛经开区图书馆	2017 年第二届知网杯我爱重庆少儿数字阅读知识竞赛优秀组织奖	重庆市全民阅读办公室	2017 年 12 月
万盛经开区图书馆	寻找最美朗读者重庆市首届诵读大赛优秀组织奖	重庆市全民阅读活动办公室	2017 年 12 月
丛林镇	重庆市标准化气象灾害防御乡镇	重庆市气象局	2017 年 12 月

三、万盛经开区表彰

表 5－3

获奖单位	获奖名称	授奖单位	获奖时间
万盛街道志愿服务总队	万盛经开区优秀志愿服务组织	万盛经开区党工委、管委会	2017 年 4 月
东林街道清溪桥社区志愿服务大队	万盛经开区优秀志愿服务组织	万盛经开区党工委、管委会	2017 年 4 月
万东镇塔山社区志愿服务大队	万盛经开区优秀志愿服务组织	万盛经开区党工委、管委会	2017 年 4 月
南桐镇八〇一社区志愿服务大队	万盛经开区优秀志愿服务组织	万盛经开区党工委、管委会	2017 年 4 月
万盛经开区阳光课堂教师志愿服务队万盛小学分队	万盛经开区优秀志愿服务组织	万盛经开区党工委、管委会	2017 年 4 月
万盛经开区文明交通志愿服务队	万盛经开区优秀志愿服务组织	万盛经开区党工委、管委会	2017 年 4 月
万盛经开区医疗卫生志愿服务队人民医院分队	万盛经开区优秀志愿服务组织	万盛经开区党工委、管委会	2017 年 4 月
万盛经开区黑山谷旅游志愿服务队	万盛经开区优秀志愿服务组织	万盛经开区党工委、管委会	2017 年 4 月
万盛经开区“好体育人”志愿服务队	万盛经开区优秀志愿服务组织	万盛经开区党工委、管委会	2017 年 4 月
万盛经开区青年志愿者协会	万盛经开区优秀志愿服务组织	万盛经开区党工委、管委会	2017 年 4 月

2017年先进个人名录

一、国家级表彰

表5－4

姓　名	单位	获奖名称	授奖单位	获奖时间
陈　圆	万盛经开区图书馆	2017年全国少年儿童阅读年活动优秀组织个人	中国图书馆学会	2017年12月
揭圣贵	万盛经开区工商联	辉煌历程，砥砺前行主题征文三等奖	中华全国工商业联合会	2017年12月

二、重庆市表彰

表5－5－1

姓　名	单位	获奖名称	授奖单位	获奖时间
王政权	万盛经开区党工委政法委	全市法律援助工作先进个人	重庆市人社局	2017年1月
王永树	万东镇	重庆市动物卫生监督检疫一等奖	重庆市动物卫生监督所	2017年2月
刘登科	青年镇	重庆市基层财政综合知识竞赛先进个人	重庆市财政局	2017年2月
张宗妮	青年镇	重庆市基层财政综合知识竞赛先进个人	重庆市财政局	2017年2月
廖　斌	万盛经开区运管所	2017年春运先进个人	重庆市交通委员会	2017年4月
陈亚莉	万盛经开区体育局	第六届重庆市区县报好新闻奖（评论）一等奖	重庆市新闻工作者协会、重庆市区县报研究会	2017年4月
张有林	重庆市万盛区顺达公路开发有限责任公司	重庆市劳动模范荣誉称号	重庆市总工会	2017年4月
翁玉菊	万盛经开区党工委政法委	全市信访工作先进个人	重庆市政法委	2017年5月
王天伟	万盛经开区民政局	区划地名界限管理工作优秀	重庆市民政局	2017年6月
瞿　进	重庆市质监局万盛经开区分局	全市质监系统优秀党务工作者	中共重庆市质量技术监督局党组	2017年6月
曾凡超	重庆市质监局万盛经开区分局	全市质监系统优秀共产党员	中共重庆市质量技术监督局党组	2017年6月
范小翠	重庆市质监局万盛经开区分局	全市质监系统优秀共产党员	中共重庆市质量技术监督局党组	2017年6月
陈明姝	万盛经开区环保局	优秀网宣员	重庆市环保局	2017年7月

续表 5－5－2

姓　名	单位	获奖名称	授奖单位	获奖时间
张有林	重庆市万盛区顺达公路开发有限责任公司	重庆最美家庭	重庆市委宣传部、市文明办、市妇联	2017 年 7 月
朱玉华	丛林镇白龙湖村	中组部、农业部最美乡村带头人学习中被评为优秀学员	重庆市培训基地	2017 年 7 月
陈亚莉	万盛经开区体育局	2016 年度第二届重庆新闻奖（报纸评论）二等奖	重庆市新闻工作者协会	2017 年 8 月
杜华侨	万盛经开区纪工委	纪检监察系统先进工作者	重庆市纪委监察局	2017 年 9 月
刘　耀	万盛经开区纪工委	嘉奖	重庆市纪委监察局	2017 年 9 月
李　媛	万盛经开区环保局	嘉奖	重庆市纪委、市监察局	2017 年 9 月
杨　杰	万盛经开区发改局	重庆市扶贫开发工作先进个人	重庆市人社局、市扶贫办	2017 年 10 月
陈　圆	万盛经开区图书馆	重庆市第九届红岩少年读书活动绘画大赛先进工作者	重庆市全面阅读活动办公室	2017 年 10 月
康清波	重庆市万盛经济技术开发区国家税务局	全市国税系统营改增先进个人	重庆市国家税务局	2017 年 10 月
黄　彬	重庆市万盛经济技术开发区国家税务局	全市国税系统营改增先进个人	重庆市国家税务局	2017 年 10 月
张　辉	重庆市万盛经济技术开发区国家税务局	全市国税系统信息化工作个人嘉奖	重庆市国家税务局	2017 年 10 月
张　亚	万盛经开区养护所	优秀通讯员	重庆市公路局	2017 年 11 月
李素廷	重庆市第四十九中学校	重庆市第三批中小学学科名师	重庆市教委	2017 年 11 月
郑洪燊	重庆市第四十九中学校	重庆市中小学第九批骨干教师	重庆市教委	2017 年 11 月
史晓云	万盛经开区环保局	先进个人	重庆市环保局	2017 年 11 月
杨　惠	万盛经开区环保局	先进个人	重庆市环保局	2017 年 11 月
鲁洪梅	丛林镇社事办	最美基层民政人	重庆市民政局	2017 年 11 月
付敬良	万盛经开区党工委政法委	全市国家司法考试工作先进个人嘉奖	重庆市司法局	2017 年 12 月
娄　军	万盛经开区环保局	先进个人	重庆市环保局	2017 年 12 月
傅汝栋	万东镇	二等功	重庆市委、市政府	2017 年 12 月
何永芳	重庆万盛旅业（集团）有限公司	2017 年市级最美志愿者称号	重庆市文明办	2017 年 12 月

三、万盛经开区表彰

表5－6－1

姓　名	单位	获奖名称	授奖单位	获奖时间
商利红	万东镇	三等功	万盛经开区党工委、管委会	2017年2月
张怀友家庭	万盛街道江山城社区	万盛经开区文明家庭	万盛经开区党工委、管委会	2017年4月
张少玉家庭	万东镇新华村	万盛经开区文明家庭	万盛经开区党工委、管委会	2017年4月
张绍碧家庭	青年镇堡堂村	万盛经开区文明家庭	万盛经开区党工委、管委会	2017年4月
罗玉洪家庭	金桥镇马头桥村	万盛经开区文明家庭	万盛经开区党工委、管委会	2017年4月
蹇万良家庭	黑山镇南门村	万盛经开区文明家庭	万盛经开区党工委、管委会	2017年4月
石　莉家庭	万盛街道万北一社区	万盛经开区文明家庭	万盛经开区党工委、管委会	2017年4月
李光兰家庭	万盛街道松林社区	万盛经开区文明家庭	万盛经开区党工委、管委会	2017年4月
冉龙梅家庭	万盛街道万新社区	万盛经开区文明家庭	万盛经开区党工委、管委会	2017年4月
潘　帅家庭	万东镇莲池社区	万盛经开区文明家庭	万盛经开区党工委、管委会	2017年4月
吴义芬家庭	万东镇海棠社区	万盛经开区文明家庭	万盛经开区党工委、管委会	2017年4月
王　露	万盛街道志愿服务总队	万盛经开区优秀志愿者	万盛经开区党工委、管委会	2017年4月
柯　兰	万盛街道志愿服务总队	万盛经开区优秀志愿者	万盛经开区党工委、管委会	2017年4月
罗开碧	东林街道志愿服务总队	万盛经开区优秀志愿者	万盛经开区党工委、管委会	2017年4月
傅明伟	东林街道志愿服务总队	万盛经开区优秀志愿者	万盛经开区党工委、管委会	2017年4月
傅春燕	万东镇志愿服务总队	万盛经开区优秀志愿者	万盛经开区党工委、管委会	2017年4月
黄小红	万东镇志愿服务总队	万盛经开区优秀志愿者	万盛经开区党工委、管委会	2017年4月
李家强	南桐镇志愿服务总队	万盛经开区优秀志愿者	万盛经开区党工委、管委会	2017年4月
娄经群	关坝镇志愿服务总队	万盛经开区优秀志愿者	万盛经开区党工委、管委会	2017年4月
李　湘	青年镇志愿服务总队	万盛经开区优秀志愿者	万盛经开区党工委、管委会	2017年4月
喻应华	丛林镇志愿服务总队	万盛经开区优秀志愿者	万盛经开区党工委、管委会	2017年4月
彭　伦	金桥镇志愿服务总队	万盛经开区优秀志愿者	万盛经开区党工委、管委会	2017年4月
杜华鲜	石林镇志愿服务总队	万盛经开区优秀志愿者	万盛经开区党工委、管委会	2017年4月
杨　娅	万盛经开区志愿者协会	万盛经开区优秀志愿者	万盛经开区党工委、管委会	2017年4月
任楠楠	万盛经开区党员义工队国税局分队	万盛经开区优秀志愿者	万盛经开区党工委、管委会	2017年4月
付敬良	万盛经开区法律援助志愿服务队	万盛经开区优秀志愿者	万盛经开区党工委、管委会	2017年4月
周　玻	万盛经开区“阳光课堂”教师志愿服务队中盛小学分队	万盛经开区优秀志愿者	万盛经开区党工委、管委会	2017年4月
徐小玉	万盛经开区“阳光课堂”教师志愿服务队关坝小学分队	万盛经开区优秀志愿者	万盛经开区党工委、管委会	2017年4月

续表 5－6－2

姓　名	单位	获奖名称	授奖单位	获奖时间
梁小兵	万盛经开区文明交通志愿服务队	万盛经开区优秀志愿者	万盛经开区党工委、管委会	2017 年 4 月
莫亚君	万盛经开区农技志愿服务队	万盛经开区优秀志愿者	万盛经开区党工委、管委会	2017 年 4 月
张栌引	万盛经开区商务志愿服务队	万盛经开区优秀志愿者	万盛经开区党工委、管委会	2017 年 4 月
梁　艳	万盛经开区关爱帮扶志愿服务队	万盛经开区优秀志愿者	万盛经开区党工委、管委会	2017 年 4 月
李永珍	万盛经开区洁净家园志愿服务队	万盛经开区优秀志愿者	万盛经开区党工委、管委会	2017 年 4 月
张天阳	万盛经开区文艺志愿服务队	万盛经开区优秀志愿者	万盛经开区党工委、管委会	2017 年 4 月
张　燕	万盛经开区医疗卫生志愿服务队中医院分队	万盛经开区优秀志愿者	万盛经开区党工委、管委会	2017 年 4 月
何永芳	万盛经开区黑山谷旅游志愿服务队	万盛经开区优秀志愿者	万盛经开区党工委、管委会	2017 年 4 月
王朝贵	万盛经开区“好体育人”志愿服务队	万盛经开区优秀志愿者	万盛经开区党工委、管委会	2017 年 4 月
李亿凤	万盛经开区“五一”志愿服务队	万盛经开区优秀志愿者	万盛经开区党工委、管委会	2017 年 4 月
程　曦	万盛经开区青年志愿者协会	万盛经开区优秀志愿者	万盛经开区党工委、管委会	2017 年 4 月
黎　云	万盛经开区巾帼志愿服务队	万盛经开区优秀志愿者	万盛经开区党工委、管委会	2017 年 4 月
雷　鹏	万盛经开区雨露志愿者协会	万盛经开区优秀志愿者	万盛经开区党工委、管委会	2017 年 4 月

说明：区级考核年度优秀不予记载，获奖时间不明确的不予记载，2018 年获奖不予记载

统计资料

统计资料

2017 年重庆市万盛经济技术开发区国民经济和社会发展统计公报

2017 年，万盛经开区党工委、管委会紧扣习近平总书记关于重庆发展的“两点”定位，“两地”“两高”目标和“四个扎实”要求，紧紧围绕资源枯竭城市转型发展主线，牢固树立并贯彻落实高质量发展理念，坚持发展是第一要务、坚持民生优先、坚持城乡一体，推进工业集群化、旅游全域化、城乡一体化，实施全域旅游、全民健身和工业强区战略，加强生态文明、智慧万盛建设，低调务实、少说多干，敢于担当、积极作为，经济保持平稳健康发展，社会保持和谐稳定，各项事业取得新成效。

一、综合

全年实现地区生产总值（GDP）116.38 亿元，按可比价格计算，同比增长 8.1%。按产业分，第一产业增加值 9.2 亿元，增长 3.0%；第二产业增加值 70.03 亿元，增长 9.9%，其中工业增加值 55.83 亿元，增长 10.6%，建筑业增加值 14.2 亿元，增长 7.3%；第三产业增加值 37.14 亿元，增长 6.1%。三次产业对经济增长的贡献率依次为 3.0%、72.5% 和 24.5%，其中工业、建筑业、商贸贡献突出，分别为 61.4%、11.1% 和 18.3%。三次产业结构比为 7.9:60.2:31.9，分别较上年下降 0.8 个、提高 2.3 个、下降 1.5 个百分点。

单位：亿元、%

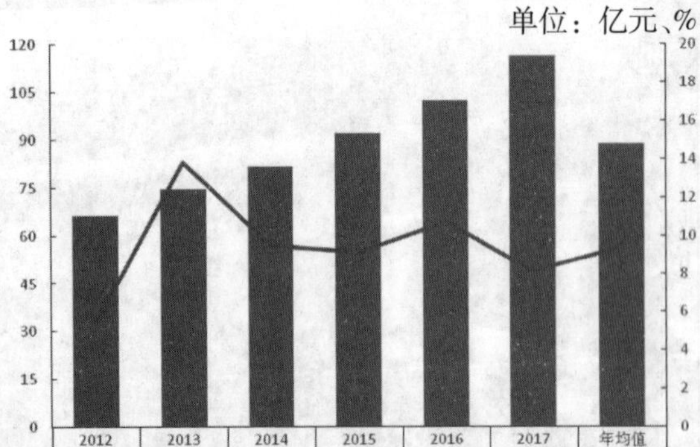

	2012	2013	2014	2015	2016	2017	年均值
GDP	66.35	74.62	81.54	92.06	102.21	116.38	88.86
增速	5.4	13.8	9.5	9.1	10.7	8.1	9.4

图 1　2012—2017 年地区生产总值及增速图

按常住人口计算，全区人均地区生产总值达到 42904 元（6354 美元），同比增长 7.1%。

单位：元、%

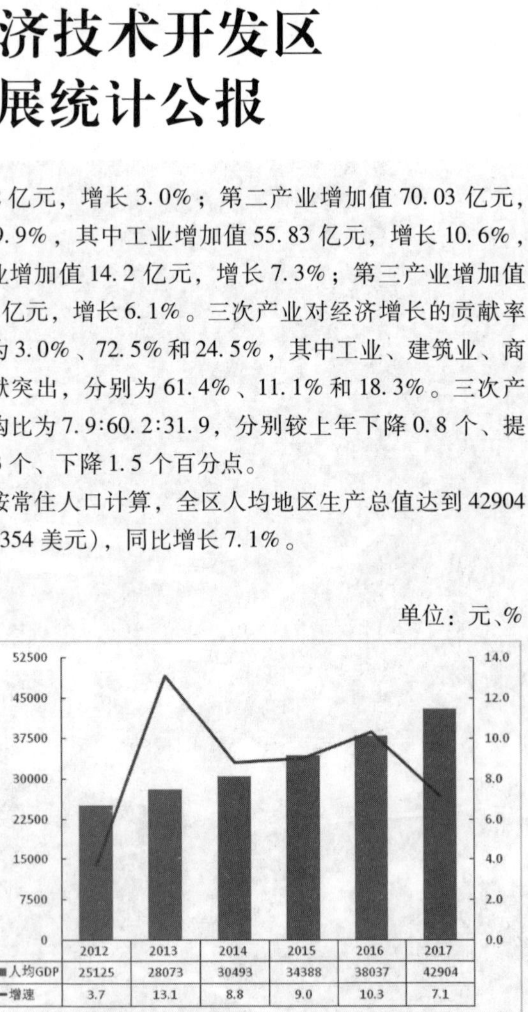

	2012	2013	2014	2015	2016	2017
人均GDP	25125	28073	30493	34388	38037	42904
增速	3.7	13.1	8.8	9.0	10.3	7.1

图 2　2012—2017 年人均地区生产总值及增速图

居民消费价格比上年上涨 1.0%，其中食品价格下降 3.0%，非食品价格上涨 2.0%，消费品价格上涨 0.1%，服务价格上涨 2.7%。工业生产者出厂价格上涨 4.1%，其中生产资料价格上涨

5.6%，生活资料价格上涨0.9%。工业生产者购进价格上涨4.4%。固定资产投资价格上涨5.3%。农产品生产者价格下降3.2%，其中农业产品价格上涨2.8%，林业产品价格下降0.7%，畜牧业产品价格下降8.7%，渔业产品价格上涨4.1%。

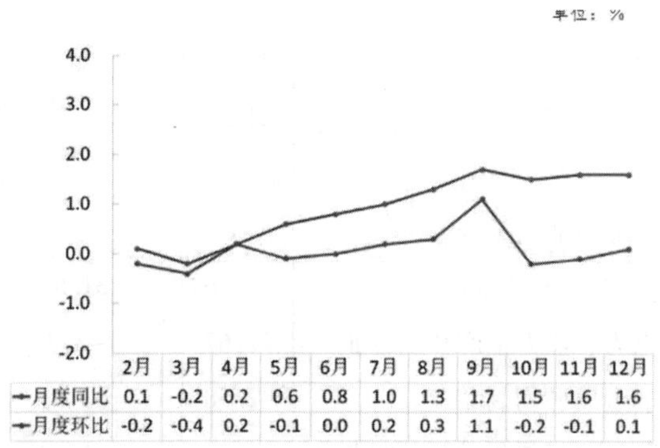

图3　　2017年居民消费价格月度涨跌幅度

二、科技创新

全年财政投入科技资金1820万元，同比增长8.3%，其中，上级科技项目补助资金1120万元，增长64.7%。

全年组织实施科技项目76项，包括国家级科技项目3项，市级科技项目28项；完成科技项目53项，包括国家级科技项目2项，市级科技项目11项；推广先进技术项目43项，其中国家级先进技术项目3项，市级先进技术项目15项。登记认定科技成果30项。全年申请专利893件，专利授权366件，其中发明专利授权70件，万人发明专利拥有量5.71件。开发新产品112个，获重庆市高新技术产品认证89个，高新技术企业19家，高新技术企业产值55亿元。

年末拥有研发平台8个，包括国家级产业化基地1个，市级企业工程技术中心3个，市级工程技术研究中心1个，市级产业技术研究院1个。公共服务平台9个，包括协同创新服务中心1个，市级农业科技专家大院5个。全年举办科普宣传活动6次，受众人数41余万人次，人均科普经费投入2.05元。

三、农业

全年实现农林牧渔业增加值9.2亿元，同比增长3.0%，对地区经济增长的贡献率3.0%。其中，农业增加值5.67亿元，增长3.2%；林业增加值1.53亿元，增长4.0%；牧业增加值1.69亿元，增长1.1%；渔业增加值3183万元，增长5.6%；农林牧渔服务业增加值785万元，增长12.9%。农林牧渔业总产值13.88亿元。

全年粮食作物播种面积1.25万公顷，同比减少1.0%。其中，小春面积2200公顷，减少0.6%；大春面积1.03万公顷，减少1.0%。经济作物中，蔬菜播种面积6513.33公顷，增长1.6%；油料播种面积660公顷，增长0.4%。

全年粮食总产量5.4万吨，同比增长0.2%。其中水稻产量2.38万吨，减少1.4%；小麦产量0.12万吨，减少7.8%；玉米产量1.03万吨，减少3.1%；红苕产量1.08万吨，增长3.7%。全年蔬菜产量19.23万吨，增长2.9%；油料产量0.13万吨，增长2.4%。

全年出栏生猪75573头，同比减少1.7%；出栏牛1189头，增长3.9%；出栏羊7844只，增长0.6%；出栏家禽86.72万只，增长0.2%；禽蛋产量3126吨，增长0.1%。

2017年主要农业产品产量表

表6-1-1

产品名称	单位	产量	同比增长（%）
粮食产量	吨	53992	0.2
谷物产量	吨	36040	-2.1
#水稻产量	吨	23817	-1.4
小麦产量	吨	1189	-7.8
玉米产量	吨	10310	-3.1
豆类产量	吨	2456	15.5
薯类产量	吨	15496	3.6
#红苕产量	吨	10751	3.7
马铃薯产量	吨	4745	3.5
油料产量	吨	1295	2.4
蔬菜产量	吨	192341	2.9
禽蛋产量	吨	3126	0.1
牛奶产量	吨	315	-75.1
猪出栏数	头	75573	-1.7
猪存栏数	头	33198	4.0
牛出栏数	头	1189	3.9

续表 6－1－2

产品名称	单位	产量	同比增长（%）
牛存栏数	头	1057	－1.4
羊出栏数	只	7844	0.6
羊存栏数	只	7934	－2.7
家禽出栏数	万只	86.72	0.2
家禽存栏数	万只	39.16	－3.0
猪肉产量	吨	5786	1.8
牛肉产量	吨	153	4.1
羊肉产量	吨	113	4.6
禽肉产量	吨	1364	1.6

四、工业和建筑业

全年完成工业总产值218.08亿元，同比增长21.4%，其中，104家规模以上工业企业完成产值211.8亿元，同比增长22.3%，占比97.1%。实现工业增加值55.83亿元，同比增长10.6%，占全区地区生产总值的48.0%，拉动GDP增长5个百分点。

单位：亿元、%

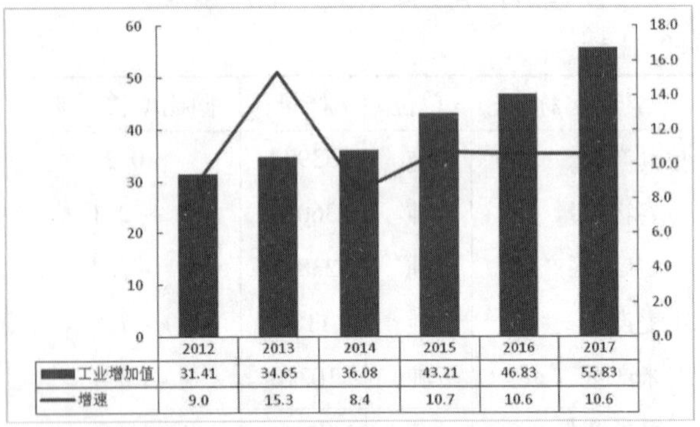

图4　2012—2017年工业增加值及增速图

2017年规模以上工业总产值表

表6－2－1　单位：亿元

指标	产值	同比增长（%）
工业总产值	211.8	22.3
#大中型	72.67	19.1
#平山现代装备制造园	112.01	22.6
煤电化冶产业园	18.61	－11.9
按轻重工业分		

续表 6－2－2

指标	产值	同比增长（%）
轻工业	53.83	19.6
重工业	157.98	23.3
按登记注册类型分		
#国有	—	—
集体	—	—
股份制	187.25	22.4
外商及港澳台	24.55	21.8
其它	—	—
按工业行业大类分		
#煤炭开采和洗选业	15.16	31.8
电力、热力生产和供应业	12.67	－5.3
非金属矿物制品业	42.58	38.0
化学原料与化学制品制造业	11.98	－16.3
黑色金属冶炼及压延加工业	3.35	36.2
金属制品业	9.42	－7.8
其他运输设备制造业	27.74	13.6

2017年规模以上工业产品产量表

表6－3

产品名称	单位	产量	同比增长（%）
原煤	万吨	149.91	－27.7
洗精煤	万吨	111.73	－4.7
其他洗煤	万吨	59.34	－14.7
火力发电量	亿千瓦时	20.78	－12.4
水泥	万吨	243.38	14.6
平板玻璃	万重量箱	565.24	4.6
钢化玻璃	万平方米	692.93	14.8
夹层玻璃	万平方米	394.92	－1.4
中空玻璃	万平方米	181.18	21.7
甲醇	万吨	36.77	－8.8
无缝钢管	万吨	4.77	44.8
中成药	吨	137	11.6
自来水	吨	1979	14.5
商品混凝土	万吨	189.37	27.2

全年规模以上工业企业（不含两家异地法人在本区产业活动单位）实现主营业务收入203.88

亿元，同比增长21.4%；产成品3.33亿元，下降2.2%；利税总额42.05亿元，增长41.6%；利润总额20.72亿元，增长56.7%；全年从业人员平均人数24776人，下降1.7%；产品销售率99.0%，总资产贡献率18.5%，资产负债率53.4%，流动资产周转率7.5%，成本费用利润率11.5%。

全年实现建筑业增加值14.2亿元，同比增长7.3%，拉动GDP增长0.9个百分点。在地建筑业总产值124.87亿元，同比增长10.3%，其中，区内企业产值36.02亿元，增长18.0%，区外市内企业产值32.21亿元，下降10.0%，市外企业产值56.64亿元，增长20.8%。

单位：亿元、%

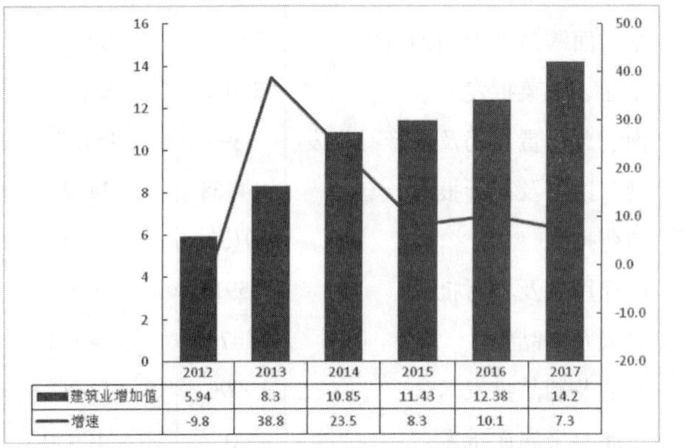

图5　2012—2017年建筑业增加值及增速图

年末拥有本区注册的资质等级建筑业企业28家，包括总承包企业21家，专业承包企业6家，劳务企业1家。总承包企业中一级企业2家，二级企业6家，三级企业13家。全年完成注册地建筑业总产值40.98亿元，同比增长4.0%，实现利润2.21亿元，同比增长11.6%。

五、投资和房地产

全年固定资产投资总额178.75亿元，同比增长8.3%，其中，5000万元及以上项目投资117.73亿元，下降5.3%。基础设施投资107.41亿元，同比增长33.5%。按构成分，建筑安装工程投资152.72亿元，增长6.2%；设备工器具购置15.28亿元，增长106.5%；其他费用10.75亿元，下降23.3%。按产业分，第一产业投资1.98亿元，下降37.8%；第二产业投资（全部为工业投资）43.93亿元，下降9.7%；第三产业投资132.83亿元，增长53.2%，其中房地产开发投资15.74亿元，下降29.8%。

全年90个重点项目投资101.64亿元，同比下降7.6%。按投资性质分，44个政府主导类项目投资35.2亿元，下降33.3%；46个市场主导类项目投资66.44亿元，增长16.2%。按项目类别分，23个工业及科技类项目投资39.51亿元，22个旅游类项目投资19.83亿元，15个城市建设及商贸类项目投资17.33亿元，19个基础设施类项目投资16.35亿元，11个社会民生、农业及其他类项目投资8.62亿元。

单位：亿元、%

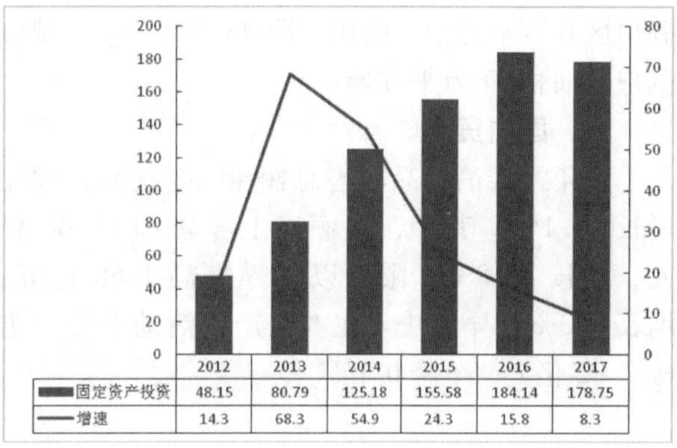

图6　2012—2017年固定资产投资及增速图

单位：亿元、%

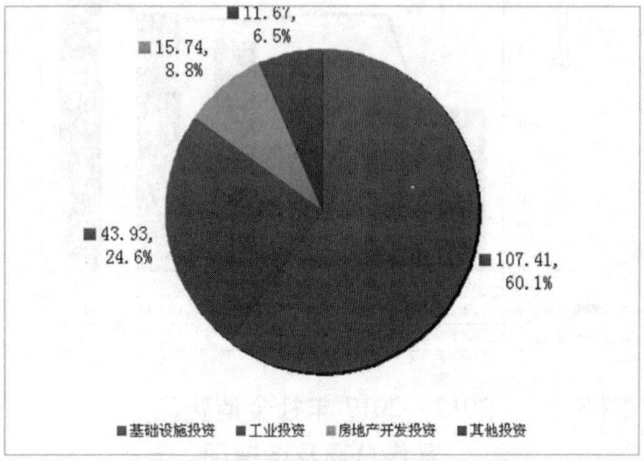

图7　2017年按领域分固定资产投资及其占比图

年末房地产开发企业34家，房地产开发项目32个，其中区内注册企业开发项目24个。全年商品房施工面积235.23万平方米，同比下降11.5%，其中住宅169.77万平方米，下降12.5%，商业用房32.62万平方米，下降

12.4%；新开工商品房面积14.48万平方米，同比下降15.1%，其中住宅13.49万平方米，增长29.7%，商业用房0万平方米，下降100.0%；商品房竣工面积62.44万平方米，同比增长278.4%，其中住宅36.93万平方米，增长139.0%，商业用房12.4万平方米，增长1656.8%；商品房销售面积64.12万平方米，同比增长12.2%，其中住宅45.93万平方米，下降14.8%，商业用房11.24万平方米，增长242.6%；商品房销售额30.44亿元，同比增长25.7%，其中住宅18.48亿元，下降11.3%，商业用房9.69亿元，增长186.5%。全年改造城市棚户区6万平方米，同比下降45.5%，年末城市棚户区面积37万平方米。

六、国内贸易

全年社会消费品零售总额40.38亿元，同比增长14.1%。其中，限额以上零售额35.88亿元，增长15.8%；限额以下零售额1.68亿元，增长6.0%；异地法人在本区产业活动单位零售额2.82亿元，下降0.1%。

单位：亿元、%

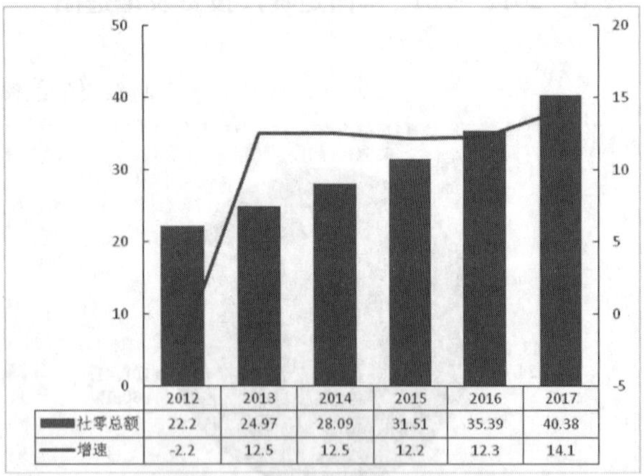

图8　2012—2017年社会消费品零售总额及增速图

全年批发和零售业商品销售总额122.3亿元，同比增长22.4%。其中，限额以上商品销售额93.4亿元，增长25.7%；限额以下商品销售额21.38亿元，增长10.0%；异地法人在本区产业活动单位商品销售额7.52亿元，增长22.4%。

全年住宿和餐饮业营业收入12.65亿元，同比增长22.7%。其中，限额以上营业收入8.63亿元，增长25.7%；限额以下营业收入3.62亿元，增长16.0%；异地法人在本区产业活动单位营业收入0.4亿元，增长22.7%。

全年批发和零售业增加值10.47亿元，同比增长11.9%；住宿和餐饮业增加值4.0亿元，同比增长12.1%；商贸经济占地区生产总值的12.4%，对经济增长的贡献率18.3%，拉动GDP增长1.48个百分点。

2017年限额以上批发和零售业分行业商品销售额表

表6-4-1　　单位：万元

行业名称	销售额	同比增长（%）
林业产品批发	7363	20.4
米、面制品及食用油批发	23525	80.6
果品、蔬菜批发	32988	84.6
肉、禽、蛋、奶及水产品批发	7894	151.7
酒、饮料及茶叶批发	14968	34.7
西药批发	9132	27.5
医疗用品及器材批发	25916	36.0
煤炭及制品批发	244790	-45.2
石油及制品批发	9990	17.8
金属及金属矿批发	0	-100.0
建材批发	58205	17.5
化肥批发	7986	18.8
其他化工产品批发	114124	26.5
计算机、软件及辅助设备批发	6738	-
通信及广播电视设备批发	28692	-81.7
百货零售	14707	49.8
超级市场零售	32142	55.2
其他综合零售	11922	45.7
粮油零售	18123	36.0
果品、蔬菜零售	23353	0.1
酒、饮料及茶叶零售	23243	32.0
其他食品零售	1917	22.6
纺织品及针织品零售	5619	25.6
服装零售	3942	140.9
文具用品零售	2108	-61.6
珠宝首饰零售	11040	54.8

续表 6－4－2

行业名称	销售额	同比增长（%）
工艺美术品及收藏品零售	9131	49.2
药品零售	2011	24.3
汽车零售	33701	－23.5
汽车零配件零售	10808	21.1
家用视听设备零售	13568	19.8
日用家电设备零售	1213	－
计算机、软件及辅助设备零售	17330	24.2
家具零售	4538	39.7
陶瓷、石材装饰材料零售	12889	25.1
其他室内装修材料零售	2187	22.6
生活用燃料零售	7918	25.8
其他未列明的零售	10111	20.5

2017 年限额以上住宿和餐饮业分行业营业收入表

表 6－5　　单位：万元

行业名称	营业收入	同比增长（%）
旅游饭店	17327	18.9
一般旅馆	7454	29.4
正餐服务	44452	－10.2
咖啡馆服务	1152	－30.9

七、对外开放和旅游

2017 年实际使用区外资金项目 125 个，比上年增加 5 个，（其中当年新签约招商引资项目 78 个，比上年增加 32 个）招商引资实际到位资金 74.78 亿元，同比下降 17.5%。其中：38 个工业类项目 30.71 亿元，下降 11.4%；9 个体育及旅游类项目 8.8 亿元，下降 6.4%；31 个商贸流通类项目 6.83 亿元，增长 9.5%。

全年外贸进出口总额 1.88 亿元，同比下降 80.2%，其中，进口总额 1.07 亿元，增长 16.5%；出口总额 8107.2 万元，下降 90.6%。实际利用外资为零。实际利用内资 27.87 亿元，同比增长 21.8%，其中 5000 万元以上内资项目 22 个，比上年增加 11 个，利用内资 19.8 亿元，同比增长 8.6%。

全年接待来区游客 1805.6 万人次，同比增长 41.8%。其中，国内游客 1798.46 万人次，增长 42.0%；国外游客 7.18 万人次，增长 8.1%。旅游总收入 91.19 亿元，同比增长 42.0%，旅游门票收入 16178.8 万元，同比增长 65.5%。黑山谷景区接待游客 151.41 万人次，增长 62.9%，门票收入 1.29 亿元；龙鳞石海景区接待游客 77.42 万人次，增长 31.2%，门票收入 3243.4 万元。

全年旅游产业实现增加值 23.51 亿元，占地区 GDP 的 20.2%；旅游从业人员 6.32 万人（其中旅游直接从业人员 1 万人，增长 6.8%），占本地就业人数的 37.6%，较上年提高 0.1 个百分点；旅游税收收入 2.35 亿元，占地方税收收入的 29.2%，较上年提高 0.6 个百分点；农民人均旅游收入 3258 元，占农村居民人均可支配收入的 24.4%，与上年持平；年游客接待人次与本地常住人口之比为 66.8:1。

年末拥有星级饭店 7 家，星级饭店床位 1196 张，其中四星级饭店 2 家，三星级饭店 3 家，二星级饭店 2 家。拥有农家乐 381 个，拥有旅行社 4 个，旅行门市部 12 个。

八、交通和邮政

全年道路运输业总周转量 90.2 亿吨千米，同比增长 16.0%。其中，货运量 8066 万吨，增长 8.1%，货物周转量 89.92 亿吨千米，增长 16.1%；客运量 607 万人次，增长 0.3%，旅客周转量 2.81 亿人千米，下降 8.4%。年末公路里程 1213.75 千米，年内新增 74.55 千米，其中等级公路 1091.21 千米，高速公路 21.3 千米。公路桥梁 89 座，公路桥梁总延长 2755.17 米，同比增长 1.5%。行政村公路通畅率 100%，行政村客运班车通达率 100%。年末拥有货运汽车 44807 辆，比上年增加 8528 辆；客运汽车 258 辆，比上年增加 12 辆；出租车 138 辆，与上年持平。

全年邮政业务总量 4295.12 万元，同比增长 23.2%。其中，代办邮政储蓄银行业务 3378.71 万元，增长 14.3%；代理电商业务 178.69 万元，增长 145.1%；报刊业务 91.44 万元，下降 21.8%；集邮业务 54.05 万元，增长 48.9%；包裹快递业务 62.2 万元，增长 15.9%；信件业务 36.96 万元，增长 47.0%；汇票业务 1.63 万元，下降 11.4%。

九、财政和金融

全年辖区财政收入25.08亿元，同比下降7.1%，地方财政收入16.93亿元，同比下降16.5%。地方财政收入中，一般公共预算收入12.53亿元，增长2.1%；政府性基金预算收入2.39亿元，下降65.9%；国有资本经营收入2亿元，增长100.7%。一般公共预算收入中，国税征收3.0亿元，增长34.1%；地税征收5.32亿元，下降9.2%；财政征收4.49亿元，下降3.0%。全年辖区税收收入15.71亿元，增长13.4%，其中区级税收收入8.04亿元，增长5.2%（同口径增长7.8%）。

单位：亿元、%

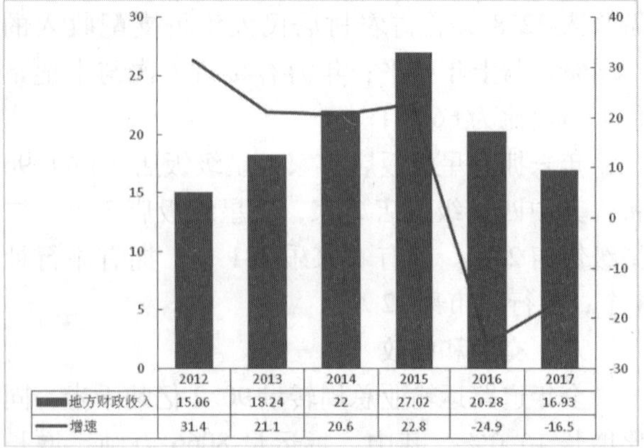

图9　2012—2017年地方财政收入及增速图

2017年主要税种区级税收收入表

表6-6　　单位：万元

税种名称	税收收入	同比增长（%）
增值税	24584	40.4
#改征增值税	11506	-7.5
企业所得税	7708	45.0
个人所得税	1981	27.5
资源税	2608	25.9
城市维护建设税	5593	10.9
房产税	3748	86.6
印花税	1149	19.2
城镇土地使用税	12029	24.5
土地增值税	3299	35.6
耕地占用税	7621	90.1
契税	9425	-51.3

全年地方财政支出32.63亿元，同比下降18.0%，一般公共预算支出28.5亿元，增长7.6%。其中，一般公共服务、公共安全、教育、科学技术、社会保障和就业、医疗卫生与计划生育、节能环保及城乡社区等八项支出合计19.33亿元，下降5.5%。政府性基金预算支出2.32亿元，下降83.9%，国有资本经营预算支出1.81亿元，增长80.7%。

2017年一般公共预算支出明细表

表6-7　　单位：万元

预算科目	财政支出	同比增长（%）
一般公共服务支出	27620	-9.2
国防支出	1203	120.7
公共安全支出	19318	-0.7
教育支出	44416	19.7
科学技术支出	1222	179.6
文化体育与传媒支出	5453	6.8
社会保障和就业支出	37623	1.3
医疗卫生支出	27325	6.1
节能环保支出	14022	8.7
城乡社区支出	21781	-47.2
农林水支出	22546	0.4
交通运输支出	22794	205.9
资源勘探信息等支出	7946	37.5
商业服务业等支出	7984	204.3
国土资源气象等支出	9567	218.1
住房保障支出	9992	-14.2
粮油物资储备支出	275	3337.5
债务付息支出	3893	142.1
其他支出	60	-66.3

年末拥有金融机构23家，其中银行机构9家，保险公司6家，证券公司1家，融资担保公司3家，小额贷款公司3家，基金公司1家。

年末金融机构人民币存款余额167.03亿元，同比增长2.5%，居民储蓄存款100.54亿元，增长8.1%，其中，定期存款64.35亿元，增长7.9%；活期存款36.19亿元，增长8.5%。金融机构人民币贷款余额105.96亿元，同比增长

11.3%，其中，单位贷款70.55亿元，增长8.2%，工业贷款38.83亿元，下降1.9%；个人贷款34.84亿元，增长16.2%。存贷比为63.44%，比上年提高5.03个百分点。

全年保险机构保费收入1.95亿元，同比增长20.3%，其中人身险1.33亿元，增长19.1%；财产险5958万元，增长17.6%。理赔支出3911万元，同比增长12.9%，其中人身险赔付1123万元，下降37.4%；财产险赔付2657万元，增长66.3%。

十、城市建设和市政管理

年末实有城区道路面积119.60万平方米，当年新增17.13万平方米，其中人行道47.91万平方米，人均道路面积5.85平方米。城区道路长度41.8千米，同比增长22.9%；城区桥梁13座，城区路灯9156盏，同比增长21.8%。实有城市排水管道95.1千米，其中污水管道54.6千米。全年供水总量1142.09万立方米，同比下降16.0%，其中生产经营用水379.2万立方米，居民家庭用水562.4万立方米。全年天然气供气量1.09亿立方米，同比增长0.9%，其中居民用气1930万立方米，增长8.8%，工业用气8312万立方米，下降1.0%。年末建成区面积12.87平方千米。年末实有房屋建筑面积1474.2万平方米，其中住宅920.8万平方米，商业用房553.4万平方米。

年末城区绿化覆盖面积767.69公顷，比上年增加74.64公顷；园林绿地面积741.24公顷，比上年增加65.64公顷；公共绿地面积216.26公顷，比上年增加17.36公顷，城市人均公共绿地面积13.11平方米。年末拥有公园6个（2017年奥林匹克公园包括万盛公园、白果坪湿地公园、羽毛球运动主体公园、孝子河公园、孝子河滨河公园），公园面积178.78公顷。建成区绿化覆盖率45.82%，建成区绿地率43.0%，分别比上年提高4.79、4.15个百分点。年末拥有环卫专用车53辆，其中洒水车12辆，洗扫车6辆，拥有公共厕所42座，公共垃圾站9座。

十一、教育和卫生

全年中考联招上线699人，同比下降6.8%，上线率50.0%，比上年提高4.9个百分点。高考上线1975人，同比增长3.8%，上线率98.0%，比上年提高1.0个百分点。

年末拥有各类学校39所，其中小学24所，普通中学13所，职业中学2所。拥有教师2431人，比上年增加36人，其中小学教师1196人，普通中学教师1096人，职业中学教师139人。在校学生25799人，比上年减少415人，其中小学13201人，普通中学10612人，职业中学1986人。全年各类学校招生6619人，比上年增加243人，毕业6914人，比上年增加479人。年末拥有幼儿园56所，幼儿园教师599人，在园幼儿8005人。

小学学龄儿童入学率100%，小学阶段巩固率100%，初中适龄人口入学率100%，初中阶段巩固率100%，初中毕业生升学率97.0%，高中阶段入学率97.0%，高中阶段毕业率96.0%，三残儿童入学率100%，脱盲儿童入学率100%。

年末拥有卫生机构140个，其中综合医院17个，卫生院、社区服务中心10个，专科疾病医院1个，妇幼保健院1个，疾病预防控制中心1个，采供血机构1个，卫生监督所1个，村卫生室69个。医院、卫生院拥有床位1946张，比上年增加326张。卫生机构实有人员1579人，比上年增加31人，其中医院、卫生院技术人员1579人，比上年增加31人；执业（助理）医师432人，比上年增加44人；注册护师（护士）850人，比上年增加131人。

初级卫生保健覆盖率100%，5岁以下儿童死亡率4.96‰，孕产妇死亡率0，婴儿死亡率3.82‰，婴儿出生缺陷率7.6‰。

十二、文化和体育

年末拥有文化事业机构4个，其中影剧院1个，文化馆1个，图书馆1个。文化馆面积3972平方米，图书馆面积4200平方米，图书馆藏书33.45万册，图书流通6.02万人次，书刊外借28.7万册次。

全年开播电视节目150套，电视人口覆盖率98%，开播广播电台8套，广播人口覆盖率98%。自制电视节目22分钟/天，播出电视新闻3050条，其中央视上稿播出5条，重庆卫视上稿播出138条。年末有线电视联网用户7.5万户，其中开通数字电视用户4.6万户，有线电视入户率84%，村村通喇叭520只。

全年举办展览27场次，组织文艺活动485场次，电影放映观众10万人次，艺术演出观众19.55万人次。

年末拥有体育场3个，体育馆4个，羽毛球场520片。年末达到国家锻炼标准人数2.9万人，等级运动员25人，其中一级运动员10人，二级运动员15人，等级裁判员140人。全年参加市级及以上比赛15项次，参赛运动员230余人次，共获得奖牌49枚，其中金牌19枚，银牌19枚，铜牌11枚。全年举办区内各种运动会47场次，参赛运动员2.3万余人次。

十三、人口和就业

年末户籍总户数100123户，比上年增加211户。户籍总人口① 267207人，比上年减少843人。按性别分，男性133059人，女性134148人，男女性别比为99.19（女性=100），比上年下降0.12个百分点。年末常住人口② 27.3万人，比上年增加0.35万人，其中城镇人口21.91万人，比上年增加0.25万人，城镇化率81.06%，比上年提高0.69个百分点。全年迁入人口3963人，迁出人口4932人。全年出生人口3005人，死亡人口2880人。符合政策生育率98.62%，人口自然增长率0.47‰。

全年参加各类就业培训3420人，同比增长3.1%，新增城镇就业人员8904人，安置失业人员5352人。年末城镇登记失业人员2546人，同比增长11.8%，城镇登记失业率4.43%，比上年提高0.68个百分点。

年末机关事业单位在编人员6036人，比上年增加560人，其中机关单位人员1581人，比上年增加378人。机关事业单位离退休、退职人员3064人，比上年增加79人。年末各类专业技术人员15270人，同比增长6.4%，其中女性5481人。按职称分，高级职称1209人，中级职称3978人，初级职称9340人。

十四、人民生活和社会保障

全体居民人均可支配收入③ 23080元，同比增长9.4%，其中，城镇居民人均可支配收入25460元，增长8.5%；农村居民人均可支配收入13338元，增长8.9%。

单位：元、%

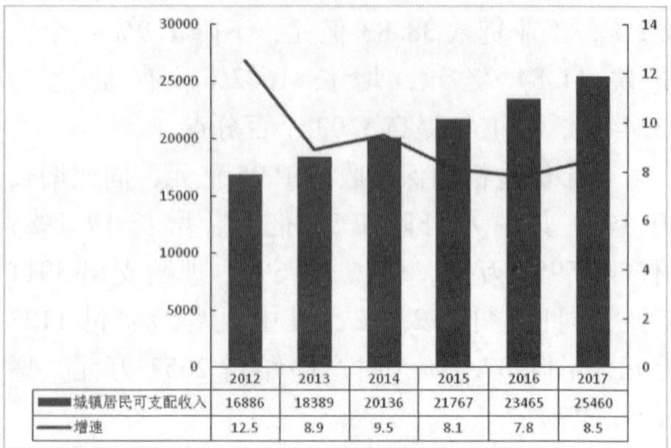

图10　2012—2017年城镇居民人均可支配收入及增速图

单位：元、%

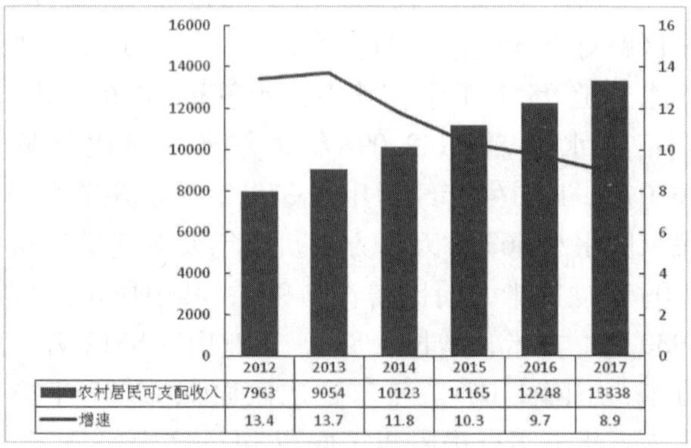

图11　2012—2017年农村居民人均可支配收入及增速图

年末社会救济总人数11489人，比上年减少437人，其中，城镇低保6058人，农村低保5349

① 户籍人口是指公民依照《中华人民共和国户口登记条例》，已在其经常居住地的公安户籍管理机关登记了常住户口的人。这类人口不管其是否外出，也不管外出时间长短，只要在某地注册有常住户口，则为该地区的户籍人口。户籍人口数一般是通过公安部门的经常性统计月报或年报取得的。

② 常住人口是指在本乡镇（街道）居住半年以上的人口，或虽居住不满半年但离开户口登记地半年以上人口以及户口待定人口。

③ 居民人均可支配收入是指反映居民家庭全部现金收入能用于安排家庭日常生活的那部分收入。它是家庭总收入扣除交纳的所得税、个人交纳的社会保障费以及调查户的记账补贴后的收入。

人，农村传统救济82人，居民低保覆盖面达到100%。全年发放居民低保金5257万元，城镇低保标准从460元/月提高到500元/月，农村低保标准从300元/月提高到350元/月。年末社会福利收养单位10个，拥有床位726张，收养425人；社会办福利企业0家，安置残疾职工0人。全年登记结婚2839件，登记离婚1774件。

年末养老保险参保单位1223个，参保人员12.47万人（不含行统单位，下同），同比增长2.3%，养老保险退休人员7.51万人，实际征收养老保险金4.67亿元，实际支付养老保险金9.1亿元。基本医疗保险参保人员26.07万人，同比增长0.6%，实际征收医疗保险金2.83亿元，实际支付医疗保险金3.25亿元。失业保险参保单位845个，参保职工3.44万人，实际征收失业保险金1483万元，实际发放失业保险2227人，发放失业保险金1473万元。工伤保险参保单位1046个，参保职工4.71万人，实际征收工伤保险金3246万元，实际发放工伤保险金7789万元。城乡养老保险覆盖率95%，城乡医疗保险覆盖率96%。

十五、社会治安和生产安全

年末拥有人民警察433人，比上年减少2人。全年刑事案件立案1097起，比上年减少377起，其中重大刑事案件立案32起，比上年减少3起；刑事案件破案782起，比上年减少8起。受理治安案件1307起，查处治安案件1305起，分别比上年减少4227起和4229起。发生火灾事故22起，比上年减少14起，无重大火灾事故，无事故人员伤亡，直接财产损失30万元。发生人员伤亡交通事故78起，比上年增加5起，无重大交通事故，事故死亡26人，受伤89人，直接财产损失18.7万元。

全年发生工矿商贸企业安全事故3起，事故死亡3人，事故数比上年少2起，死亡人数比上年少2人，无较大及以上安全事故。其中，建筑企业安全事故1起，事故死亡1人；其他企业安全事故2起，事故死亡2人。

全年亿元GDP生产安全事故死亡率0.09，道路交通万车死亡率2.34，煤矿百万吨死亡率0。

十六、资源和环境

年末水资源总量3.2亿立方米，已建成蓄水工程1113个，蓄水工程总库容4428万立方米，同比增长3.2%，其中，中型水库2座，蓄水总量2325万立方米；小型水库16座，蓄水总量1767万立方米。年末实有灌溉面积3050公顷，累计治理水土流失面积53350公顷，其中当年治理1420公顷，比上年减少4330公顷。年末实有水电站17座，发电机组34台，总装机容量11220千瓦。

年末实有农用地50866公顷，比上年减少111公顷。其中，耕地12628公顷，比上年减少69公顷；林地30712公顷，比上年减少25公顷；园地2719公顷，比上年增加7公顷；草地1943公顷，比上年减少5公顷。年末建设用地5109公顷，比上年增加110公顷，其中，工矿仓储用地3098公顷，商服用地227公顷，住宅用地772公顷，交通运输用地584公顷，水域及水利设施用地182公顷，公共管理与公共服务用地246公顷。

全年植树造林1333.3公顷，与上年持平，其中封山育林666.7公顷，年末森林面积达到30947公顷，森林覆盖率54.7%。全年退耕还林还草面积0公顷，零星植树63万株，年末活立木蓄积量180万立方米，同比增长1.1%。

全年主城区空气环境质量优良以上天数达到298天，城市空气质量达标率81.64%。城镇生活污水排放量2035.32万吨，地表水达标率100%，比上年提高10.0个百分点。环境污染治理投入2.36亿元，未发生一起环境污染与破坏事故。

全年平均气温17.2℃，与上年持平，最高气温40.1℃，比上年高0.8℃，最低气温0.3℃，比上年低2.9℃。年总降雨量1184.3毫米，比上年减少491.8毫米，日最大降雨量67.7毫米。年日照1150.4小时，比上年减少67.4小时，年平均相对湿度81%。

说明：

本公报数据为初步统计数据，最终数据以统计年鉴为准；工业、投资、贸易等数据因上级主管部门统计口径和审核要求调整而与上年数据有异；涉及增加值绝对数按现价计算，增长速度按可比价计算

（区统计局办公室）

南天门风力发电场

（区新闻中心　供）

附　录

附　　录

2017 年万盛经开区党工委主要文件目录

《关于印发〈万盛经开区党工委、管委会2017 年工作要点〉的通知》（万盛经开委发〔2017〕1 号）

《关于印发万盛经开区国有林场改革实施方案的通知》（万盛经开委发〔2017〕2 号）

《关于贯彻全面两孩政策改革完善计划生育服务管理的实施意见》（万盛经开委发〔2017〕3 号）

《关于设立重庆万盛工业园区开发建设管理有限公司党委的通知》（万盛经开委发〔2017〕4 号）

《关于印发〈工业投产达产攻坚年行动实施方案〉〈旅游规范秩序攻坚年行动实施方案〉〈城市智慧智能攻坚年行动实施方案〉的通知》（万盛经开委发〔2017〕5 号）

《关于加强 2017 年招商引资工作的意见》（万盛经开委发〔2017〕6 号）

《关于设立重庆鱼子岗旅游开发有限责任公司党委和纪委的通知》（万盛经开委发〔2017〕9 号）

《关于进一步加强黑山谷旅游度假区管理的意见》（万盛经开委发〔2017〕10 号）

《关于转发〈重庆市实施〈中国共产党问责条例〉办法〉的通知》（万盛经开委发〔2017〕11 号）

《关于旅游局党组和驻区旅游局纪检组更名的通知》（万盛经开委发〔2017〕12 号）

《关于加快青年新型城镇化建设的意见》（万盛经开委发〔2017〕13 号）

《关于 2017 年全区农业农村工作的意见》（万盛经开委发〔2017〕14 号）

《关于加快丛林特色旅游小镇建设的意见》（万盛经开委发〔2017〕15 号）

《关于设立黑山谷旅游度假区纪工委的通知》（万盛经开委发〔2017〕16 号）

《关于加强南桐镇城市建设的意见》（万盛经开委发〔2017〕18 号）

《关于印发〈万盛经开区党工委工作规则〉的通知》（万盛经开委发〔2017〕21 号）

《关于印发〈万盛经开区党工委委员会工作规则》〉的通知》（万盛经开委发〔2017〕22 号）

《关于设立重庆江南机场有限公司党委和纪委的通知》（万盛经开委发〔2017〕23 号）

《关于新形势下加强政法队伍建设的实施意见》（万盛经开委发〔2017〕24 号）

《关于加强卫生与健康工作的意见》（万盛经开委发〔2017〕26 号）

《关于印发〈“健康万盛 2030”规划〉的通知》（万盛经开委发〔2017〕27 号）

《关于设立转型办党组和旅投公司党委、纪委的通知》（万盛经开委发〔2017〕30 号）

《关于深入推进城市执法体制改革改进城市管理工作的实施意见》（万盛经开委发〔2017〕32 号）

《关于印发〈万盛经开区引进人才若干政策（试行）〉的通知》（万盛经开委发〔2017〕35 号）

《关于认真学习宣传贯彻党的十九大精神的通知》（万盛经开委发〔2017〕36 号）

《关于进一步加强城市规划建设管理工作的实施意见》（万盛经开委发〔2017〕38号）

《关于加快实施工业强区战略的决定》（万盛经开委发〔2017〕39号）

《关于加快实施全域旅游战略的决定》（万盛经开委发〔2017〕43号）

《关于加快实施全民健身战略的决定》（万盛经开委发〔2017〕44号）

2017年万盛经开区管委会主要文件目录

《关于印发〈2017年全区安全生产工作要点〉的通知》（万盛经开发〔2017〕1号）

《关于加强2017年春节期间燃放烟花爆竹管理的通告》（万盛经开发〔2017〕2号）

《关于禁止生产销售燃放“孔明灯”的通告》（万盛经开发〔2017〕3号）

《关于加强城区路内停车管理的实施意见》（万盛经开发〔2017〕4号）

《2017年森林防火命令》（万盛经开发〔2017〕5号）

《关于开展板辽水库扩建工程建设征地实物调查的通告》（万盛经开发〔2017〕6号）

《关于印发〈万盛经开区加快推进“互联网+政务服务”工作方案〉的通知》（万盛经开发〔2017〕7号）

《关于实施南桐大道项目征收南桐镇麒麟村联盟等社部分集体土地的通告》（万盛经开发〔2017〕8号）

《关于印发万盛经开区城中村改造房屋拆除补偿安置方案的通知》（万盛经开发〔2017〕9号）

《关于确定区属国有重点企业名单的通知》（万盛经开发〔2017〕10号）

《关于授权区交通局为万盛经开区农村公路联网项目（二期）购买主体的通知》（万盛经开发〔2017〕11号）

《关于表彰万盛经开区微型企业“创业之星”的通报》（万盛经开发〔2017〕12号）

《关于以政府购买服务方式实施重庆市万盛经开区毛里水库等13处水库综合运营维护项目的通知》（万盛经开发〔2017〕13号）

《关于实施万盛高新技术产业园一期项目征收万东镇榜上村岗上等社部分集体土地的通告》（万盛经开发〔2017〕14号）

《关于进一步明确万盛经开区城中村改造房票补偿安置标准的通知》（万盛经开发〔2017〕15号）

《关于将重庆市万盛经开区毛里水库等13处水库综合运营维护项目购买服务资金纳入财政预算和政府采购预算管理的通知》（万盛经开发〔2017〕16号）

《关于印发〈重庆市万盛经开区优抚对象医疗保障实施细则〉的通知》（万盛经开发〔2017〕17号）

《关于授权区教育局为万盛经开区进盛中学改扩建工程项目购买主体的通知》（万盛经开发〔2017〕18号）

《关于废止有关会议纪要及文件内容的通知》（万盛经开发〔2017〕19号）

《关于印发〈2017年购买万盛新建商品房优惠政策〉的通知》（万盛经开发〔2017〕20号）

《关于印发〈万盛经开区分散式村镇供水管理办法〉的通知》（万盛经开发〔2017〕21号）

《关于将万盛经开区农村公路联网项目（二期）购买服务资金纳入财政预算和政府采购预算》（万盛经开发〔2017〕22号）

《关于印发〈重庆市万盛经开区专利资助办法〉的通知》（万盛经开发〔2017〕23号）

《关于印发〈创建全域旅游放心消费景区活动实施方案〉的通知》（万盛经开发〔2017〕24号）

《关于表彰第三届万盛经开区青少年科技创新主任奖的决定》（万盛经开发〔2017〕25号）

《关于授权区建设局为万盛经开区城中村改造项目购买主体的通知》（万盛经开发〔2017〕26号）

《关于2017年—2021年镇（街）财政管理体制的决定》（万盛经开发〔2017〕27号）

《关于印发〈万盛经开区土壤污染防治行动计划实施方案〉的通知》（万盛经开发〔2017〕28号）

《关于将万盛经开区城中村改造项目购买服务资金纳入财政预算和政府采购预算管理的通知》（万盛经开发〔2017〕29号）

《关于撤销张绍勋等人林权证的决定》（万盛经开发〔2017〕30号）

《关于授权区建设局为万盛西区道路工程项目购买主体的通知》（万盛经开发〔2017〕3号）

《关于将万盛西区道路工程购买服务资金纳入财政预算和政府采购预算管理的通知》（万盛经开发〔2017〕32号）

《关于西区道路工程采用政府购买服务的通知》（万盛经开发〔2017〕33号）

《关于人民防空警报试鸣放的通告》（万盛经开发〔2017〕34号）

《关于授权区土地房屋征收中心为万盛经开区征地拆迁商品房安置项目购买主体的通知》（万盛经开发〔2017〕35号）

《关于授权区交通局为万盛经开区农村公路联网项目（三期）购买主体的通知》（万盛经开发〔2017〕36号）

《关于授予关坝镇“充分就业镇”称号的决定》（万盛经开发〔2017〕37号）

《关于印发〈万盛经开区工程建设领域保障农民工工资支付管理办法〉的通知》（万盛经开发〔2017〕38号）

《关于印发〈万盛经开区创业孵化基地（园区）认定和管理暂行办法〉的通知》（万盛经开发〔2017〕39号）

《关于下达2017年度耕地保护责任目标的通知》（万盛经开发〔2017〕40号）

《关于进一步加强全区已补偿安置未利用土地管理的通知》（万盛经开发〔2017〕41号）

《关于实施关坝镇城镇规划建设项目征收关坝镇坪坝村皂角等社部分集体土地的通告》（万盛经开发〔2017〕42号）

《关于实施黑山镇城镇规划建设项目征收黑山镇北门村八角等社部分集体土地的通告》（万盛经开发〔2017〕43号）

《关于实施青年镇城镇规划建设项目征收青年镇更古村罗家林等社部分集体土地的通告》（万盛经开发〔2017〕44号）

《关于实施双坝加油站项目征收关坝镇双坝村金龟山社部分集体土地的通告》（万盛经开发〔2017〕45号）

《关于实施南桐镇污水处理工程项目征收南桐镇营寨村金龟社部分集体土地的通告》（万盛经开发〔2017〕46号）

《关于实施川东宿舍项目征收关坝镇坪坝村枣林社集体土地的通告》（万盛经开发〔2017〕47号）

《关于进一步加强食品药品安全监管工作的实施意见》（万盛经开发〔2017〕48号）

《关于转发重庆市2017年深化简政放权放管结合优化服务改革工作方案的通知》（万盛经开发〔2017〕49号）

《关于印发〈重庆市万盛经开区加快剥离重庆南桐矿业有限责任公司办社会职能和解决历史遗留问题工作方案及六个实施方案〉的通知》（万盛经开发〔2017〕50号）

《关于优化建设工程防雷许可的实施意见》（万盛经开发〔2017〕51号）

《关于进一步明确相关行业领域安全监管职责的通知》（万盛经开发〔2017〕52号）

《关于进一步扶持限额以上商贸法人企业促进商贸经济较快增长的意见》（万盛经开发〔2017〕53号）

《关于印发〈万盛经开区深化农村小型水利改革工作实施方案〉的通知》（万盛经开发〔2017〕54号）

《关于实施城镇规划建设（基督教堂项目）征收万东镇新田村白果坪社部分集体土地的通告》（万盛经开发〔2017〕55号）

《关于实施城镇规划建设项目（李家湾片区）征收万东镇团结村大湾等社部分集体土地的通告》（万盛经开发〔2017〕56号）

《关于实施城镇规划建设（丛林镇食用菌工厂化生产项目）征收丛林镇绿水村新桥等社部分集体土地的通告》（万盛经开发〔2017〕57号）

《关于2017年度煤矿关闭名单的公告》（万盛经开发〔2017〕58号）

《关于调整万盛经开区微型企业扶持政策的通知》（万盛经开发〔2017〕59号）

《关于印发〈万盛经开区现代商贸服务业发展“十三五”规划〉的通知》（万盛经开发

〔2017〕60号）

《关于关闭重庆青年煤焦供销有限公司黄水凼煤矿的决定》（万盛经开发〔2017〕61号）

《关于实施高新技术产业园项目（陈三房片区）征收万东镇榜上村陈三房等社部分集体土地的通告》（万盛经开发〔2017〕62号）

《关于实施青年镇城镇规划建设（红槽房酒厂）征收青年镇更古村均田社部分集体土地的通告》（万盛经开发〔2017〕63号）

《关于调整城镇廉租住房保障家庭收入线标准的的通知》（万盛经开发〔2017〕64号）

《关于2017年调整村干部基本养老金的通知》（万盛经开发〔2017〕65号）

《关于划定高排放非道路移动机械禁止使用区域的通告》（万盛经开发〔2017〕66号）

《关于印发〈万盛经开区消防事业发展“十三五”规划〉的通知》（万盛经开发〔2017〕67号）

《关于印发〈万盛经开区“绿盾2017”黑山县级自然保护区监督检查专项行动工作方案〉的通知》（万盛经开发〔2017〕68号）

《关于印发〈重庆市万盛经开区科普基地创建及管理办法〉的通知》（万盛经开发〔2017〕69号）

《关于印发〈重庆市万盛经开区研发机构认定管理办法〉的通知》（万盛经开发〔2017〕70号）

《关于实施川东化工（集团）有限公司搬迁清洁生产及废水综合治理项目征收关坝镇双坝村陈家湾社集体土地的通告》（万盛经开发〔2017〕71号）

《关于实施城镇规划建设（停车场项目）征收万东镇新田村芭蕉湾社部分集体土地的通告》（万盛经开发〔2017〕72号）

《关于实施城镇规划建设（白果坪市政基础设施）征收万东镇新田村白果坪社部分集体土地的通告》（万盛经开发〔2017〕73号）

《关于进一步推进黄标车淘汰工作的通知》（万盛经开发〔2017〕74号）

《关于收回原晋林厂部分土地的通知》（万盛经开发〔2017〕75号）

《关于表彰首届万盛经开区管委会主任质量管理奖获奖单位的通报》（万盛经开发〔2017〕76号）

《关于印发〈重庆市万盛经开区管委会工作规则〉的通知》（万盛经开发〔2017〕77号）

《关于取消万盛经济技术开发区高速公路通行费集中支付的通告》（万盛经开发〔2017〕78号）

《关于划定高污染燃料禁燃区通告》（万盛经开发〔2017〕79号）

《关于进一步加强控制性详细规划修改管理工作的通知》（万盛经开发〔2017〕80号）

《关于印发〈重庆市万盛经济技术开发区“十三五”食品药品安全规划〉的通知》（万盛经开发〔2017〕81号）

《关于对原晋林厂用地范围资产及土地进行旅游产业规划布局的通知》（万盛经开发〔2017〕82号）

2017年万盛经开区组织机构及其负责人名单

万盛经区开党工委

书　记：杨晓云（2017年6月离任）
　　　　肖　猛（2017年6月任职）
副书记：肖　猛（2017年6月离任）
　　　　袁光灿（2017年7月任职）
　　　　李　川
委　员：胡　俊
　　　　唐　竹
　　　　马应华
　　　　黄能金
　　　　司　明
　　　　詹旭东
　　　　饶为富（挂职，2017年12月任职）

万盛经开区管委会

主　任：肖　猛（2017年7月离任）
　　　　袁光灿（2017年7月任职）
副主任：胡　俊
　　　　唐　竹
　　　　司　明（挂职）
　　　　饶为富（挂职，2017年12月任职）
　　　　令狐昌海
　　　　陈　宇
　　　　唐应良
　　　　李华全

万盛经开区纪工委

书　记：黄能金
副书记：杜华侨（2017年11月离任）
　　　　令狐鞠慧（女，2017年11月任职）
　　　　程昌键

万盛经开区党工委各机构及其负责人

万盛经开区党工委办公室

主　任：张　林（2017年4月任职）
副主任：张　林（2017年4月离任）
　　　　余　波（2017年9月离任）
　　　　唐有源
　　　　张晓宇（女）
　　　　付凤兰（女，2017年9月任职）
　　　　周海应

万盛经开区督查室

主　任：余　波（2017年9月离任）
副主任：夏万金（2017年2月离任）
　　　　张　盛（2017年7月任职）

万盛经开区党工委政策研究室

主　任：姚纪华

万盛经开区党工委保密办（万盛经开区保密局）

局　长：张　林（2017年4月离任）
　　　　付凤兰（女，2017年9月任职）

万盛经开区党工委机要局（万盛经开区密码管理局）

局　长：唐有源

万盛经开区党工委组织部

部　长：马应华
副部长：余宗煜
　　　　郝云芬（女，兼职，2017年4月任职）
　　　　赵　兵
　　　　徐　锋
　　　　邱正强（2017年2月任职，9月离任）
　　　　刘　毅（2017年2月离任）
　　　　罗开秀（女，2017年4月离任）
　　　　江智群（女，兼职，2017年1月离任）
　　　　夏　勇（兼职，2017年1月离任）

万盛经开区编制委员会办公室

主　任：刘　毅（2017年2月离任）

万盛经开区党工委老干部局

局　长：罗开秀（女，2017年4月离任）
　　　　郝云芬（女，2017年4月任职）
副局长：刘必琪（2017年9月离任）

罗静秋（2017 年 9 月任职）

万盛经开区党工委离退休干部工委

书　记：郝云芬（女，2017 年 9 月任职）
副书记：刘必琪（2017 年 9 月任职）

万盛经开区党工委非公经济和社会组织工委

书　记：唐智勇（2017 年 9 月任职）

万盛经开区党工委宣传部

部　长：黄敬源
副部长：简云斌
　　　　易　莉（女）
　　　　蒲从永
　　　　胡　明
　　　　张果安（兼职）
　　　　胥　涛（兼职）

万盛经开区文明办

主　任：易　莉（女）

万盛经开区网信办

主　任：蒲从永

万盛经开区党工委网信办

副主任：冉　锋

万盛经开区党工委统战部

部　长：詹旭东
副部长：犹元超（2017 年 2 月任职）
　　　　邹　红（女，2017 年 9 月离任）
　　　　何　跃
　　　　张　萍（女）
　　　　黄　苹（女）
　　　　胡玉雪（女）

万盛经开区民宗侨台办

主　任：黄　苹（女）

万盛经开区归侨侨眷联合会

主　席：胡玉雪（女）

万盛经开区党工委政法委

书　　记：李　川
副 书 记：令狐昌海
常务副书记：王启明（2017 年 7 月离职）
　　　　　张　勤（2017 年 9 月任职）
副 书 记：王其勇
　　　　　李克琴
　　　　　牟　兵（挂职）
　　　　　汪　涛
　　　　　瞿光涛

万盛经开区综治办

主　任：汪　涛
副主任：邱忠平

万盛经开区防邪办

主　任：王其勇

万盛经开区信访办

主　任：王启明（2017 年 7 月离职）
　　　　张　勤（2017 年 9 月任职）
副主任：汪　涛
　　　　周乐江（2017 年 1 月任职）

万盛经开区司法局

局　长：王启明（2017 年 7 月离职）
副局长：易永剑

万盛经开区党工委党校

校　　长：李　川
常务副校长：夏　勇
副 校 长：严四强
　　　　　蔡佑祥（2017 年 4 月任职）

万盛经开区行政学校

校　长：胡　俊
副校长：夏　勇
　　　　胡文彬

万盛经开区社会主义学院

院　　长：詹旭东
常务副院长：夏　勇

万盛经开区党史研究室

主　任：夏　勇

副主任：蔡佑祥（2017 年 4 月任职）

万盛经开区管委会各机构及其负责人

万盛经开区管委会办公室

主　任：陈春明（2017 年 9 月离任）
　　　　邱正强（2017 年 9 月任职）

副主任：刘明烽（兼，2017 年 1 月离任）
　　　　王　旭（女，兼，2017 年 1 月离任；2017 年 11 月任职）
　　　　令狐荣芬（女，兼，2017 年 1 月离任）
　　　　邹胜祥（2017 年 9 月离任）
　　　　余　波（2017 年 9 月任职）
　　　　莫飞跃
　　　　万春波
　　　　罗　单
　　　　高立军

万盛经开区行政服务中心

主　任：王　旭（女，2017 年 11 月离任）
　　　　唐德贵（女，2017 年 11 月任职）

副主任：张永梅（女）

万盛经开区档案局（万盛经开区档案馆、万盛经开区地方志办公室）

局　长：令狐荣芬（女）

万盛经开区法制办

主　任：邹胜祥（2017 年 9 月离任）
　　　　余　波（2017 年 9 月任职）

万盛经开区应急办

主　任：莫飞跃

万盛经开区民防办

主　任：陈春明（2017 年 1 月离任）
　　　　张方良（2017 年 1 月任职）

副主任：李锦尚（2017 年 1 月离任）

（说明：2017 年 1 月从挂牌管委会办公室变更为挂牌到区建设局）

万盛经开区管委会电子政务管理办公室

主　任：冯永明

（说明：2017 年 3 月重组为万盛经开区政府信息公开办公室，挂万盛经开区管委会电子政务管理办公室牌子）

万盛经开区外事办公室

副主任：李锦尚（2017 年 1 月任职）

万盛经开区监察局

局　长：杜华侨（2017 年 11 月离任）
　　　　令狐鞠慧（女，2017 年 11 月任职）

副局长：王银合（2017 年 11 月离任）
　　　　王　勇
　　　　钟孟权（2017 年 11 月任职）

万盛经开区发改局

局　长：张　勤（2017 年 9 月离任）
　　　　胡大章（2017 年 9 月任职）

副局长：金云琳（女，2017 年 7 月离任）
　　　　张　瑜（女，2017 年 9 月离任）
　　　　唐煜斌（2017 年 9 月任职）

万盛经开区财政局

局　长：陈昌建

副局长：旷艳平
　　　　李昌银
　　　　谢　钢
　　　　冯育刚

万盛经开区金融办公室

主　任：旷艳平

万盛经开区国资局

局　长：张果训

副局长：傅　霞（女）
　　　　张青海

万盛经开区经济信息局

局　长：陈新国（2017 年 1 月离任）
　　　　梁正恒（2017 年 1 月任职）
副局长：周晓东
　　　　侯杰臣
　　　　陈　黎
　　　　邓云曦（女）

万盛经开区教育局

局　长：张习杰
副局长：王　浩（2017 年 1 月离任）
　　　　李昌建
　　　　杨　洪（女）
　　　　陈永禄

万盛经开区科技局

局　长：刘洪波
副局长：傅鸣娜（女，2017 年 9 月离任）
　　　　肖　涛（2017 年 7 月任职）
　　　　周　洋

万盛经开区建设局

局　长：封云波
副局长：陈继纯
　　　　李折文
　　　　覃　杰

万盛经开区规划局

局　长：罗玉平
副局长：蒋鹏程
　　　　张洪斌（2017 年 3 月任职）

万盛经开区交通局

局　长：唐富斌
副局长：王良湘（女，2017 年 9 月离任）
　　　　付凤兰（女，2017 年 9 离任）
　　　　江　文
　　　　李世伟（2017 年 3 月任职）

万盛经开区农林局

局　长：张顺林
副局长：陈小平
　　　　徐　丽（女）
　　　　邹胜祥（2017 年 9 月任职）
　　　　苑　勇
　　　　杨晓东

万盛经开区农综办

主　任：徐　丽（女）

万盛经开区扶贫办

主　任：张顺林（2017 年 9 月离任）
　　　　邹胜祥（2017 年 9 月任职）

万盛经开区商务局

局　长：游龙奇
副局长：李世清
　　　　娄弼华
　　　　犹春强（2017 年 4 月任职）
　　　　祝向东（2017 年 4 月离任）

万盛经开区招商局

局　长：成少斌
副局长：梁正伟
　　　　娄小艳
（说明：2017 年 11 月机构更名为万盛经开区投资促进中心）

万盛经开区民政局

局　长：唐德贵（女，2017 年 11 月离任）
　　　　杜华侨（2017 年 11 月任职）
副局长：娄小平
　　　　程积刚（2017 年 4 月离任）
　　　　甘永红（2017 年 4 月任职）
　　　　杜天伦
　　　　李建萍（女）

万盛经开区救灾救济物资管理办公室

主　任：程积刚（2017 年 4 月离任）
　　　　甘永红（2017 年 4 月任职）

万盛经开区人力社保局

局　长：胡文彬
副局长：江智群（女，2017 年 1 月离任）

杨小容（女）
付亚峰（2017 年 2 月离任）
傅光春（2017 年 2 月离任）

万盛经开区社会保险局
局　长：江智群（女，2017 年 1 月任职）

万盛经开区创业就业和人才服务局
局　长：李如清

万盛经开区国土房管局
局　长：覃政权
副局长：肖富全
徐　峰
王　雷

万盛经开区采煤沉陷房屋治理办公室
副主任：李国彬
戴长虹

万盛经开区环保局
局　长：梁正和
副局长：李建飞
邓　红（女）

万盛经开区市政园林管理执法局
局　长：唐友莉（女）
副局长：龚必胜（女）
张　欢
张立军
陈昌敏
胡　影
（说明：2017 年 10 月更名为万盛经开区城市管理局，加挂城市管理综合行政执法局牌子）

万盛经开区水务局
局　长：陈贵怀
副局长：赵兴健
周乐江（2017 年 1 月离任）
黎富刚
李洪权
黄建辉

万盛经开区文广新局
局　长：张果安
副局长：张　跃
杨　东
徐明霞（女，2017 年 3 月任职）

万盛经开区卫生计生局
局　长：傅汝琴（女）
副局长：祝向东（2017 年 4 月任职）
肖玉梅（女）
张洪敏（女）
魏　鸿

万盛经开区安监局
局　长：廖广东（2017 年 3 月离任）
犹昌毅（2017 年 3 月任职）
副局长：杜泽水（2017 年 1 月离任）
娄方明
刘天林
兰国平
刘　强（2017 年 8 月离任）
朱盛龙
王永红（2017 年 8 月任职）

万盛经开区统计局
局　长：潘　良
副局长：肖　涛（2017 年 7 月离任）
张明鸿
刘　政
刘　强（2017 年 7 月任职）

万盛经开区旅游局
局　长：杨学明（2017 年 3 月离任）
副局长：王　科（2017 年 3 月离任）
张绍波（2017 年 3 月离任）
傅红强（2017 年 3 月离任）
（说明：2017 年 3 月更名为万盛经开区旅发委）

万盛经开区旅发委
主　任：杨学明（2017 年 3 月任职）
副主任：王　科（2017 年 3 月任职）
张绍波（2017 年 3 月任职）

傅红强（2017 年 3 月任职）
犹　玲（女，2017 年 3 月任职）

万盛经开区审计局
局　长：胡小成
副局长：朱启学
唐　勇
李　曦（女）

万盛经开区体育局
局　长：江玉忠
副局长：蓝庆林
谢永彬
陈亚莉（2017 年 9 月任职）
唐煜斌（2017 年 9 月离任）

万盛经开区机关事务局
局　长：刘明烽
副局长：何　涛（2017 年 9 月离任）
张　敏（女，2017 年 9 月任职）
陈筱梅（女，2017 年 1 月任职）

万盛经开区交易中心
副主任：令狐昌学

万盛经开区新闻中心
主　任：胥　涛
副主任：陈亚莉（女，2017 年 9 月离任）
刘文勇（2017 年 9 月任职）
黄小波
曾祥东（2017 年 1 月任职）
傅剑川

万盛经开区平山产业园区管委会
主　任：梁正恒（2017 年 1 月离任）
王　浩（2017 年 1 月任职）
副主任：冯　波（2017 年 2 月离任）
王　飞
兰　聪

万盛经开区黑山谷旅游度假区管委会
主　任：杨学明（2017 年 2 月离任）
副主任：张绍波（2017 年 2 月离任）
傅红强（2017 年 2 月离任）

万盛经开区黑山旅游度假区管委会
主　任：刘　丹（2017 年 2 月任职）
副主任：陈　庆（2017 年 2 月任职）
向宗杰（2017 年 3 月任职）
张　敏（挂职，2017 年 2 月任职）
（说明：2017 年 2 月与黑山镇合署办公）

万盛经开区煤电化园区管委会
主　任：李　兵
副主任：肖　吉
罗　毅（2017 年 7 月任职）
刘　毅（2017 年 2 月离任）

万盛经开区鱼子岗旅游度假区管理委员
主　任：李则友（2017 年 2 月离任）
副主任：张　伟（2017 年 2 月离任）
李俊杰（2017 年 2 月离任）
（说明：2017 年 2 月机构撤销）

万盛经开区各社会团体及其负责人

万盛经开区总工会
主　席：左青平
副主席：李　勇（2017 年 2 月离任）
程积刚（2017 年 4 月任职）
曹雯霞（女，2017 年 9 月离任）
梁　枫（2017 年 9 月任职）
莫　凡（女，挂职）
夏益容（女，兼职）
谢志君（兼职）

共青团万盛经开区委
书　记：苏娅勤（女，2017 年 6 月离任）
陈晶晶（女，2017 年 9 月任职）
副书记：李　瑞（女）
徐　峰（挂职）
丁庭军（兼职）

万盛经开区妇联

主　席：黎世兰（女，2017 年 9 月离任）
　　　　王良湘（女，2017 年 9 月任职）
副主席：戴爱莲（女）
　　　　傅鸣娜（女，2017 年 9 月任职）
　　　　黄　堰（挂职）
　　　　冯　飞（兼职）

万盛经开区科协

主　席：邹　红（2017 年 9 月任职）
副主席：陈绍云（2017 年 9 月离任）
　　　　陆克平（2017 年 9 月任职）

万盛经开区工商联（万盛经开区总商会）

主　席：胡生全
常务副主席：张　萍（女）
副主席：揭圣贵
　　　　杨志明

万盛经开区文联

主　席：胡　明

万盛经开区残联

理 事 长：王慧明
副理事长：罗宗成
　　　　　陈　勘（2017 年 2 月离任）
　　　　　王建勇（2017 年 9 月任职）
　　　　　傅明伟（兼职）

万盛经开区社会科学界联合会

主　席：詹建海

万盛经开区管理范围内各镇街及其负责人

万盛街道

党 工 委 书 记：龙雪梅（女）
党工委副书记：潘　峰
　　　　　　　罗中平
办 事 处 主 任：潘　峰
办事处副主任：洪华森
　　　　　　　秦北海
　　　　　　　许启科
　　　　　　　罗　伟（2017 年 7 月任职）
人大工委主任：犹明文
人大工委副主任：余旻菡（女）

东林街道

党 工 委 记：邱　刚
党工委副书记：赵茂开（2017 年 4 月离任）
　　　　　　　张卫东（2017 年 4 月任职）
办 事 处 主 任：米　谷
办事处副主任：赵代平
　　　　　　　周文昭
　　　　　　　张　李
　　　　　　　吴　强（2017 年 11 月离任）
　　　　　　　李景模（2017 年 12 月任职）
人大工委主任：梁　枫（2017 年 9 月离任）

万东镇

党 委 书 记：犹昌毅（2017 年 2 月离任）
　　　　　　胡大章（2017 年 2 月任职，9 月离任）
　　　　　　陈春明（2017 年 9 月任职）
党委副书记：周用强（2017 年 2 月离任）
　　　　　　李则友（2017 年 2 月任职）
　　　　　　商利红（2017 年 7 月任职）
镇　　　长：周用强（2017 年 2 月离任）
　　　　　　李则友（2017 年 2 月任职）
副 镇 长：黄自涛
　　　　　　敖杰敏
　　　　　　郑　杰
　　　　　　王维军（2017 年 7 月任职）
人 大 主 席：周光碧（女）

南桐镇

党 委 书 记：邱正强（2017 年 2 月离任）
　　　　　　阙洪飞（2017 年 3 月任职）
党委副书记：张同忠
　　　　　　丁仕军
镇　　　长：张同忠
副 镇 长：霍永均
　　　　　　简云强

龚世林
曾　杰
人 大 主 席：王　星（女）
人大副主席：万志茂（2017 年 4 月离任）
刘兴杰（女，2017 年 4 月任职）

关坝镇
党 委 书 记：胡大章（2017 年 3 月离任）
周用强（2017 年 3 月任职）
党委副书记：李　斌
王　禹
镇　　　长：李　斌
副　镇　长：杨永科
万　飞
傅　军
封　蕾（2017 年 7 月任职）
田　敏
人 大 主 席：郝云芬（女，2017 年 4 余离任）
赵茂开（2017 年 7 月任职）
人大副主席：王　禹（2017 年 7 月任职）

青年镇
党 委 书 记：熊基伟
党委副书记：朱启碧（女）
陈春雨
镇　　　长：朱启碧（女）
副　镇　长：刘　波（2017 年 7 月任职）
张华先（女）
张　强（2017 年 8 月任职）
人 大 主 席：丁仕生
人 大副主席：陈明霞（女，2017 年 7 月任职）

丛林镇
党 委 书 记：阙洪飞（2017 年 3 月离任）
李　霞（女，2017 年 3 月任职）
党委副书记：李　明
张淑容（女）
镇　　　长：李　明
副　镇　长：石洪贵
罗玉勇
母少波
许安明（挂职，2017 年 6 月任职）

人 大 主 席：李　燕（女）
人大副主席：王　泳（兼职，2017 年 4 月任职）

金桥镇
党 委 书 记：令狐鞠慧（女，2017 年 11 月离任）
党委副书记：张　东
向明忠
镇　　　长：张　东
副　镇　长：谢同平
霍越男（女）
傅光意
罗　全（2017 年 7 月任职）
人 大 主 席：张元辉
人大副主席：王　琅（2017 年 7 月任职）

石林镇
党 委 书 记：犹元超（2017 年 2 月离任）
刘　毅（2017 年 2 月任职）
党委副书记：王　涛
张真柏
镇　　　长：王　涛
副　镇　长：陈　科
邓　聪
娄方娥（女）
人 大 主 席：甘永红（2017 年 4 月离任）
犹春其（2017 年 4 月任职）

黑山镇
党 委 书 记：谭　彬
党委副书记：刘　丹
陈晶晶（女，2017 年 9 月离任）
镇　　　长：刘　丹
副　镇　长：杨　静
陈晶晶（女，2017 年 9 月离任）
刘先泽
罗　斌（2017 年 6 月离任）
犹玉梅（女）
人 大 主 席：梁光福

驻万盛经开区各市管单位及其负责人

万盛经开区公安分局

局　　长：令狐昌海
副 局 长：刘芝伦
　　　　　张正贵
　　　　　陆　昊
　　　　　李小平
纪委书记：陈　磊
政治处主任：王世林

万盛经开区国税局

局　长：梁　浩
副局长：沈　昭
　　　　曾寒蒂
　　　　潘　琪（女，2017年5月任职）

万盛经开区地税局

局　长：罗昭强
副局长：杨晓明
　　　　沈　鲜（女，2017年12月任职）

重庆市工商行政管理局万盛经开区分局

局　长：李屹立
副局长：吴正荣
　　　　王　媛（女）
　　　　李　彦

重庆市质量技术监督局万盛经开区分局

局　长：袁自强
副局长：姚爱民
　　　　李章甫

重庆市食品药品监督管理局万盛经开区分局

局　长：陈明信
副局长：李红梅（女）

万盛经开区气象局

局　长：张　一
副局长：余世梅（女）

驻万盛经开区部队及其负责人

万盛经开区消防大队

大队长：向　勇（2017年3月任职）
教导员：龚　渝（2017年1月离任）
　　　　刘振强（2017年3月任职）
副大队长：邓　铁
　　　　　陈石柱

在万盛区部分国有企业及其负责人

万盛经开区开发投资集团有限公司

党委书记：肖　猛（2017年1月离任）
党委副书记：李　川（2017年1月离任）
　　　　　　尤邦令
董 事 长：肖　猛
总 经 理：李　川
副总经理：谭祈元
　　　　　罗宗敏
　　　　　田仁禄
　　　　　幸　敏（2017年6月离任）
　　　　　卢建华
　　　　　陈新国（2017年4月任职）
　　　　　王启明（2017年7月任职）
监事会主席：尤邦令

重庆黑山谷旅游投资有限公司

党委书记：卢建华
党委副书记：何　昆
董 事 长：卢建华
总 经 理：何　昆
副总经理：王　玥（女）
　　　　　雍小波

万盛经开区城市开发投资集团有限公司

党委书记：王　航

党委副书记：成大彬
董　事　长：王　航
总　经　理：成大彬
副 总 经 理：余海游
　　　　　　冯　毅
　　　　　　彭　刚

万盛经开区交通开发建设集团有限公司

党 委 书 记：张　涛
党委副书记：傅春焱
董　事　长：张　涛
总　经　理：傅春焱
副 总 经 理：余　利
　　　　　　刘宗军
　　　　　　黄丽雅（女）
　　　　　　陈小平

万盛经开区水务开发建设集团有限公司

党 委 书 记：龙汉钦
党委副书记：刘健华
董　事　长：龙汉钦
总　经　理：刘健华
副 总 经 理：张利华
　　　　　　熊四清
　　　　　　霍朝锋

重庆市万盛采煤沉陷区综合治理有限公司

董 事 长：谭祈元（2017 年 7 月离任）
　　　　　尤邦令（2017 年 7 月任职）
总 经 理：霍之虎
副总经理：广仲芳

重庆江南机场有限公司

党 委 书 记：谭祁元
党委副书记：范崇元
董　事　长：谭祈元
总　经　理：范崇元
副 总 经 理：苏建军

万盛体育产业发展有限公司

党委副书记：李先凯
总　经　理：李先凯
副 总 经 理：熊启洪

重庆鱼子岗旅游开发有限责任公司

董 事 长：田仁禄
总 经 理：李则友（2017 年 2 月离任）
副总经理：张　伟（2017 年 2 月任职）
　　　　　李俊杰（2017 年 2 月任职）
　　　　　王　维（2017 年 2 月任职）

重庆万盛工业园区开发建设有限公司

董 事 长：陈新国（2017 年 1 月任职，7 月离任）
　　　　　王启明（兼，2017 年 7 月任职）
副总经理：何发德（2017 年 9 月任职）
　　　　　冯　波（2017 年 2 月任职）
　　　　　刘　毅（2017 年 2 月任职）

中国邮政集团公司重庆市万盛经开区分公司

局　长：黄　励

中国工商银行股份有限公司万盛支行

行　长：金　华

中国农业银行股份有限公司万盛支行

行　长：任　容

中国银行股份有限公司重庆万盛支行

行　长：詹洲均

中国建设银行股份有限公司重庆万盛支行

行　长：郑小丽

中国邮政储蓄银行重庆万盛经开区支行

行　长：姜文友

重庆农村商业银行股份有限公司万盛支行

行　长：刘文华

重庆银行股份有限公司万盛支行

行　长：赵福纯

綦江民生村镇银行股份有限公司万盛支行
行　长：黎　媛（女）

重庆三峡银行股份有限公司万盛支行
行　长：李光堂

中国人民财产保险股份有限公司重庆市万盛支公司
总经理：卢子健

中国人寿保险股份公司万盛支公司
经　理：陈传云

中国太平洋人寿保险股份有限公司重庆市万盛支公司
总经理：王　杰

中国平安财产保险股份有限公司万盛支公司
经　理：刘　刚

阳光财产保险股份有限公司重庆万盛支公司
总经理：犹睿琦

西南证券重庆万盛大道证券营业部
总经理：尹　丽

索 引

索　　引

说　　明

一、本索引采用主题分析索引法编制。按主题词首字汉语拼音（同音字按声调）顺序排列，若首字拼音相同则按第二字音序排列，以此类推。索引主题词后的阿拉伯数字表示该主题内容所在页码。

二、“大事记”“统计资料”“附录”等部目的具体内容和“综述”“概况”以及正文中的图、表、名单未做索引。

三、部目、分目的索引款目用黑体字排印，其余款目用宋体字排印。

四、以引号、书名号等符号开头的索引词与其他索引词混编。

D

F

G

H

J

K

L

P

Q

R

S

T

W

X

Y

Z